PERSONAL BEST RUNNING

突破PB!
奧運跑步教練的勝利方程式

5K、10K、15K、半馬、全馬的
科學訓練課表與心法策略

>>>>>>>>>

馬克・庫根（Mark Coogan）
史考特・道格拉斯（Scott Douglas）／著

姜佳沁／譯

suncolor 三采文化

致所有在風中、雨中、雪中無盡地跑著卻無怨言的跑者們,
因為他們知道跑步是一天中最美好的時刻。

目次 CONTENTS

推薦序 7
自序 10

Part 1　成為優秀跑者的祕訣

庫根教練的五項訓練原則 14
第一章　透過庫根教練的五項訓練原則，幫助跑者事半功倍，提升訓練效果。

建立良好的訓練環境 42
第二章　環境如何影響跑者的表現？創造有助於跑步的訓練環境至關重要！

保持健康強壯 56
第三章　提供保持身體健康和強壯的建議，確保無病無痛，提升訓練效果。

提升速度的心理技巧 100
第四章　分享簡單實用的心理技巧，幫助跑者保持正向心態，充分發揮身體潛力。

成為跑步這項運動的好學生 124
第五章　教你如何正確篩選和運用各種跑步知識，並解讀智慧型手錶上的數據。

Part 2　訓練與比賽的策略與計畫

熟練賽事的心法策略　　138
第六章　介紹如何提高心、技、體,從而在比賽中取得好成績。

按表操課　　152
第七章　解釋訓練計畫的核心原則,常見的訓練項目及其重要性,並指導如何選擇適當的訓練距離和跑量。

一英里跑賽事訓練　　178
第八章　提供短期和長期的一英里跑訓練計畫,以及三個等級的跑量選擇。

5K賽事訓練　　212
第九章　提供短期和長期的 5K 訓練計畫,以及三個等級的跑量選擇。

10K賽事訓練　　250
第十章　提供短期和長期的 10K 訓練計畫,以及三個等級的跑量選擇。

第十一章	**15K至半馬賽事訓練** ········· 294
	提供短期和長期的 15K 至半馬訓練計畫，以及三個等級的跑量選擇。

第十二章	**全馬賽事訓練** ········· 344
	提供短期和長期的全馬訓練計畫，以及三個等級的跑量選擇。

第十三章	**在短時間內準備並參加多場賽事** ········· 402
	為喜歡參加多種賽事的跑者提供兩份八週訓練計畫：一份為近期賽事準備，另一份為緊湊賽季準備，各包含三種跑量選擇。

第十四章	**長距離賽事轉換為短距離賽事** ········· 440
	指導如何利用半馬和全馬的訓練來準備近期短距離賽事，提供從馬拉松到 5K、從馬拉松到 10K，以及從 15K 或半馬到 5K 或一英里的三種轉換計畫，並包含三種跑量選擇。

作者介紹 ········· 484
誌謝 ········· 486

推薦序 FOREWORD

馬克・庫根在 2018 年初夏開始指導我，那時我剛踏入職業跑步生涯，並加入了他在波士頓的長跑隊。當時，我年輕且剛從大學畢業，對職業田徑界尚不熟悉。自接受馬克的指導以來，我已三度獲得世界錦標賽資格，並在世界室內田徑錦標賽中贏得銀牌，入選奧運代表隊，獲得兩次全國冠軍，並創下兩項全國紀錄。我提及這些成就，是因為它們與本書內容密切相關。若非馬克的卓越指導，我無法獲得這些榮譽。

在第一次參加世界錦標賽之前的整個賽季，馬克和我決定專攻 5K 賽事。他常對我說：「只要記住每圈 72 秒，跑完 12 圈半就好。」無論是訓練期間還是掛電話前，他總是輕鬆地反覆這句話。當時，我通常簡短且冷淡地回應：「好的，謝謝你，馬克。」然而，他的話語實際上改變了我的思維，讓我能夠想像自己以這種配速完成比賽。在 2019 年的世錦賽上，我成功以 14 分 58 秒的個人最佳成績完成了這項挑戰，正如馬克所說。馬克的祕訣在於簡化任務，並對選手保持信心。他了解每位跑者的能力及進步的潛力，從不會要求超過我能夠完成的任務。即使是高強度的訓練，他也以輕鬆的態度與我討論。剛加入團隊時，那些訓練比我以往經歷的更為艱難，馬克對我的信心令我

驚訝。不久後，我便理解了他的訓練理念，並認識到自己需要調整心態。他不會嚇唬我們，因此如果他說今天的課程會讓你腿軟，絕對要相信。

有時，我自認已經掌握了馬克的訓練方法，但他總會出乎我意料。他深知我有時在訓練開始前就感到無法勝任，但他總是冷靜自若，從未被我影響。尤其有一次，馬克了解我的情況後，為了讓訓練更加順利，要求我在 9 分鐘內完成 3K。訓練前他只告訴我這一點。最終，我以 8 分 51 秒完成了，於是問他接下來要做什麼別的訓練收尾。他說：「還沒結束呢！10 分鐘後再做一組 3K。」當時我感到難以置信，但因為沒有時間反應，只能照做。第二組我以 8 分 53 秒完成。我對這樣的表現感到非常震驚！馬克太了解我了，他知道我能做什麼，也知道我會如何反應。到這裡提了這麼多，也只是他執教專業知識的九牛一毛。

此書是馬克執教多年的經驗、策略與思路所留下的結晶。馬克投身於跑步的世界有很長一段時間了。從職業運動員時期，他在世界舞台上競爭，到成為教練後，他以這項運動為業養育家人，並活躍於 NCAA[*] 聯盟和職業賽事。他見多識廣、經驗豐富，因此成為大家公認的專家教練。馬克也是田徑賽事的忠實粉絲，他觀賽無數甚至還能記得多年前的比賽時間跟選手名字。馬克的訓練之所以有效，就是因為他擁有與時俱進的跑步知識。

＊編註：NCAA（全名：National Collegiate Athletic Association）是美國的全國大學體育協會，負責管理和規範美國大學間的體育競賽。它涵蓋了各種運動，如美式足球、籃球、田徑等。

此書能帶領你進入馬克的世界，了解跑步各個方面的所有智慧及祕訣。他常常說：「我們的跑隊沒有任何機密可言。」好吧，現在是真的沒有機密了，因為他在訓練中曾對我們說過的一切都寫在這本書中，供全世界的跑者借鏡。無論你是跑步新手，還是經驗豐富的跑者，這本書都能給你向頂尖選手學習的絕佳機會。

—— 艾兒・聖皮耶赫（Elle St. Pierre），兩屆奧運選手、2024 年世界田徑室內錦標賽 3000 公尺金牌得主

自序 PREFACE

如果你忙碌於日常生活，但仍希望在路跑比賽中取得佳績，又不想讓跑步佔據你生活的全部，那麼我可以幫助你實現這個目標。

我曾指導過奧運選手、全國及世界紀錄保持人、全國賽事和NCAA聯盟冠軍。這些頂尖跑者的生活中有比跑步更重要的事物。他們在達到運動巔峰的同時，也履行著其他職責，成為良好的朋友和家庭成員，並享受生活。我會在本書中分享如何在保持高效跑步的同時，過上充實的生活。你將學到如何成為一名快樂、健康的跑者，並提升速度。

我在三十多年的運動員和教練生涯中積累的經驗，都濃縮於這本書。從我曾經是一名大學聯賽中表現平平的跑者，到成為奧運選手，再從一英里到馬拉松的各項賽事中排名美國前十，這些經歷為我提供了寶貴的教訓和學習機會。退役後，我曾擔任大學教練，現在則是一支菁英職業跑隊的總教練，並不斷地完善我的訓練課表。我非常期待與你分享這些內容。

本書內容

　　本書分為兩個部分。第一部分將重點介紹提升跑步表現的關鍵要素。第一章闡述我的五個主要訓練原則；第二章則探討如何建立一個健康的訓練環境，以及這種環境對跑者的影響。無論你的目標有多宏大，享受跑步過程本身都至關重要，同時保持身體健康和強壯也是必不可少的，因為只有身心無病無痛，才能全力以赴地進行訓練。因此，在第三章中，我將分享如何維持身心靈的健康。第四章提供了一些簡單的心理技巧，幫助你保持正向心態，充分發揮身體潛力。第一部分的最後一章將解釋如何篩選和運用各種複雜的跑步知識及資料，同時教你如何解讀智慧型手錶上的數據。優秀的教練會引導跑者，使其能夠自主實現佳績。因此，前五章的內容即是我訓練課表背後的核心理念。

　　第二部分將專注於訓練和比賽的細節。如你所知，即使身體狀況再好，優異的成績也不會從天而降。因此，第六章將探討如何精通競技運動的技巧。第七章則會介紹如何執行本書中的各種訓練課表，包括課表中的常見訓練項目，解釋這些訓練的目的和執行方法。

　　本書的重頭戲將會放在第八章至第十二章。這些章節將提供適用於各種熱門賽事的課表，包括一英里跑、5K、10K、15K 至半馬和全馬，並針對特定賽事提供實用建議。每一章將介紹一份短期和一份長期的課表，每份課表均提供三種距離選擇，我都幫你想好了！（第七章也會告訴你如何根據自身能力選擇適當的課表距離和跑量。）

第十三章和第十四章將提供與其他跑步書籍有所不同的內容。如果你對馬拉松不感興趣，而喜歡在這週參加 5K 賽事，下週再挑戰 16K 賽事，那麼第十三章的內容將非常適合你。這一章將首先提供一份為期八週的課表，幫助你為近期賽事做好準備，接著還會提供另一份八週課表，適用於緊湊的賽季。每份課表都包括三種不同跑量選擇。

第十四章則會介紹如何利用半馬和全馬的訓練基礎來準備近期短距離賽事。這一章提供的課表包括三種轉換方式：從馬拉松到 5K、從馬拉松到 10K，以及從 15K 或半馬轉換至 5K 或一英里跑的訓練指南。每種課表也提供三個不同等級的跑量選擇。

此外，我將在書中簡要介紹一些我曾指導過的跑者，並分享能夠體現我的指導原則的故事。我希望你能看到，這些頂尖跑者首先是快樂、健康且全面發展的個體，而非僅僅是速度極快的選手。如果你也希望達到他們的水平，那麼現在就開始吧！

PART 1 成為優秀跑者的祕訣

SECRETS TO A GREAT RUNNER

庫根教練的五項訓練原則
1 Coach Coogan's Training Principles

Courtesy of Justin Britton

我無法用一句話總結我的執教哲學，但我可以提供一份寶貴的訓練指南，讓你了解我如何親自指導運動員，並為本書後半部分的課表提供基礎。在這一章中，我將詳細列出訓練原則並解釋其應用方法。同時，你還能在補充說明欄位中找到我對某些跑步觀念的深入見解。如果你打算使用本書中的任何一份課表，仔細閱讀這一章是必要的，因為**理解訓練的「理由」和「執行方式」遠比單純的「訓練課表」本身更為重要**。

儘管我們將原則以條列方式排序，但這並不意味著原則二比原則四更為重要。這些原則就像是食譜中的各種食材，只有將所有食材組合在一起，才能達到完整且美味的效果。如果你閱讀本章並運用其中的課表，你會發現這些觀念是如何相輔相成、共同發揮作用的。

原則一：成為有氧怪物

此書中的課表是專為幾乎全為有氧活動的賽事所設計。沒錯，就算是一英里賽事*也屬於有氧運動。若想在這些賽事拔得頭籌，就得長時間保持高速，可能是維持幾分鐘，也可能需要持續長達一個小時。也就是說，**你必須成為有氧怪物。**

我會利用一般的賽事目標來解釋這個概念。我指導的許多女大學生跑者都想在 5 分鐘內完成一英里跑。我會問她：「你能在 75 秒內跑完一圈操場嗎？當然可以，輕而易舉。那能在 2 分半內跑完 2 圈嗎？可以，但有點難度。3 分 45 秒跑完 3 圈呢？會非常辛苦。那跑完這 3 圈之後，再以 75 秒跑完 1 圈？幾乎不可能。」

重點在於，在小區間內跑出理想的配速並不難（如果很難，可能需要把目標降低一些）。如果你的合理目標是 5K 破 20 分鐘，那對你來說在 1 分 36 秒內跑完 400 公尺跟以 3 分 12 秒跑完 800 公尺應該不難。因為你已經有足夠的基礎速度，能輕鬆地跑出該配速。真正的挑戰在於持續這個配速更久。要做到這點，就要有打造高階有氧能力的訓練。這就是為什麼我說要成為有氧怪物。

這實際上意味著什麼？儘管跑量不代表一切，但大部分的跑者只要謹慎地逐漸增加自己力所能及的跑量，有氧能力都會大幅提升。你可以年復一年地增加跑量，同時仍在訓練和比賽中達到預定配速，如此一來，就能提高最大攝氧量（VO2 Max，對正在使用的肌肉供給大量血液的能力）、乳酸閾值（lactate threshold，代表清除乳酸的

---

*譯註：一英里跑（mile run）是一種長跑比賽項目，其距離為一英里，即約為 1609.34 公尺長的距離。

能力，此能力越強越不需要放慢速度），以及跑步經濟性（running economy，維持固定配速所需的氧氣量）。

「控制」跑量的提升幅度意味著以比爬行更快的速度，在避免受傷或過度疲勞的前提下，進行訓練。當跑量增加時，常會伴隨額外的痠痛或肌肉緊繃。如果在熱身後突然出現從未經歷過的劇烈疼痛、痠痛或緊繃感，且這些不適感未能隨時間緩解，那就可能是身體發出的警訊。同樣地，如果你的目標是以每公里 3 分 45 秒的配速跑完 10 公里，但因跑量增加而過度疲勞，以至於在訓練中難以達到這一配速，則表示訓練強度過高。如果你發現訓練後感到全身疲憊，無法集中精力處理日常事務，那麼你可能已經跑得過多。這種情況類似於大學生站著上課是因為擔心坐下後會睡著，這也是過度疲勞的表現。

但成為有氧怪物並不僅僅取決於跑量。以兩位平均每週跑量約 65 公里的跑者為例，假設其中一位跑者每天以接近中強度的配速完成相似的距離，他可能會擁有不錯的有氧能力；而另一位跑者則在一週的訓練中包含長跑、節奏跑，以及幾天跑量較少的恢復日，結果顯示，**後者**更有可能成為真正的有氧怪物。

我會在第七章詳細介紹長跑和節奏跑。在這裡，我想強調的是，這些訓練對於幫助你堅持特定配速至關重要。比起每天跑 12 公里，我建議你在週日跑 20 公里，週一跑 6 公里。節奏跑對於提高乳酸閾值尤其有效；乳酸閾值是人體從有氧轉為無氧活動的運動強度。當我們試圖保持某個配速時，乳酸閾值會使我們在接下來幾分鐘內減慢速度。穩定進行節奏跑有助於我們在有氧活動時提高配速，並延長保持此配速的時間。另一個好處是，隨著有氧能力的增強，我們在相同強

度的訓練下，日常訓練的跑速也會提高，從而增進訓練效果。

本書後半部分的課表適用於從一英里到馬拉松的各種賽事，主要目的是在特定跑量下最大化選手的有氧能力。接下來，我想特別介紹來自 New Balance 波士頓菁英長跑隊的選手海瑟・馬克連（Heather MacLean）的訓練課表。海瑟曾入選 2021 年 1500 公尺賽事的美國奧運代表隊，並且是 2022 年 1500 公尺賽事的全國室內冠軍。此案例僅展示海瑟的長跑訓練過程，她的肌力和柔軟度訓練將在第三章中詳述。在此，我們只會展示實際的訓練課表內容，即假設她在每次訓練日皆會完成 3 到 5 公里的熱身和 1 到 3 公里的放鬆跑。

請記住，即使是海瑟參加的最長比賽，也只有 4 分鐘的時間。然而，在賽季前，她的大部分訓練內容可能與 5K 或 10K 選手的訓練非常相似。她每週會進行一次長跑和一般節奏跑。為什麼？因為就像那些希望在一英里跑比賽中突破 5 分鐘的跑者一樣，相同的訓練原則也能幫助海瑟在 1500 公尺賽事中達到 4 分鐘的佳績。以 4 分鐘完成 1500 公尺的比賽，相當於每 400 公尺 64 秒的配速。對海瑟而言，這樣的速度跑一圈並不困難。她得在前 3 又 3/4 圈中保持這一配速，才能在最後 300 公尺發揮全力衝刺，試著超越世界上最強的對手。她是如何做到的？最重要的因素就是她**長期**堅持訓練，嚴格按照課表執行**每一項**訓練內容。

表 1.1 顯示了 2021 年冬季和春季的訓練課表。在前幾個月，海瑟的訓練內容更類似於 5K 和 10K 跑者的課表。到 4 月，她的訓練開始加入更多針對一英里跑的專項內容。由於 6 月下旬有奧運選拔賽，5 月也會開始進行練習賽，因此**與賽事類型相似的訓練變得尤為重**

要。值得注意的是，即便如此，海瑟幾乎每週仍會進行完整的長跑訓練，她的課表中也包含了多次以 5K 配速進行的長距離跑。此外，海瑟的訓練項目中，有些是按距離記錄，有些則以分鐘為單位。這一點清楚地展示了一位選手如何在追求訓練效果的同時保持靈活性。我會在第五章中詳細探討這一方法。

當你逐漸適應訓練內容時，你會發現自己正朝著成為有氧怪物的目標邁進。你將能以穩定的配速完成長跑，而不再只是勉強、忍耐著，希望訓練能快點結束。面對更具挑戰性的訓練，雖然過程可能更加艱辛，但每次完成後的成就感會大大提升，並且你會在組間恢復得更快。你會發現自己能夠完成更多訓練，且任何訓練項目似乎都不再消耗過多的能量。

原則二：十週的 B+ 課表優於四週的 A+ 課表

我會透過自身經歷來說明這一點。

在大學時期，我幾乎每天都參與高強度訓練，每一場訓練都像是一場比賽，總是令人筋疲力盡。隊伍中確實有些人在訓練中能夠創下個人最佳成績。如果要對這樣艱辛的訓練打分，你肯定會給我們 A+。

A+ 計畫看起來很合理，但我們的比賽成績卻總是不如預期。因為對結果不滿意，我們更加拚命訓練。等到下一場比賽時，我們的身體與精神已經極度疲憊，無法發揮應有的實力。幾天後，我們又回到了訓練場，迫切地想證明自己的實力遠超過比賽結果。就這樣，隊上許多人渾身是傷。我當時雖然盡力避免受傷，但在比賽中始終未能展

現出自己的真正水平。1988 年，我大學畢業，但並未獲得 NCAA 越野錦標賽的參賽資格。

大學畢業後，我很幸運地加入了由巴布・塞文（Bob Sevene）執教的 Nike 波士頓菁英長跑隊。大部分時間，我都與隊友們一起訓練，而在非訓練日，我則會和羅德島州的普洛維登斯（Providence, Rhode Island）的另一群菁英跑者一起跑步。這段時間讓我發現，訓練其實有不同的方式。巴布的訓練課表從不會讓我疲憊至極。雖然訓練中可能會有 10 公里的快跑，但速度控制在特定範圍內。常見的訓練項目包括以半馬配速跑 2 英里（約 3 公里），重複三次，或者以 10 公里賽跑的配速完成多組 800 公尺。如果要對這種訓練打分，你大概會給它 B+。我記得那時我覺得這樣的訓練似乎過於簡單。

1988 到 1989 年冬天，在與隊伍訓練了大約兩個月後，我參加了一場室內 3K 賽事，作為備戰世界越野錦標賽美國資格賽的練習賽。在這場比賽中，我與奧運選手、前世界紀錄保持者西德尼・馬利（Sydney Maree）同場競技。雖然西德尼贏了我，但我還是刷新了個人最佳成績，將完賽時間縮短了 10 秒。我心想：「我在訓練時從未跑得這麼快，怎麼能在比賽中大幅超越自己的 3K 紀錄呢？」

12K 越野賽的結果更是令人驚喜，我拿下了第三名，僅次於奧運選手帕特・波特（Pat Porter）和艾德・艾斯通（Ed Eyestone）。至今，我仍難以相信自己竟然在全國賽中名列第三，只輸給了兩位奧運選手。而不到一年前，我甚至連大學越野錦標賽的資格都沒能取得。一個月後，我在世界大賽上再次證明了這並非僥倖，以第三十九名的成績完賽，再次成為美國第三名，還擊敗了一位前 10K 世界紀錄保

表 1.1，海瑟的春訓日誌。

	週一	週二	週三
2021年 1月			
	4 8英里（13公里），接著跨步跑	5 在亞利桑那州弗拉格斯塔夫進行高地訓練 上午：60分鐘 下午：30分鐘	6 8英里（13公里），接著跨步跑
	11 上午：8英里（13公里），接著跨步跑 下午：20分鐘，接著跨步跑	12 上午：6×（1:30，1分鐘30秒） 下午：20分鐘	13 8英里（13公里）
	18 上午：8英里（13公里），接著跨步跑 下午：25分鐘	19 上午：4英里（6公里）節奏跑（四個區段配速分別為每英里5:45、5:35、5:25、5:26，即每公里約3:36、3:30、3:24、3:24）下午：27分鐘	20 70分鐘
	25 上午：60分鐘，接著跨步跑 下午：20分鐘	26 70分鐘	27 上午：30分鐘 下午：6組（35秒高配速，1分鐘輕鬆跑）

週四	週五	週六	週日
	1 上午：田徑訓練：200公尺2組；600公尺高配速（1：32）；400公尺（60秒）；300公尺6組（46-48秒） 下午：20分鐘	2 30分鐘	3 14英里（22公里）
7 上午：60分鐘 下午：20分鐘	8 上午：節奏跑20分鐘，高配速（1分鐘），組間輕鬆跑（1分鐘）4組 下午：25分鐘	9 30分鐘	10 90分鐘
14 上午：8英里（13公里），接著跨步跑 下午：3英里（5公里）	15 上午：10分鐘 下午：800公尺2組、400公尺（66-68秒）6組，最後一組用時61秒	16 37分鐘	17 14.5英里（23.33公里）
21 上午：60分鐘，接著跨步跑 下午：30分鐘	22 上午：10分鐘 下午：400公尺5組（72秒內）；300公尺6組（48-50秒）	23 上午：20分鐘	24 90分鐘
28 上午：60分鐘 下午：20分鐘	29 60分鐘，接著搭機飛往阿肯色州	30 上午：20分鐘 下午：10分鐘，接著跨步跑，5分鐘	31 室內一英里賽事，最後200公尺以30秒完成，並以4分27秒獲勝

表 1.1，海瑟的春訓日誌。（續）

	週一	週二	週三
2021年1月			
2021年3月	1 上午：8英里（約13公里），接著跨步跑 下午：25分鐘	2 50分鐘	3 60分鐘
	8 上午：5英里（8公里） 下午：4英里（6公里）	9 10英里（16公里），包括20分鐘節奏跑	10 8英里（13公里）
	15 上午：9.5英里（15公里），接著跨步跑 下午：20分鐘	16 上午：7×800公尺（2:28-2:32）；7×300公尺（46-51秒） 下午：4英里（6公里）	17 8英里（13公里）
	22 上午：8英里（13公里），接著跨步跑 下午：4英里（6公里）	23 上午：10×300公尺（47-50秒） 下午：20分鐘	24 10英里（16公里）
	29 上午：8英里（13公里），接著跨步跑 下午：4英里（6公里）	30 上午：3×1公里（3:00-3:03）；3×400公尺（63-65秒）；2×200公尺（28-31秒） 下午：4英里（6公里）	31 8英里（13公里）

週四	週五	週六	週日
			31 室內一英里賽事，最後200公尺以30秒完成，並以4分27秒獲勝
4 4英里（6公里）	5 45分鐘	6 35分鐘	7 10英里（16公里）
11 8英里（13公里），接著跨步跑	12 上午：心碎坡坡度跑9組 下午：4英里（約6公里）	13 4英里（約6公里）	14 90分鐘
18 8英里（13公里）	19 4英里（6公里）漸速跑（配速分別為每英里5:50、5:35、5:40、5:30）	20 5英里（8公里）	21 14英里（22公里）
25 上午：8英里（13公里），接著跨步跑 下午：4英里（6公里）	26 上午：5×1600公尺（5:13-5:20）；4×200公尺（29-31秒）	27 4英里（6公里）	28 14英里（22公里）

表 1.1，海瑟的春訓日誌。（續）

	週一	週二	週三	週四
2021年4月				1 上午：8英里（13公里） 下午：30分鐘
	5 60分鐘	6 2×200公尺（30-31秒）； 4×500公尺，前400公尺用時66-67秒； 4×200公尺（28-30秒）	7 9英里（14公里）	8 上午：8英里（13公里） 下午：35分鐘
	12 10英里（16公里），接著跨步跑	13 8×400公尺（65-70秒）	14 30分鐘	15 在亞利桑那州弗拉格斯塔夫進行高地訓練 上午：60分鐘 下午：30分鐘
	19 上午：8英里（13公里），接著跨步跑 下午：4英里（6公里）	20 上午：15分鐘 下午：5×800公尺，5×200公尺	21 10英里（16公里）	22 上午：8英里（13公里） 下午：30分鐘
	26 上午：8英里（13公里） 下午：4英里（6公里），接著跨步跑	27 上午：8×1公里巡航間歇跑（配速為每英里5:20，即約每公里3:20） 下午：20分鐘	28 上午：10英里（16公里）	29 上午：60分鐘，接著跨步跑

週五	週六	週日
2 20分鐘熱身,因薦髂關節問題,沒有訓練。	3 休息	4 休息
9 2×1600公尺(5:00內);4×800公尺(2:17-2:23);4×400公尺(四個區段分別於63、62、62、58秒內完成)	10 8英里(13公里)	11 13英里(21公里)
16 上午:25分鐘 下午:8×200公尺(30-32秒)	17 40分鐘	18 10英里(16公里)
23 上午:15分鐘 下午:8×400公尺(63-65秒)	24 25分鐘	25 12英里(19公里)
30 上午:15分鐘 下午:1200公尺(每圈用時75、75、67秒);600公尺(1:42);4×300公尺(每組用時46、44、45、42秒) 600公尺(1:36);400公尺(60秒);4×200公尺(每組用時29、28、28、27秒)		

持者。我心想：「從無法參加 NCAA 到在世界賽中名列前茅，不可能只是因為我老了一歲，這一定與訓練方式的改變有關。」

1990 年代初，我搬到了科羅拉多州的博爾德（Boulder, Colorado），與曾創下 10K 和一小時跑世界紀錄的阿圖羅‧巴里奧斯（Arturo Barrios）等人一起訓練。直到那時，我才更加堅信 B+ 訓練的價值。令人驚訝的是，這些跑者在完成訓練時顯得如此輕鬆，但卻能夠如此強大！我能在訓練中與他們匹敵，但他們在 10K 比賽中卻比我快了一分多鐘。我還發現，其他菁英跑者，如馬拉松冠軍馬克‧普拉切（Mark Plaatjes）、羅布‧德‧卡斯特拉（Rob de Castella），以及曾保持馬拉松世界紀錄的史蒂夫‧瓊斯（Steve Jones），幾乎也都沒有進行過我們在大學時期的那種 A+ 訓練。他們不斷進行 B+ 級別的訓練，保持著健康的身體和良好的精神狀態，同時與世界上最優秀的跑者競爭。

我並不完全反對 A+ 訓練，你很快會看到，在某些情況下我也會使用這種訓練方式。但整體而言，我相信大多數訓練應該是 B+ 等級。A+ 訓練會帶來巨大的心理壓力。一週內如果有一兩次完全耗盡體力、毫無保留的訓練課程，會讓人感到極度疲憊。如果在訓練中總是全力以赴，那麼到了比賽時，就可能筋疲力竭，無法持續並完成賽事。關於這點，你可以參考我的補充說明〈你的意志力有限〉（請參閱第 28 頁）。

我喜愛規律進行 B+ 訓練的另一個重要原因是，A+ 訓練對身體的損害更大。高強度的運動更容易導致肌肉、肌腱拉傷，或者引發強烈的痠痛。在撰寫這篇文章時，我們跑隊已經一年多沒有出現重大運

動傷害。隊上的跑者也很少因為小病痛或訓練過度而跳過訓練。畢竟，如果無法健康地訓練，再強的身體素質也無法持續發揮作用。

我們可以將 A+ 和 B+ 訓練的區別理解為「你能做什麼」與「你應該做什麼」。你可能可以在 40 分鐘內完成 10K，或在天氣良好的時候完成 20 組 90 秒內的 400 公尺間歇訓練（每組之間進行 200 公尺慢跑），但這樣的強度過高。我建議將這類訓練分為兩輪，每輪重複 10 組，第一輪每組跑 95 秒，完成後休息 5 分鐘，第二輪每組跑 92 或 93 秒。B+ 版本的訓練會讓你在訓練後感到成就感，並期待下一次訓練；而 A+ 版本可能會讓你筋疲力竭，並導致幾天後出現傷病。

更可能發生的情況是，當你完成 16 組後，已經疲憊不堪，不得不降低速度或縮短課表，因而對自己的表現感到不滿。而 B+ 訓練則讓你感受到適度的疲勞，同時也會覺得自己已經付出了努力，但仍有餘力再以相同速度多完成一兩組，而不是勉強自己硬撐著跑完。我最喜歡聽到學生說：「這樣就結束了嗎？我還可以再跑更多！」這種反應正說明我的訓練達到了理想的效果。

B+ 訓練隔天，些微疲勞是正常的，但不應該感到極度痠痛。你不該因為身心疲憊而害怕當天的訓練。你應該要覺得：「我很高興今天可以輕鬆訓練，但我也很高興能認真跑步。」進行過多 A+ 訓練的其中一個訊號，就是你不期待訓練。畢竟，**我們大多數人跑步是因為興趣。**

本書的課表皆離不開 B+ 訓練的原則。在這些計畫中，幾乎不會有哪個項目讓你不寒而慄，或懷疑自己是否能完成。相反地，你會看

你的意志力有限

在達特茅斯指導艾比・庫柏（Abbey D'Agostino Cooper）時，我從那群常春藤聯盟學生身上意識到一件事，就是我們所有人的**精神資本**都是有限的。這一點與本書的大多數讀者切身相關，因為你們同樣雄心勃勃，試圖在跑步、工作、家庭和其他責任之間找到平衡。

理解並分析生活中各種壓力來源至關重要，甚至比跑步本身更為重要。這些壓力會直接影響你在訓練中的表現。當你精神疲憊時，就無法像精力充沛時那樣完成間歇訓練。這些狀況提醒我們，訓練中會有起伏和挫折，我們必須學會接受這一點。即使某次訓練沒有達到預期效果，這往往是由**外部因素**造成的，而我們**依然**會因此變得更健康、更強壯。當重要的賽事臨近時，提醒自己也許可以減少一些外部壓力，為自己恢復精力奠定基礎。

在關鍵時刻，擁有訓練夥伴尤為重要。你可以依靠他們的支持，讓他們幫助你前進，甚至幫助你突破瓶頸。如果能有人一起訓練，就可以團結起來面對各種困難挑戰。

如果你大部分時間是自己訓練，也可以用不同的方式激勵自己，度過那些力不從心的低潮。你可以將目標寫下來，貼在冰箱或辦公桌上，這些字條應該能在你猶豫時推動你前去訓練。即使訓練的結果不盡完美，也遠比完全不去訓練要好。

如果各種壓力讓你喘不過氣，可以向訓練夥伴求助，讓他們帶你走過難關。

到自己在規律、有一定難度的訓練下一週一週地進步，還會有足夠的精力可以消化、享受訓練內容。

這樣的課表中確實偶爾會出現 A+ 訓練。舉例來說，為期 12 週的 10K 課表中，第九週會安排練習賽，或是以 10K 配速跑 5 公里等。而且後者是非常困難的！因為這項訓練包含 10K 的前半段，且要在認真、全心投入訓練的情況下自己完成這個項目。同樣地，課表倒數第二週的週二也會出現類似的高強度項目。像是以一英里配速跑完 2 組 800 公尺。如果這都不是 A+ 訓練，我不知道什麼才是。偶爾進行高強度訓練可以幫助你在比賽上緊發條。

我最常讓跑者在大賽將至前做 A+ 訓練，特別是經歷比賽空窗期的選手。舉例而言，2022 年 1 月，艾兒·聖皮耶赫和海瑟要參加米爾羅斯室內田徑賽（Millrose Games）*的一英里賽事。這是他們在東京奧運五個月後的第一場比賽。我想讓她們在米爾羅斯這個大舞台之前體驗一下比賽的壓力和緊張。比賽前八天，我讓她們跑一場一公里計時賽。兩人都跑出 2 分 34 秒，這樣的成績足以在許多一公里賽事拔得頭籌。接著下週，艾兒達成在米爾羅斯室內田徑賽的一英里賽事二連霸。

另一方面，我認為長跑界會因為「超級跑鞋」的出現而有所改變，這類鞋款有著碳纖維板片、更厚的中底，更搭配了新一代的中底緩衝材質。有了超級跑鞋，可以跑得更快，也可以減少肌肉損傷。因此，我也可能在未來加入更多 A+ 訓練。但是在賽前全力以赴地完成

＊譯註：米爾羅斯室內田徑賽（Millrose Games）是美國一項歷史悠久、知名度極高的室內田徑賽事，於 1908 年首次舉辦。

所有訓練、耗盡精力仍是不好的。你可能很想嘗試 Strava[1] 或其他線上網站上看起來很有挑戰性的課表。但請記住，訓練時跑很快不會拿到獎牌，比賽才會。

原則三：以各種速度和距離來訓練和比賽

回顧一下你上週的訓練課表，試著回想你跑得**最快和最慢**的速度，以及你跑得**最長和最短**的距離分別是多少？

接下來，我們來看一下我所指導專項是 800 公尺賽事的德魯·皮亞扎（Drew Piazza）的一週訓練課表。在週日，他會進行 16 到 20 公里的長跑，配速約為每英里 6 分 30 秒（每公里 4 分 03 秒）。兩天後，他會進行 200 公尺的間歇跑，速度超過每英里 4 分鐘（每公里 2 分 30 秒）。緊接著的第二天，他會以不超過每英里 7 分 30 秒（每公里 4 分 40 秒）的配速跑一個小時。至於當週的週五，他則會進行比每英里 5 分鐘（每公里 3 分 06 秒）稍慢的節奏跑。

德魯在配速、距離的範圍上與你的課表有什麼不同呢？

如果你的訓練方式與大多數跑者相似，那麼你的訓練配速範圍可能相對狹窄。與德魯的訓練不同，你的日常跑步配速和節奏跑配速可能相距**不超過**每公里 40 秒，而你的恢復跑配速也可能不會比最快的訓練配速**相差**超過 3 分鐘。

如果你的目標是維持良好的比賽狀態，自是值得鼓勵的。然而，

---

*譯註 1：Strava 是一個行動應用程式，也是為運動員和運動愛好者設計的社交平台，讓使用者能夠追蹤、記錄運動數據，並分享運動成果。

要達到最佳狀態，**嘗試不同的配速和距離以跨到不同的能量系統，至關重要**。德魯的 200 公尺間歇跑和我推薦訓練後的跨步跑都屬於短而快速的訓練項目，這些訓練能有效增強肌腱和肌肉的力量。此外，短距離訓練有助於徵召快縮肌纖維[2]，這對於比賽末段的衝刺至關重要。節奏跑應以「舒適但稍微吃力」[3]的強度進行，以培養長時間維持高有氧配速的能力。採用接近 5K 賽事的配速進行訓練，有助於提高血液輸送，促進血液流向運動中的肌肉，提升整體身體機能。另一方面，**真正的恢復跑應以輕鬆、毫不費力的配速進行，且避免不自覺地加速**。恢復跑能幫助你緩解之前訓練帶來的疲勞，為下一次的練習做好準備。

至於距離方面，我們可以參考艾兒的訓練課表。作為 1500 公尺賽事的奧運選手，她的比賽距離雖然不到一英里，但她仍會進行長達 29 公里的長跑訓練。正如前面所述，相較於每天跑 12 公里，我建議你可以選擇在週日進行 20 公里的長跑，週一則跑 6 公里。與許多業餘跑者常見的訓練課表不同，本書中的訓練課表包含了較長的長跑訓練和較短的短程訓練，以體現此訓練方法的價值。

因此，採用我的訓練課表將涉及多種速度和距離的訓練。我再次強調，高強度訓練後的隔天應該是完整的恢復日。與本書的讀者相

---

*譯註 2：人體肌肉纖維分為快縮及慢縮肌纖維兩種，慢縮肌纖維可以幫助人體進行耐力型運動及有氧活動，快縮肌纖維則會幫助我們完成時長較短的無氧活動，讓身體產生快速、具有爆發力的動作，如衝刺等。

*譯註 3：「舒適但稍微吃力」通常用來描述一種在身體承受輕微負荷下的感覺，此時你的身體處於一種輕微的挑戰狀態，但同時又不至於感到過度負擔或不舒服。你可能感到稍微吃力，但仍然可以維持舒適的節奏和動作。此強度的運動通常是一種理想的運動狀態，因為能夠挑戰體能、增強耐力，同時又不會造成過度的壓力或疲勞。

比，我所指導的跑者受過更多訓練。儘管他們能在恢復日跑得更快，但他們不會選擇這麼做。因為他們明白，恢復日應專注於恢復，追求配速只會徒增疲勞，並可能在下一次高強度訓練中感到更痠痛、緊繃。相比在真正累人的訓練前幾天跑得快上十幾秒，結果導致身體狀況不佳並降低訓練成效，**保持充足體力來完成高強度課表，更能有效提升體能**。

我希望跑者能採用更開放的心態來看待各種距離的賽事。我能自豪地說，從一英里到馬拉松等各種距離的賽事，我都曾經在美國排名前十。有一次，我週五參加了一英里賽事，週日又在舊金山最盛大的越灣長跑活動（Bay to Breakers）參加 12K 賽事。比起每年都只專注在 5K 或馬拉松，在一年間或整個職業生涯中嘗試不同的距離更能讓我保有熱忱。雖然比賽很有趣，但不能頻繁參加長距離賽事。此外，**不同距離的訓練也可以讓你保持身心的活力**。我在最後兩章中提供許多課表，以幫助、鼓勵更多的讀者參加各種距離的賽事。最後，我想強調一點：不論是訓練還是比賽，都應以自己的優勢為主。如果你發現自己擅長節奏跑，但在 200 公尺短間歇訓練中表現不佳，那麼一英里賽事可能不適合你。找到最適合自己的距離賽事，你將能成為最熱情、最有動力的跑者。

然而，多樣性問題仍不可忽視。許多在學期間未經專業訓練的成年人往往自然傾向於選擇長距離項目，因為他們認為自己跑得不夠快，但能夠持續跑下去。然而，實際上，許多參加馬拉松賽事的人可能在基因上更適合短距離賽事。如果不嘗試不同距離的賽事，你將無法確定自己真正的優勢所在。

即使你知道自己最適合的距離，也不要抗拒新的嘗試。總是做同樣的事情會越來越乏味。偶爾換換口味，在某個賽季專攻別的項目，或許有助於你以煥然一新的狀態回到原本的跑道。你也可能在跑步生涯的不同階段找到其他更感興趣的項目。請相信自己的直覺。

完整熱身是最佳表現的不二法門

我會在第三章介紹一些日常練習的暖身運動。在這裡，我想探討高強度的訓練、比賽前要如何做好熱身。

無論具體情況如何，我認為訓練和比賽必須做相同的熱身。若有一套固定的暖身流程，代表你清楚知道到了起跑線前該做些什麼，這種熟悉感可以消除比賽壓力。訓練方面，扎實的暖身可以幫助你從第一組訓練就達到正確的配速。

在我的職業生涯中，我都會在訓練、比賽使用相同的熱身，其實也不是多厲害的熱身操。當時的標準是慢跑熱身3到5公里，穿上比賽要穿的跑鞋，在訓練或比賽做幾次跨步跑，接著就馬上開始正式的快跑。如果覺得身體有點緊繃，或者還有多餘的時間，可能會把腿放在板凳上伸展拉筋。

適當熱身是良好訓練的基礎。

我的團隊或其他頂尖跑者現在不這樣暖身了。他們的熱身時間更長、更系統化，可以讓他們的心肺和肌肉系統從訓練或比賽的第一步開始就處於好的狀態。我相信，如果我以前做的是現在的暖身方法，我那時的表現會更好。

接下來，我會先描述我的跑者在訓練前、賽前如何熱身。也會告訴你們時間有限的情況下該怎麼做。假設我們要在操場上做間歇訓練，跑者可以先做一些彈力帶訓練，以啟動臀部、臀肌。如果臀、腿、任何部位特別痠痛或緊繃，可以在患部使用按摩球、筋膜槍。他們覺得舒服、狀態不錯之後，我就會讓他們做 20 分鐘左右的慢跑。他們的熱身慢跑不會只有 2、3 公里，大概會跑近 5 公里的距離。如果天氣真的很熱，可能會少跑一點；如果很冷，就會多跑一些。熱身跑後進行一系列跑姿訓練和其他動態動作，像是擺腿的動作等，最後會做 6 到 8 組 100 公尺跨步跑。除非最後一刻去洗手間，不然就要開始正式訓練了。

這就是理想狀態下的熱身，得花一個小時左右才能完成。如果想要短一點的版本可以怎麼做？在開始熱身慢跑之前，請騰出時間做一些放鬆臀部和下背部的動作，並啟動臀大肌，像是簡單的跳躍或是高抬腿等。這些項目加起來只要幾分鐘。接著就可以進行熱身慢跑。之後可以花幾分鐘重複慢跑前的訓練，或做一些跑姿訓練動作。再至少做 4 組 100 公尺跨步跑。

如果時間非常緊迫，像是下班後趕著訓練的情況，我還是寧願你訓練時少做一組，也要你多花幾分鐘好好熱身。這樣才能達到更好的訓練成效，也能降低受傷風險。

比賽當天，請確保自己有足夠的時間能充分熱身。最好要在比賽前一個小時到達賽場，以避免塞車、排不到廁所或其他途中發生的緊急狀況。比賽是很特別的場合，練了這麼多，你應該要讓自己處在好的狀態並發揮實力。

無論你選擇哪種熱身方式，都可以在第三章參考我提供的跑姿訓練項目及其他暖身運動。

原則四：練就對了

在波士頓菁英長跑隊裡，你常會聽到一句話：「走吧！練就對了」。我很喜歡聽到隊員們這樣說，因為這代表他們已經內化了一個非常重要的思想。

「練就對了」的前提是跑步是我們所**熱愛**、**選擇**的事情。所以就算天氣不好或面臨其他挑戰，也不要把跑步想成負面的事情。走出門，別覺得要訓練很可憐，就盡你所能地完成當天的訓練就對了。

這句話的意思也代表你可以不用糾結於跑速。如果天氣寒冷、風又大，或非常炎熱潮濕，本來可以用 65 分鐘完成的 16 公里跑，我的隊員們可能需要 70 分鐘。但沒關係，這樣還是能提高身體素質。你的身體對努力的感知能力遠大於某個特定的配速。

就算是特訓也是如此。天氣惡劣時，本來就不可能跟平常一樣輕易達到預定的秒數。再說一次，真的沒關係。**不完美是正常的**。訓練成果是半年、一年、三年的努力累積而成。一次訓練不順利不會讓你的長跑生涯毀於一旦。所以**練就對了**。有了經驗，你就會知道 5K、半馬賽事或一般跑步的感受及強度差異。請相信自己，無論手錶上寫了什麼，你都已經很努力了。

如果天氣或訓練狀況不佳，可以嘗試在沒有標記的路線上按時間完成較高強度的訓練。例如，若計畫是以 5K 配速跑 6 組 800 公尺，但遇到狂風、大雨或氣溫高達 32 度的情況，可以選擇在普通道路或自行車道上進行訓練。建議以 5K 配速跑完你在正常情況下跑 800 公尺所需的時間，並在組間休息時慢跑，以完成課表上指定的恢

於每次跑步都找到值得開心的事物

　　大家都說我在各種情況下都能找到正向的一面。即使遇到惡劣的天氣，我也會告訴訓練夥伴，如果風小一點，氣溫再適中些，我們一定能跑得跟風一樣快。他們曾經半開玩笑地說，如果我在間歇訓練時沒有達到預期的秒數，我就會把責任歸咎於跑道的長度。

　　我在生活的各個層面始終秉持著這種態度，也發現對某些人來說，避免陷入過度計較並不容易。然而，培養**豁達的心態**確實能夠帶來很大的幫助。跑步本身非常艱難，容易讓人感到挫敗，因此可以尋找一些訓練中的趣事來**抵消**其他負面情緒，這樣能讓你覺得今天的訓練仍然值得，並激發對下一次訓練的期待。

　　我的大學教練查爾斯‧托佩（Charles Torpey）每次高強度訓練結束後，總會注視著我們的眼睛，並與我們握手。他的這種做法為每次訓練畫上了完美的句點。我也將這種方式融入了自己的教練工作中，會與隊

反正，練就對了。無論是天氣不好或沒心情，只要走出家門，盡力完成當天的訓練就好。

> 員擊掌,稱讚他們做得很好,並以各種方式鼓勵他們。如果在一次不盡如人意的訓練後,我告訴他們「你們做得很棒」,他們可能一時無法完全相信這句話。然而,隨著時間經過,他們會開始反思當天訓練的問題,並逐漸改變看法。
>
> 　訓練並不像在實驗室裡那樣可控,每次訓練都可能遇到不完美的情況。即便只是希望在訓練後獲得一點滿足感,也會有許多因素可能阻礙你。因此,即使那天的訓練非常艱辛,也不要責怪自己。如果訓練中未達到預期的時間,應該尋找原因,而不是輕易地將自己評價為「很糟糕」。工作壓力、睡眠不足、惡劣的天氣或身體不適等因素都可能影響你的表現。
>
> 　當然,你仍然需要注意身體的反饋。如果訓練後效果不如預期,可以考慮在接下來幾天內採取以下方案:在下一次高強度訓練前,將跑量控制在預期範圍內的較低水平。畢竟,在這種情況下,增加訓練量不一定會帶來更好的效果。

復時間。這樣一來,你能在訓練中保持積極投入,也會在訓練後感受到更多成就感。

　　「練就對了」這句話還有另一個層面,那就是鍛鍊身體的方法**多種多樣**。1990 年代在博爾德接受培訓時,我身邊的人往往會犧牲自己的行程,與他人一起訓練。很多人使用相似的每週基本課表,並且常常在跑道上同時準備訓練。有時,有人計畫跑 3 組 3 公里,另一些人則安排 6 組 1600 公尺,還有的人要跑 25 組 400 公尺。我們也經常選擇適合所有人的訓練項目,例如 10 組 1 公里。那時候,我們認為訓練不必那麼絕對和僵化,因此選擇與夥伴一起訓練。有時我跑得比課表慢一點,有時又跑得快一些,但長期來看,這些時間上的差距

會相互抵銷。如果你使用本書中的任何課表，但希望在保持訓練本質的前提下調整，以便與訓練夥伴共同進行，那就去做吧！

不過，參加重要比賽的情況則有所不同。如果距離 10K 賽事只剩兩週，我建議你遵守課表，完全按照課表訓練（但仍然可以說服其他人和你一起訓練）。同樣地，如果在馬拉松賽事前的關鍵長跑訓練中預報了天氣劇變，最好將訓練改期，並在預定日期前後依照原計畫完成訓練項目。然而，在大多數情況下，尤其是比賽還有一段時間的情況下，只要繼續努力就好。

原則五：堅持訓練

如果沒有長期持續的訓練，一切努力可能都會前功盡棄。堅持、始終如一的訓練法則，就如同十週 B+ 訓練優於四週 A+ 訓練的道理一樣。每週都跑步五六天，並保持一定的訓練品質，絕對優於認真訓練數週後又高掛跑鞋好幾個禮拜。

把鍛鍊身體看作是定期的小額投資，長期下來一定會有回報。這並不是說你必須每天跑步。在我的職業生涯中，我從未有過超過三個月不休息。我常常在大比賽（甚至是 5K 賽事）後的隔天休息，一部分是因為這代表著一個階段的結束，另一部分是為了放鬆和慶祝。馬拉松賽事結束後，我可能會休息兩週，具體取決於我的疲勞程度。即使我的跑者參加的最長賽事僅為一英里，我也會鼓勵他們在賽季結束後休息一下。這樣的休息可以讓他們重新拾起那些因為比賽和訓練而被擱置的活動和興趣。

在備賽期間，我偶爾也會休息。經過一個月的密集訓練後，我會真心告訴自己：「我很好，明天需要休息一天。」如果我當天不訓練，課表上通常會安排較短的恢復跑。每年給自己幾次不跑步的機會，可以幫助我在下一個訓練階段前充電。

因此，堅持的意思是全力以赴地遵循課表，除非遇到安排好的休息日、受傷、生病、私人緊急狀況或極端天氣等直接影響訓練的情況，否則應避免休息或請假。本書後半部分的課表將體現這一原則，特別是對於高跑量的課表，我不會安排過多的假日。這是因為我預期你會嚴格按照 6 週、12 週或 16 週的課表進行訓練。盡量遵守課表的意思是，即使真的遇到不可抗力的情況，不得不中斷訓練，你也會認為偶爾放假一天不會對整體訓練造成太大影響。少一次運動或長跑不會讓你失去比賽（但如果你經常跳過長跑訓練，那就另當別論了）。要注意，「我不想練」並不是合理的理由，「我不喜歡」也不算是緊急狀況。

備賽期間持續訓練還意味著**需要格外照顧自己**，包括每天獲得充足的睡眠、良好的飲食，並完成額外的訓練。賽前是我最頻繁做運動按摩的時期。專注照顧身體能讓跑步更加順暢，也有助於堅持和持續的訓練。

堅持訓練的最大好處之一，無疑是能顯著提升比賽表現。當然，這只是其中一個優點。當你看到訓練課表中安排的恢復日，例如「3 到 6 公里」的跑步距離，或許會心生疑問：「為何要花時間跑這麼短的距離？不如多休息，將體力留給更重要的訓練。」但隨著經驗的積累，大多數跑者會發現，實際情況正好相反。如果週日進行長跑，週

二的間歇訓練表現將會受到影響，因此週一輕鬆跑幾公里可以幫助改善週二的狀態。若前一天沒有進行任何跑步，幾乎所有人都會發現很難完成高強度訓練。這就是為什麼在馬拉松比賽中，我建議**在比賽前兩天選擇休息一天，但前一天仍然應該進行短距離的慢跑。**

總的來說，如果你從未養成每天跑步的習慣，你可能不會意識到，一旦達到這種節奏，**大多數跑步的狀態會比偶爾跑步時更佳。**維持一致性還能減輕訓練時的心理壓力。當你知道自己幾乎每天都有跑步計畫時，就不會浪費精力**考慮**某天是否應該跑步；你只需關注訓練的**時間**和**地點**即可。

我建議，即使近期沒有比賽，也要保持跑步訓練的一致性。從日常維持體能的跑步訓練轉向大型比賽備賽期間，許多跑者的跑量和訓練強度往往會大幅波動。此時，身體所承受的壓力會較大，但倘若你已建立良好的體能基礎，訓練的負擔將會相對減輕。如果你保持了這種良好的狀態，你就能以驚人的速度為比賽做好準備。較短的課表，譬如本書後半部分介紹的 6 週 5K 賽事計畫，也是基於這樣的原則。

在新冠疫情期間，我的團隊運用了這一原則，避免了**打掉重練**的困境。2020 年，由於大部分比賽因疫情而無法舉行，我們轉向了長期的基礎訓練，包括長跑、節奏跑，以及偶爾的短距離高強度間歇訓練。我們這樣持續訓練了一年多。到了 2020 年底，我們突然得知有幾場室內田徑比賽即將舉行。2021 年 2 月，艾兒在比賽中創下了美國室內 2 英里（約 3 公里）紀錄，證明了我們可以在基礎訓練的基礎上，迅速轉換至高強度的比賽備戰。

2 建立良好的訓練環境
Building a Good Training Environment

Courtesy of Justin Britton

　　你有興趣加入我所執教的跑隊嗎？讓我先介紹一下我們對隊員的基本要求。首先，你需要具備出色的速度和潛力，有望獲得奧運參賽資格，並且能夠獲得 New Balance 的贊助。這些是相對容易達到的條件。

　　然而，接下來的要求則更具挑戰性：我們不會輕易接納任何人加入團隊，除非整個團隊都希望接受這位跑者。即使你是能夠打破世界紀錄的超級選手，也必須通過這一關。我們寧願選擇一位每公里跑 2 分 48 秒且性格隨和的女跑者，也不會接受一個跑 2 分 41 秒但狂妄自大的人。我們是一個互相照顧的大家庭，但不同於原生家庭的是，我們**可以**選擇誰成為這個家庭的一員。

我的方法並非放諸四海皆準。有些教練只在乎成績表現，但歷史上已經有很多跑者短暫登上世界冠軍的寶座，卻很快陷入低谷，甚至消失。這些情況的主要原因往往是處在不健康的訓練環境中。即使他們能在短期內取得優異的成績，也難以持久。這些環境可能充斥著性別歧視、精神虐待，或是不切實際的要求，甚至可能只是跑者無法真正享受其中。在這樣的環境下，他們的跑步生涯遲早會陷入困境，心理健康也會受到影響。

　　作為教練，我認為最重要的工作就是為跑者創造一個健康的訓練環境。這包括提供支持、快樂、尊重和安全感，這些比任何訓練課表都要重要。在良好的環境中，跑者可以發揮他們的潛力，享受跑步的樂趣，並長期保持競爭力。他們不僅會成為更好的人，也會成為更好的跑者。這種雙贏的局面**遠比單純追求勝利要來得可貴**。

　　這一原則不僅適用於世界級跑者，同樣也適用於獨自訓練的中年男子和田徑隊的女大學生。**人在快樂時表現得最優秀**。本章將告訴你如何找到合適的訓練夥伴，並獲得周遭的人的支持，以創造最利於提升運動表現的環境。我還會分享三位我曾經指導過的跑者的故事，他們的經歷將印證我的說法。

什麼是健康的訓練環境？

　　自從我的三個孩子開始接觸運動以來，我一直在思考這個問題：對我來說，最重要的不是孩子的成績，而是教練是否能像我在家中那樣，真心關心和支持我的孩子，幫助他們發揮最佳表現。如果教練無

法這樣對待我的孩子,即使他們的表現再好,對我來說也毫無意義。

因此,當我開始指導大學跑者時,我也努力實踐這個理念。無論是過去還是現在,我希望團隊中的每一位成員都能感受到我對他們作為個體的關心,而不僅僅是表現。確保他們在健康和快樂的環境中訓練,是我的**首要任務**。我希望他們能夠在**良好的基礎上享受跑步,然後再來才是提高速度**。即使是隊上速度最慢的成員,他們的訓練環境同樣重要,我會像對待曾在達特茅斯學院獲得七次 NCAA 冠軍的艾比一樣,重視每一位隊員的狀況。

這樣的觀念代表著我在訓練期間能了解團隊中每人每天的狀況。不僅是關心他們的腿痠不痠,也不僅僅是和他們討論當天的訓練內容,而是關注他們的心理狀態。如果他們練得不太順利,我會在訓練期間與他們聊天,了解發生了什麼事。根據他們的反饋,我可能會讓他們繼續訓練,也有可能讓他們提前休息。每次完成高強度訓練後,我都會看著他們的眼睛,與他們擊掌、握手或拍拍他們的背。我要讓他們知道,他們剛剛辛苦的訓練我都看在眼裡。正如上一章所言,無論訓練狀況如何,我始終致力於幫助他們發現訓練中的積極面向。

如同上述的執教風格,我會根據各個隊員的情況調整她們的訓練。例如,對於艾兒來說,家庭比跑步更為重要。她是一名宅女,最喜歡和丈夫一起待在佛蒙特州鄉村的牧場。在一年中,艾兒要麼獨自訓練,要麼花四個小時車程前往波士頓參加定期的團體訓練。在傳統的訓練環境下,她可能在一兩個賽季內能跑得更好,但這只是「可能」,並且她會感到非常痛苦。她更適合偶爾加入跑隊進行特定的重要訓練以及高原訓練,其餘時間則在佛蒙特州獨自訓練。

支持，不溺愛

請記住支持與寵溺的差異。「以隊為家」的訓練概念在這裡也適用。我的孩子知道我有多愛他們。但我沒有寵壞他們。他們必須處理自己的困難，我的工作並不是時時保護、讓他們不受任何挫折。在一個好的團隊裡，你對他人負有責任，團體也會期望你能盡自己的一份心力。就像家庭一樣，有時候我也需要告訴某個人，他目前的做法和態度對我們的團體是有害的。

有些逆境能幫助你成長為更好的跑者。我在達特茅斯執教時曾讀過丹尼爾・科因（Daniel Coyne）寫的《才能小書》（暫譯，*The Little Book of Talent*），裡面提到**人不應該養尊處優，反而要選擇較匱乏的環境**。科因寫道，世界上有一群最優秀的數學家是來自南韓一間僅是混凝土大樓的學校。在跑步界也有類似的例子，歷史上最偉大的男子馬拉松跑者埃利烏德・基普喬蓋（Eliud Kipchoge）幾乎一整年都選擇生活在一個樸素的訓練營裡，還會幫忙打掃廁所。達特茅斯大學的設備根本無法與財力雄厚的奧勒岡大學或其他 NCAA 一級學校相比。但我總是想辦法讓我的跑者把這件事視為優點，**而非阻礙**。最好的方式就是**純粹的訓練**。跑步，**不要總是認為事情應該稱心如意、天時地利才能讓你達到最佳狀態**。

這種訓練模式讓她可以顧及與家人和隊友的相處時光，也讓艾兒最終拿下世界銀牌、進入奧運決賽，甚至締造美國紀錄。

以人為本的執教理念比運動科學博士學位更重要。當然，身為教練一定要了解科學和訓練理論，但不必是這方面的專家。最傑出的教練應該是**人性的專家**，能以正確的方式對待他人。我用對待成年人的方式對待我的團隊，這種指導方式也是我希望他人對待自己的方

式,更是我希望他人對待我的孩子的方式。我的女兒卡翠娜加入團隊對我而言幫助很大。她會不斷地讓我知道,自己是否確實像對待家人一樣對待每個人。

庫根教練的團隊成員
德魯・皮亞扎(Drew Piazza)

個人最佳成績:800 公尺賽事:1:45;一英里賽事:3:56
跑步生涯亮點:參與奧運選拔賽;三度獲頒全美最佳跑者殊榮
共事期間:2021 迄今

德魯於 2021 年初加入 New Balance 波士頓菁英長跑隊。作為麻州人,他在大學畢業後前往奧勒岡州接受職業訓練,其間遭遇了不少困難。那裡的訓練是結果至上,如果德魯的表現未能滿足自身及他人的期望,他便會感到非常痛苦。

德魯回憶道:「如果未能取得預期的成效,我會尋找問題所在,並試圖解決它。如果我找不到問題的根源,就會感到一切都完了,因為對我而言,成績就是一切。」

當時，德魯試圖透過跑步以外的活動來尋找快樂和成就感，但他感到與家人和朋友的距離使他十分孤獨。他說：「我當時陷入了惡性循環。由於跑得不好，我需要尋求其他途徑來激勵自己，釋放壓力。然而，如果生活完全圍繞跑步，而跑步的表現又不佳，我就會過度思考這一點；當再次在訓練中表現不佳時，我會覺得自己真的很差。」對當時的德魯來說，跑步不再有趣。他出現睡眠障礙，有時會在凌晨三點醒來，接著出去跑步清醒頭腦。2020 年春天，意識到自己身心俱疲的德魯回到了波士頓老家。

那年年底，我們開始討論要不要帶他加入我的團隊。我告訴他這取決於其他成員，而不是我。我還告訴他，我們不僅僅是一群跑很快的人聚在一起訓練，而是一個貨真價實的團隊，**一個人們互相支持、關心彼此的地方。**

德魯談到 2021 年時總會說：「那年過得非常不順。」因為他雖然獲得了奧運選拔賽的資格，卻沒有進入 800 公尺決賽，堅持已久的目標就這樣落空了。

德魯還說：「就算比賽失常，2021 年還是比其他賽季好多了，因為我玩得很開心。我真的很享受和團隊在一起的時光。每個人都互相支持、砥礪。我們是朋友，會聊田徑以外的事情，而不是像生活沒有別的重心一樣整天都在講跑步。這樣的互動讓我放鬆許多，因為我不再覺得田徑是我的全部。我還是很期待、關心自己下一個賽季的進展，但我不會像以前那麼害怕了。現在，如果比賽成果不如預期，我會思考自己還能做些什麼。如果我因為各種奇怪的原因做不到，那也沒關係，又不是世界末日。我很高興自己已經遠離了那種全有全無的思考模式，還有焦慮緊張的心態。」

如果這是德魯在如此重要的奧運年僅有的收穫，那麼我身為教練的職責可說是圓滿達成。

庫根教練的團隊成員
山姆・切蘭加（Sam Chelanga）

個人最佳成績：5K 賽事：13:04；10K 賽事：27:08；半馬：1:00:37
跑步生涯亮點：NCAA 聯賽 10K 紀錄保持人；四項 NCAA 聯賽冠軍
共事期間：2013-14

山姆是我有幸合作過最有天賦的跑者之一。他是肯亞人，2006 年來美國讀大學，先是就讀費爾里・狄金生大學（Fairleigh Dickinson University），接著進入自由大學（Liberty University）。在自由大學期間，他贏得了四項 NCAA 聯賽冠軍（越野賽兩項，室內和室外賽事各一項），並於 2010 年創造了 NCAA 聯賽 10K 賽事紀錄。

2011 年從自由大學畢業後，山姆加入了奧勒岡州的職業跑隊。他很努力訓練，卻無法重現大學時期的輝煌，甚至開始難以享受跑步的樂趣。

山姆回想：「我覺得自己像上班族一樣，訓練就跟打卡上下班無異。跑步很煩人，但我又不得不跑。而且每次比賽的時候，我的思緒也無法專注於跑步本身。**運動不只是身體活動，還關乎你整個人的精神及情感層面，這些都會影響你能否發揮最佳實力。**」

當時，山姆剛成為爸爸，並且在嘗試入籍美國，這些變化讓他承受了巨大的壓力。因此，他開始尋找新的解決方案。他的妻子來自麻州的普利茅斯，於是他考慮搬到美國東北部。然而，他需要一個訓練夥伴。正

巧，我當時正在指導本・特魯（Ben True），他住在新罕布夏州的漢諾威（Hanover, New Hampshire），並在田徑、路跑和越野等賽事中表現優異。我也因為在達特茅斯擔任教練而住在那裡。

2013 年，山姆決定搬到漢諾威，與我和本・特魯一同訓練。他說：「到了漢諾威，我覺得自己彷彿找到了人生缺失的那塊拼圖。本・特魯很支持我，我也非常信任他。庫根教練對我們不離不棄，這種氛圍讓我想起了大學時期，那裡有支持你、幫助你實現目標的人。團隊也尊重我，提供了我所需的資源，使我能夠發揮潛力。」

山姆的笑容漸漸展開，他重返了跑步生涯的巔峰。2013 年 10 月，他創下了自己的半馬最佳成績。同年感恩節，他在康乃狄克州著名的曼徹斯特路跑（Manchester Road Race）賽事中奪冠。隨後，他在 12 月的澳洲札托佩克（Zatopek）10K 賽事中也贏得了冠軍。隔年 1 月，山姆在波士頓 5K 室內賽中跑出了 13 分 4 秒的個人最佳成績。

他表示：「這是我第一次真正覺得自己是職業選手。過去我總覺得自己無法與職業跑者競爭，實力差距太大。以前在奧勒岡州比賽前，我會因為緊張而嘔吐。」

山姆變強的另一個原因是我們不斷稱讚他多麼有天賦。有時他會說我指派的訓練速度太快。我會告訴他不要過於擔心，只需跟著本一起訓練，結果自然會顯現。現在，我很高興聽到山姆說：「庫根總能讓我相信，我能做到以前認為做不到的事情。」

2014 年，我離開了達特茅斯，開始指導 New Balance 波士頓菁英長跑隊，因此不得不與 Nike 贊助的山姆終止合作。對於職業跑者來說，這是一個現實的考量。雖然山姆和我都希望能繼續一起訓練，但無奈情況所限。我們依然是好朋友，我也很高興看到他持續創下佳績，如在 2017 年世界越野錦標賽中獲得第十一名，也是美國第一名；並在 2018 年再次創下半馬最佳成績。我希望目前在美國陸軍服役的山姆，未來幾年能繼續保持在健康和快樂的訓練環境中。

找一個好的團隊

你可能還沒有教練,也不屬於一個固定一起練習、行之有年的跑隊。但你還是可以把以人為本的概念應用到任何與他人一起訓練的情境。

在我的職業生涯中,我大多數時間並未成為正式跑隊的成員,而是參與了較為鬆散的訓練組織。相較於獨自跑步,我更喜歡和他人一起跑步。無論我身在何處,我總是會努力組織一群人,與他們一起訓練。如果我們能以交談的速度跑 16 公里,那麼邊跑邊聊天的過程會更加有趣。如果在訓練過程中可以依靠夥伴,並在心情低落時向他們傾訴,整個練跑過程也會變得更加輕鬆愉快。

我所在的團體總是充滿熱情。在科羅拉多州的博爾德地區,有很多人能在馬拉松比賽中跑出 2 小時 20 分鐘的佳績。我的隊友們的表現更為出色,他們的全馬最佳成績可達 2 小時 10 分鐘,或者在 10 公里賽事中以 29 分鐘內完成。而博爾德地區的跑者幾乎能夠跟上我隊友們的所有訓練內容,除非是特別高強度的訓練或長距離訓練的最後衝刺,他們才會稍顯跟不上。有他們陪伴訓練,我感到非常幸運。他們之中的大多數人都有全職工作,聽到他們一邊努力工作、一邊堅持跑步的故事,總是能激勵我們。這些業餘跑者讓職業跑者們意識到,能夠專注於跑步而無須擔憂其他事宜是一種多麼幸運的事。當然,能夠輕鬆聯繫到保險代理人和信貸專員,也是職業運動員的一大優勢。

如果你要找人一起訓練,請記住這一點。你不應該把眼光侷限

於成績與自己相近的人。你可以在一般訓練的時候跟速度更快的跑者一起練習，就像上述全馬跑 2 小時 20 分的跑者一樣。也可以在輕鬆跑、長跑初期與速度較慢的跑者成為夥伴。如果你很常在恢復跑時不自覺地加速，那找慢一點的夥伴是個好的解方。你甚至可以跟配速完全不同的人一起訓練，只要約好在同個時間出現在同個地點，並各自執行課表即可。你們仍然會從彼此身上得到力量，並得益於這份同甘共苦的友誼。

找好一個團隊也對自己的心理狀態有幫助。只要把眼光放寬、放遠，你就能夠遇到不同背景、年齡、價值觀的人。一起訓練時，腳下踏的每一步，都會把團隊牢牢地聯繫在一起，也會不斷地支持你，而這樣深刻的友情也是許多成年人缺乏的。**這股力量對於我們的心理健康有不可言喻的重要性。**

找尋訓練夥伴時，我最重視他們**可不可靠**。如果你們約好在一大早上班前見面練跑，他們卻總是爽約，就會毀了跑步的興致。我不會再花精力培養這種關係。

另一個考量是，**我喜不喜歡跟這個人待在一起**。我喜歡跑步時與對方有說有笑，並向他們學習。跑了好幾公里之後，你會發現自己可以更自在地聊天，比起平常更放鬆。即便是我們職業選手，邊跑步邊聊天的內容也以跑步以外的事情為主。你的訓練夥伴會幫助你提醒自己，**你的快樂、健康比起速度更重要。**

就算沒辦法跟每個人都合拍也沒關係。在博爾德，有一位速度很快的馬拉松跑者，卻無法融入我們的團隊。他一直都很好勝，不管程度輕重，我覺得這種好勝心都**不適合**出現在團隊當中。他總是要比

庫根教練的團隊成員
亞莉克西・帕帕斯（Alexi Pappas）

個人最佳成績：10K 賽事：31:36；10 英里賽事：53:10
跑步生涯亮點：奧運選手、希臘 10K 賽事國家紀錄保持人
共事期間：2010-12

photo © 2018 Kevin Morris

亞莉克西待在達特茅斯的最後兩年，我很榮幸能擔任她的教練。她很好地展現出如何在投入訓練、取得佳績的同時，保有跑步以外的、充實的個人生活。這點很值得大家學習，一般人雖然很想專注於訓練，卻還是得承擔個人或職業的責任，也要顧及其他興趣。2012 年，亞莉克西以優異的成績畢業，兩度獲頒全美最佳跑者，還拿到一座常春藤聯盟冠軍，也幾乎是跑界裡唯一以自己的作品報名參加電影節的跑者。

我在 2010 年開始執教於達特茅斯，當時我很看好亞莉克西，相信她很有進步的潛力。我也發現她的其他興趣在生活中有舉足輕重的地位。不管哪個級別的跑者，生活中有跑步以外的重心、愛好都是健康的展現。所以我不想讓亞莉克西放棄這些興趣。我只想讓她重新思考自己與跑步的關係。

亞莉克西說：「馬克告訴我，我可以更認真地對待跑步的夢想。聽到他這樣說，我就更能下定決心實踐理想，也讓我了解到跑步是一種選擇，而不是犧牲。於是，我能夠為了跑步的目標做出選擇，多睡覺、少喝酒，或處理其他小事情，讓我能夠平靜地完成每週 80 到 100 公里的跑量。」

談到電影製作和其他愛好時，亞莉克西說道：「我沒有為了跑步犧牲我的興趣；因為所有的活動都對我有幫助，馬克也一直鼓勵我成為一個全面發展的人。興趣會為我帶來精神上的轉變，而不是身體上的。」

亞莉克西從達特茅斯畢業後，就失去了代表達特茅斯參加 NCAA 的資格。後來，她前往奧勒岡大學攻讀創意寫作碩士學位。在那裡，她又三度獲頒全美最佳跑者殊榮，並幫助奧勒岡大學贏得 2012 年 NCAA 越野賽冠軍。在奧勒岡州及後來成為職業跑者期間，她持續追求製片和寫作的夢想。由她自編、自導、主演的電影包括《田徑鎮》（Tracktown）和《奧運夢》（Olympic Dreams），上述電影都曾登上著名的電影節並在各地上映。她的回憶錄《勇敢》（Bravey）也於 2021 年出版，結果廣受好評。所有創作都是在奧運備賽期間完成的，當時她代表希臘參加 2016 年里約奧運會 10K 賽事，那段時間，亞莉克西也在馬拉松賽事奪得佳績，於 2020 年創下 2 小時 34 分的個人紀錄。

談到犧牲興趣、專注跑步一事，亞莉克西認為：「我不覺得這樣會讓我進步。我認為如果全神貫注於跑步訓練，就很難不把成績、輸贏放在心上。但是這樣患得患失沒有好處，因為我們要先有正向、放鬆的態度，才能在比賽時有好表現。」

她也說：「我認為人們也往往會對我有誤解，覺得我好像不務正業，同時做很多事。但實際上，我有一套自己的優先順序，而跑步永遠是第一要務。備戰里約奧運期間，我每週跑 200 公里，絕不比其他跑者少。而我能同時完成其他事情的原因，只是我利用空閒時間的方式與許多運動員不同罷了。」

亞莉克西有一部非常重要的電影，時長只有 5 分半鐘。那是一段為紐約時報製作的自傳電影，講述自己在奧運會後的低潮，談論她當時對往後運動生涯感到茫然的狀態。由於對未來失去方向，造成她過度訓練、忽視自己受傷的跡象。在那部影片裡，亞莉克西語重心長地說，運動員不只要注意身體健康，也應該時刻關注心理健康、治療心理問題。她的建議不只適用於運動員，也適用於我們每個人。

我們快一步,一定要跑在最前面,而且還要偷偷領先個幾步,他想要的不是融入團隊、放鬆地訓練,而是主導一切。

有一天,這個跑者又在跑上坡時加快步伐,當時,前馬拉松世界紀錄保持人史蒂夫告訴我們下一座山有多陡、多難爬。接著,史蒂夫舉起雙手要我們其他人放慢速度。但那位跑者卻沒有慢下來,甚至轉身開始跑第二座山坡,而我們則繼續走預定的路線,下坡進城。那之後,我們就再也沒看到這個人了。不管一個人用什麼形式展現自己的情緒,這種無禮的態度都對健康、快樂的訓練環境有害。

自己跑,還是一起跑?

不管你獨自練習是有意選擇或情勢所迫,都要創造一個互相支持、鼓勵的訓練環境。

你可以與身邊的人分享跑步的目標,告訴他們為什麼跑步對你而言很重要。即使他們沒有親自陪你訓練,也會在情感上與你同在。你還是需要對身邊的人負責,而這點也是一個好的團隊裡很重要的部分。邀請他們一起跑步可以讓你們的關係更加深厚。他們會看到你的付出及毅力,並得到啟發。你可能早上練跑完回到家準備趕去上班,發現有人已經為你準備了早餐。然後,你會想要感謝他們,給他們實際的回報。突然間,跑步這件大家認為很孤獨的事情,會變成你與所愛的人之間的深刻連結。

要打造健康的訓練環境,就必須保持正確的跑步態度。即使是職業跑者也不應該把跑步當作自己的全部。你不應該為了訓練、為了

讓自己在訓練後好好休息，或為了想一堆跑步的事情，而忽略生活中其他重要、珍貴的事。最理想的狀態是，跑步讓你的生活**更有**意義，且不會阻礙你在生活中其他面向找到意義。正如亞莉克西所說，**把跑步想成是一種選擇，而不是犧牲**。如果賽事在即，稍微抽離其他事情並無不可。但你不應該因為自己是名跑者，就讓跑步成為你的預設選項。因為這樣會讓你過度關注跑步，甚至忽視自己的身心健康。

　　如我所說，我總是喜歡和別人一起訓練。這只是我自己的做法。就算獨自訓練，也同樣有效。如果你覺得自己練跑更自在，能讓你在訓練以外的時間過得更好，那這就是你獨自練習的主要誘因。只要出去呼吸新鮮空氣，遠離螢幕、避免久坐，就可以改善你的健康，也會讓你成為一個更好的朋友、伴侶、父母、兄弟姐妹、同事。**你首先是個人，其次才是跑者**。如果獨自跑步能讓你成為更好的人，那就擁抱這個選擇吧。

保持健康強壯

3　Staying Strong and Healthy

Courtesy of Justin Britton

　　讓速度提升的最佳途徑就是遵循良好的課表。長跑、高強度訓練、恢復日和日常跑步的組合絕不會錯，也無可取代。

　　但如果你經常受傷、過度疲勞、生病，那麼就算使用世界上最好的課表也沒有意義。有許多非跑步活動和生活方式可以幫助你提升跑速。著重於肌力、柔軟度、活動度、技巧及姿勢的訓練，都能幫助你在疲勞狀態下更好地保持良好跑姿，並降低受傷風險。均衡的飲食、充足的睡眠、良好的恢復習慣都有助於持續不斷地訓練，讓你遠離身體疲勞、情緒低潮、疾病纏身等狀況。我會在本章描述所有能增加跑速的好方法，也會解釋背後原理及執行方式。

　　別擔心，我不會要你在原本的訓練之外再增加額外的訓練時數。

我所提到的動作都很簡單，且幾乎可以在任何地方進行，跑步前後都能做。你可以把這些小訓練當成一筆投資，讓你從跑步中獲得更大的收益。記得，雖然我把它們分成不同類型，但它們也有不止一個好處。例如，彈力帶走路非常適合當作動態熱身，但同時也能增強你的力量；弓箭步則不僅能增加力量，還能改善你的活動度等等。我接下來在本章中推薦的動作，將會為你帶來許多收穫。

肌力

在大學時期和剛成為職業選手的時候，總有人告訴我，跑者如果能臥推自己的體重就足夠強壯，根本不需要做其他重訓。我不知道這個說法是誰提的，但想必是那些有能力卻不想訓練的人編出來的。當時我體重 63 公斤，臥推能做到 68 公斤，所以我高高興興地接受了這個毫無根據的建議，結果好幾年都沒有進行肌力訓練。經過幾年的職業跑者生涯後，我才意識到需要加強自己的核心肌群，並開始加入許多自重訓練。

如今，幾乎所有的菁英跑者每週都會進行兩到三次的肌力訓練。我的團隊進行重訓的主要原因有三：可以增加跑步距離、降低受傷風險，以及在疲勞時能有效招募輔助肌肉以保持良好狀態，讓自己能在終點線前衝刺。如果你看海瑟和艾兒的照片，就會發現她們在終點線前幾公尺的姿勢與剛出發 400 公尺時的姿勢幾乎一樣，而許多業餘跑者卻無法做到這一點。

做肌力訓練的目的不是練出大肌肉，也不是為了讓你更上鏡，

而是為了讓你跑步進步。而且重訓其實很方便，只需要自己的體重就可以完成幾乎所有我推薦的動作。每個禮拜可以做這套訓練兩次。我的跑隊會在一週兩次最高強度訓練的同天做肌力訓練，符合辛苦的日子就該辛苦、輕鬆的日子就該輕鬆的原則。如果高強度訓練後沒有時間直接做肌力訓練，那麼晚一點再做也沒有問題。如果還是沒辦法，那麼在高強度訓練前幾天重訓也可以。我寧願你堅持訓練，也不要你因為只能在某個特定的日子重訓而放棄重訓。但請注意，重訓日之間至少隔兩天。

伏地挺身（push-up）

效果：伏地挺身可以鍛鍊三角肌、胸肌、三頭肌、前臂和二頭肌。因為伏地挺身是以棒式的姿勢進行，所以可以增強腹肌和下背，進而加強身體的平衡感及支撐力。

做法：四肢著地，雙手比肩膀稍寬。手肘不要鎖死，盡量保持微彎。雙腿向後伸展，雙腿分開與臀部同寬，雙手和腳趾著地並保持平衡。想像用肚臍拉向脊椎的方式收縮腹肌並收緊核心。整個動作中要保持核心收緊，從頭到腳保持一條直線，下背及屁股不要下垂，也不要拱著背部。慢慢彎曲手肘、靠近地面，直到手肘呈直角。繼續收縮胸肌，雙手向上推，回到起始位置。

次數：2 組，每組 10-25 次

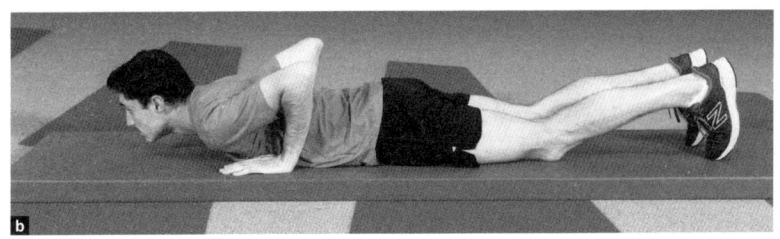

捲腹（crunch）

效果：捲腹可以增強腹部肌肉，幫助你維持良好的跑姿。捲腹比傳統的仰臥起坐更安全。

做法：躺在地板上，背部打直，膝蓋彎曲約 60 度。腳底平放在地板上，手腕交叉在胸前。這是起始動作。將上半身彎起來，直到肩胛骨離開地板，此時身體形成一個「C」形。此時，呼氣並維持此姿勢一秒鐘。慢慢回到起始位置並吸氣。

次數：15-20 次

單腳羅馬式硬舉（single-leg Romanian deadlift，RDL）

效果：跑步時，總是只有單腳支撐整個身體。單腳羅馬式硬舉可以訓練到很多地方，改善單腿的發力動作，因此，單腿的版本比起原本的羅馬式硬舉更適合跑步這項運動；透過此項訓練，可以提高大

腿後肌和臀大肌的耐力；還會幫助你啟動大腿後肌，並限制跑步時腰椎過度伸展（lumbar extension）的程度；另外，也能增進身體平衡、腳掌內部的平衡及肌力、踝關節和膝關節的穩定性及髖關節功能。

做法：在增加重量之前應先學好動作。首先把身體所有重量轉移到右腳。膝蓋不要鎖死。臀部屈曲，做出髖關節鉸鏈的動作，即臀部向後推，使腰部向前彎曲。左手向下移動時，左腿抬起。右手手臂盡量與腿部保持平行，若重心不穩也可以伸展右手、保持平衡。如果能用正確的姿勢單腳各完成 10 下，就可以使用啞鈴或壺鈴增加重量。負重可以使練習更有挑戰性。但不要為了增加重量而犧牲正確的姿勢。

次數：左右腳各 5-10 次

弓箭步及其衍生動作

效果：弓箭步簡單又有效,可以增強股四頭肌、臀大肌、大腿後肌、小腿肌、核心肌群,進而增進跑姿及跑速。弓箭步還可以提升平衡感、增加髖部活動度、增進身體協調、幫助增肌、提升肌力、改善脊椎健康、增強核心穩定性。弓箭步也相對安全,不需要特殊設備即可完成。

站姿弓箭步（standing lunge）

做法：雙腳與肩同寬站立,重心放在腳跟上。右腳向前跨,彎曲雙膝向下蹲。最終雙膝應呈直角。接著,右腳跟發力以回到站立動作。膝蓋應該要一直在腳踝正上方。

次數：左右腳各 10-15 次

反向弓箭步（reverse lunge）

做法：雙腳與肩同寬站立，重心放在腳跟上。髖部向前屈曲；右腳向後跨步，雙膝彎曲向下蹲，完成弓箭步動作。在前方的左腳跟發力，回到站立位置。膝蓋應該要一直在腳踝正上方。

次數：左右腳各 10-15 次

四方位弓箭步（around-the-world lunge）

做法：此動作與站立弓箭步類似，但要完成前後左右四個方向。第一個動作是向前弓箭步，也就是前述的站立弓箭步。接著腳向三點鐘方向跨步，做一個向右的站立弓箭步；然後腳向六點鐘方向跨步，做一個向後的反向弓箭步；最後腳向九點鐘方向跨步，做一個向左的弓箭步。腳往左右跨時，需保持臀部向前。

次數：左右腳各 4-5 組

弓箭步行走（walking lunge）

做法：雙腳與臀同寬站立。抬頭挺胸，核心用力，收縮肩胛骨，下巴抬起，眼睛直視前方。右腳向前跨出一大步，跨至身體前方約 60 公分左右的距離，並讓左腳跟隨著跨步自然抬起。盡量讓手臂自然擺動，手肘彎曲呈直角。保持核心收緊、抬頭挺胸。核心收緊，身體站直。雙膝彎曲，直至後腿膝蓋接近地面。膝蓋接觸地面之前停下動作。向下蹲時吸氣。右腳後跟向下用力，伸展右膝並站起；左腳抬離地面並向前跨步，跨至身體前方約 60 公分左右的距離。踏出左腳時要避免上半身隨著臀部的動作向前傾，仍應保持身體直立。起身站立時呼氣。每下弓箭步都會向前跨步，同時交換左右腳。

次數：2 組，每組前進 15-20 公尺或左右腳各 4-5 次。

保加利亞分腿蹲（lunge off the bench）

做法：保加利亞分腿蹲是弓箭步的進階變化動作，因為將後腳尖放在啞鈴凳上可以增加弓箭步的強度。比起雙腳踩在水平面上，抬起後腳會對前腿施加更多的重量，讓股四頭肌施加更多力量。即便使用啞鈴凳，膝蓋也應保持在腳踝正上方。

次數：左右腳各 10-15 次

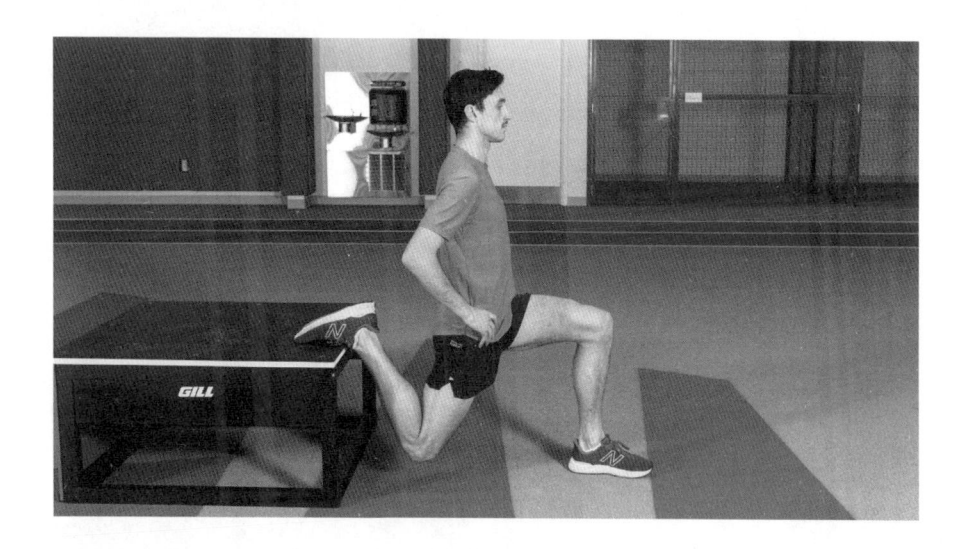

臀推（hip thrust）

效果：臀推是另一個增強、啟動臀肌的動作；也可以避免運動傷害、鍛鍊核心力量。

做法：坐在地板上，背靠啞鈴凳或其他支撐物的長邊上，例如沙發或椅子，雙腳平放在地板上。啞鈴凳的椅墊應位於肩胛骨正下方。啟動核心肌群，然後透過腳跟發力，將臀部向上抬起，保持下巴

向下收，以防止背部過度拱起。臀部推至最頂後，臀大肌用力夾緊，然後慢慢將臀部降至貼近地面。如果你沒有合適的長凳，也可以做臀橋。此動作與臀推相似，但肩膀平貼於地面，其餘動作內容皆相同。臀部推至最頂時，肩膀至膝蓋應該呈一直線。

次數：10-15 次

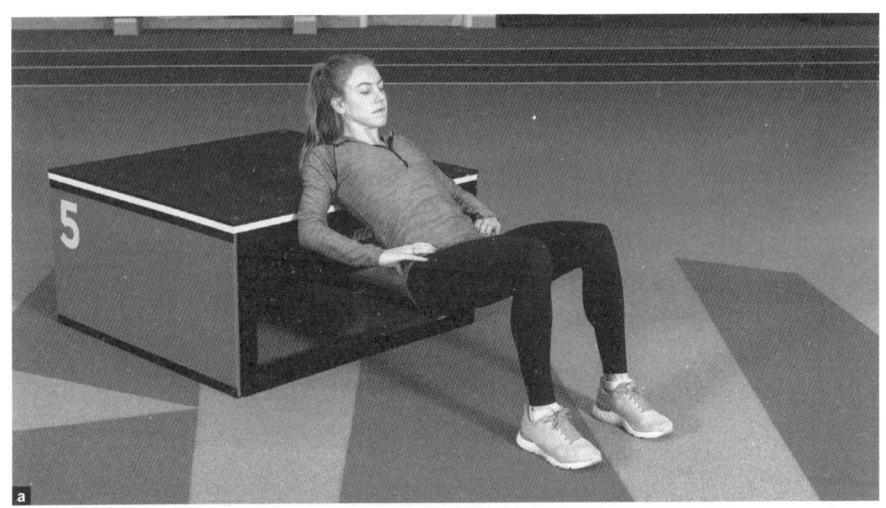

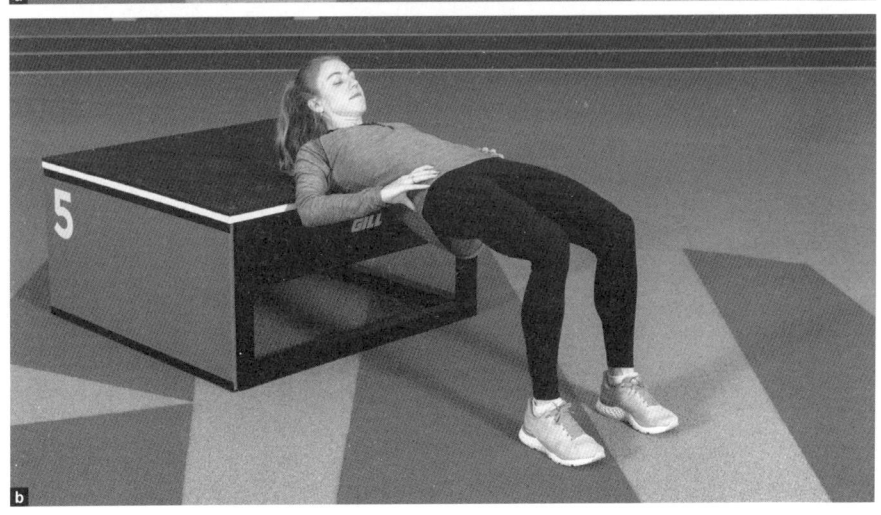

棒式及其衍生動作

效果：棒式是訓練核心肌力及穩定性的最佳動作。除了核心肌群之外，還可以鍛鍊到肩膀、背肌、胸肌、手臂、腿部和臀部。棒式有很多種變化動作，接下來我會介紹我最喜歡的幾個。透過這些衍生動作，就可以用棒式練到全身。

一般棒式（forearm plank）

做法：面向地板，腳趾和前臂撐地、保持平衡，重心放在前臂上。收緊腹肌、臀肌，身體保持從頭到腳筆直的姿勢。

時間：維持動作 30-60 秒

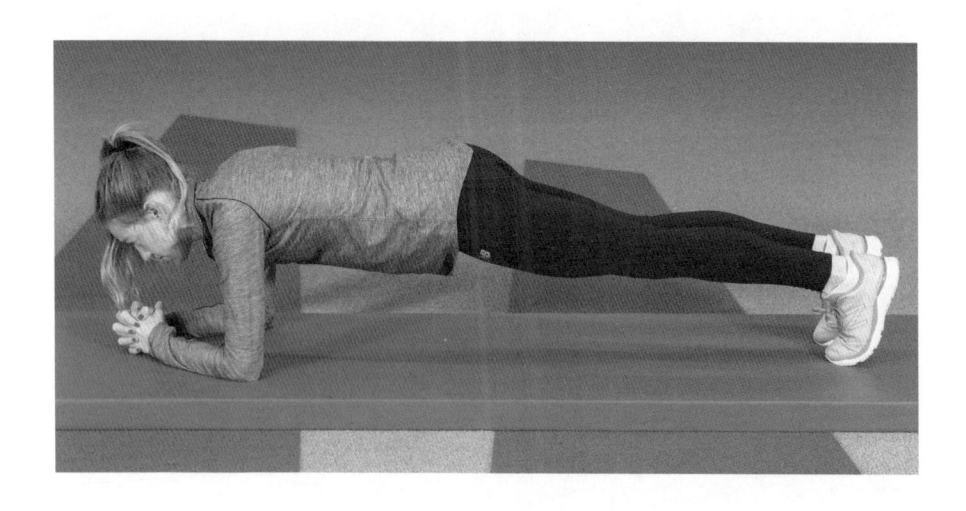

側棒式（forearm side plank）

做法：先做出傳統的棒式動作。接著將重心轉移至右前臂，左臀部向右旋轉四分之一圈。臀部和肩膀呈一直線。身體的左側朝天，右側朝地面。動作全程維持核心用力。收緊腹肌、臀肌，身體保持從頭到腳筆直的姿勢。

時間：維持動作 30-60 秒；換成左手撐地，重複此動作。

加重棒式（forearm plank with weight）

做法：先做出傳統的棒式動作。準備好之後，請人在你的背上放一個槓片，讓維持動作的難度增加。重量應該只會讓訓練強度增加，所以如果槓片重到讓你的背部彎曲，就應該換輕一點的重量。

時間：維持動作 30-60 秒

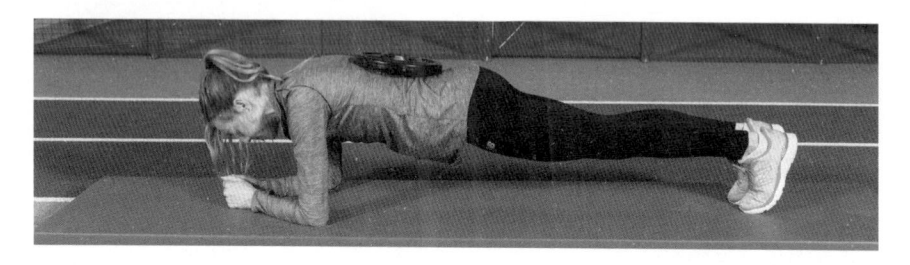

瑜伽球棒式（plank on physio ball）

做法：手撐在瑜伽球上做出棒式動作，將大部分的重心放在兩隻手臂上。收緊腹肌、臀肌，身體保持從頭到腳筆直的姿勢。由於球會移動，維持姿勢會較為困難。

時間：維持動作 30-60 秒

海豚式（dolphin plank）

做法：此變化式非常適合用來增強臀肌、肩膀的活動度和肌力。先做出一般的棒式動作。吸氣，臀部向天花板抬起，形成倒 V 形，維持動作 15 到 30 秒；然後呼氣，慢慢回到起始動作。

次數：重複 5-10 次

毛毛蟲式（caterpillar）

效果：此動作有助於增進下背核心的穩定性和活動度，也是訓練前很好的暖身運動。

做法：站立時，雙腳略大於肩寬。將恥骨拉向肚臍，啟動核心肌群。直視前方，彎曲臀部和膝蓋，雙手放在雙腳前方的地板上。保持雙腳不動，將雙手向前走。繼續將雙手向前走，直到進入伏地挺身姿勢，雙腿伸直，並盡量將重心放在腳掌上。保持雙腳不動，將雙手走回腳前。最後站起來，回到起始位置。

次數：重複 5-10 次

蚌殼式（clamshell）

效果：久坐族的臀部通常很緊繃，導致臀肌失去力量。如果你也有久坐的習慣，則此動作就能幫你解決這兩個問題。蚌殼式可以鍛鍊髖外旋肌群，並提高其穩定性。因此，能減少臀部、膝蓋、腳踝受傷和下背疼痛的機率。

做法：側身躺臥，面朝左邊，雙腿併攏。膝蓋彎曲呈45度角。臀部不要向前或向後歪斜，保持與地面垂直。右臂墊在頭部下方，不要讓頭接觸地面。左手放在左臀部上，以穩定上半身。肚臍的位置收緊，好讓腹肌發力。雙足併攏，盡可能地向上朝天花板移動左膝，雙腿打開的角度越大越好。此時要確保骨盆和臀部不要移動。左膝抬到最高點時暫停動作，但不要撐著，接著將左腿放下，回到起始動作。

次數：左右腳各 10-15 次

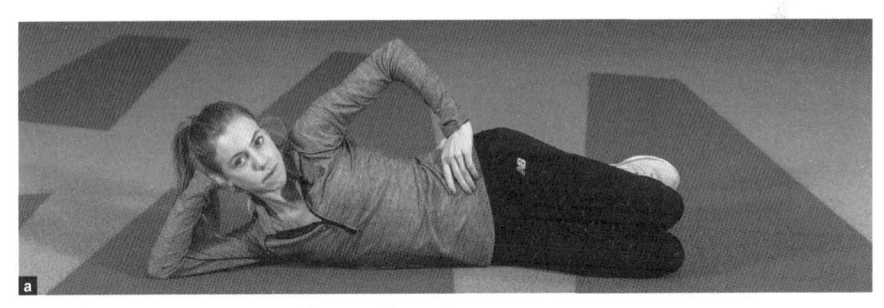

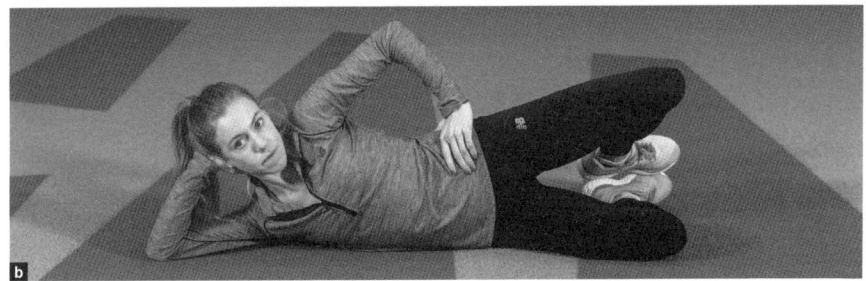

消防栓式（fire hydrant）

效果：此動作可以鍛鍊、活化臀肌，並增加臀肌的活動度。

做法：四肢著地、雙手和雙膝撐地，背部挺直。肚臍的位置收緊，好讓腹肌發力。臀部水平於地面，左腿彎曲呈直角，將左膝抬起並向外打開，遠離身體。此動作有助於打開左臀部。維持此姿勢一秒鐘。接著將左膝蓋放下，回到地面。動作全程維持核心用力、手肘穩定不動。

次數：左右腳各 10-20 次

柔軟度及活動度

　　柔軟度跟活動度也是我年輕的時候表現更好的項目。我和我大多數朋友都出自於「一上場就跑」的訓練體系。我們只有在前一兩公里會放鬆地跑，接著就以正常的配速開始訓練。當時的我沒有受傷，其實是很罕見的狀況。大多數跑者都很常受傷。其中一個原因，應該是我們**缺乏**跑前的準備。

　　現在我們學乖了。每次跑步之前，我的團隊都會進行一整套簡短但全面的動作。此活動的目標就是增加血液流動並活化肌肉，好讓起跑的第一步就能達到最佳狀態。這套準備流程可以降低跑者受傷的風險，因為步態不會受影響，感覺也會更好。在整體強度相當的狀況下，跑者還能一開始就跑得快一些，不用把時間浪費在熱身過程中。

　　跑步後伸展放鬆會讓我更舒服。每次開車好幾個小時後，我都會伸展大腿後側、臀部、股四頭肌、下背，拉筋後總會通體舒暢。反對伸展運動的人總會說，用伸展運動預防受傷根本無憑無據。但我不這麼想。比起一跑完步就回頭處理其他事情，一運動完就拉筋總是能讓你當天更舒服，隔天跑步的狀態也能提升。

　　接下來的動作皆能讓你的柔軟度和活動度更佳。在學術定義上，柔軟度與肌肉等可拉長的軟組織有關；活動度則與軟組織及關節自由活動的能力有關。但在實際訓練時，柔軟度和活動度指的就是身體自由、輕鬆地做出大幅度活動的能力。良好的柔軟度和活動度可以讓跑姿達到最佳狀態，在同樣的費力程度下，如果柔軟度及活動度佳，跑速會比軟組織或關節受限者更快。

其中一組柔軟及活動度訓練就是動態熱身，可以在出門跑步之前於室內進行。用繩子伸展則是訓練前後都可以做。跑步前的動態熱身操和跑後的繩子伸展操是絕佳拍檔。每次跑步前後至少要做一些類似的動作。只需要幾分鐘就能達到效果。高強度訓練、長跑之後，要找時間進行完整的伸展運動，隔天身體就不會那麼疲勞。

跑前動態熱身

臀大肌與股四頭肌伸展（knee to chest to leg behind quad stretch）

效果：此動作可以提高柔軟度、幫助肌肉熱身。將膝蓋拉向胸部時，會伸展到大腿後側、內收肌群以及臀部和臀部周圍的肌肉。做出股四頭肌伸展的動作時，可以有效伸展大腿前側的股四頭肌，因此有助於跑姿流暢。

做法：走幾步路，接著用雙手抱住一側膝蓋並將其拉向胸部。此時，大腿後肌應該會有明顯的感受。然後將腿放回地面，再邁出一步，用同手同腳的方式，讓手抓住腳踝，將腳跟拉向臀部，以完整伸展股四頭肌。動作完成時，膝蓋應指向地面。也可以將另一隻手向上延伸，以增加伸展度。

身體要挺直，不要往任何方向過度彎曲，盡量保持良好的姿勢。動作全程維持核心用力。完成膝碰胸式及向後股四頭肌伸展後，再踏出一步，換腳重複動作。

次數：2-4 組，每組向前跨步 20 公尺或重複 5-6 次。

前後擺腿（forward and backward leg swing）

效果：許多跑者的髖部屈肌都很緊繃，此時，向前向後擺腿可以幫助你放鬆大腿前側、臀肌、大腿後肌。

做法：將左手放在椅子或牆壁等支撐物上，保持臀部和肩膀正對前方。抬起左腿，膝蓋微彎，然後將膝蓋盡量抬高。接著，將左腿向後擺動，直到完全伸展。用力將腿擺回，模仿跑步時的步幅，但要誇大這個動作，以便在腿部活動的兩端充分伸展，達到柔軟度訓練的效果。

次數：左右腳各 2 組，每組 10 次

側向擺腿（crossbody leg swing）

效果：此動作可以增加內收肌群、臀部、髂脛束的活動度。

做法：面向牆壁或在身體前方放置支撐物，距離約一隻手臂的長度。雙手抓住或按壓前方的支撐物，保持肩膀和臀部平行。從右腿開始，腿伸直並保持膝蓋微彎。將右腿盡可能向右擺動，然後再向內擺動並交叉過身體，擺動幅度盡量大。保持正常的活動範圍，不要在動作的兩端過度用力，也不要在擺腿時過度扭轉臀部。

次數：左右腳各 2 組，每組 10 次

阻力帶側向行走（side band walk）

效果：阻力帶側向行走會讓你的臀肌相當有感，也有助於發展髖部穩定性、鍛鍊外展肌群。

做法：將阻力帶套在雙腳腳踝處，雙腳與臀部同寬。此時，阻力帶應該是略微拉緊的狀態，但不要過度拉伸。雙膝微彎並進入半蹲姿勢，以啟動臀肌。保持雙腳與臀部平行，眼睛平視前方，重心均勻分布於雙腳上。在半蹲姿勢中，將重心移至一隻腿，另一隻腿則向一側跨出一步。運動過程中，保持臀部水平。保持低位，身體面向前方，背部挺直，避免駝背。此時，你應該能感覺到臀部的用力。

次數：先以右腿起步，往右跨 10 步；再以左腿起步，往左跨 10 步

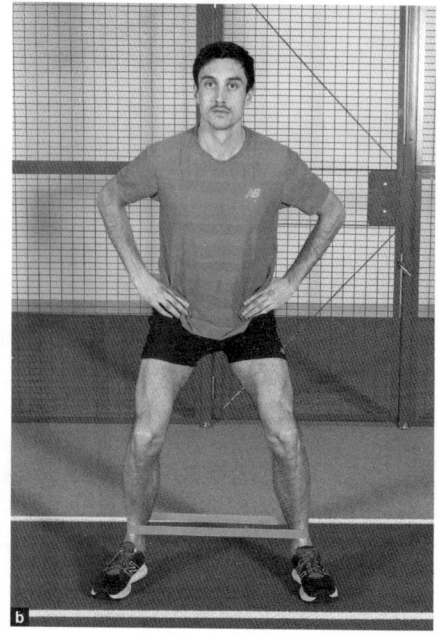

訓練前後之繩子伸展操

這類伸展的正式名稱為主動獨立伸展（active isolated stretching）。傳統的靜態伸展常常會要我們撐在某個姿勢一分鐘，但與此相比，主動獨立伸展則是動態的伸展方式，每次僅持續幾秒鐘。此方式是透過放鬆拮抗肌來讓目標肌肉放鬆、伸長。舉例而言，若要放鬆大腿後肌，就要找到它的拮抗肌，即股四頭肌。與靜態伸展相比，動態伸展後你會感覺更放鬆。

我們可以使用繩子或捲起來的毛巾幫助伸展。大部分的伸展操僅會使用繩子來**引導**動作；不要用力拉繩子來**移動**你的腿。每當動作快要完成時，可以輕輕拉動繩子來稍微加強伸展。

大腿後側繩子伸展操

效果：強壯、健康的大腿後肌可以防止跑步產生的肌肉撕裂傷或拉傷。膝蓋痛、骨盆傾斜（pelvic rotation）會導致許多跑步時的運動傷害，而伸展大腿後肌也可以防止上述狀況。

直腿大腿後肌伸展（straight leg hamstring stretch）

做法：躺在地上，其中一腳膝蓋彎曲，腳底平放在地面。將繩子繞過另一隻腳的腳底，並用股四頭肌將腿抬高，盡量抬高，腳尖應指向天花板。雙手握住繩子的兩端，並拉動繩子，調整繩長以保持繩子拉緊。當腿伸展到最遠處時，可以輕輕地用繩子輔助伸展。完成伸展後，將直腿放回地面，結束一次動作。每次動作持續幾秒鐘即可。

次數：左右腳各 10 次

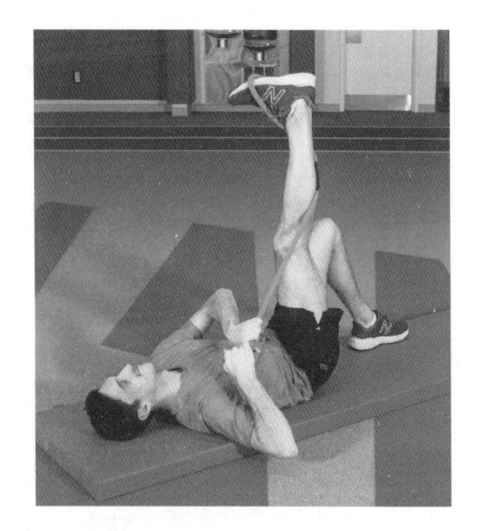

外側大腿後肌伸展（outer hamstring stretch）

做法：一開始與直腿大腿後肌伸展相同，當繩子套在腳上後，將繩子纏繞在腿部，使腳向內轉。接著，像進行直腿大腿後肌伸展時一樣進行動作，但此時腳尖要朝內。

次數：左右腳各 10 次

內側大腿後肌伸展（inner hamstring stretch）

做法：一開始與直腿大腿後肌伸展相同，當繩子套在腳上後，將繩子纏繞在腿部，使腳向外轉。接著，像進行直腿大腿後肌伸展時一樣進行動作，但此時腳尖朝外。

次數：左右腳各 10 次

股四頭肌伸展（quadriceps stretch）

效果：股四頭肌是人體內最大的肌肉之一。增加股四頭肌的活動幅度能幫助我們跑得更快、更穩。

做法：側躺，膝蓋彎曲，將身下的手臂放在下方大腿下，並將該手放在腳掌外側，或者用繩子繞過底部的腳。另一隻手抓住上方腳踝。保持膝蓋彎曲，腿部與地面平行。啟動大腿後肌和臀部肌肉，將上方的腿盡可能向後移動，動作結束時可以用手輔助以加強伸展。

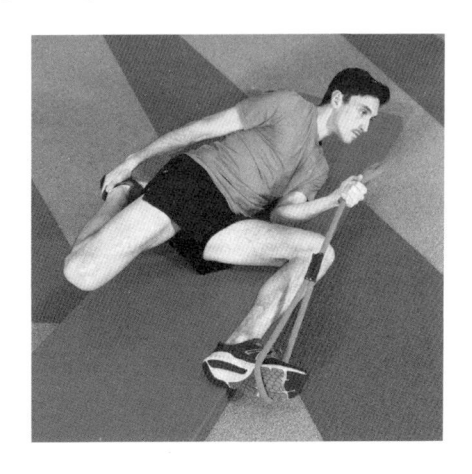

次數：左右腳各 10-20 次

內收肌伸展（adductors stretch）

效果：內收肌群是大腿內側的肌肉，可將腿拉向身體中心。強壯、健康的內收肌可以穩定骨盆。跑速加快或上下坡的情況會更常使用內收肌群。

做法：躺姿，雙腿伸直。將繩子繞過左腳踝內側，再繞到左腳底部，繩子的末端位於左腿外側。將左膝完全伸直，並將左腿輕微內旋。啟動左臀外側肌肉，利用左腳跟將左腿向身體側面伸展。保持繩子有些拉緊，並在動作結束時輕輕利用繩子輔助加強伸展。

次數：左右腳各 10 次

小腿肌伸展（calf stretch）

效果：伸展小腿肌可以防止小腿、足部、腳踝受傷，還可以穩定腳踝、保護跟腱（Achilles tendon）。

做法：坐姿，雙腿伸直放在前方。將繩子繞過要伸展的腳底。從腳跟開始，將腳背向腳踝方向彎曲。動作完成時，使用繩子輕輕輔助加強伸展。

次數：左右腳各 10 次

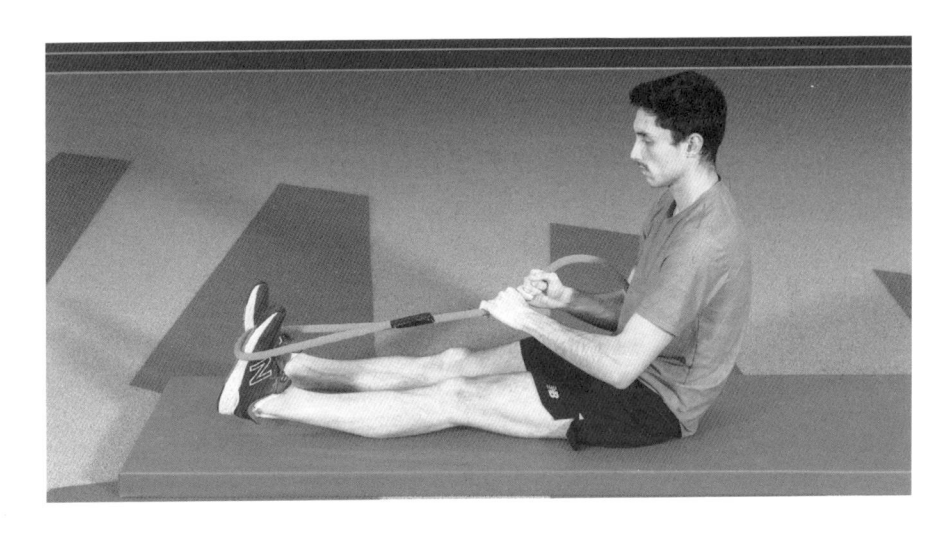

跑姿

有些教練根本不教跑姿，總是說：「跑就對了！」代表他們認為人的身體會自動、自然地找到最佳動作。但有些教練則會關注跑姿的各種細枝末節，像是如何握住自己的拇指，就算指導奧運跑者也是如此。

我的方式則介於這兩個極端之間。確實，資深跑者的跑姿通常比初學者更好。但另一方面，就算是再優秀的跑者也確實可以透過改善跑姿獲得進步。如果想跑出最好的成績，就需要注意自己的姿勢。但請不要走火入魔，大刀闊斧地改變姿勢也可能弊大於利。

實際訓練中，我們該怎麼做？此處有兩個重要原則。首先，我認為所有跑者都應該定期進行跑姿訓練。其次，我喜歡讓跑者在跨步跑時有意識地維持跑姿，並在訓練和比賽期間關注跑姿。現在，先讓我們回過頭來了解什麼是好的跑姿，以及好的跑姿為什麼重要。

如我們所見，職業比賽中的頂尖選手也有不同的跑步風格。儘管如此，通常大多數欣賞職業賽事的業餘跑者都會想：「我希望自己跑步時的樣子跟他們一樣。」即使是跑姿比較特別的例外，例如前馬拉松世界紀錄保持人寶拉・拉德克利夫（Paula Radcliffe），其腰部以下的動作仍非常有效率。職業選手們的腳步都很輕盈，不會每一步都像在踩剎車或重重地踏在地面上。他們的步態幾乎是圓周運動，後腳跟會逐漸靠近臀部。（馬拉松運動員的腳跟不會那麼明顯地貼近臀部，但他們的步伐仍很完整，呈現優美的圓弧狀。）這些共通點顯示出，他們的動作幾乎完全是向前的，所以每一步的步幅都很大。**高步幅再加上高步頻，就是跑得快的公式。**

頂尖跑者之所以頂尖的原因之一，就是他們的自然跑姿**很有效率**。然而，這些跑者仍會定期透過技術訓練、肌力訓練、**不斷地自我提醒**來調整狀態。如果連他們都認為值得花時間琢磨跑姿，那麼你可能也應該努力改善跑姿。

以下提供幾項改善跑姿的技術訓練。我自己本身很喜歡利用自

己的**身體意識**來改善姿勢。當我們疲勞時，跑姿可能也會走樣。我會告訴跑者要想像自己平穩、順暢地跑步。在訓練和比賽期間，如果我大喊「確認身體狀態！」他們就會快速確認自己從頭到腳有沒有不自覺緊繃、僵硬的地方。或是關注自己的頭與肩膀有沒有呈一直線、有沒有頭部前移的狀況、肩膀有沒有平衡、避免聳肩、手臂和手掌有沒有放鬆、有沒有讓腳踝微微向前傾、有沒有不小心彎腰、有沒有輕盈地在重心下方觸地，同時避免步幅過大、笨重地踏在地面上，諸如此類。訓練後進行的跨步跑是改善跑姿的大好時機，每跨出一步，都要注意自己有沒有達成其中一個優良跑姿的要素。我也喜歡在間歇訓練時傳達給跑者一個意象，提醒他們各個跑姿要點。我會跟他們說：「下一組要**平穩、快速，放輕鬆**」或「讓我們來看看在 64 秒內跑完 400 公尺**有多輕鬆**。」若要讓上述的提示更有效，也可以請人錄下你的快跑姿勢。看自己的動作並思考、解決各個看到的問題是很有用的方法。

最後一個重點就是，**照顧好自己的身體就會有好的跑姿**。本章中的肌力和柔軟度訓練可以減少跑姿不平衡、不順暢的部分。久坐後請養成起來動一動的習慣，例如上班時每小時起來活動個一分鐘，也能讓跑姿更流暢。

跑姿訓練

若能把以下訓練納入跑前暖身是最理想的。如若無法，也可一週做兩天。此時，我會建議在某次訓練的後天跑完後使用此菜單，也就是說，如果採用第八章至第十四章的課表，則為**週三**和**週六**。

踢臀跑（butt kick）

效果：踢臀跑有助於學習用腳掌跑步，並減少每次觸地的時間，進而提高跑速。此動作可以訓練大腿後肌，並放鬆股四頭肌。

做法：雙腳與肩同寬，身體保持直立，頭部直視前方。練習時，保持正確的姿勢，不要向前或向後傾斜。當右腳的腳掌著地時，稍微抬起左膝，接著將左腳跟拉向臀部，直至稍微低於臀部的位置。**不用真的踢到屁股**。當你的左腳回到重心下方時，應該以腳掌落地，同時將右腳跟拉向臀部並執行與左腳剛才所做的相同動作。一邊向後踢腳，一邊緩慢向前移動。腿部動作雖然很快，前進速度卻不快。

組數：2-3 組，前進 20 公尺為一組，組間慢跑回到起點。

墊步 A（A-skip）

效果：此項訓練非常適合鍛鍊大腿後肌和臀肌。可以改善跑姿和敏捷性。

做法：此動作需將膝蓋抬高到臀部上方，然後快速放下。抬起膝蓋時，足部要勾起，腳趾指向脛骨。接著落地，在另一側膝蓋抬起的同時，觸地那隻腳稍微做出**耙地**的動作。請使用腳掌前三分之一推蹬（push off）。抬起頭並目視前方，保持挺直的姿勢。你也可以稍微向前傾，用胸部引導動作。雙手則像跑步一樣向前擺臂。

組數：2-3 組，前進 20 公尺為一組，組間慢跑回到起點。

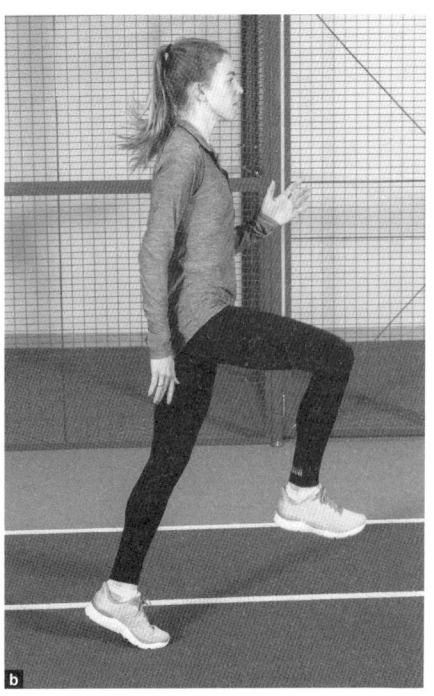

墊步 B（B-skip）

效果：與墊步 A 的抬腿一樣，此動作可以鍛鍊大腿後肌和臀大肌，並改善姿勢、敏捷性。

做法：在膝蓋到達最高點之前，動作基本上與墊步 A 的抬腿相似。此時，要將腿盡可能向前伸。腳觸地時，用足部前三分之一耙地。與墊步 A 相比，此動作會使用更多耙地的動作，因為腿會向前伸。同樣地，請像跑步一樣擺臂，抬起頭、目光直視前方，保持挺直的姿勢。你也可以稍微向前傾，用胸部引導動作。

組數：2-3 組，前進 20 公尺為一組，組間慢跑回到起點。

跨步跳（bounding）

效果：跨步跳的強度比墊步 A 和墊步 B 更高，可以提高跑步時的爆發力和效率。

做法：跨步跳就是以誇張化的跑姿來訓練，因此每一步都會有大幅度的垂直、水平移動。左腿推蹬，使身體向前移動，同時將右膝抬高到腰部，左腿維持伸直。在空中停留一秒鐘，接著右腳掌輕輕落地。腳觸地時向前跨步。

雙手像跑步一樣擺臂。與前腳相反邊的手臂應向前擺動，以獲得更多動能。如果你覺得跳起來有點困難，可以嘗試慢跑幾公尺再開始練習。

組數：2-3 組，前進 20 公尺為一組，組間慢跑回到起點。

請注意，墊步 A、墊步 B、跨步跳，屬於增強式練習，重點是盡量減少與地面的接觸時間。進行此類訓練時，會用很大的力量衝擊地面。因此請不要超出建議的組數，別冒著受傷的風險改善跑姿。

交叉步（carioca）

效果：交叉步可以訓練抬膝動作，並增加臀部的活動幅度。臀部緊繃的跑者很適合這項訓練。交叉步還可以真正鍛鍊到身體的穩定肌群，有助於維持良好姿勢，另外，也可以啟動臀肌、大腿後肌、髖屈肌，並活化核心肌群，讓動作更穩定。

做法：從運動員姿勢（athletic stance）開始，將重心放在雙腳的腳掌上，為移動做準備。首先，將右腳跨過身體並越過左腳，同時讓臀部向左旋轉。接著，當右腳仍然踩在地面時，將左腳向左跨步，回到起始位置。接下來，將右腳交叉到身後。此時，左腳踩在地面上，右腳跨到身後，這樣能讓臀部向右打開。保持右腳與地面接觸，然後左腳向左跨步，讓雙腳回到未交叉的起始姿勢。雙手擺動，模擬跑步動作。這個練習的要領是側向移動，將一隻腳交叉到另一隻腳的前面，再交叉到後面。熟練後，可以反方向進行此步伐。

組數：2-4 組，每組雙向移動 20 公尺。

跑鞋

由於鞋子會影響跑姿，故在此簡短地討論跑鞋有其必要。

我希望跑步是一件簡單的事，鞋子也包含在內。我認為大多數跑者應該穿著**最適合**他們的、**最簡單**的鞋款，不要有太多花俏的東西。適合的跑鞋會讓你覺得鞋子彷彿是身體的延伸，不會阻礙或改變你的自然步伐。對一雙跑鞋最好的稱讚，就是在跑步時完全不會想到它。

這項建議也適用於日常跑步訓練。大多數競技跑者喜歡穿著較輕的訓練鞋或競賽鞋練跑。我隊上的運動員會在重要的訓練穿上釘鞋。馬拉松跑者有時會在長跑訓練穿著「超級跑鞋」，特別是以比賽配速訓練的情況也會如此，此鞋款的特色是中底較厚、緩衝材質特殊、具有碳纖維板片。

我認為鞋子就是跑步的工具，可以根據當天跑步的情況選擇最適合的型號。但我不覺得所有跑步訓練都要穿超級跑鞋。可能會有人覺得：「比賽時穿超級跑鞋，可以每公里快上 6 秒，這樣一來，如果穿著超級跑鞋訓練，肯定能進步更多。」但我不認為這款鞋是這樣用的，就好像順風時跑緩下坡的速度本來就會比正常條件下快上許多。

我的做法是：隊上的跑者們可以免費獲得跑鞋。他們每天都能穿上最豪華的鞋子跑步，無須擔心跑了幾百公里後鞋子會損壞。但我的跑者們並不會這麼做。大多數訓練，他們選擇穿著基本款的訓練鞋。更輕、更快的鞋子則留給特殊訓練和比賽使用。撇開物理學的角度不談，偶爾穿上這些高端跑鞋其實能激勵跑者。只在關鍵時刻穿上頂級跑鞋，可以讓他們提醒自己，當下的活動是如此特別，而且在這

個特殊的時刻，他們擁有最合適的工具，讓表現更加出色。

飲食

好好吃飯絕對能幫助你發揮最好的表現。這項原則非常直觀。跑步者應該和其他人一樣攝取全面的營養。我的跑者都吃大量的水果、蔬菜、全穀物、精瘦蛋白質（lean proteins）、健康脂肪。他們也會根據預算購買正值產季、在地生產的有機食品。他們不會刻意避開某些食物，訓練期間也偶爾會出現甜甜圈等甜食，但他們不會吃太多垃圾食物或加工食品。

我自己的比賽生涯早期並沒有這樣吃。當時的觀念是只要跑得夠多，想吃什麼就吃什麼。如果只關心熱量攝取、消耗的話，你也可以這樣吃。隨著經驗累積、與資深菁英跑者互動，我意識到進入身體這個熔爐的燃料不是只要看數量，品質也一樣重要。現在，像我以前一樣把香甜玉米片當冠軍早餐，還能長期傲視跑壇的跑者已經很少見了。我們團隊的飲食方式就是現代菁英跑者的常態。

吃得更好代表你的身體會更健康，也會讓免疫系統更強韌，進而讓你恢復更快、更少感冒。營養均衡也能減少運動時的消化問題。如果想看關於健康和運動表現的飲食指南，我會推薦運動營養師、前菁英跑者蘇珊娜・吉拉德・艾貝爾（Suzanne Girard Eberle）所著的《耐力運動營養學》（暫譯，*Endurance Sports Nutrition*）。在這方面，我還有一個較為前衛的做法，就是剛跑完步後立即有目的地攝取熱量。初次學到這個祕訣，是在1990年代初期，當時我和10K及一

小時跑的紀錄保持人、我的訓練夥伴阿圖羅・巴里奧斯一起練跑，也從他身上學到補充能量的方法。每次跑步之後，阿圖羅絕對會馬上吃一根香蕉。他向我解釋道，跑步後人體肌肉會立即以平時三倍的速度重新儲存能量。因此，如果在跑步後一小時內攝取一些熱量，肌肉會恢復得更快，隔天身體狀況也會更好。你可能經歷過長跑完腸胃不太舒服、食慾不振，或忙著做其他事情，以至於運動完的幾個小時都忘記吃飯，接著，就發現自己那天訓練後和隔天都在拖拖拉拉、無精打采的，這就是沒有馬上補充能量的後果。

蘇珊娜・吉拉德・艾貝爾等運動營養專家建議，跑後所攝取的飲料或食物中碳水化合物與蛋白質的比例應為三比一或四比一。我隊上的奧運選手艾兒喜歡用巧克力牛奶來達到這個比例。（沒錯，就是在牧場長大的的那位。）大多數跑者發現，運動後攝取飲料比起固體食物更能攝取數百大卡的碳水化合物和蛋白質。

儘管阿圖羅在每次跑步後都會馬上進食，但你也可以只在高強度訓練和長跑後這樣吃。阿圖羅每週跑量超過 160 公里，一日兩練是常態。因此，他比在恢復日跑 8 公里的人更需要保持恢復狀態。

在飲食這件事上，我另一個想討論的主題是**體重**。

當我自己在參加比賽時，家裡從沒有準備體重計。出於好奇，我偶爾會在健身房量體重，但我從來沒有因為看到的數字而改變任何生活習慣。（當然嘍！我可是吃香甜玉米片當冠軍早餐的人！）而我現在所指導的跑者中，也沒有一個人會定期量體重。如果有人看到我的跑者們一起跑步，應該會形容他們看起來很健康、肌肉發達、體格很好。根據我的經驗，有些跑者會過度關注體重、限制熱量、未經專

業營養師的建議而避開某個食物種類，這類跑者往往無法發揮自己的潛力。他們在非常精瘦的狀態下，可能可以在一兩個賽季表現過人，卻無法維持這樣的成績。過瘦的跑者會經常受傷，尤其是骨頭的損傷，也容易感冒，導致最後無法好好訓練。

我並不是說體重對運動表現沒有影響。而是我寧願你健康快樂，與食物有良好的關係，體重重一點也沒關係，但不要為了減重而限制飲食。因為你有比賽經驗，所以會知道自己是否達到最適當的體重。在理想的體重範圍內跑步，會感到輕鬆舒適，快跑時身體也會比較輕盈，並且充滿力量。

睡眠

指導大學跑者期間，在跑步以外我最強調的一點就是充足的睡眠。我在麻省理工學院時的總教練規定，如果跑者前一天晚上睡不到 4 小時，就無法參加訓練。如果前兩晚加起來沒有睡足 11 小時，他們也會被迫請假。

顯然，我們無法在宿舍裡安裝睡眠追蹤器來檢查跑者的睡眠質量。但這讓你明白一個道理：即使白天可以全力跑間歇、認真訓練大腿和臀部，但若睡眠不足，進步就會受到限制。其實，**睡眠是發揮訓練效果的關鍵時刻**：在這段時間裡，你的肌肉和骨骼進行自我修復，新的紅血球生成，身體逐漸變得更強壯，更能維持長時間的高配速。同時，你的思維也會煥然一新，為隔天的訓練注入活力。或許你和大學跑者面臨相似的困境，渴望快速進步卻又背負著其他責任和行程，

心中常想:「我晚點睡就能更早完成明天的任務。」

問題是,如果你也覺得下一場比賽很重要,也為了比賽而決定執行一份正式的課表,那麼你就應該將訓練視為優先。**重視訓練也代表你要有規律、充足的睡眠**。我無法提供放諸四海皆準的建議。但是,如果你像我和我身邊大多數人一樣,那你應該有能力做好時間管理。你真的需要在睡前滑手機或再看一集無關緊要的節目嗎?因為這些原因,讓你隔天跑步時昏昏沉沉值得嗎?

我相信,睡前一小時遠離手機和各種螢幕可以讓你更快入睡,因為螢幕的光會干擾身體促進睡眠的激素。不碰電子產品還有助於在入睡前放鬆,因為你比較不會躺在床上煩惱工作或某篇讓人鬱悶的社群貼文。

我自己的職業生涯中不會有那麼多誘惑。高強度訓練或長跑後,我仍然會有意識地早點上床睡覺。我也不會在那幾天喝酒,因為我知道酒精會干擾我的睡眠。

如果你遵循我的訓練課表,則那幾週內請盡量在每個晚上都保持這些好習慣。我敢打賭,你很快就會發現自己的睡眠品質更好了,跑步時也會更有活力和企圖心。

其他恢復重點

綜合以上,高強度訓練後立即攝取液體和熱量是很重要的。養成好的飲食習慣、在跑後伸展緊繃的地方都能幫助你在每次訓練之間

好好恢復。

　　如果課表的行程允許，則可以透過一些其他方法促進恢復。在達特茅斯期間，每次高強度訓練後我們都會圍成一圈，伸展身體，聊剛剛的訓練以及他們生活中發生的事情。這樣一來，我就能知道他們是以好的狀態結束訓練。這就是一個冷卻的過程，幫助他們從高強度訓練過渡到正常狀態。

　　我也鼓勵你在最累人的訓練後花一點時間用類似的方法解除壓力。如果一運動完衝進家門，然後立即進入瘋狂的日常生活、工作模式，那麼你到晚上就會累癱，並覺得自己的情緒更焦慮、疲憊、緊張。其實只要幾分鐘的輕度伸展運動、瑜伽或冥想就能讓身心平靜下來，也會增加運動的成效。作為一名職業選手，我會認真安排自己的行程，避免自己太忙，也不會在長跑或高強度訓練後勞碌奔波。你可以試看看自己適合上述哪些方法。如果週日要長跑，也許你可以在週六完成大部分週末要做的事情，以便週日有時間放鬆。甚至還可以偷偷小睡一下！

　　我參加比賽的年代，還沒有滾筒和筋膜槍等恢復器材。如果有時間的話，我通常會懶洋洋地躺著，把腳擱在沙發上，或把腿靠在牆上。如今，有大量的工具幫助我們自行按摩放鬆，我隊上的跑者都會在看電視或有空時使用。就算按摩的成效可能只是心理作用，但如果跑者們喜歡這樣放鬆，也覺得有用，就可以說是有益於跑步的做法。

提升速度的心理技巧
4　Using Your Mind to Run Faster

　　有一名以古怪著稱的澳洲教練，名為珀西・塞拉提（Percy Cerutty），他有個著名的事蹟。1960 年奧運會 1500 公尺決賽當天早晨，塞拉提和他的明星跑者赫布・艾略特（Herb Elliott）在練習場上。當時六十多歲的塞拉提叫艾略特在旁邊看著，自己則開始跑 1500 公尺，也就是艾略特的專項。塞拉提隨後在場內倒下，飽經風霜的臉上滿是唾液和汗水；此時，他把艾略特叫過來，並告訴他：「你可能跑得比我快，但你絕對無法比我更努力。」隨後，艾略特就以打破世界紀錄之姿贏得了奧運金牌。還年輕時，我很喜歡這個故事（現在也喜歡！），高中、大學時期，我臥室的牆上掛著塞拉提的一句話，上面寫著：「**超級運動員的特徵就是能承受巨大的痛苦，而且要能長期承受之。**」當時的人們只要想到跑步，就會想到這樣堅忍不

拔的精神。

身為麻州人，我知道有另一位同鄉名叫艾柏特・薩拉札（Alberto Salazar），他曾經在法爾茅斯路跑（Falmouth Road Race）上竭盡全力，在抵達終點線那刻倒下，因此得到大會表揚。當時，「死命撐」、「衝破那道牆」、「懦夫才放手」就是跑步界**不變的真理**。具備心理韌性（mental toughness）的人重視精神層面更勝於物質，當時的我就是如此，也認為自己比任何人都強壯。小時候，沒有人在水下憋氣的時間能比我更長。長大一點之後，如果有人挑戰我，我會撐著棒式，直到踢館的人全都不支倒地。

成為職業跑者後，我對心理韌性的看法逐漸擴展。直至進入教練一職，我也不斷思考這件事。如果想跑得好，就必然要展現出永不言敗的態度，但跑步除了不斷地自我鞭策之外，還有其他精神層面要注意。塞拉提曾說過另一句話：「比賽時，選手必須恨自己和他的競爭對手」，但我並不是很認同這句話。

我將在本章更仔細地描述何謂好的運動心理學，並分享一些簡單的技巧來幫助你的大腦充分利用身體。

心理恆毅力與心理韌性

想到心理韌性一詞，你的腦海會浮現什麼畫面？如果你跟大多數跑者思路相同，那你可能會聯想到某個人正咬緊牙關，把自己逼向極限。你也可能想到有位跑者承受著運動傷害，卻從不縮短訓練時間，無論晴雨、疲憊與否，無論傷勢或疾病等狀況，都堅持當天的計畫。

但大概很難想得到這些陳腔濫調以外的畫面。因此，我建議放棄「心理韌性」這個詞，轉而關注「心理恆毅力」（psychological strength）[*]的概念。透過多年經驗，我發現跑步所體現的心理恆毅力不僅僅是衝過面前的每一道牆、每一個阻礙。心理恆毅力強調一種更健康的觀點：**在不被跑步控制你的生活的前提下，努力成為最好的跑者，而且你能享受發掘自己潛能的過程。**

1988年大學畢業後不久，在波士頓的某次集訓讓我首度大開眼界。當時跟我一起訓練的人有比爾‧羅傑斯（Bill Rodgers），他是四屆波士頓馬拉松冠軍，是我從小到大的偶像。任何懂跑步的人都會說比爾的韌性很堅強。

但在那次訓練中，我發現他對自己和其他人都抱持著放鬆的態度。就算有我這位速度過人的新人，他也沒有受到我或隊上其他人的影響。比爾有一種自信，但不是輕蔑自恃的那種。他知道自己的能耐，也知道自己在關鍵時刻會盡力而為。

在羅德島州普洛維登斯訓練時，同為隊友的世界級跑者身上也有一樣的特質，奧運馬拉松奪牌選手和世界越野跑冠軍約翰‧特里西（John Treacy）就屬此列。幾年後我搬到科羅拉多州的博爾德，又再

---

[*]譯註：心理韌性（mental toughness）為運動心理學中常用之專有名詞，由學者Jones（2002）提出，指的是運動員在面對逆境、挑戰或失敗時，能夠保持積極、堅韌和適應性的心態和行為。而作者此處所提到的psychological strength則沒有學術上的明確定義，僅能在心理學文獻找到心理彈性（psychological flexibility, psychological resilience, mental elasticity）的相關描述。根據作者在同一章所述，他曾在攻讀運動科學碩士時撰寫一篇論文，並稱此論文的內容即是談論心理韌性和psychological strength。參照論文內容後，譯者認為psychological strength並非學術上常用的術語，應僅是庫根教練對自身理念的統稱，故根據其描述折衷意譯為「心理恆毅力」，與美國心理學家安琪拉‧達克沃斯（Angela Duckworth）所提出的恆毅力（grit）無學術定義之關聯。

次為世界級跑者的氣質所震撼，如馬拉松冠軍馬克・普拉切、前馬拉松世界紀錄保持人史蒂夫・瓊斯等人身上都散發著更溫和、更親切的自信光采。**這幾位頂尖跑者的自信是那麼的強大，致使他們能歡迎並幫助每一位跑者**。他們的態度與一般的競爭思維有著天壤之別。

另一個我所學到的洞見來自另一位在博爾德的隊友阿圖羅。我當時一直在想阿圖羅的訓練課表強度有多高，畢竟，他曾創下 10K 和一小時跑等賽事的世界紀錄。因此，看到阿圖羅完成 20 組長達 64 秒的 400 公尺間歇訓練，還有 1 分鐘的組間休息，我相當驚訝。如果不了解事情始末，那你可能會以為他做的是殺手級訓練，但 400 公尺跑 64 秒就是他的 10K 賽事配速。大多數身體健康的跑者都能輕易地按照自己的比賽配速跑 400 公尺。哎呀，我竟然能和阿圖羅一起做同樣的訓練，就算我跑 10K 比他慢了 1 分多鐘，也跟得上這份間歇課表。但他總是說：「今天就練到這裡。幾天後再回來跑間歇。**別挖坑給自己跳。**」人們終於發現，世界頂尖跑者很少把自己累壞。我在第一章也有談到這點，解釋為什麼連續十週的 B+ 訓練比經常性高強度訓練更好。這項原則也與跑步專項的心理層面有關，因為此訓練模式推翻了「心理韌性」原本的樣貌。每個禮拜把自己操到吐並不是一種能耐，也沒辦法讓你成大事；**唯有每天堅持訓練、持之以恆地完成課表才能讓你進步，儘管這種方式聽起來一點都不酷，卻是成功的不二法門。**

在第一章，我也談到每個人的意志力都有限。心理恆毅力的其中一個特質，就是在訓練或賽季中合理分配自己的意志力。比起每次都臨時抱佛腳地瘋狂訓練三週，結果在最重要的訓練和比賽筋疲力竭，倒不如長期按表操課。

我們所提到的概念其實可以濃縮為阿圖羅的那句「今天就練到這裡」。跑者是被外力驅動的，因此，可能**要先有明確的紀律，我們才能知道什麼狀態是「練夠了」**。所以「練夠了」不是要你什麼項目都跑，或練越多越好，這項原則甚至可能要你在某天完全不跑步。

就像大多數職業跑者一樣，你需要的可能是一個能阻止你的人，而不是鞭策你前進的塞拉提。如果看到我的跑者難以做完原本能力可及的項目，我常常會因此減輕課表。相反地，如果有人完成課表後還想練更多，身為教練的我就要盡職責地說：「別那麼貪心，今天已經練夠了。」訓練不如預想中順利卻硬撐，或者因為進展順利而增加訓練量，都很容易造成受傷或過度疲勞。若不幸過度訓練，之後的訓練也會受到影響，甚至搞砸比賽。其實，只要你有紀律、知道何時該叫停，就不會那樣黯然走出田徑賽場了。

傳統的心理韌性觀點還有另一個問題。比賽當天，如果你沒有正視自己當下的能力，就會影響運動表現。我成為職業跑者後的很長一段時間，海勒·格布雷西拉西耶（Haile Gebrselassie）都稱霸整個跑壇，他贏得兩次奧運 10K 賽事冠軍，還創造了數十項世界紀錄。無論我如何告訴自己「繼續死撐著，我要跟海勒一樣強」都沒有用。無論我多麼有韌性，都不可能跟他並駕齊驅。所以，**魯莽的堅強是無法讓你進步的，只會毀掉你的比賽**。

心理恆毅力的特性

攻讀運動科學碩士學位期間，我寫了一篇關於心理韌性的論文，

也就是我所說的心理恆毅力。具備心理恆毅力的運動員有四個特質：**不可動搖的自信、內在的傲慢、克服障礙的能力以及最終能實現目標的信念。**讓我們簡單了解這幾項特質的內涵。

不可動搖的自信

職業跑者往往會堅信自己比對手有更強的素質和能力。聽起來可能很奇怪。如果奧運選拔賽決賽的起跑線上有 12 名選手，每一位選手都認為自己比其他人強，那麼他們大部分人都判斷錯誤，因為這群跑者中只有三人會入選奧運代表隊。

問題是，即使奧運選拔賽的層級，也不是所有選手都如此有自信。有些人會一直想到自己的訓練有多不順利。其他人則沒有打從心底相信自己可以進入前三名、成為奧運代表。然而，很少有入選奧運代表隊的人在選拔賽後會想「天哪，我不敢相信我會做到。」他們幾乎都堅信自己能夠出戰奧運。

接下來要講的是我的個人經驗。1988 年，我很榮幸能第一次參加奧運選拔賽。我沒想過自己能夠進入代表隊。四年後，我覺得自己有能力加入障礙賽代表隊。但比賽前兩週，由於大腿後肌拉傷，我的自信心也跟著下降。我在決賽表現奇差，因為我失去了堅信「我做得到」的心理優勢。最後，在 1996 年，我再度站在奧林匹克馬拉松選拔賽的起跑線上，心中充滿信念，認為其中一個名額必定屬於我，沒有人能夠阻止我實現這個目標。

菁英們總是堅定不移地相信自己是全國或世界上最優秀的人之一，無論是訓練和比賽，他們都會堅守這個信念。他們知道怎麼做才

能到達世界級的水準，也知道站上世界舞台該如何表現。綜合種種的努力，菁英選手的能力水準才能恰巧讓他們在強敵環伺的賽場上拔尖。這件事適用於所有跑者，因為**自信確實與能否發揮潛力有關**。關鍵在於，我們要從訓練中汲取力量。如果你完成越多有挑戰性的訓練，並達成目標，就應該越有信心。你要學會相信自己可以設定一個目標並實現之，儘管內心的聲音有時可能會否定自己。

內在的傲慢

也許「傲慢」一詞對你來說有負面意義，那你可以想想「胸有成竹」這個成語。內在的傲慢是一種信念，只要下定決心去做一件事，就相信自己可以做到，此特質顯然與自信密切相關。有了這份信念，即使你沒有到處告訴別人你會打敗他們，其他人也仍會接受你的自信。

在我於達特茅斯執教的時期，隊中的跑者在聯盟越野錦標賽等大型比賽中的表現並不理想。這主要是因為許多跑者在比賽前就已經預設了結果，如果去年隊伍的成績是第五名，他們便會開始質疑自己能否做得更好。為了改變這種心態，我開始引導他們重新思考。我強調，從訓練中建立的信心是成功的關鍵。我告訴他們，只要在訓練中能夠達到某個時間，那麼在比賽中也一定能夠在相同的時間內完成。當這些目標得以實現時，隊伍的成績必定會名列前茅。一旦跑者們釋放出潛力，他們的表現自然會有所突破。隨著內心的自信逐漸增強，整個隊伍的氛圍也發生了變化，其他隊伍開始對我們產生警覺：「小心！達特茅斯隊來了！」

我現在所指導的跑者艾兒也擁有此特質。儘管只是賽前練習，她也會全力以赴，跑給所有競爭對手看，那閃耀的自信讓她充滿冠軍相。光是在熱身區，她可能就已經心理層面擊敗了好幾個對手。

當然，我並不是說只要下定決心就一定能有所成就。畢竟世界上僅有少數人真的成為太空人、諾貝爾獎得主或職業馬拉松跑者。儘管一定要有雄心壯志，也要設定能力可及的目標。接著就放手一搏，以志在必得的態度向目標前進。

克服障礙的能力

以前我有位訓練夥伴，名叫馬克·普拉切，他是我見過最謙虛的人之一。儘管他比許多選手還要慢，內心深處，他卻深信自己有朝一日能成為馬拉松世界冠軍。馬克不僅成功地帶領自己和家人擺脫南非的種族隔離制度，成為美國公民，他也在 1993 年實現了成為世界冠軍的夢想。儘管馬克面臨著出身、膚色、後勤支持和合法身分等多重限制，但這些困難並沒有阻止他，反而讓他更加堅定地朝著自己的目標邁進。

成功的跑者能夠冷靜處理各種突發狀況。如果天氣不理想或行程受阻，他們依然會找到其他訓練的方法。為了在長途旅行前完成長跑，他們會早早起床；為了在暴風雪中堅持訓練，他們會買一張健身房的一日通行證。在比賽中，他們同樣能從容應對各種意外情況。錯過補給站、起水疱甚至被撞倒，這些都無法阻擋他們的步伐。即使遇到困難，無法達到預期的速度，他們也不會因此放棄。

你知道為什麼嗎？因為這正是頂尖跑者**平時的習慣**。有一次，

我們參加了一場大學大型室內比賽，當時同行的只有我、一位名叫威廉·斯金納（William Skinner）的跨欄運動員，還有我們的教練查爾斯·托佩。在比賽場地，場地工作人員不允許查爾斯進入熱身區，所以他只好坐在看台的最上面一排，從那裡觀察比賽。比賽快開始時，他對我說：「拿好釘鞋去熱身吧！比賽結束後見。」我熱身完畢，從包包裡拿出釘鞋，卻發現自己拿錯了鞋子——我拿到了威廉的釘鞋。他穿十三號，而我穿九號。為了讓查爾斯注意到我的困境，我拚命揮手，希望他能看到我出了大問題。

然而，查爾斯以為我只是在打招呼，便回敬了我一個揮手。就在這時，一位來自波士頓學院的跑者注意到我的困境，立刻叫住了麻州大學的教練。結果，那位教練急忙抓起一雙九號半的釘鞋扔給我。我迅速繫上鞋帶，趕緊衝向跑道。雖然最終我沒能獲勝，但我的表現還不錯，能克服這個意外本身，就是一場勝利。

頂尖的跑者從不為自己設限。他們總是做好每日的規劃，避免因為某些原因而減少或跳過訓練。比賽當天，他們不會因為無法掌控的情況而氣餒。也許你已經安排好了熱身時間，準備在比賽前充分調整，但比賽卻延誤了 20 分鐘，這時你必須在圍欄後保持活動。強風可能會影響你的發揮，甚至阻礙你創下個人最佳成績。但記住，這不僅僅是你的挑戰，其他選手也面臨同樣的困難。無論是寒冷、酷熱、下雨，還是其他突發狀況，所有選手都會同時經歷。就算情勢不順，你仍然可以在當下盡最大的努力。事實上，你還會表現得比許多因不可抗力而失去鬥志的選手更好。我曾經告訴我的大學跑者們，有兩成的跑者會在踏上終點線前就搞砸了比賽，而且是自己造成的。

庫根教練的團隊成員
海瑟・馬克連（Heather MacLean）

個人最佳成績：800 公尺賽事：1:45；1500 公尺賽事：3:58

跑步生涯亮點：2021 年 1500 公尺賽事奧運選手；2022 年美國室內 1500 公尺賽事冠軍

共事期間：2018 迄今

如果你常常跑得很沒自信，那麼你可以認識海瑟這位選手。

自 2018 年進入職業生涯以來，海瑟進步相當快。2021 年初，我和她是少數幾個認為她有能力在 1500 公尺項目中入選奧運代表隊的人。在奧運選拔賽中，海瑟完美地遵循了我們的賽程計畫，並以個人最佳成績獲得第三名，成功入選奧運隊伍。

這樣的最佳狀態延續到 2022 年，她在 3 月分贏得了全國室內 1500 公尺冠軍、夏季的 1500 公尺賽事跑進 4 分鐘以內、當年度世界排名則以前十的成績作收。

然而，如果你了解海瑟的心理狀態，肯定會感到震驚，因為她常常說：「我有嚴重的冒牌者症候群，這種感覺遍及我生活的各個層面。而且跑步是我的工作，這讓問題更加嚴重。與其他人相比，我開始跑步的時間比較晚，而且大學時期也沒有持續進步。每當達到某個成長階段，我就會遇到瓶頸，必須重新開始。所以我總是覺得自己不夠好，不應該擁有現在的成就。」海瑟深知，她必須學會相信自己，才能真正發揮潛能。她培養自信的一個方式，就是依賴跑步中的各項**客觀數據**。

「如果訓練很順利,也達到了預設的秒數,信心就會增加。」她說。我告訴自己:「如果訓練時能做到這件事,那比賽一定會更有優勢。」海瑟也跟自己說,如果能和美國紀錄保持人艾兒一起訓練,那麼自己應該能在比賽跟她並駕齊驅,這樣的想法也給了她很多力量。「人們都會說艾兒是奧運代表隊的不二人選,我就會想:『我每天跟她一起訓練,不管強度多高都撐下來了,所以我應該也有機會進入那個名單』。」無論你多麼懷疑自己,都應該要客觀地看待自己的訓練成果,並利用客觀條件準確地預測比賽時的能力。

海瑟在大學時期曾說:「我一直害怕設定目標,因為我擔心如果沒有實現,就會否定現在的努力。」但從 2020 年開始,她沒有因為以進入奧運代表隊為目標而害怕,而是用目標提醒自己。那時她的 LinkedIn[*] 封面相片是東京體育場。還在鏡子上貼了一張便利貼,寫著「我是奧運選手」。海瑟說:「這些細節每天都提醒著我。不用覺得做不到就會世界末日,而是要相信自己有能力做到。」

海瑟說她在跑界的進步永遠不會停止。她常常會用「事實勝於感覺」這句話來增強自信心。她會說:「事實與感覺的交戰就是,我會**感覺**其他人都比我快、我無法與他們競爭,但**事實**上我已經贏得了很多場比賽,而且還有另一個事實,就是我還可以再更快、進步更多,所以事實勝出。」

大賽之前,海瑟會尋找能帶給她平靜和自信的活動,例如:冥想、看喜歡的電影、親近大自然,或進入深沉安穩的睡眠。海瑟說:「這些方法都能讓心中負面的聲音平靜下來,阻止我否定自己。」

---

[*] 譯註:LinkedIn 是一款專為商業人士設立的職業社交平台。使用者可以透過此平台建立個人簡歷、擴展人際網絡、尋找工作機會、分享行業資訊和參與專業討論等。職業運動員亦可加入此社群,以觸及更多機會。

最終能實現目標的信念

你可以把這個階段當作前三個特質長期累積後的成果。你會具有足夠的自信,相信自己最終可以做到一些目前做不到的事情,而前方必定有各種阻礙。你想要達成的目標可能相當遠大,甚至無法在近年內就達成。如果你的夢想是取得波士頓馬拉松的參賽資格,那你會願意為實現目標付出很長時間,並且相信如果持之以恆,夢想有天會成真。我在普洛維登斯與一大群世界級選手一起訓練的時期,開始覺得自己有能力入選奧運代表隊。根據我的經驗,此種信念往往源自於訓練。這些跑者都入選國家隊、創下紀錄。我每天都跟著他們一起練跑;狀態好的時候,我還可以領先他們。看到他們也是人,也面臨著和我一樣的挑戰和挫折,我開始想:「為什麼不是我?」我的奧運夢想又花了好幾年才實現,但我始終相信自己做得到。

如何發揮心理恆毅力

我已經於本章解釋何謂心理恆毅力,及其與傳統的心理韌性有何不同,也描述了具備心理恆毅力的跑者有哪些特質。現在我想分享一些具體的方針,幫助你成為一名有心理恆毅力的跑者。

就像健身一樣,心理恆毅力並不是你要麼有要麼沒有的東西——它是需要你不斷努力去得到的。這是個好消息!這代表著你可以透過學習和調整方法,不斷提升自己的心理素質,就像正確的訓練可以讓身體變得更健康一樣。我會提供五種努力的方向。如果跑步訓練陷入瓶頸,這些方法都能幫助你面對跑步、更加進步。而且此法適用於所

有訓練和比賽，特別是高強度訓練和長課。你會發現這些方法之間有很多共通處，所以如果精熟其中一個，其他方法就更容易上手。

設定目標

好的目標就是最大的動力，能激勵你出門運動，更能在訓練中提供你源源不絕的能量。比賽中感到無比絕望，想著：「我為什麼要跑步？」的時候，好的目標會讓你重新站穩腳跟。想想你為什麼要參加這場比賽，以及今天跑出好表現的意義為何，就能讓你重回正軌。

因此，一個好的目標要對你有深遠的意義。應該是你一想到就會讓你興奮不已的事情。如果你只是覺得自己「應該」要去做某件事，像是跑馬拉松只因為身邊的人說服你去，那就不符合前述的定義。**目標應該與個人有深刻連結。**

好的目標還有另一項要點，就是在**突破自我**與**腳踏實地**之間保持平衡。如果你只要在 5K 賽事跑得比上個賽季快上 10 秒，那可能無法讓你下定決心努力練跑，除非你是世界頂尖跑者，因為他們進步每一秒都是重大成就。但是若你想在 5K 賽事進步 2 分鐘，可能就是不切實際的目標。妄想一步登天的目標也沒辦法激發動力。如果超過自己的能力範圍，訓練時就會不斷受挫。**對自己誠實才是成功的關鍵。**

累積跑步經驗後，你就會知道哪些目標是可能的。你也會知道自己的比賽成果奠基於何種訓練。假設你最近一次馬拉松完賽時間是 3 小時 5 分鐘，則目標可以設為打破 3 小時。接著，你就會想到各種方法，來改變自己的訓練及比賽方式。你會發現要比上次比賽的自己付出更多的努力，也要在比賽當天設計配速、安排能量補充計畫。如

果你覺得想到這些就感到**害怕**又**興奮**，那麼就代表這可能是一個很好的目標。

每個賽季結束後，我都會找來所有跑者參加目標會議。一開始，我們會回顧一下剛結束的賽季。討論跑者有沒有達到目標、目標是否太困難或太簡單。接著就會展望未來。根據本賽季的情況，來決定未來方針。我們通常會規劃半年到一年的目標。你也可以有更長遠的規劃，但最好設置一些階段性的目標。以我的跑者為例，他們通常會以全國錦標賽為努力方向，最理想的目標則是前進世界錦標賽和奧運，也就是要先在全國錦標賽奪得佳績。接著，我們會回過頭來看看自己應該做什麼才能讓自己進入最佳狀態，以達到賽季最終目標。我們參加練習賽的目的不僅是為了了解現況，也是為了讓自己達成短期目標，增加信心和動力。我們總是會把目標寫下來。看得到、摸得到的目標會增加你對自己的責任感。我也會建議你與身邊的人分享自己的目標，無論是關心你或你關心的人。這麼做也能讓你更看重自己的理想。如果你開始懈怠，那些重視你的人就會說：「你已經把這場比賽掛在嘴邊四個月了，所以別搞砸！」

意象訓練

1996 年初，我每天晚上睡覺時都會想起鮑伯・肯佩寧（Bob Kempainen）。

這個故事發生在 1996 年 2 月，北卡羅來納州夏洛特市即將舉行奧運馬拉松選拔賽，當時鮑伯是奪冠大熱門。比賽中最有可能發生的情況就是，領先集團在跑到 25 或 29 公里後人數逐漸減少，到了 32

公里處，最多只剩兩個人還跑在鮑伯身邊。我知道，如果出現三人並行的狀況，最好先放鬆，然後在鮑伯採取行動時做好準備。

事實證明我的預感是對的。鮑伯開始在最後 8 公里猛衝，我立即追上他的步伐。基斯・布蘭特利（Keith Brantly）是唯一和我一樣跟在鮑伯身邊的人。我們很努力想追上鮑伯，但他那天狀態奇佳（雖然他跑到一半還吐了）。我們逐漸看不到鮑伯的背影，而且身後的人也追不上來，於是我告訴基斯：「我們現在是一隊了。」基斯和我一起跑到最後 800 公尺，接著，我急起直衝，最終獲得第二名。我要站上奧運舞台了！

賽前緊張調適

幾乎每個人在比賽前都會緊張。比賽對你很重要，你也為了取得好成績而付出了很多努力。所以擔心自己在比賽時身體、精神狀況不佳，再正常不過。如果想做好一件事，人們往往會變得極度敏感。過去幾場比賽中，我會在熱身時胡思亂想：「為什麼股四頭肌感覺很沉重？我會不會跑到一半出狀況？」

累積足夠的經驗後，你就會知道這些小毛病幾乎是毫無意義的。如果那天不是比賽，而是和朋友們一起正常跑步，我可能不會發覺腿很沉重。如果我知道腿的問題不嚴重，就不會擔心跑到一半發生問題。我知道知易行難的道理，但請你嘗試忽略身體在比賽前沒多久發出的訊號。身體傳達給你的通常只是噪音，一旦比賽開始就會消失。

你的比賽經驗讓你更了解哪些賽前活動最適合自己。如果你本身就容易操心，那就不必特別強調提振士氣，因為你無時無刻不在思考比賽的事情。因此，找到能幫助你平靜和集中注意力的賽前儀式尤為重要。你可以選擇聽輕鬆的音樂、練習漸進式肌肉放鬆或進行冥想等方法。而對

> 於其他選手來說，可能需要一些刺激來真正投入比賽，他們的耳機裡往往播放更動感、節奏更快的賽前音樂。隨著時間，你會找到那個甜蜜點，使你的心靈處於興奮而平靜的狀態，這正是你全力以赴、投入比賽的時刻。

我之所以能實現終生目標，其中一個原因是我花了數週的時間想像這場比賽。多年來，我都會在腦海中想像一場比賽如何進行。年輕時期，我讀了馬蒂・利克里（Marty Liquori）的書，他是1960和70年代美國最頂尖的一英里跑和5K賽事跑者，當時的我學到書中的內容，應用在訓練當中。馬蒂談到，站上賽道之前，你要先在腦中跑一百遍這場比賽。

幸運的是，我偶然發現了這種方法，後來才了解到意象訓練是有科學根據的。研究顯示，當你想像自己在比賽時，身體會產生部分反應，彷彿你真的在奔跑或打球。比如，心率和血壓會有所上升。你的大腦會依照你想像的情境進行模擬，讓你在比賽當天已經預演過各種情境。因此，你在賽前已經做出了一些關鍵決定。1996年那天早上，當鮑伯加速的瞬間，我毫不猶豫，因為我已經在腦海中多次預演過，深知答案是肯定的。我感到非常放鬆，僅僅是在做那些我已經身心俱備的事情。

我鼓勵所有跑者在重要比賽前進行意象訓練。我會告訴他們：「想想看，你希望在比賽中會發生什麼？你想如何比賽？」我希望他們能夠想像出最佳情境。相比於想像所有可能出錯的情況，我認為專注於**理想的結果**更為重要。當然，比賽不會總是如計畫般進行，但毫

無疑問，賽事中會面臨挑戰並需要做出決策。一旦關鍵時刻來臨，即使比賽當天的狀況有所變化，事先的預想始終能帶來幫助。

你可以躺在床上，花上 10 到 15 分鐘，在腦海中想像這場比賽。盡可能讓比賽的各個細節越生動越好。如果你跑的是不熟悉的路段，可以查查看線上有沒有路線導覽的影片。想像自己剛跑完前兩公里，狀態不錯，還要繼續控制身體。你看到自己節奏順暢，覺得心情也隨之放鬆、開朗。此時，可以多花點時間想像在中途衝上一個大山坡，或者最後一公里追上身前的一位跑者。想像自己離終點越來越近，最終全力衝刺，奮力衝過終點線。

通常我建議在比賽一兩週前做這一類型睡前意象訓練。在我指導大學跑者期間，由於達特茅斯的學生都很忙，根本無法分神想三個月後的比賽，所以我不會讓他們負擔太大。如果你的職業跟生活都很忙碌，那麼你跟他們的情況可能類似。

若心有餘力，你可以花更多時間針對重要的比賽做意象練習，也能收到更好的成效。艾兒通常會在比賽兩週前開始此種視覺化的練習。她已經兩度在米爾羅斯室內田徑賽的一英里賽事勝出，所以她會提前幾個週末問我該次比賽的策略。然後，比賽前每晚她都會在腦海中跑一遍那場比賽。如果是一場重要但非年度目標的比賽，此種努力程度已經足夠。

但到了 2021 年，艾兒從 2 月就開始想像奧運選拔賽 1500 公尺決賽的場景，也就是比賽前四個月。我們認為艾兒最好的武器就是速度，因為比賽中大多數跑者得以個人最佳配速才能追上她。這樣一來，艾兒就要在一開始跑出高速，並持續維持狀態。

因此，幾個月來，艾兒幾乎每天晚上都在重複想像自己一起跑就衝出去、步履堅定、精神專注的模樣。她當時想像自己到最後三圈仍奮力跑在最前面。她的腦海浮現自己衝過終點線的畫面，成為奧運代表隊的同時，她也發現自己擺脫了其他跑者。我們將這項策略融入練習賽的訓練中。我們當時會定期讓艾兒獨自以高配速跑完 800 公尺。這項訓練能強化她腦中的畫面，而意象訓練本身也能讓她在此訓練表現得更好。

在選拔賽決賽的當天，艾兒在前 300 公尺便迅速脫穎而出，並全程保持領先，最終創下了大會紀錄和個人最佳成績。

組塊化並專注於流程

儘管你可能不熟悉這個專有名詞，但你或許已經在運用運動心理學家所稱的「組塊化」（chunking）技巧，這意味著將一項艱鉅的任務拆分為多個更易處理的小任務。在理想的情況下，你會專注於當前的小任務，隨著每個小任務的完成，最終便能完成一個大任務。

舉例而言，若你採用第十章的中跑量 12 週 10K 賽事課表，其中第七週要以 10K 配速完成 4 至 5 組一英里跑，組間慢跑 400 公尺。這項訓練強度很高！那麼，你就可以在熱身的時候集中精力思考接下來要做的事情。如果你第二組剛開始就發現配速太快，你可能會覺得：「才剛開始，我就已經很累了。我一定跑不完。」

組塊化訓練能翻轉你的思維。你一次只跑一組一英里。所以，你會盡力達到預定配速，而不是想著下一組會有多累。任務困難的情況下，可以再細分各個組塊。像是跑每一組時都只專注於當下那一

圈,盡可能放鬆地以正確配速跑完那一圈。

在組間慢跑時,你可以告訴自己已經完成了多少組,然後思考下一組的訓練。持續這樣的循環,直到最後一組時,你會對自己說:「再來一次,就結束了。」很快,這辛苦的訓練就要結束了。如果你無法想像自己能夠連續跑兩到三個小時,那麼這種方法對於長跑和長距離賽事特別有幫助。

階段目標其實與組塊化的概念息息相關。階段目標可以幫助你逐步實現更遠大的目標。所謂遠大的目標也會稱為結果目標,即你想要實現的結果。思考結果目標會讓你很有動力。但大目標通常太抽象,沒辦法給予實際的指引。所以,結果目標往往會讓你懷疑自己是否能成功,可能會干擾你眼下的任務,造成不良影響。相較之下,階段目標會給你一些實際、可行的方針。讓你更加投入其中。就跟組塊化一樣,完成一系列階段目標就可以實現整體目標。

舉例而言,因為全馬賽事要繃緊神經兩個多小時,所以我賽後常常會頭痛欲裂。這就是持續執行、達成階段目標的結果。跑完每一英里,我都會記下所花的時間並快速運算,以決定自己要維持、加速還是放慢。我還會在每一英里確認一下身體狀況,稍後會詳細介紹這點。通常每隔五公里會有一個補給站,所以快要到達之前,我會確保自己跑在靠補給站那側,並做好準備快速地拿起水瓶。接著,我會確保自己在一兩分鐘內攝取一至兩百毫升的水分。觀察對手行動、維持上下坡效率等任務也都會讓我花上許多腦力。我所做的每一件事都能幫助我突破自己,同時也讓我忘記那 42.195 公里的路程。

庫根教練的團隊成員
艾兒・聖皮耶赫（Elle St. Pierre）

個人最佳成績：1500 公尺賽事：3:58；室內兩英里賽事：9:10；5K 賽事：14:58

跑步生涯亮點：2022 年世界室內田徑錦標賽 3K 賽事銀牌；2024 年世界室內田徑錦標賽 3K 賽事金牌；兩屆奧運選手；美國室內一英里和兩英里賽事紀錄保持人

共事期間：2018 迄今

艾兒是我指導過心理素質最強大的選手之一，也是其中最有成就的。這是巧合嗎？

我們曾經提過，艾兒在佛蒙特州的一個牧場長大。雖然她並不強調這段成長經歷對她跑步生涯的影響，但我一直認為，這其中有許多值得我們學習的地方。艾兒清楚地知道，牧場的工作是多麼艱辛，而她的丈夫傑米也是一名酪農，這經常提醒她生活的不易。每週七天，他們都在農場上度過漫長的工作日，因為乳牛無論是週末還是平日，都不會停下吃喝拉撒的日常，因此牧場的勞動實際上比許多上班族還要更加辛苦。艾兒的出身造就了她正確的跑步觀念。訓練、比賽一定會有不順利之處，有時我們會不想練跑。但跑步是我們的選擇，自憐、抱怨沒有任何幫助。

其實，本章所描述的各種心理工具，艾兒都非常擅長。她不會遇到看似困難的訓練就卻步，而是將這些大任務分解。艾兒說：「高強度訓練時，我只會想著當下在做的那組。下一組是未來的事情。**未來的事未來**

再擔心。」每次間歇訓練，艾兒都會遵循各個階段的目標。她說：「無論現在跑到第幾組，我都會專注於達到預定的秒數。如果有人幫我配速，我就會看著他們的腳後跟或肩膀，跟在他們身後。」

長久以來，艾兒已經練就堅強的心志。她說：「我以前會數數打發時間，但現在發現這樣只會讓時間過得更慢。」現在，組間休息時艾兒會用旁人的角度跟自己說：「艾兒，你可以的。」與相關心理學研究結果吻合的是，陷入負面情緒時，她會更常以第一人稱的角度自我對話。因此，艾兒的做法還有改善空間。本章後半亦會詳細描述不同類型的自我對話。

艾兒也很有韌性。所有跑者都會遇到挫折，但遇到挫折後，她總是可以很快地站起來。2022 年美國室內田徑錦標賽上，艾兒在 1500 公尺賽事終點線被追過，最終以第三名作收。只有前兩名才能入選世界室內田徑錦標賽。比賽結束後，我告訴她：「別難過，你的家人、傑米還是愛著你，你家裡的牧場也還在等著你回去。」儘管艾兒對自己的表現不滿意，但她還是重新振作起來。隔天，她贏得了 3K 賽事冠軍，並於該項目獲得世錦賽參賽資格。世錦賽場上，世界頂尖跑者雲集，最終她抱回銀牌，贏得了她的第一枚、也希望不是最後一枚的世界大賽獎牌。

確認身體狀況、集中思考

如果有人問你：「跑步時在想什麼？」你可能很難想出一個簡短的答案。與朋友一起跑 16 公里、獨自越野跑等情境下的腦內活動，可能與訓練或比賽時有很大不同。

輕鬆跑的訓練中，你可以把時間花在想任何事情上。較高強度的訓練可能就要更專注於自己的身體感覺，而不是秋天的樹葉有多美。這就是所謂的注意力焦點（attentional focus），即專注於能幫你

完成眼下任務的事情。你可以利用身體的暗示，像是呼吸困難的程度，來知道自己接下來要如何調整、因應，以應對訓練、比賽。

重點在於，你也不應過度關注身體感覺，太在乎自己的呼吸或雙腿沉不沉重。想要保持放鬆卻變得更緊繃、綁手綁腳不是件好事。如果你一直想著呼吸有多不順，你對自己的觀察就會成真。你心中會不由自主地想：「難怪我這麼累！」

所以我們應該要快速、定期確認自己的身體狀態，但卻不要過度關注。就如前面所述，跑馬拉松時，我每英里會確認一次身體狀況。我會從頭到腳檢查一下，確保自己沒有任何地方太緊繃。如果不小心衝太快，我會深吸一口氣，告訴自己要放鬆、保持冷靜。接著，我會把注意力轉移到其他與比賽相關的事情上，例如前方要轉彎等等。

當我的跑者聽到我大喊「確認身體狀態！」時，他們立刻知道該做什麼了。他們會迅速檢查自己全身的狀況，例如放鬆肩膀、甩動手臂，並檢視雙腿，確保步幅不會過大。他們可能還會用腳跟踢幾下臀部，這一整個過程只需幾秒鐘，卻能帶來巨大的好處。檢查身體狀態有助於提升跑步效率，從而在相同的努力程度下提高速度，並且在同樣的配速下感覺更加輕鬆。這個動作還能幫助跑者振作精神，讓他們轉換注意力，專注於身體狀況。即使只是短短幾秒鐘，這樣的檢視也能幫助跑者擺脫困境，重新集中注意力，對運動表現產生顯著的正面影響。

你也可以自行規劃在跑步過程中如何檢查身體狀態。長跑時，可以每隔幾公里進行一次檢查；在比賽期間，則可每公里檢視一次。如果是高強度的訓練，除了第一組之外，每組都可以檢查一次。

正向自我對話

每個人跑步都會自言自語,而成功跑者幾乎都是對自己說正面的話語。這些話可以激勵他們繼續努力,並增強自信心。像是「做得好、繼續加油」、「你以前做得很好,現在也做得到」等短短的鼓勵,都能讓跑者表現得比對手更好。

並不是說優秀的跑者在任何不順利的情境都不會產生負面想法。但善於自言自語的人會立刻用正面的、激勵人心的話來反擊那些負面念頭。如果今天要做 6 組 800 公尺間歇跑,到了第四組,你可能會想著:「我快累死了,我可能沒辦法用這個配速再跑 3 組。」真正擅長自言自語的人會承認這種想法,但會馬上應對自己的負面情緒,例如對自己說:「雖然很累,但我還能繼續跑,因為上週已經完成過一模一樣的訓練了,我是有能力的。」你可以對自己做實驗,看看哪些自我對話是適合你的、有助於運動表現。我對自己說的內容很簡單,像是「馬克,你真棒」或「堅持下去,你做得很好。」

你可能有注意到,我會用我的名字或「你」來稱呼自己。許多研究指出,包括耐力運動等情境下,**第二人稱的自我對話會比起第一人稱更有效**。但第一、第二人稱造成的運動表現差異不大,約為 1% 或 2%。此數據聽起來微不足道,但在田徑場上,卻會帶來巨大的改變,10K 賽事的跑者如果快上 2%,就能從 40 分鐘整的成績進步至 39 分 12 秒!

研究證實第二人稱自言自語更有效,因為能為你和你對自己說的話拉開距離,也可以消除你對自己的情感投射。有自憐情緒的人會更常使用第一人稱對自己說話,像是:「為什麼我下雨還要出門練

跑？」第二人稱的說話方式更像是在聽教練講話。就好像我身為教練，永遠不會對我的跑者說：「跑步對你完全沒有意義，別跑了。」或「你累了，最後幾公里放慢速度沒什麼大不了。」用教練的姿態鼓勵自己可能很怪，但我們本來就會用各種奇怪的儀式來讓自己跑得更快。其中，正向自言自語幾乎是最有效的。

比賽失利後的自我對話

你也可以將第二人稱自我對話應用在賽後分析的情境，特別是比賽結果不盡如人意的時候。比起來自其他人的指責，很多人的自我批判反而是最嚴厲的。如果這些跑者能夠跳脫自我，以朋友、家人的角度看待自己的表現，他們或許能對自己更寬容，並抱持更正向的態度。

1997年那場紐約馬拉松，是我人生中最痛苦的一場賽事。訓練過度的我，在比賽前就已經出現疲態。3公里後，我就追不上領先集團了。接下來有32公里都一個人跑。我用了書中的每一個技巧來保持積極的態度、為自己打氣。我從一數到一百，盡量不漏數任何數字，然後再從頭開始數。後來下雨了，我試著說服自己我喜歡下雨，其他跑者會退縮，然後我就能追上他們，等等。我以2小時20分鐘41秒的成績獲得第十八名，比一年半之前設定的個人最佳成績慢了7分鐘以上。

後來，我不再鑽牛角尖，沉浸於負面情緒，轉而像一名教練一樣回顧這場比賽。我發現，自己正在進行有效的自我對話。我很慶幸自己沒有放棄比賽，畢竟當時在第27公里處穿過昆斯博羅橋、進入曼哈頓後，沿著第59號街跑一小段路才會進入比賽的最終路段，在那時放棄，一切就會輕鬆許多，也是可以理解的行為。我告訴自己，在訓練過度的情況下，獨自跑出2小時20分鐘的成績已經很棒了。

你也可以試試看這種方法。假裝自己在跟身邊的人說話。找到事情好的一面，或值得學習的地方，然後在下一場比賽實踐之。

5 成為跑步這項運動的好學生
Being a Student of the Sport

選手們快集合,讓老傢伙告訴你過去是怎麼練跑的!

1980 年代,取得跑步資訊並不容易。我當時會看一些月刊和書籍。我高中畢業時,還不太知道優秀跑者都如何訓練。大學時期,受惠於更豐富的書籍、得到與其他跑者互動的機會,也從教練身上聽到各種故事,因此我學到了更多的東西。儘管如此,我仍然很渴望找到任何可能有幫助的資訊。

如今,各個年齡層的跑者都面臨著相似的困惑:跑步相關的資訊過載。無論是跑多遠、跑多快、飲食搭配、補水選擇、裝備推薦,還是是否需要伸展等,這些資訊繁多且參差不齊。在當今這個資訊爆炸的時代,要真正了解跑步,可能比 30 年前更加困難。當每個人都

能自稱為「專家」時，我們該如何辨別哪些聲音值得聆聽，並確定哪些議題才是最關鍵的呢？

在本章中，我將解釋為什麼我們應該成為跑步這項運動的「好學生」，並探討如何有效地理解與掌握跑步的知識。我也會分享如何最大化智慧型手錶的功能，充分運用其中的數據來提升訓練效果，畢竟，智慧型手錶也在無形中成為資訊過載的其中一個來源。

我的跑步教育

1988 年，我剛從大學畢業，當時我對跑步的興趣遠大於對其背後知識的理解。我非常享受在馬里蘭大學向我的教練查爾斯・托佩學習的日子。查爾斯給了我極大的動力，也非常關心我們每一位隊員，但他並未詳細解釋訓練背後的「原因」，當時我也沒有主動去詢問。我那時並不太在乎這些細節，也未將自己視為一名年輕的菁英跑者來訓練。我更沒有想過自己有朝一日會成為教練，去指導他人。

我對訓練的理解主要來自於與他人的互動，以及書籍和雜誌的閱讀。雖然我讀過一些資料，但並未澈底吸收或內化這些知識，而是片面地拾取了一些零散的資訊。你或許能看到某人的訓練課表，了解他們一兩週的安排，卻不清楚他們一整年其他時間的訓練情況。況且別裝了，我們都知道，有些人會誇大自己的訓練量！

大學畢業後，我搬回麻州的阿特爾伯勒（Attleboro），並開始接觸到 Nike 波士頓菁英長跑隊，並有幸受邀加入他們。如果說我是「年輕的職業選手」，那麼這個稱號未必準確，因為儘管我年輕，但我還

沒有透過跑步獲得薪酬。我從這支跑隊得到了裝備和補助，這些資助幫助我參加比賽，也讓我認識了幾位跑得非常快的隊友。我還成為了巴布‧塞文的選手，他是一位非常出色的教練，曾指導過 1984 年奧運馬拉松金牌得主瓊‧班諾特（Joan Benoit）。我在下午則會在一家跑步用品專賣店工作，那時的我對能夠繼續跑步充滿了感激與期盼。

當時還發生另一件大事，就是大學三年級的障礙賽成績讓我有資格參加 1988 年的奧運選拔賽。比賽那週，我在賽場上結識許多優秀跑者，也從他們身上得到很大的動力。其中一位就是約翰‧格雷戈里克（John Gregorek）。約翰曾入選 1980 年和 1984 年奧運代表隊，也是我心目中的楷模。他的狀態一直維持得很好，而且各種距離的賽事都表現出色。在職業生涯晚期，約翰在一英里跑、障礙賽、5K 賽事都達到世界水準，並獲得了 1996 年奧運會馬拉松選拔賽的資格。約翰當時在羅德島州普洛維登斯，與一群頂尖跑者訓練，並邀請我隨時加入他們。因此，從 1988 年秋天開始，我每週與 Nike 波士頓長跑隊訓練一兩次，其他一般訓練則與約翰他們一起。

另外，我也在普洛維登斯學院的更衣室裡，學到許多在其他地方得不到的跑步知識。我學到的許多內容就是第一章描述的訓練原理，像是**一致性**、**維持訓練的甜蜜點**、**專注於有效的有氧訓練**、**享受跑步的過程**等等。搬到科羅拉多州博爾德後，我與一大群各行其是的世界級田徑、路跑跑者一起訓練，也更加印證了我在普洛維登斯學到的內容。每個人都有屬於自己的調整方式和偏好，但是從本質來看，人們訓練的方式都大同小異。我等等會再回來談此部分。

從運動員轉變為教練時，我的教育仍沒有停止。攻讀運動科學碩士學位期間，我更有系統地研究了訓練理論。我會定期與其他教練交換意見，並學習運動科學和運動營養學的知識。同樣重要的是，我會觀察、聆聽跑者的想法，以了解我所教導的原則在他們身上的成效。在一項運動中，你永遠都是個學生。我現在指導學生的方式已經與十年前的教練不同，下一個十年的我指導學生的方式肯定也不一樣。

若要當個好學生，就要聆聽教練和其他跑者的想法。

該聽誰的？

我曾經非常幸運,能夠與奧運選手、世界冠軍以及世界紀錄保持者一同訓練,並直接向他們學習,而你們可能無法擁有這樣的機會。在我那個年代,網路還不普及,我是透過親身經歷來吸收跑步的知識,而現在,你們則可以在幾秒鐘內獲得成千上萬條關於跑步的建議。那麼,如何判斷這些建議的價值呢?

我想分享一些我的經驗,幫助你們辨別哪些建議值得參考。那些曾給我建議的人,不僅有豐富的經驗,還會親自實踐,他們的意見尤其值得效法。我在普洛維登斯的跑隊有一位隊友約翰,他是奧運馬拉松賽事銀牌得主,也是兩屆世界越野賽事冠軍。那時,他建議22歲的我每週不能只跑110公里,應該要跑145公里。當時,我毫不猶豫地接受了這個建議,完全沒有質疑。

同樣,另一位隊友米克・奧謝(Mike O'Shea)也給了我很重要的建議。他告訴我,成為世界頂尖選手並不需要像隱士那樣過著與世隔絕的生活。但是,米克強調,我們必須確保足夠且高品質的睡眠,才能充分發揮訓練的效果,並且應該早點入睡。

另一方面,我的教練巴布・塞文也派給我與高中、大學時期完全不同的訓練方式,我亦全盤接受。畢竟他執教過這麼多冠軍選手,如果我不照做,那無疑是愚蠢的選擇。更重要的是,巴布每次給我建議時,總會清楚解釋背後的原理,讓我對訓練的目的有更深刻的理解。

有一年秋天,他要求我們每週進行一次節奏跑。我過去從未嘗試過這樣的訓練。某天,我鼓起勇氣問為什麼要練節奏跑。他說:

「這是為了提高你的耐力，這樣一來，每公里 2 分 49 秒的配速就會變為你最高配速的八成，而不是九成。**節奏跑是提升最高跑速最快、最有效率的途徑。**」

這些優秀的跑者不僅僅用他們的成績來證明他們的訓練方法是正確的，無論是在普洛維登斯的路跑選手、馬拉松選手，還是我在博爾德的隊友，他們都以身作則，認真實踐自己所提倡的訓練方法。這也讓我更加確信，判斷一個建議是否可信，另一個關鍵的標準是：看這些建議是否被其提出者親自實踐。

如果有人告訴你，跑量不重要，高強度訓練才是最有用的，但他卻每個禮拜都跑很多，那就不必把他的話當真。同樣地，如果聽到一位教練提倡某種訓練方式，但他的跑者卻以完全相反的方式訓練，也不要輕易相信（希望你相信我在書裡教的完全等同於我親自指導的方式）。

另一個重點是，在我年輕時，曾給我建議的人從不會向我推銷任何產品，也不會要求我按照他們的方式去做以換取某種利益。如果那些方法或產品真有成效，他們其實不應該告訴我，因為這樣我才不會進步，甚至有機會超越他們。當然，賣東西本身並沒有錯，如果你買十本我的書，我也會很高興！但如果那些遵循特定方法的人最終沒有取得好成績或實際經驗，那麼我們就應該對這些方法保持一份懷疑的態度。

成為跑步這項運動的好學生

如果你對跑步還很陌生，最好可以利用我說的大方向來選擇課表，並盡力實行。但這種方法還有很多詮釋空間。菁英跑者都有教練的原因，就是因為他們需要把思考訓練內容的工作外包給值得信任的對象。這樣他們才能把所有的精力投入訓練、比賽中。

大多數有經驗的業餘跑者都沒有教練。所以他們要自己決定訓練內容。這些跑者若能選擇可靠的課表並堅持下去，當然沒問題。但問題在於，很多跑者在訓練過程中對跑步培養出更深厚的興趣。他們會開始鑽研更多跑步訓練的內容，並採納成功跑者、教練的說法，甚至聽從那些成績不怎麼樣但敢於行銷自我的人。這就是資訊過載的狀況，也讓人**無從判斷哪些是有效的方法**。

這就是為什麼我們要當一個好學生。因為無論在任何領域，看看最成功的人怎麼做一定有幫助。如果你看過或聽說過頂尖跑者的訓練，並研究成功教練的課表，你會得到跟我這個第一線教練相同的看法，就是大多數頂尖跑者的訓練都很類似。幾乎所有人都會規律地安排長跑、節奏跑，至於多組數的訓練，可能會有距離為 3K 至 10K 的長跑，也會有以近一英里跑的配速來跑較短的距離，在這些訓練當中，都會穿插輕鬆的恢復跑，也會透過適中的配速來累積跑量。除了某些訓練量較低的頂尖長跑選手，大多數人的跑量都相當多。

上述的內容都是非常有用的基礎知識。如果有人推薦你一些違反上述原則的方法，或是聲稱自己有特殊知識或「秘密課表」，那你就該搬出測謊儀了。相信我，如果還有什麼方法是大多數菁英跑者沒

嘗試過的，那麼世界上最頂尖的跑者絕對是第一個採用的人。如果有效，那麼所有優秀的跑者都會馬上跟進，也會變成很普遍、常見的訓練方法。正如我在第三章所說，我還是職業選手時，很少人會定期進行重訓。現在，幾乎所有人都利用重訓這種非跑步的運動來維持健康。為什麼？因為很多人測試過重訓的成效，也發現增強肌力可以降低受傷風險，讓選手能持續訓練不中斷，進而跑得更快。訓練方法就是這樣推陳出新的。

在判斷各種訓練意見時，也請你使用相同的標準。頂尖跑者投入大量的時間練習，只為了快上幾秒鐘。有些人甚至會賭上健康和職業生涯，服用興奮劑以贏得比賽。如果某種特殊又新潮的飲食方法可以讓你跑得更快，那麼頂尖跑者早就開始這樣吃了。同樣地，像是赤腳跑步、跑步時刻意以足部某個區域著地、跑到一半停下來用走的等非正規的說法，都可以套用至此思路檢視。

研究其他人的課表時，可以將該跑者的數據放在適當的脈絡下。你可以把他完成各項訓練的時間與比賽成績相比較。如果有一個人以2分20秒完成800公尺間歇，重複6至8組，你可能會覺得他跑得非常快，自己不可能做到。但經過計算，你就會知道此速度就約莫是這位跑者的5K賽事配速。接著，你就可以把此訓練換算為符合自己5K賽事配速的秒數，以得出一套雖困難但尚在能力範圍內的課表。假如今天看到有人以每公里3分45秒的配速（即每英里6分速）跑32公里，你可能會覺得難如登天，但比對之下，你就會得出這個配速比他的全馬配速慢上許多，並發現自己也能以相等的強度完成長跑訓練。另一項很重要的數據就是菁英跑者的恢復跑配速及比賽配速，兩者相較之下，你應該會發現菁英跑者的恢復跑配速較比賽配速**慢非**

庫根教練的團隊成員
雅基・溫茨（Jacqui Wentz）

個人最佳成績：3K 障礙賽：10:04；5K 賽事：17:05
跑步生涯亮點：NCAA 聯賽三級障礙賽冠軍；五度獲頒全美最佳跑者殊榮
共事期間：2007-2009

2007 年秋季到 2009 年春季，我在麻省理工學院擔任助理教練，同時指導室內及室外的長跑選手。

麻省理工學院的學生是我見過的最聰明的一群人。他們的學校生活壓力很大，所以田徑場對他們來說就像世外桃源一般。我會盡量簡化訓練，避免過度激烈，好讓他們一直期待著來練習。這並不代表我跟這些跑者沒有認真對待跑步這件事。而是因為，麻省理工的學生們已經是各方面都很優秀的人，也已經習慣成功。

總教練霍爾斯頓・泰勒（Halston Taylor）讓我接手管理幾位長跑選手的訓練。我很謝謝他的信任，也很感謝自己能得到機會，主動幫助有需要的選手調整訓練內容。

其中，雅基・溫茨這位選手與我非常投緣。我進入麻省理工時，她是大二生。由於受傷，她一年級時幾乎沒有參加過任何比賽。儘管她說自己整個大學期間都在與傷勢對抗，但在我們共事的兩年間，我們還是維持住她的身體狀態，讓她能夠定期參賽。

雅基說：「在馬克的指導下，我得到更個人化的訓練，之前，我們的訓練都一成不變，像是跑 12 組 400 公尺之類的。但馬克會根據當天的狀況調整訓練內容。」

因為雅基的傷勢，我不會讓她跑太多，也會盡量確保她做的所有高強度訓練都能真正發揮作用。雅基回想她的訓練，也認同這些訓練都是

> 「用比賽配速訓練，非常有趣，休息時間更長，距離也短了一些。」我常常讓她做的一個課表是 1600 公尺、1200 公尺、800 公尺、400 公尺的多組數訓練，速度會逐漸加快，以鍛鍊她的體力和意志力，為比賽做好準備。在這些訓練下，雅基的跑步成績開始步上正軌。她開始能站上頒獎台，並成為 NCAA 聯賽三級的頂尖選手。她贏得了無數次聯盟賽事冠軍，而且她擅長的距離很廣，從 400 公尺接力跨足到 5K 賽事她都能跑。我還在麻省理工時，她在室內賽事打破自己的 5K 最佳成績。我離開麻省理工學院後第二年，她則贏得 NCAA 三級障礙賽冠軍。我認為我在這項成就中扮演了一定的角色。
>
> 雅基做了很好的示範，如果你沒有在持續努力的事情上得到想要的結果，就不要害怕改變訓練方式。但請記住，我們要的是適當的調整，而不是大刀闊斧的變化。最適合雅基的訓練，就是強調品質，而不是提高跑量。對你來說，情況有可能恰恰相反，但**萬變不離其宗**，你的調整還是要符合跑步訓練的框架。
>
> 目前，雅基正在博爾德的科羅拉多大學進行航太工程的博士後研究。她不再是選手，但仍是一名跑者。如果我做的任何努力成為她持續跑步的原因，我會感到相當欣慰。指導大學生期間，我一直覺得，如果他們畢業後仍然喜歡跑步，那麼一切都值得。

常多，差異比你的恢復及比賽的配速更大。請把這件事牢記在心。

　　一旦掌握這些知識基礎，就可以更明確地決定要不要改變、如何改變自己的訓練模式。如果你覺得自己的表現已經停滯多年，卻沒有明顯的原因，那麼你很適合嘗試一些新的方法。但請不要全盤推翻原本的訓練、採用十種新方法。你可以為訓練添加一種新元素，把優秀跑者的課表擷取下來，納入自己的課表，例如：短坡間歇跑、距離更遠的長跑、其他常規訓練等；接著，就能看看一個月後是否出現任

何差異。你也可以只改變自己練跑的地點，像是從平坦的自行車道切換到丘陵路段，反之亦然。請記住，訓練的方法有很多。作為跑步這項運動的學生，你大可放心，不會因為一兩次調整訓練模式而毀掉一切、從頭開始。打個比方，練跑就像受訓成為一名無所不會的烘焙師，你能做出完美的巧克力，但有一天白糖不夠，所以你就放其他能增加甜味的材料，最後做出來的餅乾仍然很好吃。

另一個有用的方法就是閱讀偉大跑者的傳記，並在網路上關注那些定期發布訓練內容的人，而且不能只看他們的 A+ 訓練。透過此方法，你會了解這些頂尖跑者的掙扎和挫折，可能也與你的困境相似，也能學到他們對這項運動抱持何種態度。最重要的是，這些資訊會提醒你，你不需一切狀態都完美才能發揮出最佳水平。

正常往往就是最好的狀態。多媒體世界資訊過多，可能會讓你感到不知所措。但作為一名教練，我建議你不需沉迷於每一個細節。請記住，大多數好的課表都很相似。請找到一份好的計畫，並相信其效果。**堅持一種訓練比起走馬看花好上許多**。把精力留給跑步訓練本身，也不要過度分析自己的表現，反倒害自己頭昏腦脹。

這個建議也與我接下來要談的「智慧型手錶」有關。

如何面對資訊爆炸：談 GPS 手錶

我的每位跑者訓練時都會戴著 GPS 手錶。但他們的使用方式都略有不同。無論他們怎麼用，我想說的都一樣，那就是手錶的作用是**告訴**你現在跑多快。而不是讓手錶**主導**你該跑多快。

很多跑者，特別是沒有教練的跑者，往往會反其道而行。他們每跑一公里就會看一次手錶，甚至更頻繁地檢查跑速，如果手錶顯示速度比預期慢，他們就會加快步伐，不管身體當下的感受如何。同樣地，一旦達到特定配速，他們就會盡量不減速，不管該配速是否跟課表預定的相同，甚至跑上坡、逆風時也不放慢，這類跑者完全不理會那些會改變跑速的自然情境。

無論你的手錶多聰明，這種訓練方式都不聰明。而且，手錶也不像你想的那般聰明，你之所以篤信手錶上的數據，是因為你覺得手錶百分之百精確，但事實卻不然。請記住第一章的「練就對了」原則。你的身體只知道自己努力了多少，而不會知道一英里或一分鐘的概念。我總是告訴跑者們，他們都知道在完美狀態下跑出的配速是怎麼樣的。如果他們的狀況非常好，那我就不在乎實際的配速。你可以適時透過手錶的數據了解自己在不同狀態下感受到的費力程度，像是坡度跑、天氣變化等情境都很適合參考手錶資訊。我並不是要你努力以固定配速跑上坡，因為我們要看的不是你在那一公里期間放慢多少。

手錶的另一個正確妙用就是跑後**復盤**該次訓練，以了解自己的練習狀況。舉例而言，你可能一個月前也練了 8 公里，但這次心率更低。或者，你可能在相同的心率下跑得更快。再次重申，請不要在訓練時盯著手錶。如果你在練跑過程看了手錶，也**不要**因為手錶顯示的內容而改變當下的配速或其他決策。

通常你可以把智慧型手錶想成訓練夥伴或教練。如果訓練期間，這個夥伴或教練都讓你覺得自己很差，或沒辦法幫助你進步，那你應該不會想再跟他一起跑步或接受他的指導。你對智慧型手錶也應抱持

相同的態度。讓科技產品成為進步的動力，而不是打擊信心的工具。如果你做不到這點，總是想看自己每一圈用時多久，也因為手錶而導致恢復日跑得太快，或者如果你經常因為手錶上的數據而自我否定，那麼，即便你覺得自己最近成績不錯，也應該淘汰你的智慧型手錶，換一款最舊、沒有 GPS 功能的工具。

如果今天的訓練目的是恢復，則請不要只看著手錶，試著相信你的身體。有選手曾對我說：「我睡得很好，但我的手錶說我還沒有恢復」或「我熟睡了 8 小時，但手錶說我睡眠不足。」接著，即便身體並無大礙，他們也會問我自己是否該堅持當天的課表，簡直本末倒置。

若是這樣，你可以去複習第一章裡奧運選手、全國冠軍海瑟・馬克連的訓練日誌。有時她會記錄自己的訓練時間，有時則是記錄距離。因為海瑟知道，分鐘、公里等數據並非絕對。你永遠不會看到海瑟為了在手錶上湊齊 16 公里，還刻意在到達終點後多跑了幾十秒，確認手錶數據後又馬上停下腳步。因為她知道什麼事情是**真正**重要的。

PART 2 **訓練與比賽的策略與計畫**

THE ROAD TO EFFECTIVE TRAINING AND RACING

6 熟練賽事的心法策略
Racing Is a Skill You Can Master

　　讓我們來想像一個情境：你已經休賽一段時間，再去參加 5K 賽事，先盡自己所能地跑；下週又跑了一場 5K，結果速度快上許多。

　　怎麼會這樣呢？在完賽七天內，你的狀態不太可能突然變好，所以更合理的原因是，**你的身體重新學習了如何比賽**。比賽、競速其實是一項技能。某些跑者天生具備競速的能力。但是競技能力與大多數技能一樣，如果長期擱置必定有所減損。

　　以課表為主的章節會介紹特定距離的比賽技巧；本章則會分享一些比賽、競速的大原則，像是解釋為什麼兩個實力相當的跑者，卻會有截然不同的比賽結果。

比賽本身就是獎勵

先來談一個許多跑者常常忘記、卻毋庸置疑的觀念：**訓練的目的不是為了更擅長訓練，而是為了比賽。**

我喜歡比賽。正如我在前幾章提到的，我可以一週跑兩場賽事，週五比一英里，週日則參加舊金山越灣路跑的 12K 賽事。請不要以為我只在乎比賽，我也喜歡跟朋友聚在一起練跑，一邊跑十幾公里的路程一邊聊天、打鬧。那段共處的時光往往是一天中最有趣的時刻。但比賽呢？路跑賽事那天會是我整個月以來最閃耀、最精彩的焦點。即便是最高強度的訓練也無法帶來的競速的**刺激**及**成就感**，這也是為什麼我喜歡比賽。

大多數職業跑者的比賽頻率都比我選手時期少，可能是因為他們更常做高地訓練的原故。一旦到了高海拔地區，就需要在那裡待四五週，好讓紅血球數量大幅增加。因此，若每年進行兩次高地訓練，就會有兩個月不能出賽。

某些職業選手很少比賽是因為心理因素。身為職業選手，通常不想被實力不如自己的人爆冷門勝出。所以對他們而言，狀態不夠好卻出賽只是白白讓對手看輕自己而已。我都會告訴跑者們，在身心靈準備好迎接最佳表現之前都不用參加比賽。唯一的例外就是奧運選拔賽，此類大賽至關重要，所以我會要他們排除萬難參加，就算還沒完全準備好也得上戰場。

如果你的比賽次數不會受到高地訓練及個人排名影響，那挺好的！代表你有更多機會磨練自己的競技能力，並累積賽事經驗。我不

是要你參加一堆比賽。而是只要你喜歡競技的快感，就可以**大膽嘗試**，讓訓練成果應用在賽場上，發揮訓練的**目的**。

當然，如果每個週末都參加比賽，可能導致你無法發揮潛力。因為你會花太多時間修復身體及心靈的疲勞，最終無法進步。第十三章的課表會幫助你準備特定距離範圍內的常規賽事，也會告訴你賽事緊湊的期間要如何在訓練和比賽間取得平衡。

優秀競技選手的要件

儘管有兩位跑者做同樣的課表、成為訓練夥伴、看起來旗鼓相當，但兩人的賽果仍有可能長期強弱懸殊。為什麼呢？答案是這份訓練課表可能對其中一個人而言強度太高。如果兩位跑者一起練跑，那麼 800 公尺間歇訓練中，一方可能使用八成力，另一方則可能會付出九成的努力。若經常在訓練時過度努力，就會以疲倦的狀態出賽，而整體訓練費力程度適中者則能吸收訓練內容，並以好的身體狀態及期待的心情參賽。本書後半的課表意在讓你成為比賽當天最健康又充滿活力的跑者。

第二個成績懸殊的原因，可能是其中一人更會運用戰術。前 1600 公尺不應該衝太快，甚至前 400 公尺速度太快都是比賽期間最常見、最不應該犯的錯誤。不管你的能力如何，如果衝出起跑線的速度遠遠快於你能保持的均速，你就無法好好發揮實力。每個以課表為主的章節都有針對特定距離提供比賽建議。但有一個放諸四海皆準的原則，就是「不要一開始就魯莽地往前衝」。

真正優秀、能持之以恆的跑者都會有一個**全盤**的策略，考慮到身體、跑道、天氣等狀況，並把賽間的**各種意外**納入考量。他們知道比賽的目標，也會準備一套完整的流程，幫助他們實現此目標。

一般競速技巧

- 你可以等到目標賽事前一週，再考慮目標成績該跑多快。不要根據高強度訓練時的疲勞程度來決定比賽時的配速。
- 最重要的仍是當天的天氣和比賽項目路線本身的難度。
- 請記住，意志力是有限的。應該把比賽前一週出現的任何異常精神壓力納入考量。
- 盡可能地摸清賽事路線。如果無法先看過一次場地路線，則可以在比賽最終區段熱身，為最後一哩路做好心理準備。你可以在終點附近選擇一個地點或地標，告訴自己：「到了這個地方，我就要不顧一切、用盡全身力氣衝刺。」
- 別繞遠路，盡量跑最短距離！

頂尖選手也會準備次要目標，讓自己能在主要目標無法實現的情況下，仍有動力繼續前進、努力。舉例來說，如果一位優秀的跑者在全馬賽事跑到 30 公里處，便意識到自己無法創下個人最佳成績，他也不會就此離開跑道或慢慢晃到終點線。

一份好的策略一定會讓人意識到，情況有可能不會那麼簡單、順遂。你會被迫在挑戰極限與放鬆油門之間做出選擇。這也是為什麼我大力提倡**賽前意象練習**。在頭腦中預演整個賽事可以幫助你在比賽

開始之前就決定堅持到底。起跑之後什麼都不要猶豫，做就對了。

折衷的決策不一定代表這場比賽大勢已去。也許整場 10K 賽事的轉捩點會出現在最後兩公里的緩坡上。你可能得使盡渾身解數跑上坡，才能保持原訂的目標，但你也可以告訴自己，等會兒有一個緩降坡，保持配速的同時還能恢復一點體力。

庫根教練的團隊成員
艾比・庫柏（Abbey Cooper）

個人最佳成績：5K 賽事：14:52
跑步生涯亮點：2016 年奧運 5K 賽事選手；七屆 NCAA 冠軍；2016 年第五屆世界室內錦標賽 3K 賽事選手
共事期間：2010-2017

指導艾比・庫柏是我在達特茅斯執教期間的亮點之一。我從她身上學到很多東西，希望她也有所收穫。

感謝艾比，我從她身上學到一件事，至今仍受用良多。我為大學跑者制定的標準課表是週六有練習賽、週日長跑、週二高強度訓練。而艾比常常在週二的訓練表現不如預期。我發現她是一個在比賽中百分之百發揮的人。她天賦過人、幹勁十足，但由於太專注於比賽，所以壓力總是比隊友更大。因此，每當她在比賽受挫之後，又要迎接隔天的長跑，三天過後還有高強度訓練，讓她不堪負荷。由於她相當投入比賽，所以需要更多的恢復時間。我們一旦開始

調整她的賽後恢復計畫之後,她的表現就有了起色,在達特茅斯的四年內贏得七座 NCAA 聯賽冠軍。現在,我也會為我所指導的職業選手安排額外的恢復時間。

艾比對自己的比賽能力很謙虛,她總是說:「真正在做的時候就不會想那麼多了。」她還說,自己以前並不像現在這樣無所畏懼,並坦言:「國小上體育課的時候我不敢跑得那麼認真,因為害怕自己跑到吐。我天生就害怕風險這件事,所以在跑步的舞台上,我學會了突破自己的極限,探索未來的各種可能性。」

她在達特茅斯發揮了百分之百的實力,每次的成功都讓她更上一層樓。她也說:「我的動力來源常常是發掘出自己未知的潛力。」當時,艾比欣然採納賽前意象訓練的方法,她認為:「意象訓練能幫助我經歷整場比賽,並預測不同的狀況。你永遠無法準確預測比賽的走向,但這種方式可以減少意料之外的事情發生,讓我能夠在混亂的情況下重新轉移注意力。」艾比的丈夫雅各是運動心理學家,因此至今仍會引導她進行賽前意象訓練。

某次備賽期間,艾比採用我在第四章提到的一些技巧。

她說:「我發現了覺察和關注之間的區別,若我開始擔心配速是不是超過能力範圍,就會保持身體放鬆,把注意力轉移到身體各個部位,專注於當下的任務。我可能會給自己一個指令,告訴自己:『維持這個動作』,或者其他簡單的任務,像是肘部保持平直等。」

2016 年奧運資格賽,艾比被紐西蘭選手妮基・哈姆博爾(Nikki Hamball)絆了一下,當下那位選手倒在艾比前面。當時艾比還停下來扶妮基,畫面相當感人、溫馨,但再次起步時,艾比卻立刻皺起眉頭。這次比賽事故導致她的前十字韌帶和半月板撕裂。同年,她做了手術,直到 2017 年秋天才重回賽場。在這樣的挫折後仍願意復出,對於面臨相同傷勢的跑者而言是很大的鼓勵。

艾比說:「其實我很不喜歡利用比賽的方式恢復狀態,也花了很長時

間來平衡身體狀況和我的個人期望。我覺得自己還有很多未開發的潛力，實力卻無法回到一年前的水準。我需要學習如何給自己合理的期望，並且用支持而非限縮的方式激發自己的潛能。」

艾比堅信，她的最佳表現還在未來，等著她實現。在堅持及努力下，她在 2021 年奧運選拔賽大放異彩，讓我印象相當深刻。你可能不知道這件事，因為一切是在預賽而非決賽發生。艾比參賽時還不符合奧運的 5K 賽事標準，也不太可能在決賽中實現這個目標，因為比賽期間天氣應會極為炎熱。因此，就算在決賽跑進前三名，艾比仍無法進入奧運代表隊，因為她還沒有達到奧運標準。艾比怎麼應對呢？決賽前三天，由於天氣不錯，她在預賽領先了幾圈，以 15 分 7 秒的成績拔得頭籌，儘管仍低於奧運會標準，卻僅比當時個人最佳成績慢了 4 秒。當時，她完美地示範了何謂利用機會。兩個月後，她總算以 14 分 52 秒的成績打破 15 分鐘的 5K 賽事標準，進入美國女子奧運代表隊。

現在，我要讓艾比來聊聊她捲土重來、克服心魔的心得。

她說：「現在，我的信心來源就是自己的一切經歷，我意識到菁英跑者的身分不代表我一定要交出特定的成績，這樣的心態讓我重新得到自由。我打從心裡相信這件事，勇敢地出賽，同時允許自己脆弱、受挫，賦予自己另一種自由，也就是失敗的自由。」

　　兩位實力相當的跑者之所以比賽成績不同，第三個可能原因就是**心理素質的落差**。對此，我在第四章介紹的心理工具能幫助你培養心理恆毅力。但你的訓練夥伴可能天生就更擅長這部分。有些人會認為自己已經盡力，並滿足於此狀態。這個心態完全沒問題。但也有些人是在競爭中茁壯成長。他們盡力做好自己，也把握打敗其他選手的機會。我想以 2022 年世界室內田徑錦標賽的女子 3K 賽事為例。當時，如果艾兒・聖皮耶赫想在第二圈位居第三位，她就會在那個位

置，不會讓別人左右她。她天生就有超乎尋常的競爭力，比起大多數頂尖女子跑者，更具備殺手本能。只要艾兒想做，就沒有她做不到的事情。比賽時，她會盡量靠近領先集團，好讓自己能及時應對場上的各種行動，同時避免在擁擠的跑道上發生任何意外事故。前十五圈，賽事都十分膠著，而且配速也一直在變化。但艾兒始終待在她的位置。其他人的位置則不停變動，白白浪費體力。一開賽艾兒就站穩那個位置，最終也如願獲得了第一枚世界賽獎牌。

沒有所謂的爛成績

我常告訴我的跑者，沒有所謂的爛成績。事實上，我告訴他們，就連訓練的時候都不該覺得自己跑得很爛。

你可能會覺得：「什麼意思？我比過很多場不理想的比賽呀。」你也可能會翻翻我的歷史比賽成績，並覺得其中一兩場比得很糟。所以爛成績不存在是什麼意思？

你可以想想自己在學校的情況。如果你認真讀書，就不會被當掉。如果你整個學期都有按時做完所有作業，就不可能在考試時想著：「我完全不會寫」。

同樣的道理也適用於路跑賽事。如果你很認真訓練，並制定了合理的比賽策略，就不可能在比賽時毫無頭緒。如果你5K的成績通常落在20分鐘左右，那麼就不可能跑出28分鐘的成績，除非遇到受傷、生病、比賽中摔倒等狀況。你可能會因為天氣或其他變數而無法跑出理想成績，但你會接近那個目標，這樣的比賽應該是一次積極、

正面的體驗。

　　當然，有些賽事會比想像中困難許多。有些時候狀態就是不好。比起破個人最佳成績的賽事，我會更深入思考那些表現不佳的經驗。你可能會覺得，某場 5K 賽事的前 800 公尺，自己就是沒有平常那股衝勁。但這是無可避免的。而從生理上來說，你努力積攢的訓練成果也沒有消失。

　　如果狀態不盡理想，你可以利用我在第四章提供的錦囊妙計。像是組塊化的技巧，就能幫助你把比賽剩餘的路段分成幾個部分，再為每個部分設定目標，當下只要努力達到那個階段目標就好。跑 10K 時，你可以跟自己說：「6 到 8 公里要更認真跑，看看會怎麼樣。」半程馬拉松跑到 13 公里後，你可以要求自己：「我要緊跟在等等超過我的人後面，看看能撐多久。」5K 賽事的尾聲，則可以想著：「一旦看到終點線，我就會以前所未有的速度往前衝。」此類小小的心理遊戲能讓你保持專注，讓你不要再沉溺於自我否定的情緒，也許還能讓你得到一些未來比賽也能派上用場的技巧。

　　如果成績不佳，隔天再進行賽後分析，當天請先讓自己的情緒冷靜下來。分析時，可以問問自己哪裡出了問題。你是不是胸有成竹地在上坡衝刺，超過了 20 個人，卻隨後筋疲力盡，又讓那 20 個人、甚至更多人在接下來一兩公里輕易追過你？前一公里的配速是否比目標配速快上 10 秒之多？試著找出自己失誤、導致比賽失利的原因。

　　如果你能從結果不理想的比賽學到一些東西，那麼你得到的成績就不是爛成績，因為你至少有所收穫。關鍵就是不要再犯同樣的錯誤。不要像那些整天遲到、一再道歉，卻死性不改的人一樣。你應該

真正地從錯誤中學習，不要重蹈覆轍。

練習賽的好處

1996 年奧運馬拉松選拔賽的三週前，我跑了一場室內 5K 練習賽，最終於選拔賽得到第二名的成績，順利入選奧運隊伍。我在練習賽狀態相當不錯，最終以 13 分 49 秒的成績勝出。

儘管這個成績比我的最佳紀錄慢了 27 秒，但練習賽給了我很大的信心，讓我相信自己已經為選拔賽做好準備。我的每週跑量是 160 公里，而且過去幾個月一直在準備應對馬拉松選拔賽，沒有針對 5K 的訓練。因此，練習賽成果不錯、跑完也沒有太過疲倦，讓我心情大振。我覺得如果在跑 5K 之前休息幾天，就能更接近個人最佳成績。當時，我告訴自己，選拔賽場上可能沒有任何人的 5K 成績能與我匹敵。我還告訴自己，我可以輕鬆應對選拔賽的可能出現的配速，即每公里 3 分 8 秒至每公里 3 分 14 秒。若我能做到這點，就代表我可以輕鬆寫意地待在領先集團，到了比賽後段仍有餘裕。賽前，我非常認真地想像比賽場景及過程。結果選拔賽的情況就如我的預想，我也如願入選奧運代表隊。

那場不到 14 分鐘的練習賽，竟能帶來如此大的好處！

大多數跑者若在賽前參加一到三場練習賽，就能在目標賽事中取得更好的成績。你可以做很高強度的訓練，但比賽的情境仍有其獨特之處，其成效是單純的訓練無法比擬的。資深的職業選手都是天生的競爭者，有多年競技經驗，曾與世界頂尖的選手抗衡，因此可能不需

要練習賽，像菁英馬拉松跑者就是如此。然而，我們其他人就很需要練習賽所帶來的助益。如前所述，競速、比賽是一項熟能生巧的技能。

練習賽除了提供磨練戰術的機會，還能給你許多幫助。備賽與準備進行 A+ 訓練的差異非常大。逼近自己的極限、化解緊張、處理各種狀況、在鳴槍前做好萬全準備，這些都是訓練無法充分模擬的事情。目標賽事之前體驗比賽的情境益處良多。練習賽也可以提升自信，那場 5K 就讓我對自己信心大增。如果你 10K 目標賽事前幾週跑一次高配速的 5K，必定能士氣大振。如果你只是堅持做完訓練課表的話，可能感受不到這樣的信心。就算練習賽結果不如所願，仍然是一件好事。因為你有理由跑得不好，像是你還沒從高強度訓練恢復，或是練習賽的距離你並不熟悉等等。你會知道，自己一旦恢復，就能在目標賽事大放異彩。另外，你也可以在練習賽試著處理賽前的緊張情緒及比賽間的高度情緒張力。

沒錯，我真的非常看重練習賽。大部分為期較長的課表，我都有安排練習賽。如下一章所述，如果你想多比幾場也沒關係，只要能

盡力去比賽，自有好成績

當許多業餘或非菁英選手參加比賽時，往往只關心自己完成賽程所需的時間。這是能理解的，因為比賽成績是衡量表現的最直觀標準。而且，對於非職業跑者來說，他們通常無法確定在比賽中，與自己實力相當的對手有多少──可能是一位，也可能是一百位，這樣的情況很難判斷。

然而，我認為我們仍然可以從職業跑者身上學到一個重要的觀點：在我每次破個人紀錄的時候，幾乎都是在激烈的競爭中，奪冠或名列前茅的比賽中達成的。在創下新紀錄的那一天，我的**專注力**和**努力**是最關鍵的。我全力以赴，並且保持對比賽的高度專注，這才有了突破的成果。我的一英里成績是 3 分 58 秒，儘管在全國排名中並不突出，但相比一英里賽，我更為自豪的是我的 5K 和馬拉松成績，因為在美國錦標賽中，我曾分別在這兩個項目中獲得過第二名的好成績。

你也可以回想一下艾兒在 1500 公尺奧運選拔賽上的表現，她的最佳成績是 3 分 58 秒 03。艾兒之所以能夠發揮出如此潛力，正是因為她始終如一地做到了當下最該做的事。她從一開始就以極快的配速起跑，並且持續保持領先，直到終點。這樣的比賽，才能創下選拔賽的紀錄。但值得注意的是，破紀錄從來不是她的主要目標。她的目標始終是贏得比賽，最終，這場艱苦的競爭過程帶來了甜美的果實。說實話，我懷疑艾兒甚至不知道 1500 公尺的世界紀錄是多少。

我並不是說你在比賽中不該去想著時間。全力以赴並不意味著一開始就把自己榨乾，然後祈禱能順利完成。你可以透過分段時間來了解自己的比賽狀況，將這些數據作為對自己表現的反饋，檢視是否在起跑時配速過快。比賽後期，你也可以根據分段時間來激勵自己，推動自己繼續向前。除了看手錶了解自己的時間，還要把超越周圍其他選手的動力加進來，盡量多超過一些人。

在比賽中努力不懈，屬於你的時刻自會來臨。

讓你更有動力就好。

如何正確看待比賽

許多跑者訓練表現出色，比賽表現卻不佳，且大型賽事更是如此。這樣的情況通常是因為他們給自己的壓力太大。與其說是對結果的期望太高，不如說他們在賽事感受到的壓力過大。他們會擔心，自己跑得不好怎麼辦？別人會怎麼想？

如果你真的是這樣想的，那麼請先退後一步，記住，這只是一場比賽。在奧運選拔賽前，我曾告訴我的跑者們，無論最終是否能進入奧運代表隊，我的生活不會有太大改變。當然，我的知名度可能會提高，但入選並不會改變我的本質。無論比賽結果如何，父母和手足對我的愛始終如一。如果有人因為我參加奧運而想要接近我，或者因為我落選而疏遠我，那麼我寧願遠離這樣的人。

參加大型賽事，與一般比賽的心態應該是相同的。如果你覺得過於緊張，請稍微退一步，告訴自己：「今天，我會全力以赴。無論結果如何，我知道自己已經付出了最好的努力。最重要的是，無論賽場上的成敗如何，家人和朋友的愛永遠不會改變。」

按表操課
7 Following the Programs

現在，你可能已經迫不及待想要選擇一份課表，並馬上開始訓練了。這樣很好！

不過，我還是希望你能稍微停下來，仔細閱讀本章內容。因為，我將介紹課表中主要的訓練項目，並解析這些項目的訓練原理和配速。我還會幫助你規劃每週的跑量，以及每份課表的執行時長。最重要的是，我會告訴你如何根據自己的狀況調整課表，如何面對訓練中的挫折，並分享一些應對心理壓力的策略。

訓練項目介紹

第八章到第十四章的課表中，每一週都安排了不同的訓練項目。當你看到「休息日」這三個字時，你猜得沒錯，表示那天你可以完全不用跑步。接下來，我會逐一介紹這些訓練項目，並解釋它們的意義和目的。

長跑

長跑是一週之間最長的跑步距離，通常會比當週其他訓練項目多出幾公里。

我的每份課表中，長跑都佔有很重要的角色。無庸置疑，長跑是半馬、全馬訓練不可或缺的要素。但其他距離超過一英里的賽事項目也需要透過長跑訓練增進表現。現在，讓我們一同回顧第一章奧運選手海瑟的 1500 公尺賽事課表。如你所見，海瑟每場比賽用時都不超過 4 分鐘，但她幾乎每週都會進行一次長跑，就算在賽前也一樣。

在第一章，我就提到長跑是打造有氧怪物的三大元素之一，另外兩者則是週跑量及節奏跑。你需要利用長跑增強耐力，才能在比賽後段維持配速。長跑訓練會讓你的肌肉發生變化，例如增進微血管網的功能，進而提高有氧能力。在半馬和全馬等賽事中，高強度的有氧運動會使能量耗盡，因此可能導致速度減慢；對此，長跑能讓你更快速地燃燒脂肪、維持配速。

長跑除了可以加強體能，也有助於培養競速能力。完成一次長跑訓練需要很強大的心理素質。每當你跑到一半，總是會燃起想放

棄、結束訓練的念頭。但堅持下去就是訓練心理素質、增強競速能力的不二法門。

我的課表中，長跑幾乎都是以能夠交談的速度進行。基本上就是一般跑的延長版本（如需了解一般跑的內容，請參閱第 162 頁）。距離就是這項訓練的挑戰所在。長跑過程中，你應該可以隨時說出完整的句子。如果你喜歡跟別人一起跑步，那麼每週的長跑時間肯定是增進友誼的絕佳機會，由於一起練跑必然會交談、聊天，因此也可以幫助你檢視自己是否維持在能夠交談的配速。

半馬和全馬課表也會有長跑的課表，會以半馬或全馬配速進行。馬拉松賽事的長跑訓練期間，你應該還可以說出簡短的句子，但你可能更想集中注意力，跟他人聊天的意願較低。

節奏跑

節奏跑可以幫助你在有氧運動中維持較高的配速。這類訓練有助於提高你的乳酸閾值；當運動強度超過這個閾值時，乳酸的堆積速度將超過其清除速度。一旦突破乳酸閾值，身體會迅速做出反應：呼吸會突然加快，之前的不適感會轉為疼痛，並且你會發現自己無法繼續維持當前的配速。如果能提高乳酸閾值，你將能在疲勞狀態下保持更高的配速，或以特定配速跑更長距離，甚至在更高配速下持續運動更長時間。

跟長跑訓練一樣，我幾乎每週都會安排節奏跑，即便目標賽事距離僅一英里長。從我的重視程度可以看出，這些訓練絕對可以幫助你成為有氧怪物。

我也很喜歡節奏跑，因為這種訓練有很多好處，又不會像高強度間歇跑一樣，讓你累得不成人形。節奏跑後的疲累程度應該不高。隔天的身體也不會像間歇訓練後那樣痠痛或緊繃。如果出現上述狀況，就代表配速太快。

課表中的節奏跑配速應比你的 10K 賽事配速每公里慢 16-19 秒。比起某些教練的課表，我的建議配速較慢，強度適中。這樣做有兩個原因。首先，我不希望你衝太快，畢竟節奏跑並不是計時賽。再來，我的很多節奏跑課表距離比其他項目還長。即使是 5K 賽事的課表，節奏跑距離也可能長達 10 公里。

半馬和全馬課表的節奏跑則常以該賽事的配速進行，因為我更喜歡以比賽的節奏訓練馬拉松賽事。有些時候配速可能會比 10K 賽事配速每公里慢 16-19 秒。

如果你是按照心率進行訓練，請保持在最大心率的八成到八成五之間。我在指導大學跑者期間，會以一個例子向不熟悉節奏跑訓練的跑者解釋此訓練的強度。如果我騎腳踏車經過你身邊問了個問題，你應能以簡短的句子回答，像是「我很好」或「太難了」等，但無法高聲唱歌或隨口從喜歡的書中引用一段話。

請在操場以外的地方進行節奏跑訓練。轉彎和上下坡等情境都能增加訓練的多樣性，也能更貼近路跑賽事的狀況。如果在一般道路、自行車道上跑步，可能還會覺得 8 公里的節奏跑沒有想像中那麼累人。我的課表當中，偶爾會結合短距離節奏跑與時間、距離較短的間歇跑。此類訓練就可以在操場跑道上完成，只跑 3 到 5 公里應該不會讓你太乏味無聊。但你也可以在跑道附近進行節奏訓練。

將節奏跑加入你的訓練中，絕對能幫助你成為有氧怪物。

漸速跑

你可以把漸速跑想成節奏跑的兄弟。兩者都是長時間、長距離的訓練項目，可以提升維持高配速的能力。兩者都能鍛鍊心志，磨練競速能力。每週一次節奏跑或漸速跑可以讓你習慣長時間集中注意力，也能自我激勵。

漸速跑與節奏跑的不同之處在於，漸速跑以較為輕鬆的速度起步，再逐漸加快。課表中的大多數漸速跑距離為 5 至 10 公里，配速每公里加快 4 至 7 秒。最後一兩公里處，你的速度通常會達到 10K

賽事配速，甚至更快。此訓練能幫助你了解比賽配速的感受，卻不會讓你在訓練後筋疲力竭。漸速跑也有助於訓練後段加速（negative splits），並在疲勞累積的狀態下堅持下去。

只要能練節奏跑的地方就能訓練漸速跑。你可以在相對平坦的道路上跑，把影響配速的變因掌握在自己手上。

間歇跑

間歇跑就是大多數人所說的「高強度訓練」。你會重複以固定配速完成指定距離，並在組間休息慢跑一段距離。間歇訓練有助於提升有氧能力，讓你能精確地感受到目標賽事的配速。

正如第一章所述，無論目標賽事為何，都應該在訓練中觸及不同的能量系統。間歇訓練不會都按照目標賽事的配速進行，有時，你會以賽事配速進行比目標賽事距離更長的間歇訓練；有時則會以賽事配速進行比目標賽事距離更短的間歇訓練。舉例來說，5K 賽事課表有時會指定以 10K 配速進行一英里間歇（即單次距離 1600 公尺），或以一英里配速完成 400 公尺間歇。也有可能會在同一次訓練指定以比賽配速進行兩種或多種距離，最後幾組間歇的距離、時間通常較短。像漸速跑一樣，這些訓練是很好的練習，能讓你在越來越疲勞時學會如何咬緊牙關堅持下去。

我在安排間歇訓練上有一個習慣。如果間歇跑總長小於一英里（即 1600 公尺），則每組會以公尺為單位，例如 400 公尺（標準跑道一圈的距離）或 800 公尺。如果課表上寫「間歇跑一英里」，就代表會在標準跑道上跑四圈。

一般來說都會在跑道上做間歇跑，但我知道有些學校預算有限，不一定有操場可以利用。另外，也不是每個人住處附近都有操場。如果你想在上班前或下班後馬上進行高強度運動，可能沒有時間特地跑去體育館、學校等有操場的地方。在其他地方進行間歇運動並無不可。你可以使用 GPS 標出適當距離，再開始訓練，最好可以在平坦道路或自行車道等可以自由奔跑的路面上進行。如果課表上寫的是「400 公尺」，請在手錶上選擇 0.25 英里（即 0.4 公里）的選項，或者依照計畫內容依公制單位選擇較長距離。

　　如果不使用 GPS 手錶，也無法到操場訓練，則請將每組距離及恢復慢跑距離轉換為時間，並在最適合你的地方訓練。例如，如果要以 5K 配速進行 6 組 800 公尺間歇，組間慢跑 400 公尺，而你的訓練目標是在 20 分鐘內跑完 5K，那麼你可以做 6 組 3 分 12 秒的 5K 配速跑，組間慢跑 2 分 15 秒。如果你想用 3 分 10 秒等整數來表示也沒問題。

　　即使你已經有固定的訓練場地，有時候，離開操場、依照時間來訓練，反而能達到更好的效果。標準跑道的距離過於精確，天氣或疲勞狀況可能會使跑道上那種嚴苛的精確度變得不太具有吸引力。**用時間而非距離作為訓練單位，可以增加訓練的成就感**，不必擔心自己是否完成指定距離。此外，在不同的環境條件下訓練，感受不同情境中的費力程度、不過度仰賴持續的回饋，也是很重要的訓練模式。冬天的波士頓嚴寒、不利於訓練，故我的跑隊都會以此種模式完成高強度訓練。

坡度跑

坡度間歇訓練結合了間歇訓練對心肺功能的提升與健身房腿部訓練的力量增益。爬坡能讓你變得更快、更強、更高效，還能提高心理韌性。與間歇訓練一開始的輕鬆不同，坡度訓練一開始就很有挑戰性。通常，第一次爬坡的感覺與最後幾次一樣痛苦。

配速選擇

課表中的每一項訓練都會設定一個最高配速，例如以 5K 配速進行 800 公尺間歇訓練，或以半馬配速完成節奏跑等。我所指的「配速」，是指你近期賽事的目標配速。這個目標配速應該具有挑戰性，雖然困難，但在良好狀態下是可以實現的。例如，假設你最近的 5K 成績是 20 分 30 秒，那麼根據我提供的十二週 5K 訓練課表，設定突破 20 分鐘的目標是合理的。我相信我的訓練課表會比你原本為了 20 分 30 秒而設計的計畫更有效。但如果你為了達到 20 分 30 秒的目標已經非常努力地訓練，那麼現在試圖挑戰突破 19 分鐘可能就有些過於勉強，甚至不切實際。如果近期沒有參加過目標距離的賽事，建議你使用線上計算器，將去年賽事的成績換算為目標距離的預期表現。

大多數訓練課表會建議你在前一兩週按照目標比賽的配速進行訓練，這是因為你需要誠實面對自己的目標，並了解達到該配速的難度。經過幾週的訓練後，你在特定距離賽事的實力應該會有顯著提升，但請務必避免過度訓練。例如以目標 5K 配速進行 400 公尺間歇訓練，或以目標半馬配速跑幾公里等訓練。如果你所遵循的是較短期的訓練課表，這一點尤其需要特別注意。

課表會要求你以比賽配速做非目標距離的訓練；此外，大多數的節奏跑配速會比目標賽事的配速更快或更慢。這些訓練安排體現了我所強調

的訓練多樣化原則。你可以使用線上計算器,將指定距離的成績換算為依照目標配速設置的訓練配速。

即使在訓練中未能達成預期目標,也不必焦慮。請記住,你所進行的是目標配速的訓練,而非近期在目標距離上達到的配速。使用目標配速進行訓練的目的是幫助你逐漸適應這個配速,而且訓練課表仍在進行中;我們的目標是在訓練的後期,建立你在比賽中穩定維持目標配速的能力。透過這個訓練課表,你很快就會感受到以目標配速跑步的感覺。你需要做的是保持專注、全力以赴,並以適當的心力完成每次訓練。如果在執行計畫一週後,你發現某些訓練結果不如預期,比如 800 公尺間歇比目標配速慢了 5 秒,這完全不是問題。我更希望你相信自己,繼續堅持,而不是因為目標看似遙不可及而選擇放棄。

課表中的坡度跑通常有 8 組,每組之間慢跑回起點以達到恢復效果。爬坡的距離落在 300 公尺到 800 公尺之間,訓練強度介於一英里跑至 5K 賽事的費力程度之間,實際情況取決於訓練目標。

請注意,我指的是一英里或 5K 的強度,而不是配速。不要在訓練坡度跑時趕時間。配速、距離不是重點,**訓練本身的強度才是最重要的**。你可以試著模擬在跑道上以一英里或 5K 配速進行間歇訓練的感覺。如果想確保訓練一致性,也許可以替其中一兩組計時,其中一次計中間那組,第二次計倒數第二組。

我們常在跑界最著名的心碎坡(Heartbreak Hill)訓練坡度跑,此地位於波士頓馬拉松賽事約 33 公里處,其長約 800 公尺,坡度為 3% 至 4%。心碎坡的坡度能讓你感受到上坡的趨勢,但又不會太陡,可以維持良好的跑姿。我是說真的,就算聽起來不陡,但等你跑到全

馬賽事最後就會感受到這種緩坡的陡峭。你可以試著找條類似的上坡。坡度不用太陡，否則會很難維持高步頻和直立的跑姿。

你也可以在跑步機上模擬坡道跑訓練。不過，我建議將坡度設置在 5% 以內。你可以根據需要調整配速，以確保訓練強度適中。完成坡度跑後，記得按下「下降」按鈕，將坡度調整為 0%，並將恢復跑的時間設置為與坡度跑相同的時長。

輕鬆跑

輕鬆跑的配速就像是訓練中的慢跑或賽前熱身的速度。當你放鬆身體時，配速會在相同的費力程度下自然加快。請不要強迫自己加速。我的跑者們都很擅長在該放鬆的時候放鬆。輕鬆跑個幾公里後，他們會結束訓練，並且常常感覺神清氣爽，甚至希望能再跑幾公里。

這才是輕鬆跑的正確方式。雖然你可能有能力跑得更快，但強迫自己加速對你的健康可能會有反效果。我建議每週三固定安排為放鬆日，作為前一天高強度訓練的恢復期。接著，將下次的高強度訓練安排在週五。你可能會問，為何不在週三跑得快一點呢？因為如果週三不充分放鬆，到了週五，尚未恢復過來，就會影響當天高強度訓練的表現。

如果恢復跑的配速每公里快了大約 5 秒，到了週五，你可能會因為過度疲勞而無法發揮最佳狀態。因此，還不如好好休息，將精力留到高強度訓練的當天，這樣才能讓你在訓練中充分發揮，進而提升表現。需要注意的是，課表通常會將週一和週六定為真正的恢復跑日，因為恢復跑應安排在長跑的隔天或高強度訓練的前一天，反之亦然。

如果有哪一天適合把手錶留在家裡，那就是恢復跑日。這一天不需要擔心配速，因為配速對於恢復跑沒有太大意義。那麼，為何不乾脆避免誘惑，完全不看手錶呢？選擇一條路線並堅持跑下去。其餘的訓練日，你還有很多機會專注於配速。

一般跑

一般跑就是我們平常認知的跑步模式。距離不會太長或太短，速度也不會過快或過慢。是以能夠交談的速度進行的訓練，可以幫助我們累積跑量。一般跑通常只在週四出現，但你也可以把週日的長跑納入其範疇。大部分長跑的強度都與一般跑相同；差別只在時間更長。

雖然一般跑的速度比輕鬆跑快，但配速不會逼近節奏跑。只要你仍能輕鬆交談，並能完整地說出句子，就可以在逐漸適應後加快速度。另一個確認配速是否恰當的方法，就是檢視自己需不需要像節奏跑一樣集中注意力，以維持配速和跑姿。

請不要跟許多人犯一樣的錯，僅用手錶數據決定一般跑的配速。可以每公里都看一次手錶，但請不要讓數據直接影響你的跑步策略，而是僅作為參考用途。如果你總是強迫自己不能跑得比預定配速慢，那麼請立即停止閱讀本章，並重新複習第五章末尾，因為你必須改掉這個壞習慣。

輕鬆至一般跑

我通常會在高強度運動的兩天後安排此訓練項目。一開始先輕鬆地慢跑。如果兩三公里後你覺得自己躍躍欲試，則可以在舒服的狀

態下加快速度。如果熱身完成後仍相當疲倦，那麼全程保持輕鬆的跑步狀態即可。在此訓練中，你完全不用緊張，也不用逼迫自己加快腳步。你應該讓身體決定今天要怎麼跑，隨心所欲地配速。

跨步跑

跨步跑為時較短，是快速但輕鬆的訓練項目。我們的課表中，跨步跑的距離為 100 公尺。一般來說，我們會在高強度訓練前一天的課表後進行六到八次跨步跑。高強度訓練、比賽之前也應使用幾組跨步跑作為熱身。

跨步跑是課表中很重要的一環，此項目主要有四個好處。

1. 跨步跑比慢跑更能增強肌肉和肌腱。

2. 此動作能召集快肌纖維，是在正常跑步中通常不會使用到的。如果訓練時從不刺激這些纖維，比賽尾聲就無法衝線。短暫、快速的間歇跑也會召集快肌纖維，但間歇跑會使人相當疲勞，其受傷風險也大於跨步跑。

3. 與一般訓練項目相比，跨步跑更能刺激到全身。跨步跑能提振精神，也能幫助你在較穩定、緩慢的配速下放鬆。跨步跑就像跑後伸展一樣，可以讓你隔天訓練前狀態更佳。

4. 跨步跑也能建立自信。畢竟能夠隨心所欲地達到最高速總是能讓人情緒激昂。而且，跨步跑真的很有趣！能夠快跑、重溫小時候在操場奔馳的感受，簡直是一大享受。

訓練跨步跑時，請選擇平坦、水平的路面。操場的直道是理想的訓練場所，但通常不太容易找到。因此，你可以選擇一小段公路或自行車道來當作跑道。首先，在前 10 至 30 公尺的區間內逐漸加速，直到達到能夠保持 800 公尺配速的狀態。接著，保持這個速度進行訓練。不要感到緊張，我們的目標並不是突破身體極限，而是學習如何在保持跑步效率和放鬆狀態的同時，也能維持較高的速度。透過這種方式，跨步跑有助於改善你在各種配速下的跑姿。在每一次跨步時，集中注意力於跑姿的某一要素，例如輕快的步伐、高步頻、避免聳肩並保持肩膀水平，或確保雙手和雙臂放鬆等。

跨步跑的組間休息應完整恢復。與間歇訓練不同，跨步跑訓練不用著重增強心肺功能。應該要以快速、放鬆的方式踏出每一步。由於跨步跑的訓練時長很短，所以休息時間不用太長，就能開始下一組。

在我們的課表中，跨步跑的距離設定為 100 公尺。當然，你不必精確地測量距離，可以根據跑道或橄欖球場的長度來估算。你也可以標出一段大約需要 15 至 25 秒快跑才能完成的距離，作為跨步跑的區域。記住，計時方式不應該像間歇訓練那樣精確，這樣可以避免讓跨步跑變得過於像間歇訓練。

此外，你也可以將跨步跑安排在訓練的最後一段，例如每分鐘的前 20 秒進行跨步跑。不過，這種方式可能會遇到上坡、轉彎等情況，這樣的訓練效果可能會受到影響。再次強調，跨步跑的理想環境應該是平坦、水平且無人車干擾的地方，這樣你可以專注於提高步頻的速度與效率，並保持正確的跑姿。

每組跨步跑一共八步，整個訓練的總時長不應超過 10 分鐘。如

果時間緊迫，我寧願你少跑幾公里，也希望你能進行跨步跑。因此，最好在開始訓練之前就考慮到跨步跑所需要的時間。無論訓練過程多麼疲憊，相信在做完跨步跑後，整個身體會感覺更加舒暢。

熱身和放鬆

最後，我們來談談高強度訓練日的熱身與放鬆。在第一章中，我已經詳細介紹了我的團隊在訓練前和賽前所做的暖身操，這些動作都以非跑步的形式進行。如前所述，熱身時加入多種動態伸展和活動會更有助於讓身體快速進入狀況，幫助你在訓練一開始就達到預期的配速。我也強烈建議在熱身慢跑和高強度訓練之間，加入幾組跨步跑。

實際上，我們所謂的「熱身慢跑」並不是單純的慢跑。你應該以輕鬆、溫和的速度起步，像是恢復跑一樣。隨著熱身的進行，你可以逐漸提升配速，最後一兩公里時，將速度拉升到接近訓練的正常配速。重點是不要強迫自己加速，而是讓配速自然提高，保持舒適的狀態。理想的熱身應該能讓關節充分活動，同時讓心肺系統的運作強度逐漸提升，這樣才能為接下來的訓練做好充分準備。

至於訓練後的放鬆，慢跑是不可或缺的。放鬆慢跑有助於讓身體逐步從高強度訓練的狀態過渡回運動前的狀態。這時不必刻意追求配速，只需輕鬆地慢跑，保持較低的強度即可。慢跑兩三公里能幫助減少隔天的緊繃感和肌肉痠痛。

此外，放鬆慢跑的過程也是回顧訓練的好時機。你可以思考哪些部分表現順利，哪些地方還能改進。如果是和訓練夥伴一起，這段時間也可以用來聊聊訓練中的趣事。在這樣輕鬆的氛圍中結束訓練，

不僅能幫助你釋放壓力，還能讓你愉快地期待下一次的訓練。

我不喜歡太長時間的收操。有些跑者會在高強度訓練後會跑 8 公里或更遠的距離，以累積更高的當週跑量。但高強度訓練後不是增加跑量的時機。你剛才已經很努力了，訓練後應該要開始恢復，而不是讓自己更累。如果你延長慢跑的時間、距離，那麼到最後可能會影響跑姿，而且此時正是身體最脆弱的時候。為了累積跑量而冒著受傷或過度疲勞的風險，絕對不值得。

選擇週跑量

所有的訓練課表都有三種不同的週跑量範圍。以為期 12 週的 5K 賽事訓練課表為例，它的跑量範圍分別為：每週最多 50 英里（約 80 公里）、每週 35 至 60 英里（約 56 至 96 公里），以及每週 40 英里以上（約 64 公里）。同樣，為期 16 週的半馬賽事訓練課表的跑量範圍則分為：每週最多 65 英里（約 104 公里）、每週 40 至 75 英里（約 64 至 120 公里），以及每週 35 英里以上（約 56 公里以上）。

接下來，我將簡單介紹這些跑量範圍的意涵，幫助你選擇最適合你的訓練課表。

從上述範例可以看出，三個計畫之間的週跑量範圍可能會有所重疊。我設計的課表並不是僅僅局限於某個固定的跑量範圍，而是將高強度訓練、長跑以及日常跑步訓練的組合加以調配，讓你能夠在低、中、高跑量區間之間訓練。這種方式也是我在指導跑者時所採用的策略。在每年的不同階段，我會根據每位跑者的比賽計畫、訓練背景和傷病歷史，設立總體的週跑量目標。實際的跑量數字會根據具體

情況調整。對我來說，跑步訓練的重點並不是「這週你要完成多少公里」，而是根據跑者的具體情況來安排最合適的訓練內容。

因此，選擇課表時，不應只看每週的跑量來決定計畫是否適合自己。針對目標賽事，你應該至少比較兩份課表。課表的最右欄會顯示每週跑量的最大值和最小值，稍後會進一步說明。你還要了解每份課表的平均跑量，並將這些數據與你的近期訓練情況及受傷史對比，以進行合理安排。當然，想要挑戰更高的跑量是很好的，但不要期待自己能一步登天，從過去半年或一年的訓練狀態一下子進步神速。請注意，過高的跑量可能會增加受傷風險。

此外，你還需考慮課表中每週跑量的組成。如果一份每週跑 80 公里的課表，大部分是中速跑，偶爾進行長跑或較高速的訓練，那麼整體負擔會比較輕。相對地，如果每週 80 公里的課表包含一次長跑和兩次高強度訓練，則對跑者的能力要求會更高，這類課表組合在訓練課表中也很常見。建議你先從較為基礎的計畫開始訓練數週，並確保自己能吸收訓練內容，讓體能每週都有所提升，這樣才有助於在目標賽事中發揮最佳表現。

選擇課表時，除了考慮**每週跑量**，也要重視跑量的**品質**。一份合適的課表應該讓你能輕鬆完成第一週的訓練，而不是一開始就感到精疲力盡。

當然，別被課表上的跑量範圍嚇到。每份課表都可以根據你的情況做來調整，跑量的範圍其實有很大的彈性。你應該已經了解我的方式，我不會要求你在接下來的三個週四都拚命跑完 13 公里。大多數日常訓練的跑量都有一定的範圍，有些高強度訓練的課表也會設置

多休息幾天？

我的課表幾乎每天都會要求你跑步。偶爾會有機會讓你決定要不要休息，而跑量較低的課表較容易出現休息日。但正如第一章所述，堅持訓練是達到最佳表現的關鍵。既然你已經選擇了一份課表，想要在目標賽事取得好成績，那麼，在未來有限的幾週裡，你應該要更專注於訓練，每天都練跑。

話雖如此，有些跑者確實會因為週休一日而狀態更好。有些跑者則會因為工作或宗教等原因而有固定休息的時間。這些狀況都無傷大雅，不會妨礙你發揮最佳表現。我有幾位曾與我一起出戰奧運的朋友，因為宗教信仰每週日都得休息，但他們仍跑得比我快。我也有一些同為奧運選手的朋友，一整年都在跑步，沒有一天放假，成績也非常優異。

如果你想要採用某份課表，卻又想多休息幾天，請在當週的練跑日補回跑量。你可以在每週的兩次高強度訓練後分別跑 5 公里放鬆，不要只跑一兩公里。這樣一來，你就會多跑約 6 公里，因此可以選擇將週一或週六的課表改成輕鬆跑。

另外，請記得課表的每一週都有規範最大跑量及最小跑量，且範圍相當寬鬆。你不必每週都達到某個特定跑量，只需要符合最適合自身狀態的跑量即可。你可以嘗試每週休息一天，並透過長跑及高強度訓練日之間的慢跑來累積跑量，爭取達到週跑量的上限。

但也不要太過執著於跑量。畢竟訓練、比賽應該要有趣、值得期待，而不是成為你討厭的苦差事。

可調整的訓練量範圍。你可以根據當時的疲勞程度、時間限制、天氣狀況，以及本週的跑量目標（是接近上限還是下限）來調整每次訓練的跑量。

舉個例子來說明，讓我們看看每週 35 英里（約 56 公里）以上的跑量，這是針對 16 週 15K 或半馬等賽事所設計的第六週課表（詳見表 7.1）。首先看一下最右邊一欄，當週的最小跑量是 51 英里（約 82 公里），最大跑量是 70 英里（約 112 公里）。這個範圍其實差距挺大！無論是稍微多跑一點還是少跑一點，你都可以根據每次的訓練需求和兩次高強度訓練的安排，選擇適合自己的跑量。因此，雖然一週跑 112 公里並加上兩次高強度訓練可能會有些吃不消，但你可以在保留高強度訓練的前提下，將跑量降至一週 82 公里。

再舉另一個例子，你可以參考第十四章中的第七週課表（詳見表 7.2）。這份課表專注於將全馬訓練快速轉換至 5K 賽事的準備。其中列出了一個為期八週的訓練課表，該計畫涵蓋了從 15K 或半馬賽事轉換至一英里或 5K 賽事的訓練安排。此計畫的每週跑量為 30 英里（約 48 公里）以上。

表 7.1　**15K至半馬賽事**
16 週課表　週跑量 35 英里（56 公里）以上

週次	週日	週一	週二	週三
6	長跑 12-14 英里 （19-23 公里）	輕鬆跑 6-8 英里 （10-13 公里）； 8×100 公尺跨步跑	節奏跑 6-8 英里（10-13 公里），以半馬配速 * 包括 2-3 英里（3-5 公里）熱身跑，以及 1-2 英里（2-3 公里）緩和跑	輕鬆跑 7-9 英里 （11-14 公里）

表 7.2　**15K或半馬等賽事轉換至一英里跑或5K賽事**
8 週課表　週跑量 30 英里（48 公里）以上

週次	週日	週一	週二	週三
7	長跑 6-8 英里 （10-13 公里）	輕鬆跑 4-6 英里 （6-10 公里）	間歇跑 1200 公尺，以 5K 配速； 4×400 公尺，以一英里跑配速；組間皆慢跑 400 公尺 * 包括 2-3 英里（3-5 公里）熱身跑，以及 1-2 英里（2-3 公里）緩和跑	輕鬆跑 4-6 英里 （6-10 公里）

　　請再次注意表格最右邊的跑量範圍，最大跑量比最小跑量多出上許多，因此每天都有一些調整空間，尤其星期六可以選擇休息一天不跑步。如果是選擇最低跑量或是中等跑量的課表，休息日就更頻繁。

　　因此，我的課表並非千篇一律，在各個跑量等級之間有清晰、明確的界線。這些內容都反映出我的指導方式，以及現實世界中大多數跑者的訓練方式。對此，你可以多投入一點時間，研究最適合自己的總跑量範圍，幫助你眼下的跑步願景。

週四	週五	週六	週跑量
一般跑 6-9 英里 （10-14 公里）； 8×100 公尺跨步跑	**間歇跑** 6-8×800 公尺，以 10K 配速，組間慢跑 400 公尺 *包括 2-3 英里（3-5 公里）熱身跑，以及 1-2 英里（2-3 公里）緩和跑*	**輕鬆跑** 4-6 英里 （6-10 公里）	**51-70 英里** **（82-112 公里）**

週四	週五	週六	週跑量
一般跑 6-8 英里（10-13 公里）；6×100 公尺跨步跑	**節奏跑** 2 英里（3 公里），以 10K 配速；4×300 公尺，以一英里跑配速，組間步行 100 公尺 *包括 2 英里（3 公里）熱身跑，以及 1-2 英里（2-3 公里）緩和跑*	**輕鬆跑** 4-6 英里 （6-10 公里） 或 **休假**	**32-50 英里** **（51-80 公里）**

選擇課表週數

除了根據不同跑量選擇課表之外，每章的計畫都會有兩種週數可選擇。例如：5K 課表有六週和十二週可選，全馬課表則有十二週和十六週可選。

一般來說，我會建議無論目標距離為何，都選擇為期較長的課表。較長期的課表可以更全面地增強體能，可以讓身體有更多時間適

應、吸收訓練內容，亦能讓你有更多以賽事配速訓練的機會。長期課表也較有可能納入幾週輕鬆的課表以及練習賽。此類計畫為期夠長，不會讓你覺得太過匆忙，但也不會過長，讓你在訓練時仍能感受到時間壓力。

但有時較短期的課表會更適合你。若以下選項有一項或多項符合你的狀況，請選擇較短的課表，符合項目越多則短期課表越理想：

- 你已經保持健康、未受傷的狀態八週以上，且自覺有氧能力不錯。

- 過去幾個月以來，你在認真跑的狀態下跑得比平均速度快。例如，你可能每週與其他人一起練跑一兩次，但可以跑得比原本跟上他們的速度更快。如果是這樣，儘管沒有系統性地遵循某個課表，但你已經完成了某種程度的「訓練」。

- 因為自己在幾個月後的學業、工作等非跑步活動的壓力將會更大，所以你想要在近期完成一場成果滿意的賽事。

- 你剛比完一場不同項目的賽事，且恢復狀況不錯，覺得自己在訓練和比賽的循環中持續進步，可以利用這項優勢。（那麼第十四章很適合你！）

- 你的某位跑友最近也要以你的目標賽事項目出賽。所以你剛好得到一位訓練夥伴。

- 過去，你比較不擅長堅持長期計畫，常常會分神處理其他事或者半途而廢。十二週的 5K 賽事訓練聽起來可能很長。如果你一想到長期的安排就感到焦慮，短期的課表則讓你興奮、期待，那麼，請相

信你的直覺。

- 天氣或其他原因也可能導致短期課表更適合你。

- 你是跑步新手，想要在真正投入時間跑步以前，先了解自己的身體能否撐過訓練。

- 有一場即將到來的賽事對你而言格外重要。

可以一日兩練嗎？

　　如果你無法在每天跑步一次的狀態下達到跑量目標，一日兩練可以幫助你獲得額外跑量。這種訓練方式聽起來可能有違常理，但有些跑者練兩次之後隔天的狀態比平常更好。而且練兩次能讓你得到另一次放鬆的機會，如果你有每次跑步前後做柔軟度訓練的好習慣則更有幫助。此訓練方式相當有助於恢復。

　　我會在間歇跑或高強度訓練當天練跑兩次。如果你是下午訓練，那麼短暫、輕鬆的晨跑可以讓你下午的狀態更佳。如果你都早上訓練，則下午進行一次溫和的慢跑可以改善隔天的狀態。

　　長跑後或表定的恢復日請不要一日兩練。應該要讓你的身體恢復，並享受一整天的休息時間。在我的跑隊，週一、週二、週四和週五都會一日兩練。週三和週六是表定的恢復日，週日是長跑日。

　　若想要增加訓練量、促進血液循環，但又不想跑步，可以進行有氧交叉訓練，例如騎自行車、水中跑步或使用橢圓機（elliptical）等。

　　請勿讓一日兩練成為壓力。此訓練模式應用來幫助你進步，而不是讓你狀態更糟。不要僅僅為了增加每週跑量而一日兩練，只應在時間充裕的狀態下進行，如此一來，第二次訓練才能真正增強體能、加速恢復。

調整課表

我的課表都依照普遍的模式來安排，不管是選手時期或現在帶隊都採用此種模式。此模式的內容為：

- 週日：長跑
- 週一：放鬆日
- 週二：高強度訓練
- 週三：放鬆日
- 週四：一般訓練日
- 週五：高強度訓練
- 週六：放鬆日

你不一定要照我說的做。就算你習慣週六長跑、週一和週四高強度訓練，天也不會塌下來。你的生活習慣可能跟其他人不同，你的週三可能就像其他人的週末一樣，是放鬆休息的日子。總之，你要找到最適合自己的模式，也可以配合訓練夥伴能訓練的時間。

若受到天氣、旅行、生活、疲勞、其他外務的影響，偶爾調整一週訓練內容也無傷大雅。你可能平常都遵循課表中一週練七天的模式，但下週五有旅行的安排，無法完成高強度訓練，那麼可以改在週四完成，將原本的一般跑課表改為高強度訓練。請盡量不要養成任意更改課表的習慣。課表不能說改就改。調整計畫時，請遵守我安排的整體難易模式。長跑和高強度訓練後要充分恢復。請不要連續兩天做完一週兩次的高強度訓練。如果你必須在長跑前一天做高強度訓練，請在長跑後將後兩天安排為真正的放鬆日。

有些課表會提供安排練習賽的空間。你想要的話也可以用練習賽代替某一次高強度訓練。如果有一場 5K 賽事落在十二週計畫的第五週，而且那場比賽對你而言很重要，那就去吧。只要用那場比賽替代那週的節奏跑即可，也可以用練習賽取代其他更費力的高強度訓練。

處理訓練中的挫折

正常人不太可能分毫不差地完成一份為期數週的課表。各種事情都有可能打亂你的計畫，無論受傷、疾病、天氣、疲勞、無法預期的家庭及工作事件，都可能使計畫無法如預期進行。這就是為什麼，若是那些每天見面、親自指導的跑者，我都會用紙筆記錄課表的內容。

因此，如果無法完美執行課表也不要驚慌。畢竟計畫總是趕不上變化。我希望你現在已經學會我的「不完美哲學」，這樣你就可以從容應對各種變化。

接下來，我要告訴你們處理訓練挫折的幾個方法。

- **因為生活中的外務錯過幾次訓練**：生活永遠比跑步更重要。如果這幾天有必須處理的優先事項，請不要責怪自己。你不會因此退步，錯過一次高強度訓練也不會毀掉未來的那場比賽。辦完要事後，就拾起課表，從上次錯過的地方開始訓練。

- **因為輕微的受傷或疾病而休息幾天**：增加訓練負荷本來就容易引發一些小問題，像是膝蓋、腳跟不適等狀況。處理這些運動傷害需要一定的判斷力。如果你無法以正常姿勢跑步，或在跑步時疼痛加

劇，那麼就算自認是輕傷，也最好不要繼續跑步。同樣地，如果受傷嚴重到就算是短距離、輕鬆的跑步也會讓你的狀態更糟，那就必須要休息。請假幾天總好過自掘墳墓。若傷勢變得更嚴重，甚至積勞成疾，也無法達到訓練的成果。如果你因為上述情況而休息幾天，請從上次中斷的地方繼續訓練。不用因為錯過高強度訓練而焦慮、擔心。

- **因為生活中其他外務而錯過一整週的訓練**：再次強調，生活比跑步更重要，所以不要自責。回歸訓練的前兩天可能會稍微不適應；起步比平常慢一些。請不要因為休息一週而前功盡棄。你可以盡快恢復課表。在課表的早期，我不會太擔心請假的問題。如果你要在課表後半段缺席一整週，請仔細考慮是否要以預定時間出賽，看看是否能將賽事推遲一週。

- **由於受傷、疾病必須請假一整週**：正式回歸訓練之前，請先確保自己已經完全康復。我寧願你錯過一整週的訓練，但完全康復，也不要因為太早回歸訓練而被迫錯過更多課表。休息一週還不致退步，如果距離目標賽事還有幾週的時間，則影響更小，所以重啟訓練後只需回到上次中斷的地方即可。如果距離目標賽事還有一兩週，將比賽推遲一兩週可能最為理想。就算辦不到，你也可以修改賽事目標，將原本的目標成績下修為符合當下能力、身體狀況的標準。

- **由於生活外務、受傷或疾病等因素，你錯過兩週以上的訓練**：如果兩週不練跑，身體素質就會下降，但一旦重啟訓練，體能就會快速恢復。如果你的課表為期較短，可以改為進行跑量較高的課表，或直接從中斷的位置繼續訓練。若是長期課表，則接續中斷處即可。

比起受傷或生病，因外務而中斷訓練更容易重啟、銜接課表。在這種情況下，請務必將目標賽事時程延後。首先，你需要集中精力，才能夠再次進入訓練的狀態。總是會有其他賽事或馬拉松能讓你參加。

- **受傷、生病的情況輕微，或許能輕鬆跑，但不適合長跑和高強度訓練**：若你一整週都身體微恙，請不要勉強自己做高強度訓練。你的身體可能無法承受，所以放鬆日的訓練是更好的選擇。康復後，你可以直接接續上次中斷的課表。若身體狀況持續兩週以上，那麼我同時有好消息跟壞消息要告訴你。好消息是，如果你還能繼續跑步，且傷病沒有惡化的跡象，那麼你的情況還不錯，你不會因此退步太多；但相對地，你也不可能進步。最安全的方法應是選擇參與別場比賽作為目標賽事，這樣你可以重啟原本的課表，也能以好的狀態參賽。高強度訓練以前，請一定要確保自己沒有受傷、健康無虞。

一英里跑賽事訓練

8 Training for and Racing the Mile

Courtesy of Justin Britton

　　本章將介紹如何準備一英里跑賽事。在本章中，你可以將一英里替換為 1600 公尺，即標準跑道四圈的距離，也是美國高中賽事的標準距離；也可以將一英里視為 1500 公尺，即標準跑道三又四分之三圈，也是奧運的其中一個項目。無論一英里跑賽事是在跑道或一般道路上舉行，都可以遵循我提供的課表。

　　能看到非菁英跑者對一英里跑有興趣，我相當開心。一英里跑是充滿樂趣、挑戰、有成就感的賽事。我們當中有很多當時是校隊成員的跑者，他們的首要目標之一就是達到一英里跑的特定成績。很多畢業後才開始訓練一英里跑的跑者則要花一整個賽季訓練，以達到此項目對耐力及速度的獨特要求。即使一英里跑不是你最喜歡的項目，

一英里訓練也能幫助你在更長距離的賽事表現更佳。

本章共有六份課表，三份為期六週，三份為期十週。六週計畫的週跑量分別為最多 45 英里（72 公里）、30 至 45 英里（48-72 公里）、40 英里（64 公里）以上。十週計畫的週跑量分別為最多 50 英里（80 公里）、35 至 60 英里（56-96 公里）、40 英里（64 公里）以上。如同第七章所述，在選擇課表時有許多需考量的變因，可參考該章節以了解細節。

執行課表方針

我指導過的大多數一英里跑者，都跟 5K 跑者用一樣的方式訓練。許多訓練一英里跑的跑者都會低估整體訓練量及此項目對有氧能力的極高要求。這就是為什麼本章的課表會定期安排長跑和節奏跑，而不是要你每週做四次高強度訓練。你會發現本章的課表與第一章中奧運選手海瑟的 1500 公尺訓練日誌摘錄內容有多處雷同。

課表中的每日課表會寫出當日主要的訓練項目，細部訓練內容則會在第七章說明。訓練過程中可以重複閱讀相關內容，以加強記憶。為了快速了解各種訓練，此處會介紹各種訓練項目並解釋之。

- **輕鬆跑**：在距離最長、強度最高的訓練隔日進行的項目。請不要擔心配速的問題。只要以舒適、能夠交談的速度慢跑即可，不應呼吸急促或費勁使力。完成輕鬆跑之後，應該要感覺特別有活力，準備好面對隔天的訓練。

- **一般跑**：比輕鬆跑稍快，強度更高，但仍處在可以交談的速度。若想累積跑量，此種訓練應是不錯的選擇。如果狀態不錯，可以在最後幾公里加快速度。

- **輕鬆至一般跑**：剛起步時用恢復跑的配速進行。如果你覺得很累、想要全程維持較輕鬆的配速完成此項目也沒問題。如果暖身完成後想要稍微加快速度也可以。但請不要覺得自己「應該」達到某個配速而強迫自己加快。

- **節奏跑**：是一種長時間、長距離的慢跑訓練，通常距離為 3 至 10 公里，以「舒適但稍微吃力」的強度進行，需要集中注意力。對大多數跑者而言，節奏跑應該維持在 15K 至半馬的配速。如果我騎腳踏車經過你身邊問了個問題，你應能以完整的句子回答，但無法像輕鬆跑或一般跑一樣深入交談。

- **漸速跑**：也是長時間、長距離的訓練項目，以配速漸增的方式進行。漸速跑的效果與傳統節奏跑相似，卻可以幫助我們在疲勞累積的狀況下練習加速。因為起始的速度較慢，此類慢跑會比節奏跑更長。

- **間歇跑**：重複以固定配速完成指定距離。間歇跑距離通常介於 200 公尺及 1600 公尺之間，通常會以一英里跑到 10K 之間的配速進行。可以在距離精準、一致的跑道上訓練此項目，若能找到較平整的路面，也可以在一般道路或其他地方進行。訓練之前，可以大略換算課表中各項目的距離，以計算各區段所需的時間，如：若課表指定以 5K 配速重複跑 800 公尺，就代表每次要用 5K 配速跑 3 分鐘。有一些高強度訓練的內容是以 800 公尺賽事配速進行 200 公尺間歇跑。如果你不確定那是什麼配速，目標是每 200 公尺跑得比你的一

英里比賽配速快 2 到 3 秒，即可作為此訓練的目標時間。

- **坡度跑**：以一英里跑的「強度」跑上緩坡，請注意，此處指的並不是「配速」！接著慢跑下坡以恢復體力。理想狀態下，坡度要夠陡，讓人跑步時能輕易發現自己正在爬坡，但也不能陡到難以維持良好、直立的跑姿與高步頻。

- **長跑**：是一週間最長的跑步距離，以能夠交談的速度進行。起步時速度相對輕鬆，並隨著暖身完成逐漸增加強度。請不要躁進，此項訓練的後半部分有很多時間可以讓你抓到節奏。

- **跨步跑**：100 公尺的重複性短程訓練，會以一英里跑的速度配速，此項目通常會在輕鬆跑之後或在較難的訓練及比賽前進行。專注於保持良好的跑姿，兼具速度與放鬆感。跨步跑應該是愉快、輕鬆的訓練；完成此項目後應該會感覺身心舒暢。此項目應在平坦、安全的跑道完成。

此份課表的的 A+ 訓練

我曾在第一章說過，課表中偶爾會出現 A+ 訓練，也就是費力程度達到比賽水準的訓練。我提供的一英里跑課表有很棒的 A+ 訓練，像是六週課表的第五週和十週課表的第九週的週二。

我喜歡讓一英里跑選手在比賽前一週半左右進行 A+ 訓練。完成這類訓練有助於增加比賽信心，高強度訓練的心理壓力也能鍛鍊你的意志力，讓你更能適應一英里賽事的獨特考驗。

如果你把高強度訓練中 2 組 800 公尺的秒數相加，就能大致了解自己的一英里跑成績。

賽前一天

所有課表在一英里跑賽事前一天的課表，都是短距離慢跑和一百公尺跨步跑。只要狀況允許，我的跑者就會在比賽的場地做這些輕量的課表。無論你在哪裡做這些訓練，都請在過程中想像自己正在比賽。並想著自己狀態奇佳、如虎添翼。想像一下，自己在第三圈仍保持良好的配速，試圖在最後一哩路放手一搏、享受比賽。這樣一來，你就能快速、平穩地完成跨步跑，並將這種順暢的感覺帶到第二天的賽道上。

一英里跑競賽技巧

奧運選手在一英里跑賽事中通常專注於爭奪名次，而非關注完賽時間；但我們與他們不同，幾乎得全神貫注於保持速度、發揮全力。一英里跑賽事的最佳策略就是盡可能保持平均配速，並在最後一圈達到最高速。若有一名女性大學跑者想在一英里跑突破 5 分鐘，我會要她嘗試看看四圈分別跑 75、75、75、74 秒。

與本書所介紹的其他距離相比，一英里跑的容錯空間更小。在 5K 或 10K 賽事中，如果你開始進入無氧狀態，通常可以稍微減速並快速恢復。在半馬、或全馬賽事中，如果你在途中注意力下降、不知

不覺地放慢速度，也可以輕鬆地恢復配速。但一英里跑很快就結束了，而且跑步全程都處在有氧和無氧的灰色地帶中，再小的突發狀況都有可能毀了整場比賽。

其中，最常見的錯誤是第一圈（若為路跑則為前400公尺）跑得太快。就像全馬賽事的前幾公里一樣，一英里跑的第一圈跑起來往往格外輕快。指導大學跑者期間，我常看到跑者（大多是其他學校的！）起跑的速度就像離弦之箭。這些起跑過快的跑者若不是自信不足，就是對這個項目不夠有把握，以至於無法放慢速度。他們會在69秒內跑完第一圈，第二圈可能跑出75秒，第三圈以77秒完成，最後一圈則被其他選手追過，以82秒作結。你永遠不會看到一名經驗豐富、訓練有素的跑者這樣跑一英里。

剛起步時，你應該要盡量保持自己可以堅持到最後的配速。因此，本章所有課表都要求在比賽兩天前以一英里跑配速進行數次200公尺間歇跑。此訓練能幫助你習慣如何達到起步的目標配速。試著內化這種感覺，記憶當下的步頻、呼吸、身體姿態等，才能在哨音一響之後就找到目標配速。如果情況允許，可以在比賽日熱身時以一英里配速跑一到兩組200公尺，再次喚醒身體對正確起步配速的記憶。

在第一圈可以給自己一到兩秒的緩衝時間，因前200公尺為搶佔有利位置，可能發生碰撞等情形。若是想突破5分內的女性跑者，我會建議第一圈不要快於73秒。將力量維持至第二圈，同時目標配速仍然不應過於緊迫。

如果你想達到特定成績，那麼第三圈至關重要。你會為了維持配速而花費更多力氣。如果你覺得自己在第三圈保持相同的速度，那

麼實際上你可能正在減速。

另外，不要一到最後一圈就開始衝刺，應該在倒數第二個彎道開始加速。離開彎道、進入直線時，你要逐漸地加速、逼近自己的極限。最後半圈就全力衝刺，盡量達到自己的最高速度，看看是否能堅持到終點。

若是路跑賽事，應用田徑場上的競速技巧可能有難度。因為你無法像在跑道上一樣，知道比賽進行到哪裡。因此許多公路英里賽事都會在每 400 公尺處做標記。你可以利用這些標記來有效配速，決定各區段的費力程度。

庫根教練的一英里跑經驗談

1989 年 6 月，我在麻州戴德姆（Dedham）的東北大學跑出一英里跑的最佳成績。這是從馬里蘭大學畢業一年後的第一個田徑賽季。

大家對於這場比賽的結果議論紛紛，因為有四五個人都可能破 4 分鐘。當時，還沒有任何麻州人突破過 4 分鐘的大關。我當時覺得自己很有機會。

那次比賽我的狀態極佳，當年 3 月分，我第一次登上世界越野錦標賽，跑得不錯；該賽季更早之前，我也在 3K 和障礙賽中創下個人最佳成績。

當時大會利用配速員幫助跑者們在 4 分鐘內完賽，於是有一名配速員要帶我們在 1 分 58 秒內跑完前 800 公尺。發令槍響，我立即

佔據第二位，就在配速員的正後方。我覺得打破 4 分鐘大關的最佳途徑就是跑在前面，盡可能將距離縮短，避免麻煩，不要浪費太多能量在超越別人上。我需要盡量節省精力，因為我知道自己即使真的突破 4 分鐘，也不會快上太多。不幸的是，第一圈後配速員立即減速，所以我必須跑在最前面，以維持配速。比賽還剩三圈，站在第一位使我相當不安。我告訴自己：「馬克，你沒事的。順順地跑、保持速度就好。」我簡直成了其他跑者的配速員，感覺其他人都跟在我的屁股後頭。但我沒有因為這件事煩心，因為我知道自己在越野跑和各種鍛鍊之下已經足夠堅強。

正如我之前所說，如果你想繼續保持當前的配速，你得在第三圈花費更多力氣、堅持配速，否則就會不知不覺地減速。我在第三圈試圖加快時，其他跑者都沒有跟上來，所以我取得些微領先。我看到時鐘上顯示還剩一圈，因此我需要在 60 秒內跑完最後一圈才能打破 4 分鐘大關。經歷平時的千錘百鍊，我百分之百相信自己能做到這件事。最後 200 公尺處，我在倒數第二條直線加速、逼近自己的極限，最終以 3 分 58 秒的成績衝破終點。這場比賽是我的跑者生涯亮點之一，也是我最自豪的比賽之一。成為麻州第一個突破四分大關的跑者真是太酷了！在 1980 年代，打破 4 分鐘還是一項難得的成就，所以我必須在父母、兄弟姐妹和最好的朋友面前得到這個榮譽。我永遠不會忘記我的朋友喬伊對我說：「我知道你跑得很快，但你剛剛打破 4 分鐘的速度真是太瘋狂了。」更不用說，我們在賽後還去了當時賽場附近有名的艾略特酒吧慶祝。

我在大學時對一英里跑沒那麼有自信。我們經常與美國海軍官校一起舉行室內及室外田徑的友誼賽。他們的最佳跑者羅尼・哈里斯

（Ronnie Harris）是全國最強的大學生之一。在跑步生涯早期，我常常畏他三分。羅尼步伐相當輕快，只要看他走路就能感受到那股渾然天成的自信。另外，羅尼來自南加州，我來自波士頓，所以我們之間猶如湖人隊與塞爾提克隊一般相互較勁。我都會假裝羅尼是湖人王朝的魔術強森，而我則是見招拆招、韌性強大的大鳥賴瑞。

我們兩人總是在比賽中互不相讓，最終還要用終點線的攝影畫面來分出勝負。我們之間的對決是我參加過的最難分難解的比賽之一。在這兩場比賽中，羅尼激發出我的潛力，讓我超常發揮，但我永遠無法擊敗他。他總是在終點線搶先我一步。為什麼我贏不了他？

我現在才發現，自己跟他較量時並沒有拿出最佳策略。我那時都會嘗試加速，想耗盡他的體力。但羅尼會在第三圈試圖超越我，我也會盡可能不讓他追過。一來一往之下，我浪費了寶貴的精力。接著，他總能捲土重來，就在終點線前衝過我身邊。如果我當時沒有試圖阻止他，選擇節省體力、在最後的直線奮力衝刺，也許還可以贏得其中一兩場比賽。在競爭激烈的一英里跑賽事中，往往是最後採取行動的人獲勝。大學時期，羅尼總是做好這件事。

跑步的一大好處就是，你和對手在比賽間激烈競爭，但賽前賽後都是好朋友。羅尼和我從大學起就一直保持聯繫，當我指導的跑者奪得佳績，他也是首先傳訊息祝賀我的人。

一英里跑賽事

6 週課表 週跑量最多 45 英里（72 公里）

週次	週日	週一	週二	週三
1	**長跑** 6-8 英里 （10-13公里）	**輕鬆跑** 4-6 英里（6-10公里）；8×100公尺跨步跑	**間歇跑** 6×400 公尺，以 5K 配速，組間慢跑 200 公尺 *包括 2 英里（3 公里）熱身跑，以及 1600 公尺緩和跑*	**輕鬆跑** 4-6 英里 （6-10公里）
2	**長跑** 6-8 英里 （10-13公里）	**輕鬆跑** 4-6 英里（6-10公里）；8×100公尺跨步跑	**坡度跑** 6×200 公尺，以一英里跑的費力程度跑上緩坡，組間慢跑下坡 *包括 2 英里（3 公里）熱身跑，以及 1600 公尺緩和跑*	**輕鬆跑** 4-6 英里 （6-10公里）
3	**長跑** 6-8 英里 （10-13公里）	**輕鬆跑** 4-6 英里（6-10公里）；8×100公尺跨步跑	**間歇跑** 4×100 公尺，以 5K 配速，組間慢跑 400 公尺；4×200 公尺間歇跑，以 800 公尺配速，組間慢跑 200 公尺 *包括 2 英里（3 公里）熱身跑，以及 1600 公尺緩和跑*	**輕鬆跑** 4-6 英里 （6-10公里）

（單位皆經過英制到公制換算並四捨五入）

週四	週五	週六	週跑量
一般跑 4-6 英里（6-10公里）；8×100公尺跨步跑	**節奏跑** 3 英里（5 公里），以比 10K 每公里慢 16-19 秒之速度配速 *包括 2 英里（3 公里）熱身跑，以及 1600 公尺緩和跑*	**輕鬆至一般跑** 3-4 英里 （5-6 公里） 或 **休假**	**30-40 英里 （48-64公里）**
一般跑 4-6 英里（6-10公里）；8×100公尺跨步跑	**節奏跑** 3 英里（5 公里），以比 10K 每公里慢 16-19 秒之速度配速；800 公尺慢跑；4×300 公尺間歇跑，以一英里跑配速，組間慢跑或步行 100 公尺 *包括 2 英里（3 公里）熱身跑，以及 1600 公尺緩和跑*	**輕鬆至一般跑** 3-4 英里 （5-6 公里） 或 **休假**	**32-44 英里 （51-70公里）**
一般跑 4-6 英里（6-10公里）；8×100公尺跨步跑	**節奏跑** 2-3×1600 公尺，以 10K 配速，組間慢跑 400 公尺 *包括 2 英里（3 公里）熱身跑，以及 1600 公尺緩和跑*	**輕鬆至一般跑** 3-4 英里 （5-6 公里） 或 **休假**	**31-43 英里 （50-69公里）**

一英里跑賽事／6 週課表／週跑量最多 45 英里（72公里）

一英里跑賽事

6週課表 週跑量最多 45 英里（72 公里）

週次	週日	週一	週二	週三
4	**長跑** 6-8 英里 （10-13 公里）	**輕鬆跑** 4-6 英里（6-10 公里）；6×100 公尺跨步跑	**間歇跑** 4×800 公尺，以 3K 配速；2×400 公尺以一英里跑配速；組間皆慢跑 400 公尺 *包括 2 英里（3 公里）熱身跑，以及 1600 公尺緩和跑*	**輕鬆跑** 4-6 英里 （6-10 公里）
5	**長跑** 5-7 英里 （8-11 公里）	**輕鬆跑** 4-6 英里（6-10 公里）；8×100 公尺跨步跑	**間歇跑** 400、800、800、400 公尺，以一英里跑配速，組間慢跑 400 公尺 *包括 2 英里（3 公里）熱身跑，以及 1600 公尺緩和跑*	**輕鬆跑** 4-6 英里 （6-10 公里）
6	**長跑** 5-7 英里 （8-11 公里）	**輕鬆跑** 4-6 英里（6-10 公里）；8×100 公尺跨步跑	**間歇跑** 6×400 公尺，以一英里跑配速，組間慢跑 200 公尺 *包括 2 英里（3 公里）熱身跑，以及 1600 公尺緩和跑*	**輕鬆跑** 3-4 英里 （5-6 公里）

週四	週五	週六	週跑量
一般跑 4-6 英里（6-10 公里）；6×100 公尺跨步跑	**節奏跑** 3-4 英里（5-6 公里），以比 10K 每公里慢 16-19 秒之速度配速 *包括 2 英里（3 公里）熱身跑，以及 1600 公尺緩和跑*	**輕鬆至一般跑** 3-4 英里（5-6 公里） 或 **休假**	31-44 英里（50-70 公里）
一般跑 4-6 英里（6-10 公里）；8×100 公尺跨步跑	**節奏及間歇跑** 2 英里（3 公里），以比 10K 每公里慢 12 秒之速度配速；4×300 公尺間歇跑，以一英里跑配速，組間慢跑或步行 100 公尺 *包括 2 英里（3 公里）熱身跑，以及 1600 公尺緩和跑*	**輕鬆至一般跑** 3-4 英里（5-6 公里） 或 **休假**	28-40 英里（45-64 公里）
間歇跑 4×200 公尺，以一英里跑配速，組間慢跑 200 公尺 *包括 2 英里（3 公里）熱身跑，以及 1600 公尺緩和跑*	**輕鬆跑** 2-3 英里（3-5 公里）；6-8×100 公尺跨步跑	**一英里跑賽事**	23-29 英里（37-46 公里，不包含比賽跑量）

一英里跑賽事

6 週課表　週跑量 30-45 英里（48-72 公里）

週次	週日	週一	週二	週三
1	**長跑** 7-10 英里 （11-16 公里）	**輕鬆跑** 4-6 英里（6-10 公里）；8×100 公尺跨步跑	**間歇跑** 6×400 公尺，以 5K 配速，組間慢跑 200 公尺 *包括 2 英里（3 公里）熱身跑，以及 1600 公尺緩和跑*	**輕鬆跑** 6-8 英里 （10-13 公里）
2	**長跑** 7-10 英里 （11-16 公里）	**輕鬆跑** 4-6 英里（6-10 公里）；8×100 公尺跨步跑	**坡度跑** 6×200 公尺，以一英里跑的費力程度跑上緩坡；組間慢跑下坡 *包括 2 英里（3 公里）熱身跑，以及 1600 公尺緩和跑*	**輕鬆跑** 6-8 英里 （10-13 公里）
3	**長跑** 6-8 英里 （10-13 公里）	**輕鬆跑** 4-6 英里（6-10 公里）；8×100 公尺跨步跑	**間歇跑** 4×1000 公尺，以 5K 配速，組間慢跑 400 公尺；4×200 公尺，以 800 公尺配速，組間慢跑 200 公尺 *包括 2 英里（3 公里）熱身跑，以及 1600 公尺緩和跑*	**輕鬆跑** 5-7 英里 （8-11 公里）

（單位皆經過英制到公制換算並四捨五入）

週四	週五	週六	週跑量
一般跑 4-6 英里（6-10 公里）；8×100 公尺跨步跑	**節奏跑** 3 英里（5 公里），以比 10K 每公里慢 16-19 秒之速度配速；6×150 公尺跨步跑 *包括 2 英里（3 公里）熱身跑，以及 1600 公尺緩和跑*	**輕鬆至一般跑** 3-4 英里（5-6 公里） 或 **休假**	**32-45 英里（51-72公里）**
一般跑 4-6 英里（6-10 公里）；8×100 公尺跨步跑	**節奏跑** 3 英里（5 公里），以比 10K 每公里慢 16-19 秒之速度配速 *包括 2 英里（3 公里）熱身跑，以及 1600 公尺緩和跑*	**輕鬆至一般跑** 3-4 英里（5-6 公里） 或 **休假**	**33-45 英里（53-72公里）**
一般跑 4-6 英里（6-10 公里）；8×100 公尺跨步跑	**節奏跑** 3×1600 公尺，以 10K 配速，組間慢跑 400 公尺 *包括 2 英里（3 公里）熱身跑，以及 1600 公尺緩和跑*	**輕鬆至一般跑** 3-4 英里（5-6 公里） 或 **休假**	**33-45 英里（53-72公里）**

一英里跑賽事

6 週課表　週跑量 30-45 英里（48-72 公里）

週次	週日	週一	週二	週三
4	**長跑** 6-8 英里 （10-13 公里）	**輕鬆跑** 4-6 英里 （6-10 公里）； 6×100 公尺跨步跑	**間歇跑** 4×800 公尺，以 3K 配速；2×400 公尺，以一英里跑配速；組間皆慢跑 400 公尺 *包括 2 英里（3 公里）熱身跑，以及 1600 公尺緩和跑*	**輕鬆跑** 5-7 英里 （8-11 公里）
5	**長跑** 6-8 英里 （10-13 公里）	**輕鬆跑** 4-6 英里 （6-10 公里）； 8×100 公尺跨步跑	**間歇跑** 400、800、800、400 公尺，以一英里跑配速，組間慢跑 400 公尺 *包括 2 英里（3 公里）熱身跑，以及 1600 公尺緩和跑*	**長跑** 4-7 英里 （6-11 公里）
6	**長跑** 5-7 英里 （8-11 公里）	**輕鬆跑** 4-6 英里 （6-10 公里）； 8×100 公尺跨步跑	**間歇跑** 6×400 公尺，以一英里配速，組間慢跑 200 公尺 *包括 2 英里（3 公里）熱身跑，以及 1600 公尺緩和跑*	**輕鬆跑** 3-4 英里 （5-6 公里）

週四	週五	週六	週跑量
一般跑 4-6 英里（6-10 公里）；6×100 公尺跨步跑	節奏跑 4 英里（6 公里），以比 10K 每公里慢 16-19 秒之速度配速 *包括 2 英里（3 公里）熱身跑，以及 1600 公尺緩和跑	輕鬆至一般跑 3-4 英里（5-6 公里） 或 休假	33-45 英里 （53-72 公里）
一般跑 4-6 英里（6-10 公里）；8×100 公尺跨步跑	節奏及間歇跑 2 英里（3 公里），以比 10K 每公里慢 12 秒之速度配速；800 公尺慢跑；4×300 公尺，以一英里跑配速，組間慢跑或步行 100 公尺 *包括 2 英里（3 公里）熱身跑，以及 1600 公尺緩和跑	輕鬆至一般跑 3-4 英里（5-6 公里） 或 休假	29-42 英里 （46-67 公里）
間歇跑 4×200 公尺，以一英里配速，組間慢跑 200 公尺 *包括 2 英里（3 公里）熱身跑，以及 1600 公尺緩和跑	輕鬆跑 2-3 英里（3-5 公里），6-8×100 公尺跨步跑	一英里跑賽事	22-28 英里（35-45 公里，不包含比賽跑量）

一英里跑賽事

6 週課表 週跑量 40 英里（64 公里）以上

週次	週日	週一	週二	週三
1	長跑 10-14 英里 （16-22 公里）	輕鬆跑 6-8 英里（10-13公里）；8×100 公尺跨步跑	間歇跑 8×400 公尺，以 5K 配速，組間慢跑 200 公尺 *包括 2-3 英里（3-5 公里）熱身跑，以及 1-2 英里（2-3 公里）緩和跑	輕鬆跑 8-10 英里 （13-16 公里）
2	長跑 10-14 英里 （16-22 公里）	輕鬆跑 6-8 英里（10-13公里）；8×100 公尺跨步跑	坡度跑 8-10×200 公尺，以一英里跑的費力程度跑上緩坡；組間慢跑下坡 *包括 2-3 英里（3-5 公里）熱身跑，以及 1-2 英里（2-3 公里）緩和跑	輕鬆跑 8-10 英里 （13-16 公里）
3	長跑 10-14 英里 （16-22 公里）	輕鬆跑 6-8 英里（10-13公里）；8×100 公尺跨步跑	間歇跑 6×1000 公尺，以 5K 配速，組間慢跑 400 公尺；4×200 公尺，以一英里跑配速，組間慢跑 200 公尺 *包括 2-3 英里（3-5 公里）熱身跑，以及 1-2 英里（2-3 公里）緩和跑	輕鬆跑 8-10 英里 （13-16 公里）

（單位皆經過英制到公制換算並四捨五入）

週四	週五	週六	週跑量
一般跑 6-8 英里（10-13 公里）；8×100 公尺跨步跑	**節奏跑** 2-3 英里（3-5 公里），以比 10K 每公里慢 16-19 秒之速度配速；6×150 公尺跨步跑 *包括 2-3 英里（3-5 公里）熱身跑，以及 1-2 英里（2-3 公里）緩和跑*	**輕鬆至一般跑** 3-4 英里（5-6 公里） 或 **休假**	**42-61 英里（67-98 公里）**
一般跑 6-8 英里（10-13 公里）；8×100 公尺跨步跑	**節奏跑** 4-6 英里（6-10 公里），以比 10K 每公里慢 16-19 秒之速度配速；800 公尺慢跑；4×300 公尺，以一英里跑配速，組間慢跑或步行 100 公尺 *包括 2-3 英里（3-5 公里）熱身跑，以及 1-2 英里（2-3 公里）緩和跑*	**輕鬆至一般跑** 3-4 英里（5-6 公里）	**44-64 英里（70-102 公里）**
一般跑 6-8 英里（10-13 公里）；8×100 公尺跨步跑	**節奏跑** 2×1600 公尺，以 5K 配速，組間慢跑 400 公尺；4×400 公尺，以一英里跑配速，組間慢跑 400 公尺 *包括 2-3 英里（3-5 公里）熱身跑，以及 1-2 英里（2-3 公里）緩和跑*	**輕鬆至一般跑** 3-4 英里（5-6 公里） 或 **休假**	**46-63 英里（74-101 公里）**

一英里跑賽事／6 週課表／週跑量 40 英里（64 公里）以上

一英里跑賽事

6 週課表 週跑量 40 英里（64 公里）以上

週次	週日	週一	週二	週三
4	**長跑** 10-14 英里 （16-22 公里）	**輕鬆跑** 6-8 英里（10-13 公里）；6×100 公尺跨步跑	**間歇跑** 4×800 公尺，以 3K 配速；2×400 公尺，以一英里跑配速；組間皆慢跑 400 公尺 *包括 2-3 英里（3-5 公里）熱身跑，以及 1-2 英里（2-3 公里）緩和跑*	**輕鬆跑** 8-10 英里 （13-16 公里）
5	**長跑** 7-10 英里 （11-16 公里）	**輕鬆跑** 6-8 英里（10-13 公里）；8×100 公尺跨步跑	**間歇跑** 400、800、800、400 公尺，以一英里跑配速，組間慢跑 400 公尺 *包括 2-3 英里（3-5 公里）熱身跑，以及 1-2 英里（2-3 公里）緩和跑*	**輕鬆跑** 6-8 英里 （10-13 公里）
6	**長跑** 5-7 英里 （8-11 公里）	**輕鬆跑** 4-6 英里（6-10 公里）；8×100 公尺跨步跑	**間歇跑** 8×400 公尺，以一英里跑配速，組間慢跑 200 公尺 *包括 2-3 英里（3-5 公里）熱身跑，以及 1-2 英里（2-3 公里）緩和跑*	**輕鬆跑** 5-7 英里 （8-11 公里）

週四	週五	週六	週跑量
一般跑 6-8 英里（10-13 公里）；6×100 公尺跨步跑	節奏跑 4-5 英里（6-8 公里），以比 10K 每公里慢 16-19 秒之速度配速 * 包括 2-3 英里（3-5 公里）熱身跑，以及 1-2 英里（2-3 公里）緩和跑	輕鬆至一般跑 3-4 英里（5-6 公里）	**44-63 英里（70-101 公里）**
一般跑 6-8 英里（10-13 公里）；8×100 公尺跨步跑	節奏及間歇跑 2 英里（3 公里），以比 10K 每公里慢 12 秒之速度配速；800 公尺慢跑；4×300 公尺，以一英里跑配速，組間慢跑或步行 100 公尺 * 包括 2-3 英里（3-5 公里）熱身跑，以及 1-2 英里（2-3 公里）緩和跑	輕鬆至一般跑 3-4 英里（5-6 公里） 或 **休假**	**28-41 英里（45-66 公里）**
間歇跑 4-6×200 公尺，以一英里跑配速，組間慢跑 200 公尺 * 包括 2 英里（3 公里）熱身跑，以及 1600 公尺緩和跑	輕鬆跑 2-3 英里（3-5 公里），6-8×100 公尺跨步跑	一英里跑賽事	**26-36 英里（42-58 公里，不包含比賽跑量）**

一英里跑賽事

10 週課表 週跑量最多 50 英里（80 公里）

週次	週日	週一	週二	週三
1	**一般跑** 6-8 英里 （10-13 公里）	**輕鬆跑** 4-6 英里（6-10 公里）；8×100 公尺跨步跑	**間歇跑** 4-6×1000 公尺，以 5K 配速，組間慢跑 400 公尺 * 包括 2 英里（3 公里）熱身跑，以及 1600 公尺緩和跑	**輕鬆跑** 6-8 英里 （10-13 公里）
2	**一般跑** 6-8 英里 （10-13 公里）	**輕鬆跑** 6-8 英里（10-13 公里）；8×100 公尺跨步跑	**坡度跑** 6-8×200 公尺，以一英里跑的費力程度跑上緩坡；組間慢跑下坡 * 包括 2 英里（3 公里）熱身跑，以及 1600 公尺緩和跑	**輕鬆跑** 6-8 英里 （10-13 公里）
3	**一般跑** 6-8 英里 （10-13 公里）	**輕鬆跑** 6-8 英里（10-13 公里）；8×100 公尺跨步跑	**間歇跑** 3-4×800 公尺，以 5K 配速，組間慢跑 200 公尺；200 公尺，以一英里跑配速；400 公尺慢跑 * 包括 2 英里（3 公里）熱身跑，以及 1600 公尺緩和跑	**輕鬆跑** 6-8 英里 （10-13 公里）
4	**一般跑** 6-8 英里 （10-13 公里）	**輕鬆跑** 6-8 英里（10-13 公里）；8×100 公尺跨步跑	**間歇跑** 4×200 公尺、4×400 公尺、4×200 公尺，以一英里跑配速，200 公尺組間皆慢跑 200 公尺，400 公尺組間皆慢跑 400 公尺 * 包括 2 英里（3 公里）熱身跑，以及 1600 公尺緩和跑	**輕鬆跑** 4-6 英里 （6-10 公里）
5	**一般跑** 6-8 英里 （10-13 公里）	**輕鬆跑** 6-8 英里（10-13 公里）；8×100 公尺跨步跑	**間歇跑** 8×400 公尺，以 5K 配速，組間慢跑 200 公尺 * 包括 2 英里（3 公里）熱身跑，以及 1600 公尺緩和跑	**輕鬆跑** 6-8 英里 （10-13 公里）

（單位皆經過英制到公制換算並四捨五入）

週四	週五	週六	週跑量
一般跑 4-6 英里（6-10 公里）；8×100 公尺跨步跑	**節奏跑** 3 英里（5 公里），以比 10K 每公里慢 16-19 秒之速度配速 *包括 2 英里（3 公里）熱身跑，以及 1600 公尺緩和跑*	**輕鬆至一般跑** 3-5 英里 （5-8 公里） 或 **休假**	**33-46 英里** **（53-74 公里）**
一般跑 4-6 英里（6-10 公里）；8×100 公尺跨步跑	**節奏跑** 2 英里（3 公里），以比 10K 每公里慢 9-12 秒之速度配速；800 公尺慢跑；4×300 公尺，以一英里跑配速，組間慢跑或步行 100 公尺 *包括 2 英里（3 公里）熱身跑，以及 1600 公尺緩和跑*	**輕鬆至一般跑** 3-5 英里 （5-8 公里）	**36-46 英里** **（58-74 公里）**
一般跑 4-6 英里（6-10 公里）；8×100 公尺跨步跑	**漸速跑** 3 英里（5 公里），起始速度比 10K 每公里慢 19 秒，之後每公里持續加快 3-6 秒 *包括 2 英里（3 公里）熱身跑，以及 1-2 英里（2-3 公里）緩和跑*	**輕鬆至一般跑** 3-5 英里 （5-8 公里） 或 **休假**	**34-48 英里** **（54-77 公里）**
一般跑 4-6 英里（6-10 公里）；8×100 公尺跨步跑	**節奏跑** 3-4 英里（5-6 公里），以比 10K 每公里慢 16-19 秒之速度配速 *包括 2 英里（3 公里）熱身跑，以及 1600 公尺緩和跑*	**輕鬆至一般跑** 2-4 英里 （3-6 公里）	**35-46 英里** **（56-74 公里）**
一般跑 4-6 英里（6-10 公里）；8×100 公尺跨步跑	**節奏及間歇跑** 3-5 英里（5-8 公里），以比 10K 每公里慢 16-19 秒之速度配速；800 公尺慢跑；6×200 公尺，以一英里跑配速，組間慢跑 200 公尺 *包括 2 英里（3 公里）熱身跑，以及 1600 公尺緩和跑*	**輕鬆至一般跑** 3-5 英里 （5-8 公里） 或 **休假**	**36-50 英里** **（58-80 公里）**

一英里跑賽事

10 週課表 　週跑量最多 50 英里（80 公里）

週次	週日	週一	週二	週三
6	一般跑 6-8 英里 （10-13公里）	輕鬆跑 6-8 英里（10-13公里）；8×100公尺跨步跑	坡度跑 8-10×200 公尺，以一英里跑的費力程度跑上緩坡；組間慢跑下坡 *包括 2 英里（3 公里）熱身跑，以及 1600 公尺緩和跑*	輕鬆跑 6-8 英里 （10-13公里）
7	一般跑 6-8 英里 （10-13公里）	輕鬆跑 6-8 英里（10-13公里）；8×100公尺跨步跑	間歇跑 4-6×1000 公尺，以 5K 配速，組間慢跑 400 公尺；4×200 公尺，以 800 公尺配速，組間慢跑 200 公尺 *包括 2 英里（3 公里）熱身跑，以及 1-2 英里（2-3 公里）緩和跑*	輕鬆跑 6-8 英里 （10-13公里）
8	一般跑 6-8 英里 （10-13公里）	輕鬆跑 6-8 英里（10-13公里）；6×100公尺跨步跑	間歇跑 3-4×800 公尺，以 3K 配速；4×400 公尺，以一英里跑配速；組間皆慢跑 400 公尺 *包括 2 英里（3 公里）熱身跑，以及 1600 公尺緩和跑*	輕鬆跑 6-8 英里 （10-13公里）
9	一般跑 6 英里 （10 公里）	輕鬆跑 4-6 英里（6-10公里）；8×100公尺跨步跑	間歇跑 400、800、800、400 公尺，以一英里配速，組間慢跑 400 公尺 *包括 2 英里（3 公里）熱身跑，以及 1600 公尺緩和跑*	輕鬆跑 4-6 英里 （6-10 公里）
10	一般跑 5 英里 （8 公里）	輕鬆跑 3-4 英里（5-6公里）；8×100公尺跨步跑	間歇跑 6-8×400 公尺，以一英里配速，組間慢跑 200 公尺 *包括 2 英里（3 公里）熱身跑，以及 1600 公尺緩和跑*	輕鬆跑 3-4 英里 （5-6 公里）

週四	週五	週六	週跑量
一般跑 4-6 英里（6-10 公里）；8×100 公尺跨步跑	**節奏跑** 3-4 英里（5-6 公里），以比 10K 每公里慢 16-19 秒之速度配速；800 公尺慢跑；4×300 公尺間歇跑，以一英里跑配速，組間慢跑 100 公尺 *包括 2 英里（3 公里）熱身跑，以及 1600 公尺緩和跑*	**輕鬆至一般跑** 3-5 英里 （5-8 公里）	**36-49 英里** **（58-78 公里）**
一般跑 4-6 英里（6-10 公里）；8×100 公尺跨步跑	**節奏跑** 2×1600 公尺，以 5K 配速，組間慢跑 800 公尺；4×400 公尺，以一英里跑配速，組間慢跑 400 公尺 *包括 2 英里（3 公里）熱身跑，以及 1600 公尺緩和跑*	**輕鬆至一般跑** 3-5 英里 （5-8 公里） 或 **休假**	**36-50 英里** **（58-80 公里）**
一般跑 4-6 英里（6-10 公里）；6×100 公尺跨步跑	**節奏跑** 3-4 英里（5-6 公里），以比 10K 每公里慢 16-19 秒之速度配速 *包括 2 英里（3 公里）熱身跑，以及 1600 公尺緩和跑*	**輕鬆至一般跑** 3-5 英里 （5-8 公里）	**38-50 英里** **（61-80 公里）**
一般跑 4-6 英里（6-10 公里）；8×100 公尺跨步跑	**節奏及間歇跑** 2-3 英里（3-5 公里），以比 10K 每公里慢 12 秒之速度配速；800 公尺慢跑；4×300 公尺，以一英里跑配速，組間慢跑或步行 100 公尺 *包括 2 英里（3 公里）熱身跑，以及 1600 公尺緩和跑*	**輕鬆至一般跑** 3-4 英里 （5-6 公里） 或 **休假**	**29-41 英里** **（46-66 公里）**
間歇跑 4-6×200 公尺，以一英里跑配速，組間慢跑 200 公尺 *包括 2 英里（3 公里）熱身跑，以及 1600 公尺緩和跑*	**輕鬆跑** 2-3 英里（3-5 公里）；6-8×100 公尺跨步跑	**一英里賽事**	**22-26 英里** **（35-42 公里，不包含比賽跑量）**

一英里跑賽事

10 週課表 　週跑量 35-60 英里（56-96 公里）

週次	週日	週一	週二	週三
1	**長跑** 8-10 英里（13-16 公里），配速要比週三的輕鬆跑稍快一些	**輕鬆跑** 6-8 英里（10-13 公里）；8×100 公尺跨步跑	**間歇跑** 6×1000 公尺，以 5K 配速，組間慢跑 400 公尺 *包括 2 英里（3 公里）熱身跑，以及 1-2 英里（2-3 公里）緩和跑*	**輕鬆跑** 8-10 英里（13-16 公里）
2	**長跑** 8-10 英里（13-16 公里），配速要比週三的輕鬆跑稍快一些	**輕鬆跑** 6-8 英里（10-13 公里）；8×100 公尺跨步跑	**坡度跑** 8×200 公尺，以一英里跑的費力程度跑上緩坡；組間慢跑下坡 *包括 2 英里（3 公里）熱身跑，以及 1-2 英里（2-3 公里）緩和跑*	**輕鬆跑** 8-10 英里（13-16 公里）
3	**長跑** 8-10 英里（13-16 公里），配速要比週三的輕鬆跑稍快一些	**輕鬆跑** 6-8 英里（10-13 公里）；8×100 公尺跨步跑	**間歇跑** 4×800 公尺，以 5K 配速，組間慢跑 200 公尺；200 公尺，以一英里跑配速；400 公尺慢跑 *包括 2 英里（3 公里）熱身跑，以及 1-2 英里（2-3 公里）緩和跑*	**輕鬆跑** 8-10 英里（13-16 公里）
4	**長跑** 8-12 英里（13-19 公里），配速要比週三的輕鬆跑稍快一些	**輕鬆跑** 6-8 英里（10-13 公里）；8×100 公尺跨步跑	**間歇跑** 4×200 公尺、5×400 公尺、4×200 公尺，皆以一英里跑配速；200 公尺組間皆慢跑 200 公尺，400 公尺組間皆慢跑 400 公尺 *包括 2 英里（3 公里）熱身跑，以及 1-2 英里（2-3 公里）緩和跑*	**輕鬆跑** 6-8 英里（10-13 公里）
5	**長跑** 8-12 英里（13-19 公里），配速要比週三的輕鬆跑稍快一些	**輕鬆跑** 6-8 英里（10-13 公里）；8×100 公尺跨步跑	**間歇跑** 8×400 公尺，以 5K 配速，組間慢跑 200 公尺 *包括 2 英里（3 公里）熱身跑，以及 1-2 英里（2-3 公里）緩和跑*	**輕鬆跑** 8-10 英里（13-16 公里）

（單位皆經過英制到公制換算並四捨五入）

週四	週五	週六	週跑量
一般跑 6-8 英里（10-13 公里）；8×100 公尺跨步跑	**節奏跑** 3-4 英里（5-6 公里），以比 10K 每公里慢 16-19 秒之速度配速 *包括 2 英里（3 公里）熱身跑，以及 1-2 英里（2-3 公里）緩和跑*	**輕鬆至一般跑** 3-5 英里（5-8 公里） 或 **休假**	**43-59 英里 （69-94 公里）**
一般跑 6-8 英里（10-13 公里）；8×100 公尺跨步跑	**節奏跑** 2-3 英里（3-5 公里），以比 10K 每公里慢 9-12 秒之速度配速；800 公尺慢跑；4×300 公尺，以一英里跑配速，組間慢跑或步行 100 公尺 *包括 2 英里（3 公里）熱身跑，以及 1-2 英里（2-3 公里）緩和跑*	**輕鬆至一般跑** 3-5 英里（5-8 公里）	**42-54 英里 （67-86 公里）**
一般跑 6-8 英里（10-13 公里）；8×100 公尺跨步跑	**漸速跑** 3 英里（5 公里），起始速度比 10K 每公里慢 19 秒，之後每公里持續加快 3-6 秒 *包括 2 英里（3 公里）熱身跑，以及 1-2 英里（2-3 公里）緩和跑*	**輕鬆至一般跑** 3-5 英里（5-8 公里） 或 **休假**	**41-58 英里 （66-93 公里）**
一般跑 4-6 英里（6-10 公里）；8×100 公尺跨步跑	**節奏跑** 3-4 英里（5-6 公里），以比 10K 每公里慢 16-19 秒之速度配速 *包括 2 英里（3 公里）熱身跑，以及 1-2 英里（2-3 公里）緩和跑*	**輕鬆至一般跑** 2-4 英里（3-6 公里）	**39-54 英里 （62-86 公里）**
一般跑 6-8 英里（10-13 公里）；8×100 公尺跨步跑	**節奏跑** 3-5 英里（5-8 公里），以比 10K 每公里慢 16-19 秒之速度配速；800 公尺慢跑；6×200 公尺，以一英里跑配速，組間慢跑 200 公尺 *包括 2 英里（3 公里）熱身跑，以及 1-2 英里（2-3 公里）緩和跑*	**輕鬆至一般跑** 3-5 英里（5-8 公里） 或 **休假**	**41-60 英里 （66-96 公里）**

一英里跑賽事

10週課表　週跑量 35-60 英里（56-96 公里）

週次	週日	週一	週二	週三
6	**長跑** 8-12 英里（13-19 公里），配速要比週三的輕鬆跑稍快一些	**輕鬆跑** 6-8 英里（10-13 公里）；8×100 公尺跨步跑	**坡度跑** 8-10×200 公尺，以一英里跑的費力程度跑上緩坡；組間慢跑下坡 *包括 2 英里（3 公里）熱身跑，以及 1-2 英里（2-3 公里）緩和跑*	**輕鬆跑** 8-10 英里（13-16公里）
7	**長跑** 8-12 英里（13-19 公里），配速要比週三的輕鬆跑稍快一些	**輕鬆跑** 6-8 英里（10-13 公里）；8×100 公尺跨步跑	**間歇跑** 6×1000 公尺，以 5K 配速，組間慢跑 400 公尺；4×200 公尺，以 800 公尺配速，組間慢跑 200 公尺 *包括 2 英里（3 公里）熱身跑，以及 1-2 英里（2-3 公里）緩和跑*	**輕鬆跑** 8-10 英里（13-16公里）
8	**長跑** 8-12 英里（13-19 公里），配速要比週三的輕鬆跑稍快一些	**輕鬆跑** 6-8 英里（10-13 公里）；6×100 公尺跨步跑	**間歇跑** 4×800 公尺，以 3K 配速；4×400 公尺，以一英里跑配速；組間皆慢跑 400 公尺 *包括 2 英里（3 公里）熱身跑，以及 1-2 英里（2-3 公里）緩和跑*	**輕鬆跑** 8-10 英里（13-16公里）
9	**長跑** 6-8 英里（10-13 公里），配速要比週三的輕鬆跑稍快一些	**輕鬆跑** 6-8 英里（10-13 公里）；8×100 公尺跨步跑	**間歇跑** 400、800、800、400 公尺，以一英里跑配速，組間慢跑 400 公尺 *包括 2 英里（3 公里）熱身跑，以及 1-2 英里（2-3 公里）緩和跑*	**輕鬆跑** 6-8 英里（10-13公里）
10	**長跑** 5-7 英里（8-11 公里），配速要比週三的輕鬆跑稍快一些	**輕鬆跑** 4-6 英里（6-10 公里）；8×100 公尺跨步跑	**間歇跑** 6-8×400 公尺，以一英里跑配速，組間慢跑 200 公尺 *包括 2 英里（3 公里）熱身跑，以及 1-2 英里（2-3 公里）緩和跑*	**輕鬆跑** 5-7 英里（8-11公里）

週四	週五	週六	週跑量
一般跑 6-8 英里（10-13 公里）；8×100 公尺跨步跑	**節奏跑** 4-5 英里（6-8 公里），以比 10K 每公里慢 16-19 秒之速度配速 *包括 2 英里（3 公里）熱身跑，以及 1-2 英里（2-3 公里）緩和跑*	**輕鬆至一般跑** 3-5 英里 （5-8 公里）	**44-60 英里** **（70-96 公里）**
一般跑 6-8 英里（10-13 公里）；8×100 公尺跨步跑	**節奏跑** 2×1600 公尺，以 5K 配速，組間慢跑 800 公尺；4×400 公尺，以一英里跑配速，組間慢跑 400 公尺 *包括 2 英里（3 公里）熱身跑，以及 1-2 英里（2-3 公里）緩和跑*	**輕鬆至一般跑** 3-5 英里 （5-8 公里） 或 **休假**	**48-60 英里** **（77-96 公里）**
一般跑 6-8 英里（10-13 公里）；6×100 公尺跨步跑	**節奏跑** 4-5 英里（6-8 公里），以比 10K 每公里慢 16-19 秒之速度配速 *包括 2 英里（3 公里）熱身跑，以及 1-2 英里（2-3 公里）緩和跑*	**輕鬆至一般跑** 3-5 英里 （5-8 公里）	**46-60 英里** **（74-96 公里）**
一般跑 6-8 英里（10-13 公里）；8×100 公尺跨步跑	**節奏及間歇跑** 3 英里（5 公里），以比 10K 每公里慢 12 秒之速度配速；800 公尺慢跑；4×300 公尺，以一英里跑配速，組間慢跑或步行 100 公尺 *包括 2 英里（3 公里）熱身跑，以及 1-2 英里（2-3 公里）緩和跑*	**輕鬆至一般跑** 3-4 英里 （5-6 公里） 或 **休假**	**37-51 英里** **（59-82 公里）**
間歇跑 4-6×200 公尺，以一英里跑配速，組間慢跑 200 公尺 *包括 2 英里（3 公里）熱身跑，以及 1600 公尺緩和跑*	**輕鬆跑** 2-3 英里（3-5 公里）；6-8×100 公尺跨步跑	**一英里跑賽事**	**25-34 英里** **（40-54 公里，不包含比賽跑量）**

一英里跑賽事

10 週課表 週跑量 40 英里（64 公里）以上

週次	週日	週一	週二	週三
1	**長跑** 10-12 英里 （16-19 公里）	**輕鬆跑** 6-8 英里（10-13 公里）；8×100 公尺跨步跑	**間歇跑** 6×100 公尺，以 5K 配速，組間慢跑 400 公尺 *包括 2-3 英里（3-5 公里）熱身跑，以及 1-2 英里（2-3 公里）緩和跑*	**輕鬆跑** 8-10 英里 （13-16 公里）
2	**長跑** 10-12 英里 （16-19 公里）	**輕鬆跑** 6-8 英里（10-13 公里）；8×100 公尺跨步跑	**坡度跑** 8×200 公尺，以一英里跑的費力程度跑上緩坡；組間慢跑下坡 *包括 2-3 英里（3-5 公里）熱身跑，以及 1-2 英里（2-3 公里）緩和跑*	**輕鬆跑** 8-10 英里 （13-16 公里）
3	**長跑** 10-14 英里 （16-22 公里）	**輕鬆跑** 6-8 英里（10-13 公里）；8×100 公尺跨步跑	**間歇跑** 4×200 公尺，以 5K 配速，組間慢跑 200 公尺；200 公尺，以一英里跑配速；400 公尺慢跑 *包括 2-3 英里（3-5 公里）熱身跑，以及 1-2 英里（2-3 公里）緩和跑*	**輕鬆跑** 8-10 英里 （13-16 公里）
4	**長跑** 10-14 英里 （16-22 公里）	**輕鬆跑** 6-8 英里（10-13 公里）；8×100 公尺跨步跑	**間歇跑** 4×200 公尺、5×400 公尺、4×200 公尺，皆以一英里跑配速；200 公尺組間皆慢跑 200 公尺，400 公尺組間皆慢跑 400 公尺 *包括 2-3 英里（3-5 公里）熱身跑，以及 1-2 英里（2-3 公里）緩和跑*	**輕鬆跑** 6-8 英里 （10-13 公里）
5	**長跑** 10-14 英里 （16-22 公里）	**輕鬆跑** 6-8 英里（10-13 公里）；8×100 公尺跨步跑	**間歇跑** 8×400 公尺，以 5K 配速，組間慢跑 200 公尺 *包括 2-3 英里（3-5 公里）熱身跑，以及 1-2 英里（2-3 公里）緩和跑*	**輕鬆跑** 8-10 英里 （13-16 公里）

（單位皆經過英制到公制換算並四捨五入）

週四	週五	週六	週跑量
一般跑 6-8 英里（10-13 公里）；8×100 公尺跨步跑	**節奏跑** 3-4 英里（5-6 公里），以比 10K 每公里慢 16-19 秒之速度配速 *包括 2-3 英里（3-5 公里）熱身跑，以及 1-2 英里（2-3 公里）緩和跑*	**輕鬆至一般跑** 3-7 英里（5-11 公里） 或 **休假**	**44-64 英里** **（70-102 公里）**
一般跑 6-8 英里（10-13 公里）；8×100 公尺跨步跑	**節奏跑** 2-3 英里（3-5 公里），以比 10K 每公里慢 9-12 秒之速度配速；800 公尺慢跑；4×300 公尺，以一英里跑配速，組間慢跑或步行 100 公尺 *包括 2-3 英里（3-5 公里）熱身跑，以及 1-2 英里（2-3 公里）緩和跑*	**輕鬆至一般跑** 3-7 英里（5-11 公里） 或 **休假**	**44-62 英里** **（70-99 公里）**
一般跑 6-8 英里（10-13 公里）；8×100 公尺跨步跑	**漸速跑** 3 英里（5 公里），起始速度比 10K 每公里慢 19 秒，之後每公里持續加快 3-6 秒 *包括 2 英里（3 公里）熱身跑，以及 1-2 英里（2-3 公里）緩和跑*	**輕鬆至一般跑** 3-7 英里（5-11 公里） 或 **休假**	**47-68 英里** **（75-109 公里）**
一般跑 4-6 英里（6-10 公里）；8×100 公尺跨步跑	**節奏跑** 3-4 英里（5-6 公里），以比 10K 每公里慢 16-19 秒之速度配速 *包括 2-3 英里（3-5 公里）熱身跑，以及 1-2 英里（2-3 公里）緩和跑*	**輕鬆至一般跑** 2-5 英里（3-8 公里）	**41-59 英里** **（66-94 公里）**
一般跑 6-8 英里（10-13 公里）；8×100 公尺跨步跑	**節奏跑** 3-5 英里（5-8 公里），以比 10K 每公里慢 16-19 秒之速度配速；800 公尺慢跑；6×200 公尺，以一英里跑配速，組間慢跑 200 公尺 *包括 2-3 英里（3-5 公里）熱身跑，以及 1-2 英里（2-3 公里）緩和跑*	**輕鬆至一般跑** 4-8 英里（6-13 公里） 或 **休假**	**44-68 英里** **（70-109 公里）**

一英里跑賽事

10 週課表 週跑量 40 英里（64 公里）以上

週次	週日	週一	週二	週三
6	長跑 10-14 英里 （16-22 公里）	輕鬆跑 6-8 英里（10-13 公里）；8×100 公尺跨步跑	坡度跑 8-10×200 公尺，以一英里跑的費力程度跑上緩坡；組間慢跑下坡 *包括2-3英里（3-5公里）熱身跑，以及 1-2 英里（2-3 公里）緩和跑*	輕鬆跑 8-10 英里 （13-16 公里）
7	長跑 10-14 英里 （16-22 公里）	輕鬆跑 6-8 英里（10-13 公里）；8×100 公尺跨步跑	間歇跑 6×1000 公尺，以 5K 配速，組間慢跑 400 公尺；4×200 公尺，以 800 公尺配速，組間慢跑 200 公尺 *包括2-3英里（3-5公里）熱身跑，以及 1-2 英里（2-3 公里）緩和跑*	輕鬆跑 8-10 英里 （13-16 公里）
8	長跑 10-14 英里 （16-22 公里）	輕鬆跑 6-8 英里（10-13 公里）；6×100 公尺跨步跑	間歇跑 4×800 公尺，以 3K 配速；4×400 公尺，以一英里跑配速，組間慢跑 400 公尺 *包括2-3英里（3-5公里）熱身跑，以及 1-2 英里（2-3 公里）緩和跑*	輕鬆跑 8-10 英里 （13-16 公里）
9	長跑 10-12 英里 （16-19 公里）	輕鬆跑 6-8 英里（10-13 公里）；8×100 公尺跨步跑	間歇跑 400、800、800、400 公尺，以一英里跑配速，組間慢跑 400 公尺 *包括2-3英里（3-5公里）熱身跑，以及 1-2 英里（2-3 公里）緩和跑*	輕鬆跑 6-8 英里 （10-13 公里）
10	長跑 5-7 英里 （8-11 公里）	輕鬆跑 4-6 英里（6-10 公里）；8×100 公尺跨步跑	間歇跑 6-8×400 公尺，以一英里跑配速，組間慢跑 200 公尺 *包括2-3英里（3-5公里）熱身跑，以及 1-2 英里（2-3 公里）緩和跑*	輕鬆跑 5-7 英里 （8-11 公里）

週四	週五	週六	週跑量
一般跑 6-8 英里（10-13 公里）；8×100 公尺跨步跑	節奏跑 4-5 英里（6-8 公里），以比 10K 每公里慢 16-19 秒之速度配速；800 公尺慢跑；4×300 公尺，以一英里跑配速，組間慢跑或步行 100 公尺 *包括 2-3 英里（3-5 公里）熱身跑，以及 1-2 英里（2-3 公里）緩和跑*	輕鬆至一般跑 3-7 英里 （5-11 公里）	46-66 英里 （74-106 公里）
一般跑 6-8 英里（10-13 公里）；8×100 公尺跨步跑	節奏跑 2×1600 公尺，以 5K 配速，組間慢跑 800 公尺；4×400 公尺，以一英里跑配速，組間慢跑 400 公尺 *包括 2-3 英里（3-5 公里）熱身跑，以及 1-2 英里（2-3 公里）緩和跑*	輕鬆至一般跑 3-7 英里 （5-11 公里） 或 **休假**	47-68 英里 （75-109 公里）
一般跑 6-8 英里（10-13 公里）；6×100 公尺跨步跑	節奏跑 4-5 英里（6-8 公里），以比 10K 每公里慢 16-19 秒之速度配速 *包括 2-3 英里（3-5 公里）熱身跑，以及 1-2 英里（2-3 公里）緩和跑*	輕鬆至一般跑 3-7 英里 （5-11 公里）	48-67 英里 （77-107 公里）
一般跑 6-8 英里（10-13 公里）；8×100 公尺跨步跑	節奏及間歇跑 3 英里（5 公里），以比 10K 每公里慢 12 秒之速度配速；800 公尺慢跑；4×300 公尺，以一英里跑配速，組間慢跑或步行 100 公尺 *包括 2-3 英里（3-5 公里）熱身跑，以及 1-2 英里（2-3 公里）緩和跑*	輕鬆至一般跑 3-4 英里 （5-6 公里） 或 **休假**	40-56 英里 （64-90 公里）
間歇跑 4-6×200 公尺，以一英里跑配速，組間慢跑 200 公尺 *包括 2-3 英里（3-5 公里）熱身跑，以及 1600 公尺緩和跑*	輕鬆跑 2-3 英里（3-5 公里）；6-8×100 公尺跨步跑	一英里跑賽事	25-35 英里 （40-56公里，不包含比賽跑量）

5K 賽事訓練

9 Training for and Racing the 5K

　　此章會介紹 5 公里賽事的訓練方式。5 公里賽事通常稱為 5K，由於完成此距離相當有成就感及挑戰性，5K 也成為最熱門的賽事之一。在跑 5K 時，速度比一英里跑（The Mile）慢一些，但比 10K 快上許多。唯有訓練期間全力以赴，並在比賽當下隨機應變、發揮實力，才能在 5K 賽事跑出最好的表現。

　　本章共有六份課表，三份為期六週，三份為期十二週。六週計畫的週跑量分別為最多 45 英里（72 公里）、35-55 英里（56-88 公里）、40 英里（64 公里）以上。十二週計畫的週跑量分別為最多 50 英里（80 公里）、35 至 60 英里（56-96 公里）、40 英里（64 公里）以上。如同第七章所述，在選擇課表時有許多需考量的變因，可參考

該章節以了解細節。

執行課表方針

課表中的每日課表會寫出當日主要的訓練項目，細部訓練內容則會在第七章說明。訓練過程中可以重複閱讀相關內容，以加強記憶。為了快速了解各種訓練，此處會介紹各種訓練項目並解釋之。

- **輕鬆跑**：在距離最長、強度最高的訓練隔日進行的項目。請不要擔心配速的問題。只要以舒適、能夠交談的速度慢跑即可，不應呼吸急促或費勁使力。完成輕鬆跑之後，應該要感覺特別有活力，準備好面對隔天的訓練。

- **一般跑**：比輕鬆跑稍快，強度更高，但仍處在可以交談的速度。若想累積跑量，此種訓練應是不錯的選擇。如果狀態不錯，可以在最後幾公里加快速度。

- **輕鬆至一般跑**：剛起步時用恢復跑的配速進行。如果你覺得很累、想要全程維持較輕鬆的配速完成此項目也沒問題。如果暖身完成後想要稍微加快速度也可以。但請不要覺得自己「應該」達到某個配速而強迫自己加快。

- **節奏跑**：是一種長時間、長距離的慢跑訓練，通常距離為 3 至 10 公里，以「舒適但稍微吃力」的強度進行，需要集中注意力。對大多數跑者而言，節奏跑應該維持在 15K 至半馬的配速。如果我騎腳踏車經過你身邊問了個問題，你應能以完整的句子回答，但無法像

輕鬆跑或一般跑一樣深入交談。

- **漸速跑**：也是長時間、長距離的訓練項目，以配速漸增的方式進行。漸速跑的效果與傳統節奏跑相似，卻可以幫助我們在疲勞累積的狀況下練習加速。因為起始的速度較慢，此類慢跑會比節奏跑更長。

- **間歇跑**：重複以固定配速完成指定距離。間歇跑距離通常介於 200 公尺及 1600 公尺之間，通常會以一英里跑到 10K 之間的配速進行。可以在距離精準、一致的跑道上訓練此項目，若能找到較平整的路面，也可以在一般道路或其他地方進行。訓練之前，可以大略換算課表中各項目的距離，以計算各區段所需的時間，如：若課表指定以 5K 配速重複跑 800 公尺，就代表每次要用 5K 配速跑 3 分鐘。有一些高強度訓練的內容是以 800 公尺賽事配速進行 200 公尺間歇跑。如果你不確定那是什麼配速，目標是每 200 公尺跑得比你的一英里比賽配速快 2 到 3 秒，即可作為此訓練的目標時間。

- **坡度跑**：以一英里跑的「強度」跑上緩坡，請注意，此處指的並不是「配速」！接著慢跑下坡以恢復體力。理想狀態下，坡度要夠陡，讓人跑步時能輕易發現自己正在爬坡，但也不能陡到難以維持良好、直立的跑姿與高步頻。

- **長跑**：是一週間最長的跑步距離，以能夠交談的速度進行。起步時速度相對輕鬆，並隨著暖身完成逐漸增加強度。請不要躁進，此項訓練的後半部分有很多時間可以讓你抓到節奏。

- **跨步跑**：約 100 公尺的重複性短程訓練，會以一英里跑的速度配速，此項目通常會在輕鬆跑之後或在較難的訓練及比賽前進行。專

注於保持良好的跑姿，兼具速度與放鬆感。跨步跑應該是愉快、輕鬆的訓練；完成此項目後應該會感覺身心舒暢。此項目應在平坦、安全的跑道完成。

5K 賽事競賽技巧

我認為 5K 是最困難的項目，因為要想完全發揮實力、打破個人最佳成績，全程都會達到有氧能力的極限。但就算穩定配速，在剛起步且不想過度加快的情況下，還是會經歷一段較低強度、試圖找到節奏的時期。

另外一個 5K 的困難之處就是得快速衡量當下的情況，如果起跑的速度太慢，就很難追回落後的時間。一般來說，5K 的頂尖選手若嘗試破紀錄或締造個人最佳成績，就會使用後段加速的方式，但此表現仰賴極強的有氧能力，並在最後一公里跑出接近一英里跑的速度。對於業餘跑者而言，這種跑法對體能的要求是很高的，因此他們的最佳策略通常是盡量以平均的配速完賽。

另一方面，起步過快的狀況更常見也更糟糕。如果起步太慢，可能會比自己本來的速度差上幾秒。但若起步太快，恐怕會慢上數十秒。如果第一公里跑得太快，極有可能會在最後一公里落後每公里 19 秒，甚至渾然不知自己起步太快。你甚至可能不知道你開始得太快了。如果想要在 20 分鐘內跑完 5K，就要以每公里 3 分 59 秒的配速進行。在這樣的配速下，可能會在 3 分 56 秒至 59 秒之間完成第一公里，並告訴自己配速是正確的。但如果在最初幾百公尺跑得過快，

後來才回到自己習慣的節奏，就不是以平均的配速完成前一公里。由於從起跑點的高速爆發後持續變慢，接下來必然會在到達第二公里之前失去配速。

若想儘早控制自己的身體，其中一個方法是在熱身時做 1 到 3 組距離較長的跨步跑，最多 200 公尺。透過長久以來的訓練，你的身體會更適應 5K 賽事的配速。因此，賽前的跨步跑也有助於重新找回這種感覺，能抑制你在比賽剛開始的一分鐘內超過跨步跑的速度。不要擔心有多少人跑在你前面。跑完一公里之前，你必定會一個一個超過他們。

就算起步的配速很穩健，也得保持高度專注，因為到了賽事中段會很難維持配速。若是在標準跑道上競賽，就可以透過每圈的完成時間了解自己的配速狀態。若是路跑則較為困難，跑者常常在第二英里放鬆警惕，沒有意識到自己正在減速。我認為你可以在這時看一下智慧型手錶，確認配速。但請不要總是盯著手錶，因為這樣會導致你在比賽期間分心，也會犧牲關注身體訊號的機會。無論你的手錶是否有 GPS 功能，此類裝置最好的用途都是在最後階段確認時間，告訴自己只剩最後一哩路。你應該要使用正向的自我對話：「你做得很好，你可以繼續堅持下去，再撐一下就能跑完最後兩分鐘了！」

如果情況允許，賽前可以在賽事路線的最後 800 公尺熱身。因為 5K 賽事的最後幾分鐘彷彿永無止境，會讓你痛苦不堪。所以若能事先了解最後路段的轉彎、上坡等路況，就能幫助你提升自信、相信自己能好好地跑完全程。你也可以從最後路段選擇一個地點，告訴自己要從那裡開始衝刺，在賽前想像自己在那個地方全力奔跑，然後盡己所能地結束比賽。

庫根教練的 5K 賽事經驗談

　　1995 年 6 月，我在加州薩克拉門托參加美國錦標賽 5K 賽事，成為我跑步生涯的一大亮點。我跑以 13 分 23 秒的成績打破生涯紀錄，並獲得當年 8、9 月的世界錦標賽資格。

　　為什麼我當時表現那麼好？最重要的原因是做好充分的準備，而且身體狀態也相當強壯、健康。那年泛美運動會在阿根廷舉行，我為了在 3 月出戰全馬賽事而刻苦訓練，最終獲得第二名。接著，我就馬上把先前為馬拉松賽事做的準備成果及精力轉換到田徑賽季上。在美國錦標賽之前，我還跑了幾場田徑賽事，像是普雷方丹經典賽（Prefontaine Classic）的兩英里賽事。我的兩英里賽果為第三名，僅次於奧運選手鮑伯‧甘迺迪（Bob Kennedy）和托德‧威廉姆斯（Todd Williams），跑出了 8 分 21 秒，大大打破我的個人最佳成績。而這場 5K 賽事就在十二天之後。我把在普雷方丹經典賽獲得的信心帶到下一場賽事中。

　　當時，鮑伯無疑是 5K 賽事的奪冠大熱門。他已經是此項目的奧運選手，並且是世界上可能突破 13 分鐘的極少數選手之一。我非常欣賞鮑伯的跑步技巧和韌性，也很清楚他的存在會對我造成威脅。

　　果然，鮑伯起跑後便如離弦之箭，前 400 公尺的配速竟高達每公里 2 分 30 秒。只有奧運選手馬特‧吉斯托（Matt Guisto）和我能緊跟其後。在這樣的高速下，我們迅速與第四名拉開了約 25 公尺的距離。這對我來說正是理想局面，因為前三名能入選參加 8 月在瑞典舉行的世錦賽。然而，到了第三圈，鮑伯的速度突然慢了下來。我心

想：「天啊，這幾乎是在慢跑！後面的人眼看就要追上來了。我剛剛耗費了不少力氣保持領先，但現在其他人都趕上來了，他們的體能狀況恐怕比我更充沛。」我的腦袋飛快地運轉，迅速構思下一步對策。當時，馬特和我並駕齊驅，而我則緊跟在鮑伯的身後。我對他說：「鮑伯，借過一下，我來帶吧。」鮑伯聽後側身移開一步，我立即超前並稍微提速。當時鮑伯在我身後，馬特則跟在他後頭。

由於我牢牢掌控著比賽節奏，我對自己能穩定維持配速充滿信心。如果情況需要，我也做好了退居次位的準備。隨後，其他跑者無法再縮短與我們的差距，我們三人持續以每圈 64 秒的穩定速度完成了數圈。進入最後一圈時，鮑伯迅速超前，我緊跟在他身旁，全力堅守這個位置，最終以第二名的成績完賽，僅次於鮑伯。而馬特則奪得第三名，同時刷新了個人最佳紀錄。

在 1990 年代中期，我的 13 分 23 秒成績已是相當出色。那場比賽不僅是我個人一次重要的突破，也是當時美國錦標賽歷史上最快的 5K 賽事之一。我表現得很好，因為我清楚自己的體能狀況，懂得調整策略，讓自己保持在最佳位置。既不會衝得過快導致力竭，也不會慢到被那些擅長中距離的跑者追過。勝利女神向我伸出了手，而我也果斷抓住了機會，創造了佳績。

我為自己敢於跑到領先位置的勇氣感到自豪，也對訓練的成果與目前的體能狀況充滿信心。我相信自己有能力在大多數美國錦標賽中取得優異成績。另一個讓我脫穎而出的優勢，是我懂得相信自己，但不過分高估體能，並根據當天的狀態調整配速，穩中求勝。

如果我在 5K 賽事中的表現不盡理想，通常是因為我跑得太魯

莽，無謂地浪費體力，或高估了自己的身體狀態。我在馬里蘭大學大二時參加賓州田徑接力大賽（Penn Relays），就曾經犯下這樣的錯誤。

當時的我年輕氣盛，常常跑得過於賣力，超出了自己的能力範圍，最終付出代價。我認為這是因為過度自信所致，也因此意識到需要更加努力地提升自己。在賓州田徑接力大賽的賽場上，我與來自全國各地的頂尖大學生同場競技，幾乎所有人都比我跑得快。但由於我的冒進，我「不幸」在 1600 公尺後衝到了領先位置。雖然短暫保持領先，但我的實力很快暴露無遺。領先了三、四圈後，一大群選手輕鬆超越了我，而我只能放慢速度，勉強撐到終點。

那時的我，還沒有掌控比賽節奏的能力。為了搶佔先機，我耗費了過多的精力。如果當時能以適合自己的配速應戰，結果會好得多；如果能穩住情緒，耐心跟跑，不急於領先，我的成績也會更理想。

如今，身為教練的我，常將這段經歷作為教訓分享給年輕跑者，提醒他們不要重蹈我的覆轍。我要求他們切勿逞匹夫之勇，最重要的是量力而行，做自己能力範圍內的事。1995 年，我再次站上賓州田徑接力大賽的 5K 賽場，記取了大學時期的教訓，穩定發揮，最終如願奪得冠軍！

5K賽事

6週課表 週跑量最多 45 英里（72 公里）

週次	週日	週一	週二	週三
1	**長跑** 6-8 英里 （10-13 公里）	**輕鬆跑** 3-5 英里（5-8 公里）；6×100 公尺跨步跑	**間歇跑** 6×1000 公尺，以 5K 配速，組間慢跑 400 公尺 *包括 2 英里（3 公里）熱身跑，以及 1600 公尺緩和跑	**輕鬆跑** 6 英里（10 公里）
2	**長跑** 7-10 英里 （11-16 公里）	**輕鬆跑** 3-5 英里（5-8 公里）；6×100 公尺跨步跑	**間歇跑** 3×〔800 公尺，以 5K 配速，400 公尺，以一英里跑配速；400 公尺，以一英里跑配速〕；項目與組間皆慢跑 400 公尺 *包括 2 英里（3 公里）熱身跑，以及 1-2 英里（2-3 公里）緩和跑	**輕鬆跑** 6 英里（10 公里）
3	**長跑** 7-8 英里 （11-13 公里）	**輕鬆跑** 3-5 英里（5-8 公里）；6×100 公尺跨步跑	**間歇跑** 4×400 公尺，以一英里跑配速，組間慢跑 200 公尺；2×800 公尺，以 5K 配速，組間慢跑 400 公尺；4×400 公尺，以一英里跑配速，組間慢跑 200 公尺 *包括 2 英里（3 公里）熱身跑，以及 1-2 英里（2-3 公里）緩和跑	**輕鬆跑** 6 英里（10 公里）

（單位皆經過英制到公制換算並四捨五入）

週四	週五	週六	週跑量
一般跑 3-5 英里（5-8 公里）；6×100 公尺跨步跑	**節奏跑** 3 英里（5 公里），以比 10K 每公里慢 16-19 秒之速度配速 * 包括 2 英里（3 公里）熱身跑，以及 1-2 英里（2-3 公里）緩和跑	休假	**32-40 英里 （51-64公里）**
一般跑 4-5 英里（6-8 公里）；6×100 公尺跨步跑	**漸速跑** 3 英里（5 公里），起始速度比 10K 每公里慢 19 秒，之後每公里持續加快 3-6 秒 * 包括 2 英里（3 公里）熱身跑，以及 1-2 英里（2-3 公里）緩和跑	**輕鬆至一般跑** 3-4 英里 （5-6 公里）	**36-45 英里 （58-72公里）**
一般跑 3-5 英里（5-8 公里）；6×100 公尺跨步跑	**間歇及節奏跑** 3×600 公尺，以 5K 配速，組間慢跑 400 公尺；2 英里（3 公里），以比 10K 每公里慢 16 秒之速度配速；400 公尺慢跑；2×400 公尺，以一英里跑配速，組間慢跑 200 公尺 * 包括 2 英里（3 公里）熱身跑，以及 1-2 英里（2-3 公里）緩和跑	**輕鬆跑** 1-3 英里 （2-5 公里） 或 **休假**	**33-43 英里 （53-69公里）**

5K賽事

6 週課表 週跑量最多 45 英里（72 公里）

週次	週日	週一	週二	週三
4	**長跑** 7-8 英里 （11-13 公里）	**輕鬆跑** 3-5 英里（5-8 公里）；6×100 公尺跨步跑	**間歇跑** 8×400 公尺，以 5K 配速，組間慢跑 200 公尺 *包括 2 英里（3 公里）熱身跑，以及 1-2 英里（2-3 公里）緩和跑	**輕鬆跑** 4-6 英里 （6-10 公里）
5	**長跑** 6-8 英里 （10-13 公里）	**輕鬆跑** 1-3 英里 （2-5 公里） 或 **休假**	**間歇跑** 1600 公尺，以 5K 或稍慢的速度配速；4×400 公尺，以一英里跑配速；1600 公尺，以 5K 或稍慢的速度配速；組間皆慢跑 400 公尺 *包括 2 英里（3 公里）熱身跑，以及 1-2 英里（2-3 公里）緩和跑	**輕鬆跑** 4-6 英里 （6-10 公里）
6	**長跑** 6 英里（10 公里）	**輕鬆跑** 3 英里（5 公里）	**間歇跑** 8×300 公尺，以 5K 配速，組間慢跑 200 公尺 *包括 2 英里（3 公里）熱身跑，以及 1-2 英里（2-3 公里）緩和跑	**休假**

週四	週五	週六	週跑量
一般跑 3-5 英里（5-8 公里）；6×100 公尺跨步跑	**節奏跑** 3 英里（5 公里），以比 10K 每公里慢 16-19 秒之速度配速 *包括 2 英里（3 公里）熱身跑，以及 1-2 英里（2-3 公里）緩和跑*	**輕鬆跑** 3-4 英里 （5-6 公里）	**32-43 英里 （51-69 公里）**
一般跑 3-5 英里（5-8 公里）；6×100 公尺跨步跑	**節奏跑** 2-3 英里（3-5 公里），以比 10K 每公里慢 9-12 秒之速度配速；800 公尺慢跑；4×300 公尺，以一英里跑配速，組間慢跑或步行 100 公尺 *包括 2 英里（3 公里）熱身跑，以及 1-2 英里（2-3 公里）緩和跑*	**輕鬆跑** 2-4 英里 （3-6 公里）	**29-40 英里 （46-64 公里）**
輕鬆跑 3 英里（5 公里）；6×100 公尺跨步跑	**輕鬆跑** 3 英里（5 公里）；6×100 公尺跨步跑	**5K 賽事**	**18-22 英里（29-35 公里，不包含比賽跑量）**

5K賽事

6 週課表　週跑量 35-55 英里（56-88 公里）

週次	週日	週一	週二	週三
1	**長跑** 8-10 英里 （13-16 公里）	**輕鬆跑** 4-6 英里（6-10公里）；6×100公尺跨步跑	**間歇跑** 6×1000 公尺，以 5K 配速，組間慢跑 400 公尺 *包括 2 英里（3 公里）熱身跑，以及 1-2 英里（2-3 公里）緩和跑	**輕鬆跑** 6-8 英里 （10-13 公里）
2	**長跑** 8-12 英里 （13-19 公里）	**輕鬆跑** 4-6 英里（6-10公里）；6×100公尺跨步跑	**間歇跑** 3×〔800 公尺，以 5K 配速；400 公尺，以一英里跑配速；400 公尺，以一英里跑配速〕；項目與組間皆慢跑 400 公尺 *包括 2 英里（3 公里）熱身跑，以及 1-2 英里（2-3 公里）緩和跑	**輕鬆跑** 6-8 英里 （10-13 公里）
3	**長跑** 8-12 英里 （13-19 公里）	**輕鬆跑** 4-6 英里（6-10公里）；6×100公尺跨步跑	**間歇跑** 4×400 公尺，以一英里跑配速，組間慢跑 200 公尺；2×800 公尺，以 5K 配速，組間慢跑 400 公尺；4×400 公尺，以一英里跑配速，組間慢跑 200 公尺 *包括 2 英里（3 公里）熱身跑，以及 1-2 英里（2-3 公里）緩和跑	**輕鬆跑** 6-8 英里 （10-13 公里）

（單位皆經過英制到公制換算並四捨五入）

週四	週五	週六	週跑量
一般跑 5-8 英里（8-13 公里）；8×100 公尺跨步跑	**節奏跑** 3 英里（5 公里），以比 10K 每公里慢 16-19 秒之速度配速 *包括 2 英里（3 公里）熱身跑，以及 1-2 英里（2-3 公里）緩和跑*	**輕鬆跑** 1-4 英里（2-6 公里） 或 **休假**	**36-53 英里 （58-85 公里）**
一般跑 6-8 英里（10-13 公里）；8×100 公尺跨步跑	**漸速跑** 3 英里（5 公里），起始速度比 10K 每公里慢 19 秒，之後每公里持續加快 3-6 秒 *包括 2 英里（3 公里）熱身跑，以及 1-2 英里（2-3 公里）緩和跑*	**輕鬆跑** 3-4 英里（5-6 公里）	**41-52 英里 （66-83 公里）**
一般跑 5-8 英里（8-13 公里）；8×100 公尺跨步跑	**間歇及節奏跑** 3×600 公尺，以 5K 配速，組間慢跑 400 公尺；2 英里（3 公里），以比 10K 每公里慢 16 秒之速度配速；400 公尺慢跑；2×400 公尺，以一英里跑配速，組間慢跑 200 公尺 *包括 2 英里（3 公里）熱身跑，以及 1-2 英里（2-3 公里）緩和跑*	**輕鬆跑** 3-5 英里（5-8 公里）	**41-55 英里 （66-88 公里）**

5K賽事

6週課表 週跑量 35-55 英里（56-88 公里）

週次	週日	週一	週二	週三
4	**長跑** 8-10 英里 （13-16 公里）	**輕鬆跑** 4-6 英里（6-10 公里）；6×100 公尺跨步跑	**間歇跑** 8×400 公尺，以 5K 配速，組間慢跑 200 公尺 *包括 2 英里（3 公里）熱身跑，以及 1-2 英里（2-3 公里）緩和跑	**輕鬆跑** 6-8 英里 （10-13 公里）
5	**長跑** 8-9 英里 （13-14 公里）	**輕鬆跑** 3-4 英里（5-6 公里）；6×100 公尺跨步跑	**間歇跑** 1600 公尺，以 5K 或稍慢的速度配速；4×400 公尺，以一英里跑配速；1600 公尺，以 5K 或稍慢的速度配速；組間皆慢跑 400 公尺 *包括 2 英里（3 公里）熱身跑，以及 1-2 英里（2-3 公里）緩和跑	**輕鬆跑** 4-6 英里 （6-10 公里）
6	**長跑** 6-8 英里 （10-13 公里）	**輕鬆跑** 4 英里（6 公里）；6×100 公尺跨步跑	**間歇跑** 8×300 公尺，以 5K 配速，組間慢跑 200 公尺 *包括 2 英里（3 公里）熱身跑，以及 1-2 英里（2-3 公里）緩和跑	**休假**

週四	週五	週六	週跑量
一般跑 5-8 英里（8-13 公里）；6×100 公尺跨步跑	**節奏跑** 3 英里（5 公里），以比 10K 每公里慢 16-19 秒之速度配速 *包括 2 英里（3 公里）熱身跑，以及 1-2 英里（2-3 公里）緩和跑*	**輕鬆跑** 1-4 英里（2-6 公里） 或 **休假**	**36-53 英里（58-85 公里）**
一般跑 4-6 英里（6-10 公里）；6×100 公尺跨步跑	**節奏跑** 2-3 英里（3-5 公里），以比 10K 每公里慢 9-12 秒之速度配速；800 公尺慢跑；4×300 公尺，以一英里跑配速，組間慢跑或步行 100 公尺 *包括 2 英里（3 公里）熱身跑，以及 1-2 英里（2-3 公里）緩和跑*	**輕鬆跑** 3-4 英里（5-6 公里）	**36-45 英里（58-72 公里）**
輕鬆跑 3-4 英里（5-6 公里）；6×100 公尺跨步跑 或 **休假**	**輕鬆跑** 3 英里（5 公里）；4-6×100 公尺跨步跑	**5K 賽事**	**19-28 英里（30-45 公里，不包含比賽跑量）**

5K 賽事／6 週課表／週跑量 35-55 英里（56-88 公里）

5K賽事

6 週課表 週跑量 40 英里（64 公里）以上

週次	週日	週一	週二	週三
1	**長跑** 10-14 英里 （16-22 公里）	**輕鬆跑** 7-9 英里（11-14公里）；8×100公尺跨步跑	**間歇跑** 6×1000 公尺，以 5K 配速，組間慢跑 400 公尺 *包括 2 英里（3 公里）熱身跑，以及 1-2 英里（2-3 公里）緩和跑	**輕鬆跑** 7-10 英里 （11-16 公里）
2	**長跑** 10-14 英里 （16-22 公里）	**輕鬆跑** 7-9 英里（11-14公里）；8×100公尺跨步跑	**間歇跑** 3×〔800 公尺，以 5K 配速；400 公尺，以一英里跑配速；400 公尺，以一英里跑配速〕；項目與組間皆慢跑 400 公尺 *包括 2 英里（3 公里）熱身跑，以及 1-2 英里（2-3 公里）緩和跑	**輕鬆跑** 7-10 英里 （11-16 公里）
3	**長跑** 12-15 英里 （19-24 公里）	**輕鬆跑** 1-4 英里 （2-6 公里） 或 **休假**	**間歇跑** 4×400 公尺，以一英里跑配速，組間慢跑 200 公尺；2×800 公尺，以 5K 配速，組間慢跑 400 公尺；4×400 公尺，以一英里跑配速，組間慢跑 200 公尺 *包括 2 英里（3 公里）熱身跑，以及 1-2 英里（2-3 公里）緩和跑	**輕鬆跑** 6-8 英里 （10-13 公里）

（單位皆經過英制到公制換算並四捨五入）

週四	週五	週六	週跑量
一般跑 7-9 英里（11-15 公里）；8×100 公尺跨步跑	**節奏跑** 3 英里（5 公里），以比 10K 每公里慢 16-19 秒之速度配速 *包括 2 英里（3 公里）熱身跑，以及 1-2 英里（2-3 公里）緩和跑*	**輕鬆跑** 4-6 英里 （6-10 公里）	**50-69 英里 （80-110 公里）**
一般跑 7-9 英里（11-15 公里）；8×100 公尺跨步跑	**漸速跑** 3 英里（5 公里），起始速度比 10K 每公里慢 19 秒，之後每公里持續加快 3-6 秒 *包括 2 英里（3 公里）熱身跑，以及 1-2 英里（2-3 公里）緩和跑*	**輕鬆至一般跑** 4-6 英里 （6-10 公里）	**49-66 英里 （78-106 公里）**
一般跑 7-9 英里（11-15 公里）；8×100 公尺跨步跑	**間歇及節奏跑** 3×600 公尺，以 5K 配速，組間慢跑 400 公尺；2 英里（3 公里），以比 10K 每公里慢 16 秒之速度配速；400 公尺慢跑；2×400 公尺，以一英里跑配速，組間慢跑 200 公尺 *包括 2 英里（3 公里）熱身跑，以及 1-2 英里（2-3 公里）緩和跑*	**輕鬆跑** 4-6 英里 （6-10 公里）	**44-63 英里 （70-101 公里）**

5K 賽事／6 週課表／週跑量 40 英里（64 公里）以上

5K賽事

6週課表 週跑量40英里（64公里）以上

週次	週日	週一	週二	週三
4	**長跑** 10-14英里 （16-22公里）	**輕鬆跑** 6-8英里（10-13公里）；8×100公尺跨步跑	**間歇跑** 8×400公尺，以5K配速，組間慢跑200公尺 *包括2英里（3公里）熱身跑，以及1-2英里（2-3公里）緩和跑	**輕鬆跑** 8英里（13公里）
5	**長跑** 10-12英里 （16-19公里）	**休息（優先）** 或 **輕鬆跑** 3英里（5公里）；8×100公尺跨步跑	**間歇跑** 1600公尺，以5K或稍慢的速度配速；4×400公尺，以一英里跑配速；1600公尺，以5K或稍慢的速度配速；組間皆慢跑400公尺 *包括2英里（3公里）熱身跑，以及1-2英里（2-3公里）緩和跑	**輕鬆跑** 6-8英里 （10-13公里）
6	**長跑** 8英里 （13公里）	**輕鬆跑** 4英里（6公里）	**間歇跑** 8×300公尺，以5K配速，組間慢跑200公尺 *包括2英里（3公里）熱身跑，以及1-2英里（2-3公里）緩和跑	**輕鬆跑** 4-6英里 （6-10公里）

週四	週五	週六	週跑量
__一般跑__ 7-9 英里（11-14 公里）；8×100 公尺跨步跑	__節奏跑__ 3 英里（5 公里），以比 10K 每公里慢 16-19 秒之速度配速 *包括 2 英里（3 公里）熱身跑，以及 1-2 英里（2-3 公里）緩和跑	__輕鬆跑__ 4-6 英里（6-10 公里）	45-63 英里（72-101 公里）
__一般跑__ 6-8 英里（10-13 公里）；6×100 公尺跨步跑	__節奏跑__ 2-3 英里（3-5 公里），以比 10K 每公里慢 9-12 秒之速度配速；800 公尺慢跑；4×300 公尺，以一英里跑配速，組間慢跑或步行 100 公尺 *包括 2 英里（3 公里）熱身跑，以及 1-2 英里（2-3 公里）緩和跑	__輕鬆跑__ 4 英里（6 公里）	40-51 英里（64-82 公里）
__輕鬆跑__ 3-4 英里（5-6 公里）；8×100 公尺跨步跑 或 __休假__	__輕鬆跑__ 3 英里（5 公里）；4-6×100 公尺跨步跑	__5K 賽事__	25-34 英里（40-54 公里，不包含比賽跑量）

5K賽事

12週課表 週跑量最多 50 英里（80 公里）

週次	週日	週一	週二	週三
1	**長跑** 6-8 英里 （10-13 公里）	**輕鬆跑** 3-5 英里（5-8 公里）；6×100 公尺跨步跑	**間歇跑** 6-8×400 公尺，以 5K 配速，組間慢跑 200 公尺 *包括 2 英里（3 公里）熱身跑，以及 1-2 英里（2-3 公里）緩和跑	**輕鬆跑** 6 英里（10 公里）
2	**長跑** 6-8 英里 （10-13 公里）	**輕鬆跑** 3-5 英里（5-8 公里）；6×100 公尺跨步跑	**坡度跑** 6-8×200 公尺，以一英里跑的費力程度跑上緩坡；組間慢跑下坡 *包括 2 英里（3 公里）熱身跑，以及 1-2 英里（2-3 公里）緩和跑	**輕鬆跑** 6 英里（10 公里）
3	**長跑** 7-10 英里 （11-16 公里）	**輕鬆跑** 3-5 英里（5-8 公里）；6×100 公尺跨步跑	**間歇跑** 4-5×800 公尺，以 5K 配速，組間慢跑 400 公尺 *包括 2 英里（3 公里）熱身跑，以及 1-2 英里（2-3 公里）緩和跑	**輕鬆跑** 6 英里（10 公里）
4	**長跑** 7-8 英里 （11-13 公里）	**輕鬆跑** 3-5 英里（5-8 公里）；6×100 公尺跨步跑	**坡度跑** 6-8×400 公尺，以一英里跑的費力程度跑上緩坡；組間慢跑下坡 *包括 2 英里（3 公里）熱身跑，以及 1-2 英里（2-3 公里）緩和跑	**輕鬆跑** 6 英里（10 公里）

（單位皆經過英制到公制換算並四捨五入）

週四	週五	週六	週跑量
一般跑 3-5 英里（5-8 公里）；6×100 公尺跨步跑	**節奏跑** 3-4 英里（5-6 公里），以比 10K 每公里慢 16-19 秒之速度配速 *包括 2 英里（3 公里）熱身跑，以及 1-2 英里（2-3 公里）緩和跑*	休假	**31-40 英里 （50-64 公里）**
一般跑 4-5 英里（6-8 公里）；6×100 公尺跨步跑	**節奏跑** 3 英里（5 公里），以比 10K 每公里慢 16-19 秒之速度配速；800 公尺慢跑；4×300 公尺，以一英里跑配速，組間慢跑 200 公尺 *包括 2 英里（3 公里）熱身跑，以及 1-2 英里（2-3 公里）緩和跑*	**輕鬆至一般跑** 3-4 英里（5-6 公里） 或 **休假**	**33-44 英里 （53-70 公里）**
一般跑 4-5 英里（6-8 公里）；6×100 公尺跨步跑	**配速訓練** 2400 公尺，以 10K 配速，慢跑 800 公尺；1600 公尺，以 5K 配速，慢跑 400 公尺；1600 公尺，以一英里跑配速 *包括 2 英里（3 公里）熱身跑，以及 1-2 英里（2-3 公里）緩和跑*	**輕鬆至一般跑** 2-4 英里（3-6 公里） 或 **休假**	**36-44 英里 （58-70 公里）**
一般跑 3-5 英里（5-8 公里）；6×100 公尺跨步跑	**節奏跑** 4-5 英里（6-8 公里），以比 10K 每公里慢 16-19 秒之速度配速 *包括 2 英里（3 公里）熱身跑，以及 1-2 英里（2-3 公里）緩和跑*	**輕鬆至一般跑** 3-4 英里（5-6 公里） 或 **休假**	**33-48 英里 （53-77 公里）**

5K賽事／12週課表／週跑量最多50英里（80公里）

5K賽事

12週課表 週跑量最多 50 英里（80 公里）

週次	週日	週一	週二	週三
5	<u>長跑</u> 8-10 英里（13-16 公里）	<u>輕鬆跑</u> 3-5 英里（5-8 公里）；6×100 公尺跨步跑	<u>間歇跑</u> 8×400 公尺，以 5K 配速，組間慢跑 200 公尺 *包括 2 英里（3 公里）熱身跑，以及 1-2 英里（2-3 公里）緩和跑*	<u>輕鬆跑</u> 6 英里（10 公里）
6	<u>長跑</u> 8-10 英里（13-16 公里）	<u>輕鬆跑</u> 3-5 英里（5-8 公里）；6×100 公尺跨步跑	<u>間歇跑</u> 6×800 公尺，以 5K 配速，組間慢跑 400 公尺 *包括 2 英里（3 公里）熱身跑，以及 1-2 英里（2-3 公里）緩和跑*	<u>輕鬆跑</u> 4-6 英里（6-10 公里）
7	<u>長跑</u> 8-10 英里（13-16 公里）	<u>輕鬆跑</u> 3-5 英里（5-8 公里）；6×100 公尺跨步跑	<u>間歇跑</u> 3×1600 公尺，以 5K 配速，組間慢跑 800 公尺 *包括 2 英里（3 公里）熱身跑，以及 1-2 英里（2-3 公里）緩和跑*	<u>輕鬆跑</u> 4-6 英里（6-10 公里）
8	<u>長跑</u> 6-8 英里（10-13 公里）	<u>輕鬆跑</u> 3-5 英里（5-8 公里）；6×100 公尺跨步跑	<u>坡度跑</u> 8×300 公尺，以一英里跑的費力程度跑上緩坡；組間慢跑下坡 *包括 2 英里（3 公里）熱身跑，以及 1-2 英里（2-3 公里）緩和跑*	<u>輕鬆跑</u> 3-5 英里（5-8 公里）

週四	週五	週六	週跑量
一般跑 4-5 英里（6-8 公里）；6×100 公尺跨步跑	**漸速跑** 3 英里（5 公里），起始速度比 10K 每公里慢 16-19 秒，之後每公里持續加快 3-5 秒 *包括 2 英里（3 公里）熱身跑，以及 1-2 英里（2-3 公里）緩和跑*	**輕鬆至一般跑** 2-3 英里（3-5 公里） 或 **休假**	**36-44 英里（58-70 公里）**
一般跑 4-6 英里（6-10 公里）；6×100 公尺跨步跑	**節奏跑** 2 英里（3 公里），以比 10K 每公里慢 16-19 秒之速度配速；800 公尺慢跑；1600 公尺，以比 5K 慢 10 秒之速度配速；800 公尺慢跑；4×400 公尺，以 5K 配速，組間慢跑 400 公尺 *包括 2 英里（3 公里）熱身跑，以及 1-2 英里（2-3 公里）緩和跑*	**輕鬆至一般跑** 2-4 英里（3-6 公里） 或 **休假**	**35-48 英里（56-77 公里）**
一般跑 4-6 英里（6-10 公里）；6×100 公尺跨步跑	**節奏跑** 3-4 英里（5-6 公里），以比 10K 每公里慢 16-19 秒之速度配速 *包括 2-3 英里（3-5 公里）熱身跑，以及 1-2 英里（2-3 公里）緩和跑*	**輕鬆至一般跑** 2-4 英里（3-6 公里）	**34-49 英里（54-78 公里）**
一般跑 3-5 英里（5-8 公里）；6×100 公尺跨步跑	**節奏跑** 1600 公尺，以 10K 配速；800 公尺慢跑；2×800 公尺，以 5K 配速，組間慢跑 400 公尺；2×400 公尺，以一英里跑配速，組間慢跑 200 公尺 *包括 2 英里（3 公里）熱身跑，以及 1-2 英里（2-3 公里）緩和跑*	**輕鬆至一般跑** 1-4 英里（2-6 公里） 或 **休假**	**29-43 英里（46-69 公里）**

5K賽事

12 週課表 週跑量最多 50 英里（80 公里）

週次	週日	週一	週二	週三
9	**長跑** 8-10 英里（13-16 公里）	**輕鬆跑** 3-5 英里（5-8 公里）；6×100 公尺跨步跑	**間歇跑** 8×200 公尺，以 5K 配速，組間慢跑 200 公尺 *包括 2 英里（3 公里）熱身跑，以及 1-2 英里（2-3 公里）緩和跑	**輕鬆跑** 4-6 英里（6-10 公里）
10	**長跑** 8-10 英里（13-16 公里）	**輕鬆跑** 3-5 英里（5-8 公里）；6×100 公尺跨步跑	**間歇跑** 400 公尺，以一英里跑配速；800 公尺，以 5K 配速；1200 公尺，以 10K 配速；400 公尺，以一英里跑配速；組間皆慢跑 400 公尺 *包括 2 英里（3 公里）熱身跑，以及 1-2 英里（2-3 公里）緩和跑	**輕鬆跑** 4-6 英里（6-10 公里）
11	**長跑** 4-7 英里（6-11 公里）	**輕鬆跑** 3-5 英里（5-8 公里）；6×100 公尺跨步跑	**間歇跑** 5-6×1000 公尺，以 5K 配速，組間慢跑 400 公尺 *包括 2 英里（3 公里）熱身跑，以及 1-2 英里（2-3 公里）緩和跑	**輕鬆跑** 4-6 英里（6-10 公里）
12	**長跑** 4-6 英里（6-10 公里）	**輕鬆跑** 3-4 英里（5-6 公里）；6×100 公尺跨步跑	**間歇跑** 6-8×400 公尺，以 5K 配速，組間慢跑 200 公尺 *包括 2 英里（3 公里）熱身跑，以及 1-2 英里（2-3 公里）緩和跑	**輕鬆跑** 3-4 英里（5-6 公里）

週四	週五	週六	週跑量
一般跑 4-6 英里（6-10 公里）；6×100 公尺跨步跑	若隔天參賽： **輕鬆跑** 2-4 英里（3-6 公里） 若不參賽： **配速訓練** 3 英里（5 公里），以 10K 配速 *包括 2 英里（3 公里）熱身跑，以及 1-2 英里（2-3 公里）緩和跑*	**5K-8K 賽事** 或 **輕鬆至一般跑** 3-4 英里 （5-6 公里）	**30-46 英里** **（48-74 公里）**
一般跑 4-6 英里（6-10 公里）；6×100 公尺跨步跑	**節奏跑** 3-4 英里（5-6 公里），以比 10K 每公里慢 16-19 秒之速度配速；2×400 公尺，以一英里跑配速，組間慢跑 200 公尺 *包括 2 英里（3 公里）熱身跑，以及 1-2 英里（2-3 公里）緩和跑*	**輕鬆至一般跑** 2-4 英里 （3-6 公里）	**33-45 英里** **（53-72 公里）**
一般跑 4-6 英里（6-10 公里）；6×100 公尺跨步跑	**節奏跑** 2×400 公尺，以 5K 配速，組間慢跑 200 公尺；2400 公尺，以 10K 配速；800 公尺慢跑；4×200 公尺，以一英里跑配速，組間慢跑 200 公尺 *包括 2 英里（3 公里）熱身跑，以及 1-2 英里（2-3 公里）緩和跑*	**輕鬆至一般跑** 1-4 英里 （2-6 公里） 或 **休假**	**28-48 英里** **（45-77 公里）**
輕鬆跑 2-3 英里（3-5 公里）；6×100 公尺跨步跑	**輕鬆跑** 2-3 英里（3-5 公里）；6×100 公尺跨步跑	**5K 賽事**	**20-30 英里（32-48 公里，不包含比賽跑量）**

5K賽事

12週課表 週跑量 35-60 英里（56-96 公里）

週次	週日	週一	週二	週三
1	長跑 7-10 英里 （11-16 公里）	輕鬆跑 4-6 英里（6-10公里）；6×100公尺跨步跑	間歇跑 6-8×400 公尺，以 5K 配速，組間慢跑 200 公尺 *包括 2 英里（3 公里）熱身跑，以及 1-2 英里（2-3 公里）緩和跑*	輕鬆跑 6-8 英里 （10-13 公里）
2	長跑 7-10 英里 （11-16 公里）	輕鬆跑 4-6 英里（6-10公里）；6×100公尺跨步跑	坡度跑 6-8×300 公尺，以一英里跑的費力程度跑上緩坡；組間慢跑下坡 *包括 2 英里（3 公里）熱身跑，以及 1-2 英里（2-3 公里）緩和跑*	輕鬆跑 6-8 英里 （10-13 公里）
3	長跑 8-10 英里 （13-16 公里）	輕鬆跑 4-6 英里（6-10公里）；6×100公尺跨步跑	間歇跑 5-6×800 公尺，以 5K 配速，組間慢跑 400 公尺 *包括 2 英里（3 公里）熱身跑，以及 1-2 英里（2-3 公里）緩和跑*	輕鬆跑 6-8 英里 （10-13 公里）
4	長跑 8-10 英里 （13-16 公里）	輕鬆跑 4-6 英里（6-10公里）；6×100公尺跨步跑	坡度跑 8×400 公尺，以一英里跑的費力程度跑上緩坡；組間慢跑下坡 *包括 2 英里（3 公里）熱身跑，以及 1-2 英里（2-3 公里）緩和跑*	輕鬆跑 5-6 英里 （8-10 公里）

（單位皆經過英制到公制換算並四捨五入）

週四	週五	週六	週跑量
一般跑 5-8 英里（8-13 公里）；6×100 公尺跨步跑	**節奏跑** 3-4 英里（5-6 公里），以比 10K 每公里慢 16-19 秒之速度配速 * 包括 *2 英里（3 公里）熱身跑，以及 1-2 英里（2-3 公里）緩和跑*	**輕鬆跑** 2-4 英里 （3-6 公里）	**38-52 英里** **（61-83 公里）**
一般跑 5-8 英里（8-13 公里）；6×100 公尺跨步跑	**漸速跑** 3-5 英里（5-8 公里），起始速度比 10K 每公里慢 22 秒，之後每公里持續加快 3-6 秒 * 包括 *2 英里（3 公里）熱身跑，以及 1-2 英里（2-3 公里）緩和跑*	**輕鬆至一般跑** 3-4 英里 （5-6 公里）	**40-53 英里** **（64-85 公里）**
一般跑 6-8 英里（10-13 公里）；6×100 公尺跨步跑	**節奏跑** 2×2400 公尺，以比 5K 配速慢 20-25 秒，組間慢跑 800 公尺 * 包括 *2 英里（3 公里）熱身跑，以及 1-2 英里（2-3 公里）緩和跑*	**輕鬆至一般跑** 3-4 英里 （5-6 公里）	**39-53 英里** **（62-85 公里）**
一般跑 5-7 英里（8-11 公里）；6×100 公尺跨步跑	**節奏跑** 4-5 英里（6-8 公里），以比 10K 每公里慢 16-19 秒之速度配速 * 包括 *2 英里（3 公里）熱身跑，以及 1-2 英里（2-3 公里）緩和跑*	**輕鬆至一般跑** 1-6 英里 （2-10 公里） 或 **休假**	**37-53 英里** **（59-85 公里）**

5K賽事

12 週課表 週跑量 35-60 英里（56-96 公里）

週次	週日	週一	週二	週三
5	<u>長跑</u> 8-12 英里 （13-19 公里）	<u>輕鬆跑</u> 4-6 英里（6-10 公里）；6×100 公尺跨步跑	<u>間歇跑</u> 8×400 公尺，前四組以 5K 配速，後四組以一英里跑配速；除第四、五組間慢跑 400 公尺外，其餘組間皆慢跑 200 公尺 *包括 2 英里（3 公里）熱身跑，以及 1-2 英里（2-3 公里）緩和跑*	<u>輕鬆跑</u> 6-8 英里 （10-13 公里）
6	<u>長跑</u> 8-12 英里 （13-19 公里）	<u>輕鬆跑</u> 4-6 英里（6-10 公里）；8×100 公尺跨步跑	<u>間歇跑</u> 6×800 公尺，以 5K 配速，組間慢跑 400 公尺 *包括 2 英里（3 公里）熱身跑，以及 1-2 英里（2-3 公里）緩和跑*	<u>輕鬆跑</u> 6-8 英里 （10-13 公里）
7	<u>長跑</u> 10-12 英里 （16-19 公里）	<u>輕鬆跑</u> 4-6 英里（6-10 公里）；6×100 公尺跨步跑	<u>間歇跑</u> 3×1600 公尺，以 5K 配速，組間慢跑 800 公尺 *包括 2 英里（3 公里）熱身跑，以及 1-2 英里（2-3 公里）緩和跑*	<u>輕鬆跑</u> 6-8 英里 （10-13 公里）
8	<u>長跑</u> 8-10 英里 （13-16 公里）	<u>輕鬆跑</u> 4-6 英里（6-10 公里）；6×100 公尺跨步跑	<u>坡度跑</u> 8×300 公尺，以一英里跑的費力程度跑上緩坡；組間慢跑下坡 *包括 2 英里（3 公里）熱身跑，以及 1-2 英里（2-3 公里）緩和跑*	<u>輕鬆跑</u> 4-6 英里 （6-10 公里）

週四	週五	週六	週跑量
一般跑 5-8 英里（8-13 公里）；6×100 公尺跨步跑	**漸速跑** 4-5 英里（6-8 公里），起始速度比 10K 每公里慢 19-22 秒，之後每公里持續加快 3-6 秒 *包括 2 英里（3 公里）熱身跑，以及 1-2 英里（2-3 公里）緩和跑*	**輕鬆至一般跑** 3-4 英里（5-6 公里）	**43-57 英里** **（69-91 公里）**
一般跑 5-7 英里（8-11 公里）；6×100 公尺跨步跑	**節奏跑** 2 英里（3 公里），以比 10K 每公里慢 16-19 秒之速度配速；800 公尺慢跑；1600 公尺，以比 5K 慢 10 秒之速度配速；800 公尺慢跑；4×400 公尺，以 5K 配速，組間慢跑 400 公尺 *包括 2-3 英里（3-5 公里）熱身跑，以及 1-2 英里（2-3 公里）緩和跑*	**輕鬆至一般跑** 3-4 英里（5-6 公里）	**44-56 英里** **（70-90 公里）**
一般跑 6-8 英里（10-13 公里）；6×100 公尺跨步跑	**節奏跑** 4-5 英里（6-8 公里），以比 10K 每公里慢 16-19 秒之速度配速 *包括 2 英里（3 公里）熱身跑，以及 1-2 英里（2-3 公里）緩和跑*	**輕鬆至一般跑** 3-4 英里（5-6 公里）	**46-56 英里** **（74-90 公里）**
一般跑 3-5 英里（5-8 公里）；6×100 公尺跨步跑	**節奏跑** 1600 公尺，以 10K 配速；800 公尺慢跑；2×800 公尺，以 5K 配速，組間慢跑 400 公尺；2×400 公尺，以一英里跑配速，組間慢跑 200 公尺 *包括 2 英里（3 公里）熱身跑，以及 1-2 英里（2-3 公里）緩和跑*	**輕鬆至一般跑** 1-4 英里（2-6 公里） 或 **休假**	**32-47 英里** **（51-75 公里）**

5K賽事

12 週課表 週跑量 35-60 英里（56-96 公里）

週次	週日	週一	週二	週三
9	長跑 10-12 英里（16-19 公里）	輕鬆跑 4-6 英里（6-10 公里）；6×100 公尺跨步跑	間歇跑 8×400 公尺，以 5K 配速，組間慢跑 200 公尺 *包括2英里（3公里）熱身跑，以及1-2英里（2-3公里）緩和跑*	輕鬆跑 6-8 英里（10-13 公里）
10	長跑 8-12 英里（13-19 公里）	輕鬆跑 4-6 英里（6-10 公里）；6×100 公尺跨步跑	階梯式間歇跑 400 公尺，以一英里跑配速；800 公尺，以 5K 配速；2×1200 公尺，以 10K 配速；800 公尺，以 5K 配速；400 公尺，以一英里跑配速；組間皆慢跑 400 公尺 *包括2英里（3公里）熱身跑，以及1-2英里（2-3公里）緩和跑*	輕鬆跑 5-7 英里（8-11 公里）
11	長跑 7-10 英里（11-16 公里）	輕鬆跑 4-6 英里（6-10 公里）；6×100 公尺跨步跑	間歇跑 5-6×1000 公尺，以 5K 配速，組間慢跑 400 公尺 *包括2英里（3公里）熱身跑，以及1-2英里（2-3公里）緩和跑*	輕鬆跑 4-6 英里（6-10 公里）
12	長跑 6-8 英里（10-13 公里）	輕鬆跑 4-5 英里（6-8 公里）；6×100 公尺跨步跑	間歇跑 6-8×400 公尺，以 5K 配速，組間慢跑 200 公尺 *包括2英里（3公里）熱身跑，以及1-2英里（2-3公里）緩和跑*	輕鬆跑 3-5 英里（5-8 公里）

週四	週五	週六	週跑量
一般跑 6-8 英里（10-13公里）；6×100公尺跨步跑	若隔天參賽： **輕鬆跑** 2-4 英里（3-6公里） 若不參賽： **配速訓練** 3 英里（5公里），以 10K 配速 *包括 2 英里（3公里）熱身跑，以及 1-2 英里（2-3公里）緩和跑*	**5K-8K 賽事** 或 **輕鬆至一般跑** 3-5 英里 （5-8公里）	43-52 英里 （69-83 公里）
一般跑 5-7 英里（8-11公里）；6×100公尺跨步跑	**節奏跑** 3-4 英里（5-6公里），以比 10K 每公里慢 16-19 秒之速度配速；4×400 公尺，以 5K 配速，組間慢跑 200 公尺 *包括 2 英里（3公里）熱身跑，以及 1-2 英里（2-3公里）緩和跑*	**輕鬆至一般跑** 3-4 英里 （5-6公里）	42-56 英里 （67-90 公里）
一般跑 4-6 英里（6-10公里）；6×100公尺跨步跑	**配速訓練** 2×800 公尺，以 5K 配速，組間慢跑 400 公尺；4×400 公尺，以 5K 配速，組間慢跑 200 公尺 *包括 2 英里（3公里）熱身跑，以及 1-2 英里（2-3公里）緩和跑*	**輕鬆至一般跑** 1-4 英里 （2-6公里） 或 **休假**	33-44 英里 （53-70 公里）
輕鬆跑 3-4 英里（5-6公里）；6×100公尺跨步跑	**輕鬆跑** 2-4 英里（3-6公里）；6×100公尺跨步跑	**5K 賽事**	22-30 英里（35-48 公里，不包含比賽跑量）

5K賽事

12週課表 週跑量 40 英里（64 公里）以上

週次	週日	週一	週二	週三
1	**長跑** 8-12 英里（13-19 公里）	**輕鬆跑** 6-8 英里（10-13 公里）；8×100 公尺跨步跑	**間歇跑** 8×400 公尺，以 5K 配速，組間慢跑 200 公尺 *包括 2-3 英里（3-5 公里）熱身跑，以及 1-2 英里（2-3 公里）緩和跑*	**輕鬆跑** 7-9 英里（11-14 公里）
2	**長跑** 8-12 英里（13-19 公里）	**輕鬆跑** 6-8 英里（10-13 公里）；8×100 公尺跨步跑	**坡度跑** 8×300 公尺，以一英里跑的費力程度跑上緩坡；組間慢跑下坡 *包括 2-3 英里（3-5 公里）熱身跑，以及 1-2 英里（2-3 公里）緩和跑*	**輕鬆跑** 7-9 英里（11-14 公里）
3	**長跑** 8-12 英里（13-19 公里）	**輕鬆跑** 6-8 英里（10-13 公里）；8×100 公尺跨步跑	**間歇跑** 6×800 公尺，以 5K 配速，組間慢跑 400 公尺 *包括 2-3 英里（3-5 公里）熱身跑，以及 1-2 英里（2-3 公里）緩和跑*	**輕鬆跑** 7-10 英里（11-16 公里）
4	**長跑** 8-12 英里（13-19 公里）	**輕鬆跑** 6-8 英里（10-13 公里）；8×100 公尺跨步跑	**坡度跑** 8×400 公尺，以一英里跑的費力程度跑上緩坡；組間慢跑下坡 *包括 2-3 英里（3-5 公里）熱身跑，以及 1-2 英里（2-3 公里）緩和跑*	**輕鬆跑** 7-10 英里（11-16 公里）

（單位皆經過英制到公制換算並四捨五入）

週四	週五	週六	週跑量
一般跑 6-9 英里（10-14 公里）；8×100 公尺跨步跑	**節奏跑** 3-4 英里（5-6 公里），以比 10K 每公里慢 16-19 秒之速度配速 *包括2-3英里（3-5公里）熱身跑，以及 1-2 英里（2-3 公里）緩和跑*	**輕鬆跑** 4-6 英里 （6-10 公里）	**44-62 英里 （71-100 公里）**
一般跑 6-9 英里（10-14 公里）；8×100 公尺跨步跑	**漸速跑** 3 英里（5 公里），起始速度比 10K 每公里慢 22 秒，之後每公里持續加快 3-6 秒 *包括2-3英里（3-5公里）熱身跑，以及 1-2 英里（2-3 公里）緩和跑*	**輕鬆至一般跑** 4-6 英里 （6-10 公里）； 6×100 公尺跨步跑	**45-64 英里 （72-103 公里）**
一般跑 6-9 英里（10-14 公里）；8×100 公尺跨步跑	**節奏跑** 3×2400 公尺，以比 5K 每公里慢 12-16 秒之速度配速，組間慢跑 800 公尺 *包括2-3英里（3-5公里）熱身跑，以及 1-2 英里（2-3 公里）緩和跑*	**輕鬆至一般跑** 4-6 英里 （6-10 公里）	**46-65 英里 （74-105公里）**
一般跑 6-9 英里（10-14 公里）；6×100 公尺跨步跑	**節奏跑** 5-6 英里（8-10 公里），以比 10K 每公里慢 16-19 秒之速度配速 *包括2-3英里（3-5公里）熱身跑，以及 1-2 英里（2-3 公里）緩和跑*	**輕鬆至一般跑** 1-6 英里 （2-10 公里） 或 **休假**	**43-66 英里 （69-106公里）**

5K賽事

12週課表 週跑量 40 英里（64 公里）以上

週次	週日	週一	週二	週三
5	**長跑** 10-14 英里 （16-22 公里）	**輕鬆跑** 6-8 英里（10-13 公里）；8×100 公尺跨步跑	**間歇跑** 8×400 公尺，前四組以 5K 配速，後四組以一英里跑配速；除第四、五組間慢跑 400 公尺外，其餘組間皆慢跑 200 公尺 * 包括 *2-3 英里（3-5 公里）熱身跑，以及 1-2 英里（2-3 公里）緩和跑*	**輕鬆跑** 7-10 英里 （11-16 公里）
6	**長跑** 10-14 英里 （16-22 公里）	**輕鬆跑** 6-8 英里（10-13 公里）；8×100 公尺跨步跑	**間歇跑** 6-8×800 公尺，以 5K 配速，組間慢跑 400 公尺 * 包括 *2-3 英里（3-5 公里）熱身跑，以及 1-2 英里（2-3 公里）緩和跑*	**輕鬆跑** 7-10 英里 （11-16 公里）
7	**長跑** 10-14 英里 （16-22 公里）	**輕鬆跑** 6-8 英里（10-13 公里）；8×100 公尺跨步跑	**間歇跑** 3×1600 公尺，以 5K 配速，組間慢跑 800 公尺 * 包括 *2-3 英里（3-5 公里）熱身跑，以及 1-2 英里（2-3 公里）緩和跑*	**輕鬆跑** 7-10 英里 （11-16 公里）
8	**長跑** 8-12 英里 （13-19 公里）	**輕鬆跑** 5-7 英里（8-11 公里）；8×100 公尺跨步跑	**坡度跑** 8×300 公尺，以一英里跑的費力程度跑上緩坡；組間慢跑下坡 * 包括 *2-3 英里（3-5 公里）熱身跑，以及 1-2 英里（2-3 公里）緩和跑*	**輕鬆跑** 6-8 英里 （10-13 公里）

週四	週五	週六	週跑量
一般跑 6-9 英里（10-14 公里）；8×100 公尺跨步跑	**漸速跑** 4-6 英里（6-10 公里），起始速度比 10K 每公里慢 22 秒，之後每公里持續加快 3-6 秒 *包括 2-3 英里（3-5 公里）熱身跑，以及 1-2 英里（2-3 公里）緩和跑*	**輕鬆至一般跑** 4-6 英里（6-10 公里）	**45-65 英里（72-105 公里）**
一般跑 6-9 英里（10-14 公里）；8×100 公尺跨步跑	**節奏跑** 2 英里（3 公里），以比 10K 每公里慢 16-19 秒之速度配速；800 公尺慢跑；1600 公尺，以比 5K 每公里慢 6 秒之速度配速；800 公尺慢跑；4×400 公尺，以一英里跑配速，組間慢跑 400 公尺 *包括 2-3 英里（3-5 公里）熱身跑，以及 1-2 英里（2-3 公里）緩和跑*	**輕鬆至一般跑** 4-6 英里（6-10 公里）	**52-68 英里（84-109 公里）**
一般跑 6-9 英里（10-14 公里）；8×100 公尺跨步跑	**節奏跑** 4-6 英里（6-10 公里），以比 10K 每公里慢 16-19 秒之速度配速 *包括 2-3 英里（3-5 公里）熱身跑，以及 1-2 英里（2-3 公里）緩和跑*	**輕鬆至一般跑** 4-6 英里（6-10 公里）	**49-67 英里（79-108 公里）**
一般跑 5-7 英里（8-11 公里）；8×100 公尺跨步跑	**節奏跑** 1600 公尺，以 10K 配速；慢跑 800 公尺；4×800 公尺，以 5K 配速，組間慢跑 400 公尺；2×400 公尺，以一英里跑配速，組間慢跑 200 公尺 *包括 2-3 英里（3-5 公里）熱身跑，以及 1-2 英里（2-3 公里）緩和跑*	**輕鬆至一般跑** 1-6 英里（2-10 公里） 或 **休假**	**39-58 英里（63-93 公里）**

5K賽事

12週課表 週跑量 40 英里（64 公里）以上

週次	週日	週一	週二	週三
9	**長跑** 12-15 英里 （19-24 公里）	**輕鬆跑** 6-8 英里（10-13 公里）；8×100 公尺跨步跑	**間歇跑** 8×400 公尺，前四組以 5K 配速進行，後四組以一英里跑配速；除第四、五組間慢跑 400 公尺外，其餘組間皆慢跑 200 公尺 *包括 2-3 英里（3-5 公里）熱身跑，以及 1-2 英里（2-3 公里）緩和跑*	**輕鬆跑** 7-10 英里 （11-16 公里）
10	**長跑** 12-15 英里 （19-24 公里）	**輕鬆跑** 6-8 英里（10-13 公里）；8×100 公尺跨步跑	**階梯式間歇跑** 400 公尺，以一英里跑配速；800 公尺，以 5K 配速；2×1200 公尺，以 10K 配速；800 公尺，以 5K 配速；400 公尺，以一英里跑配速；組間皆慢跑 400 公尺 *包括 2-3 英里（3-5 公里）熱身跑，以及 1-2 英里（2-3 公里）緩和跑*	**輕鬆跑** 7-10 英里 （11-16 公里）
11	**長跑** 8-12 英里 （13-19 公里）	**輕鬆跑** 5-7 英里（8-11 公里）；8×100 公尺跨步跑	**間歇跑** 6×1000 公尺，以 5K 配速，組間慢跑 400 公尺 *包括 2-3 英里（3-5 公里）熱身跑，以及 1-2 英里（2-3 公里）緩和跑*	**輕鬆跑** 6-8 英里 （10-13 公里）
12	**長跑** 8 英里（13 公里）	**輕鬆跑** 4-6 英里（6-10 公里）；8×100 公尺跨步跑	**間歇跑** 6-8×800 公尺，以 5K 配速，組間慢跑 200 公尺 *包括 2-3 英里（3-5 公里）熱身跑，以及 1-2 英里（2-3 公里）緩和*	**輕鬆跑** 4-6 英里 （6-10 公里）

週四	週五	週六	週跑量
一般跑 6-9 英里（10-14公里）；8×100公尺跨步跑	若隔天參賽： **輕鬆跑** 3-4 英里（5-6公里）；6×100公尺跨步跑 若不參賽： **配速訓練** 3 英里（5公里），以 10K 配速 * 包括 2 英里（3公里）熱身跑，以及 1-2 英里（2-3公里）緩和跑	5K-8K 賽事 或 **輕鬆至一般跑** 4-6 英里（6-10公里）	48-64 英里 （77-103 公里）
一般跑 6-9 英里（10-14公里）；8×100公尺跨步跑	**節奏跑** 3-4 英里（5-6公里），以比 10K 每公里慢 12-19 秒之速度配速；4×400 公尺，以 5K 配速，組間慢跑 200 公尺 * 包括 2-3 英里（3-5公里）熱身跑，以及 1-2 英里（2-3公里）緩和跑	輕鬆至一般跑 4-6 英里（6-10公里）	54-70 英里 （87-113 公里）
一般跑 5-7 英里（8-11公里）；8×100公尺跨步跑	**配速訓練** 2×800 公尺，以 5K 配速；4×400 公尺，以 5K 配速；組間皆慢跑 200 公尺 * 包括 2-3 英里（3-5公里）熱身跑，以及 1-2 英里（2-3公里）緩和跑	輕鬆至一般跑 1-6 英里（2-10公里） 或 **休假**	40-60 英里 （64-97 公里）
輕鬆跑 3-4 英里（5-6公里）；6×100公尺跨步跑	**輕鬆跑** 3-4 英里（5-6公里）；6×100公尺跨步跑	5K 賽事	26-36 英里（42-58 公里，不包含比賽跑量）

10K 賽事訓練
Training for and Racing the 10K

此章會介紹 10 公里賽事的訓練方式。10 公里賽事通常稱為 10K，由於完成此距離相當有成就感及挑戰性，10K 也成為最熱門的賽事之一。在跑 10K 時，速度會比 5K 慢一些，但比半馬快上許多。唯有訓練期間全力以赴，並在比賽當下隨機應變、發揮實力，才能在 10K 賽事跑出最好的表現。

本章共有六份課表，三份為期六週，三份為期十二週。六週計畫的週跑量分別為最多 45 英里（72 公里）、35 至 55 英里（56-88 公里）、40 英里（64 公里）以上。十二週計畫的週跑量分別為最多 50 英里（80 公里）、35 至 60 英里（56-96 公里）、40 英里（64 公里）以上。如同第七章所述，在選擇課表時有許多需考量的變因，可

參考該章節以了解細節。

執行課表方針

　　課表中的每日課表會寫出當日主要的訓練項目，細部訓練內容則會在第七章說明。訓練過程中可以重複閱讀相關內容，以加強記憶。為了快速了解各種訓練，此處會介紹各種訓練項目並解釋之。

- **輕鬆跑**：在距離最長、強度最高的訓練隔日進行的項目。請不要擔心配速的問題。只要以舒適、能夠交談的速度慢跑即可，不應呼吸急促或費勁使力。完成輕鬆跑之後，應該要感覺特別有活力，準備好面對隔天的訓練。

- **一般跑**：比輕鬆跑稍快，強度更高，但仍處在可以交談的速度。若想累積跑量，此種訓練應是不錯的選擇。如果狀態不錯，可以在最後幾公里加快速度。

- **輕鬆至一般跑**：剛起步時用恢復跑的配速進行。如果你覺得很累、想要全程維持較輕鬆的配速完成此項目也沒問題。如果暖身完成後想要稍微加快速度也可以。但請不要覺得自己「應該」達到某個配速而強迫自己加快。

- **節奏跑**：是一種長時間、長距離的慢跑訓練，通常距離為 3 至 10 公里，以「舒適但稍微吃力」的強度進行，需要集中注意力。對大多數跑者而言，節奏跑應該維持在 15K 至半馬的配速。如果我騎腳踏車經過你身邊問了個問題，你應能以完整的句子回答，但無法像

輕鬆跑或一般跑一樣深入交談。

- **漸速跑**：也是長時間、長距離的訓練項目，以配速漸增的方式進行。漸速跑的效果與傳統節奏跑相似，卻可以幫助我們在疲勞累積的狀況下練習加速。因為起始的速度較慢，此類慢跑會比節奏跑更長。

- **間歇跑**：重複以固定配速完成指定距離。間歇跑距離通常介於 200 公尺及 1600 公尺之間，通常會以一英里跑到 10K 之間的配速進行。可以在距離精準、一致的跑道上訓練此項目，若能找到較平整的路面，也可以在一般道路或其他地方進行。訓練之前，可以大略換算課表中各項目的距離，以計算各區段所需的時間，如：若課表指定以 5K 配速重複跑 800 公尺，就代表每次要用 5K 配速跑 3 分鐘。有一些高強度訓練的內容是以 800 公尺賽事配速進行 200 公尺間歇跑。如果你不確定那是什麼配速，目標是每 200 公尺跑得比你的一英里比賽配速快 2 到 3 秒，即可作為此訓練的目標時間。

- **坡度跑**：以一英里跑的「強度」跑上緩坡，請注意，此處指的並不是「配速」！接著慢跑下坡以恢復體力。理想狀態下，坡度要夠陡，讓人跑步時能輕易發現自己正在爬坡，但也不能陡到難以維持良好、直立的跑姿與高步頻。

- **長跑**：是一週間最長的跑步距離，以能夠交談的速度進行。起步時速度相對輕鬆，並隨著暖身完成逐漸增加強度。請不要躁進，此項訓練的後半部分有很多時間可以讓你抓到節奏。

- **跨步跑**：約 100 公尺的重複性短程訓練，會以一英里跑的速度配速，此項目通常會在輕鬆跑之後或在較難的訓練及比賽前進行。專

注於保持良好的跑姿,兼具速度與放鬆感。跨步跑應該是愉快、輕鬆的訓練;完成此項目後應該會感覺身心舒暢。此項目應在平坦、安全的跑道完成。

別忘了 8K !

你可以使用本章的課表來準備 8K 或五英里賽事(8公里),兩者本質上是同一場比賽,但五英里比 8K 多 50 公尺左右。若你要準備 8K 或五英里賽事,則完全不用更改課表的內容。就算訓練狀況較差,計畫中的配速範圍會讓你有彈性調整的空間。另一方面,我對 10K 賽事的配速建議在 8K 及五英里賽事也同樣適用。你可以嘗試從一開始就採用固定配速,或跑得比目標配速慢一點,到後半段再提速。8K、五英里的距離也很長,所以如果起步太快,後半段會相當辛苦。

大多數訓練有素的跑步者(如果你遵循本章其中一份課表,那你也算在內)在 8K 或五英里賽事中的跑速會比 10K 快上幾秒。但再次強調,不要一開始就得意忘形。如果起步速度比 10K 配速每公里快上 7 秒,就已經進入了 5K 配速的範圍了,用這個配速撐完 5 公里後再跑 3 公里,實在不切實際。

10K 賽事競賽技巧

　　10K 與其他距離的賽事一樣，保持平均的配速是很重要的。如果你的比賽是在一般賽道或道路上進行，那麼配速一致是很好的策略。

　　我經常推薦的另一個選項，就是在前六公里左右以比目標配速慢每公里 2 到 4 秒的速度前進，然後逐漸加快配速到最後路段，最終以衝刺的方式完賽。

　　請注意，我說的是「逐漸」。不要突然大幅加速。你應該要能感受到配速增加，但每次遞增後的速度都要是你能堅持到終點的配速。

　　這種方法有很多好處。老話一句，長跑賽事中，你不可能在前 400 公尺決定自己能不能拔得頭籌，但在前 400 公尺失誤絕對能讓你輸掉比賽。就算只是起步稍快，也可能降低比賽後段保持目標配速的能力，你恐怕會在終點線前氣力耗盡。以比目標配速慢的速度起步可以避免自己在開賽時失誤、搞砸比賽。

　　此策略的另一個優點是，你能在最後三公里超過其他對手。超越他人能夠增強你的信心。每超過一個人，你就可以選擇下一個目標，集中精力追趕前面那個跑者。這樣的模式能讓你忽略疲勞，進而專注於比賽當中。

　　如果你要參加人生中第一場 10K 賽事，或是本賽季的第一場 10K，我絕對會推薦後段加速的策略。因為你要在這場比賽留下好的體驗，從中累積經驗，並讓自己期待下一場賽事。我並不是要你保守地跑，而是要阻止你在起步時太過躁進，因為這種心態十之八九會讓你無法好好發揮實力。

庫根教練的團隊成員
卡翠娜・庫根（Katrina Coogan）

個人最佳成績：5K 賽事：15:14；10K 賽事：31:56

跑步生涯亮點：參與奧運選拔賽；十一度獲頒全美最佳跑者殊榮

共事期間：2016 迄今

是的，你沒看錯那個姓氏。卡翠娜是我三個孩子中最大的一個，而且他們都有跑步的興趣。我很榮幸現在能夠在 New Balance 波士頓菁英長跑隊指導她。如果你曾經指導過自己的孩子參加運動，你一定明白平衡父母和教練的角色是多麼不容易。但我覺得自己大部分時候都能把握好這個平衡！

卡翠娜加入我們團隊的一大優點，就是讓我在指導其他隊員時更加得心應手。正如我在第四章所提到的，一個好的團隊應該像是一個大家庭。所以，相比於單純關心隊員的比賽成績，我更想為他們提供像家人般的支持。因為團隊裡有我的孩子，這更能夠提醒我，無論如何都要始終堅持這個理念。

2021 年 5 月，卡翠娜在跑道上完成了她的首場 10K 賽事。她的首次亮相便以 31 分 56 秒的優異成績，成功獲得了奧運選拔賽的資格，這真是非常了不起。如果你是 10K 賽事的跑者，一定能從卡翠娜的經歷中學到不少東西。

然而，那時卡翠娜的賽前訓練並不順利。那年春天，New Balance 波士頓菁英長跑隊在亞利桑那州的弗拉格斯塔夫（Flagstaff, Arizona）進行訓練，為 6 月底的奧運選拔賽做準備。比賽前六週，卡翠娜因為過敏和長期的腿部不適，訓練質量受到影響。每次進行高強度訓練時，她都會出現呼吸困難的情況。她很少能夠順利完成訓練，甚至有時候需要

縮短訓練時間。平時，卡翠娜是我們隊伍中最堅韌、最穩定的選手之一，但那段時間的她卻顯得異常。

那麼，既然訓練如此艱難，為什麼卡翠娜還能在比賽中跑出佳績呢？因為卡翠娜知道自己自 2020 年秋季開始訓練，並且狀況逐漸好轉，為這場 5 月的比賽也做了長時間的準備。她沒有被那幾週的不順利所打擊，反而從長期以來累積的訓練成果中找到了信心。雖然當時並未完全為 10K 賽事做好準備，但這反而讓卡翠娜能夠輕鬆地參賽，並且不會過度逼迫自己加速。她的態度是：「我只能盡力而為，做到自己能做的最好程度。」

正是過去的訓練經歷，讓她在比賽中選擇了較為保守的策略，並沒有一開始就過快提速。她保持耐心，以穩定的配速前進。由於起步時的配速比較輕鬆，所以即使前方的選手因疲勞而逐漸掉隊，卡翠娜依然能保持冷靜、穩定。

卡翠娜在比賽中保持了積極的心態，順利度過了艱難的時期。她告訴自己，這場比賽長達 25 圈，可能會有一兩圈不太舒服，但只要堅持跑完，終點就在前方。她總是專注於當下的每一圈，而不被整個比賽的長度所壓垮。在比賽的最後幾公里，她超越了前方的選手，這也給了她更多的動力，最終在最後一圈跑出了整場比賽中最快的一圈。

卡翠娜正是憑藉著積極的態度、長期的訓練積累，以及對比賽的專注，才跑出了這場出色的 10K 成績。因此，即便你的訓練有時無法完全按照計畫進行，也仍然能夠透過堅持和專注，跑出一場成功的比賽。

無論採取什麼配速策略，10K 賽事都會讓人身心俱疲。雖然比起 5K 稍微慢一些，但保持這樣的集中注意力持續那麼長時間，無疑是個挑戰！因此，在重要的 10K 比賽前一週，盡量減少生活中的壓力，讓自己在比賽當天能夠保持精神充沛。

我經常告訴我的 10K 選手們，在比賽剛開始時「去睡覺」，這並不是讓他們放空或分心，而是希望他們在起跑後能夠迅速進入節奏。我會建議他們在賽程初期選擇一個舒適的位置，不必急於擠到最前面。「去睡覺」的核心目的是提醒選手們不要一開始就全力以赴，而是要保留體力，為後半程做準備。

此外，10K 賽事也是第一次需要補水的距離。雖然喝一小口水或將水灑在頭上，可能無法完全解渴，但至少能讓你感覺稍微舒服一些。適當的補水不僅能幫助你恢復一點體力，還能在繼續跑完剩餘距離前，給自己稍微調整的機會。

試試看越野賽事吧！

我很喜歡越野賽。在我的菁英跑者經歷中，我最喜歡、最滿意的賽事是美國和世界越野錦標賽。這種比賽形式相當純粹，因為時間並不重要，你只需要專注在當天發揮最好的自己。越野賽通常還會有路跑和田徑賽事所缺乏的團隊元素。

因此，我作為一名教練，也非常喜歡跑者們在一個賽季間投入越野賽。越野訓練和賽事會讓你的體魄跟心態更加強大。你可能很常看到，世界級跑者參加越野賽的同一年，也能在田徑、公路或一英里到全馬賽事中取得好成績。

你可以使用本章中的訓練課表來準備 8K 或 10K 越野賽事。唯一需要調整的地方是，你可以在草地上進行一些間歇訓練，並且最好選擇與賽事起伏相似的道路。大型越野賽前的最後幾週，我喜歡在草地上完成高強度訓練。如果你使用的是六週計畫，應該在第三週的週二進行草地高

強度訓練。如果使用十二週計畫,則可以在第七、十、十一週的週二進行草地高強度訓練。

越野賽的起跑賽道通常很寬敞,但在前八百公尺後,賽道會變得更窄。你可以稍微調整訓練計畫,讓自己在第一組訓練時比在跑道或道路上跑得更快一些,以更好地模擬越野賽事。接著,可以用比賽配速的難度進行中間的組數訓練,最後幾組則要加大努力,完成更高強度的訓練。這樣的訓練模式會讓你習慣在比賽中爭取好位置、適應良好的節奏,最終全力以赴完成比賽。

不要過於執著於精確地記錄草地訓練的結果。正如我們在 New Balance 長跑隊期間常說的那樣,**練就對了**。有一個把課表轉換為越野賽課表的好方法,就是看時間而不看距離。例如,不要以 10K 配速跑好幾組 1600 公尺,而是粗略估計自己在草地上盡力跑的速度,得出像是每公里 3 分 30 秒或 4 分等目標配速。在草地上完成高強度訓練能幫助你適應各種地形,並且使用到快跑或恢復跑等不同配速,就像越野賽的實際情形一樣。

越野訓練和賽事會讓你的體魄跟心態更加強大。

庫根教練的 10K 賽事經驗談

在我的職業生涯中，10K 賽事既是我最擅長的賽事之一，也曾經是我最糟糕的經歷之一。接下來，我將分享我的故事，並告訴你從中可以學到什麼。

我的第一場 10K 賽事是在 1992 年 4 月 23 日，那天就是鼎鼎大名的賓州田徑接力大賽。比賽在晚上進行，賓州的天氣又濕又熱。我記得當時自己既緊張又自信，認為自己應該能取得不錯的成績。為了保持冷靜放鬆，我白天還去看了場電影，但電影的名字已經記不清了。

我的對手實力相當強大，包括曾經和未來的奧運選手：西德尼・馬利、羅德・德哈文（Rod DeHaven）、阿里・納金（Are Nakkim）等人，以及東岸許多 10K 的高手。在賽前的幾天，我不斷提醒自己保持放鬆，站在起跑線的第一道，不要落後太多。我的策略是盡量進入領先集團，無論是排第三還是第八名都不重要，只要能夠跟上他們就好。

比賽開始時，我的起步相對穩定，也沒有讓自己過度用力。我知道自己必須耐心等待最佳時機。一位比我經驗豐富的訓練夥伴曾告訴我，搞砸一場 10K 比搞砸一場馬拉松還要糟，還要痛苦。若配速失誤，這場 10K 賽事對身心的傷害可能比其他賽事還要嚴重（更多詳情請參閱第 254 頁）。另外，在跑道上，若狀況不佳，幾乎無法隱藏，整個狀態立刻顯露無遺。

當時，我對賓州接力賽有一個關鍵的了解，那就是跑過最後一

個彎道後，終點線會迅速出現。而且，你很少看到有人在最後一個彎道被超越。因此，在進入彎道之前，我已經準備好放手一搏。我知道對手的速度有多快，當時西德尼是 1500 公尺的世界紀錄保持人，所以我不想等到最後一圈才在衝刺時超過他們。

隨著比賽的進行，原本的領先集團逐漸縮小，因為有些選手開始減速。我盡量輕鬆地、順利地超過他們每一個人。到了最後一圈，納金排名第一，我排在第二。他開始嘗試甩開我，但我緊緊跟著他，進入最後一圈後，我告訴自己要撐住，並準備好迎接最後的衝刺。

進入最後的直線後，我加快了步伐，隨後全力衝刺，超越了僅一步之遙的納金，並以極快的速度衝過彎道。他沒有機會重新追上我，因為從彎道到終點線的距離太短了。最終，我以 28 分 23 秒的成績贏得比賽，這在 1990 年代是非常了不起的結果，也是我首次在 10K 賽事中取得的佳績。

這次首秀很好地展示了如何跑好 10K 賽事。當時，我知道自己能夠應對起步的配速。雖然我不記得其他選手是否討論過彼此的配速策略，但大多數跑者都互相認識，而我對自己選擇進入領先集團的決定非常滿意。我能夠找到自己最佳的節奏，不會在比賽過程中過快地把自己逼到極限。我也保持積極的心態，持續告訴自己「你做得很好，馬克」，以及其他簡單的自我激勵。我沒有選擇第二道，而是盡量跑最短的距離。當衝向終點線的時候，我也很果斷，因為我早在賽前就計畫好選擇一個位置開始最後的衝刺。總之，這真是一場痛快的 10K 賽事。

現在，我要來談談不太順利的比賽。

第十章 10K賽事訓練

1998年春天，我的經紀人雷·弗林（Ray Flynn）告訴我，6月在荷蘭舉行的FBK運動會（FBK Games）*可能會嘗試打破10K世界紀錄，而我有可能被邀請參加。當時，美國很少有頂級的10K賽事，能有機會參賽並突破自己的最佳成績，讓我感到既興奮又期待，畢竟我的紀錄停留在六年前，在賓州跑出的28分23秒。

然而，FBK運動會的最大挑戰就是配速太快，我擔心自己無法應對。來自衣索比亞的海勒·格布雷西拉西耶計畫挑戰世界紀錄，目標是26分20秒。回頭想，我知道自己對這場比賽抱有興奮情緒是一件好事，但或許我不該參加這場比賽，因為所有的焦點都集中在海勒破紀錄的目標上。如果我想突破28分鐘的個人目標，大部分時間我可能都得靠自己。然而，1998年，我選擇抓住這個機會參賽。

我記得那天坐在體育場後面的熱身區，準備放鬆一下。天氣有些炎熱。賽事總監告訴我們，如果比賽前不久賽道上有灑水，則意味著將會嘗試破紀錄，因為海勒喜歡在比賽前將水灑在跑道上，但我不確定這樣做的具體原因，也許是希望讓賽道更有彈性或是降溫。我們進入體育場時，看到一輛消防車正在跑道上噴水。我深深吸了一口氣，因為我知道，他們即將挑戰世界紀錄。

---

*編註：FBK Games 是一項著名的國際田徑賽事，每年在荷蘭的亨厄洛（Hengelo）舉行，是全球田徑運動中一個重要的賽事。這場比賽以荷蘭奧運金牌得主芬妮·白蘭克－柯恩（Fanny Blankers-Koen）的名字命名，旨在紀念她對田徑運動的貢獻。她被譽為「飛人主婦」（Flying Housewife），是荷蘭田徑歷史上的傳奇人物，並且在1948年倫敦奧運會上贏得了四枚金牌，是世界田徑史上最偉大的女性運動員之一。

至於我自身的比賽，我當時覺得只要能在 14 分 5 秒跑完 5 公里，就有機會突破 28 分大關。場上還有其他幾位跑者與我的目標相同。

比賽一開始，所有跑者立刻分成三個集團。海勒擠在前三名領跑者後面，他們每圈的配速都在 62 到 63 秒之間，這完全超出了我的預期！我留在第三個集團，其實是個明智的選擇，但不幸的是，我們讓自己被海勒影響了。我們沒有按照計畫以每圈 67 秒（大約每公里 2 分 48 秒）的配速出發，而是在前八到十圈跑出每圈 64 至 65 秒的配速，速度非常快，而我基本上是以 5K 賽事的配速在跑這幾圈。到了三公里時，我已經疲憊不堪，也知道這場比賽已經結束了。

比賽剛跑過半程，海勒就倒追了我。開賽時的失誤、愚蠢的決策正在漸漸地壓垮我。我失去僅存的鬥志，很快就退出了比賽。我坐在賽道外，看著海勒以 26 分 22 秒的成績突破世界紀錄，並以 5 秒的優勢刷新了紀錄。

為什麼我的比賽會這麼糟糕呢？我想到了幾個原因：

首先，賽前我被興奮的情緒沖昏了頭。在那種情況下，我的目標根本就不切實際。隨著比賽臨近，我應該重新評估自己能跑出的成績。也許我該嘗試以 28 分 15 秒的配速來跑，並在良好的狀態下力爭突破 28 分鐘。因此，訂定一個符合自己實力的策略至關重要。

其次，我應該參加一場自己能夠待在領先集團的比賽，像是我在賓州接力賽首次登場的時候。這樣，我可以保持更多的自信和動力。如果在比賽中處於落後位置，容易產生消極的情緒。FBK 運動

會後的第二年,我在一場競爭更加激烈的比賽中,突破了個人最佳成績,跑出了 28 分 19 秒。

最後,不要因為表現不佳就輕易放棄比賽。這樣的行為會讓你在以後面對困難時,更容易選擇放棄。

10K賽事

6週課表 週跑量最多 45 英里（72 公里）

週次	週日	週一	週二	週三
1	**長跑** 6-8 英里 （10-13 公里）	**輕鬆跑** 3-5 英里（5-8 公里）；6×100 公尺跨步跑	**間歇跑** 3×1600 公尺，以比 10K 每公里快 3-6 秒之速度配速；組間慢跑 400 公尺 *包括2英里（3公里）熱身跑，以及 1-2 英里（2-3 公里）緩和跑*	**輕鬆跑** 6 英里（10 公里）
2	**長跑** 7-8 英里 （11-13 公里）	**輕鬆跑** 3-5 英里（5-8 公里）；6×100 公尺跨步跑	**間歇跑** 6×800 公尺，以比 10K 每公里快 6-12 秒之速度配速；組間慢跑 400 公尺 *包括2英里（3公里）熱身跑，以及 1-2 英里（2-3 公里）緩和跑*	**輕鬆跑** 6 英里（10 公里）
3	**長跑** 7-8 英里 （11-13 公里）	**輕鬆跑** 3-5 英里（5-8 公里）；6×100 公尺跨步跑	**間歇跑** 2×1200 公尺，以 10K 配速；2×400 公尺，以一英里跑配速；組間皆慢跑 400 公尺 *包括2英里（3公里）熱身跑，以及 1-2 英里（2-3 公里）緩和跑*	**輕鬆跑** 6 英里（10 公里）

（單位皆經過英制到公制換算並四捨五入）

週四	週五	週六	週跑量
一般跑 3-5 英里（5-8 公里）；6×100 公尺跨步跑	**節奏跑** 3-4 英里（5-6 公里），以比 10K 每公里慢 16-19 秒之速度配速 *包括 2 英里（3 公里）熱身跑，以及 1-2 英里（2-3 公里）緩和跑*	休假	**31-38 英里（50-61 公里）**
一般跑 4-5 英里（6-8 公里）；6×100 公尺跨步跑	**漸速跑** 3 英里（5 公里），起始速度比 10K 每公里慢 19 秒，之後每公里持續加快 3-6 秒 *包括 2 英里（3 公里）熱身跑，以及 1-2 英里（2-3 公里）緩和跑*	輕鬆至一般跑 3-4 英里（5-6 公里）	**36-45 英里（58-72 公里）**
一般跑 3-5 英里（5-8 公里）；6×100 公尺跨步跑	**間歇跑及節奏跑** 2×800 公尺，以 10K 配速，組間慢跑 400 公尺；2 英里（3 公里），以比 10K 每公里慢 16 秒之速度配速，400 公尺慢跑；2×400 公尺，以一英里跑配速，組間慢跑 200 公尺 *包括 2 英里（3 公里）熱身跑，以及 1-2 英里（2-3 公里）緩和跑*	輕鬆跑 1-3 英里（2-5 公里） 或 **休假**	**33-43 英里（53-69 公里）**

10K賽事／6週課表／週跑量最多45英里（72公里）

10K賽事

6週課表 週跑量最多45英里（72公里）

週次	週日	週一	週二	週三
4	**長跑** 7-8英里 （11-13公里）	**輕鬆跑** 3-5英里（5-8公里）；6×100公尺跨步跑	**間歇跑** 8×400公尺，以5K配速，組間慢跑200公尺 *包括2英里（3公里）熱身跑，以及1-2英里（2-3公里）緩和跑*	**輕鬆跑** 4-6英里 （6-10公里）
5	**長跑** 6-8英里 （10-13公里）	**輕鬆跑** 1-3英里 （2-5公里） 或 **休假**	**間歇跑** 6×800公尺，以比10K每公里快12秒之速度配速；組間慢跑400公尺 *包括2英里（3公里）熱身跑，以及1-2英里（2-3公里）緩和跑*	**輕鬆跑** 4-6英里 （6-10公里）
6	**長跑** 6英里 （10公里）	**輕鬆跑** 3英里（5公里）	**間歇跑** 8×400公尺，以5K配速，組間慢跑200公尺 *包括2英里（3公里）熱身跑，以及1-2英里（2-3公里）緩和跑*	**休假**

週四	週五	週六	週跑量
一般跑 3-5英里（5-8公里）； 6×100公尺跨步跑	節奏跑 3-4英里（5-6公里），以比10K每公里慢16-19秒之速度配速，並檢視自己能否在同樣的費力程度下跑得比三週前快一些 *包括2英里（3公里）熱身跑，以及1-2英里（2-3公里）緩和跑*	輕鬆跑 3-4英里 （5-6公里）	32-43英里 （51-69公里）
一般跑 3-5英里（5-8公里）； 6×100公尺跨步跑	賽事配速訓練 3×1600公尺，以10K配速，組間慢跑400公尺 *包括2英里（3公里）熱身跑，以及1-2英里（2-3公里）緩和跑*	輕鬆跑 2-4英里 （3-6公里）	29-40英里 （46-64公里）
輕鬆跑 3英里（5公里）； 6×100公尺跨步跑 或 休假	輕鬆跑 3-4英里（5-6公里）；8×100公尺跨步跑	10K賽事	18-22英里（29-35公里，不包含比賽跑量）

10K賽事／6週課表／週跑量最多45英里（72公里）

10K賽事

6 週課表　週跑量 35-55 英里（56-88 公里）

週次	週日	週一	週二	週三
1	**長跑** 8-10 英里 （13-16 公里）	**輕鬆跑** 4-6 英里（6-10公里）；6×100公尺跨步跑	**間歇跑** 6×800 公尺，以比 10K 每公里快 13 秒之速度配速；組間慢跑 400 公尺 *包括2英里（3公里）熱身跑，以及 1-2 英里（2-3公里）緩和跑*	**輕鬆跑** 6-8 英里 （10-13 公里）
2	**長跑** 8-12 英里 （13-19 公里）	**輕鬆跑** 4-6 英里（6-10公里）；6×100公尺跨步跑	**間歇跑** 6×800 公尺，以比 10K 每公里快 13 秒之速度配速；組間慢跑 400 公尺 *包括2英里（3公里）熱身跑，以及 1-2 英里（2-3公里）緩和跑*	**輕鬆跑** 6-8 英里 （10-13 公里）
3	**長跑** 8-12 英里 （13-19 公里）	**輕鬆跑** 4-6 英里（6-10公里）；6×100公尺跨步跑	**間歇跑** 1600 公尺，以 10K 配速；800 公尺慢跑；1200 公尺，以 10K 配速；800 公尺慢跑；800 公尺，以 5K 配速；400 公尺慢跑；400 公尺，以一英里跑配速 *包括2英里（3公里）熱身跑，以及 1-2 英里（2-3公里）緩和跑*	**輕鬆跑** 6-8 英里 （10-13 公里）

（單位皆經過英制到公制換算並四捨五入）

週四	週五	週六	週跑量
一般跑 5-8 英里（8-13 公里）；8×100 公尺跨步跑	**節奏跑** 4 英里（6 公里），以比 10K 每公里慢 16-19 秒之速度配速 *包括 2 英里（3 公里）熱身跑，以及 1-2 英里（2-3 公里）緩和跑*	**輕鬆跑** 1-4 英里（2-6 公里） 或 **休假**	**36-53 英里** **（58-85公里）**
一般跑 6-8 英里（10-13 公里）；8×100 公尺跨步跑	**漸速跑** 3 英里（5 公里），起始速度比 10K 每公里慢 19 秒，之後每公里持續加快 3-6 秒 *包括 2 英里（3 公里）熱身跑，以及 1-2 英里（2-3 公里）緩和跑*	**輕鬆跑** 3-4 英里（5-6 公里）	**41-52 英里** **（66-83公里）**
一般跑 5-8 英里（8-13 公里）；8×100 公尺跨步跑	**間歇跑及節奏跑** 2×800 公尺，以 10K 配速，組間慢跑 400 公尺；3 英里（5 公里），以比 10K 每公里慢 19 秒之速度配速；800 公尺慢跑；2×400 公尺，以 5K 配速，組間慢跑 200 公尺 *包括 2 英里（3 公里）熱身跑，以及 1-2 英里（2-3 公里）緩和跑*	**輕鬆跑** 3-5 英里（5-8 公里）	**41-55 英里** **（66-88公里）**

10K賽事

6週課表 週跑量 35-55 英里（56-88 公里）

週次	週日	週一	週二	週三
4	**長跑** 8-10 英里（13-16 公里）	**輕鬆跑** 4-6 英里（6-10 公里）；6×100 公尺跨步跑	**間歇跑** 8-10×400 公尺，以 5K 配速，組間慢跑 200 公尺 *包括 2-3 英里（3-5 公里）熱身跑，以及 1-2 英里（2-3 公里）緩和跑*	**輕鬆跑** 6-8 英里（10-13 公里）
5	**長跑** 8-9 英里（13-14 公里）	**輕鬆跑** 3-4 英里（5-6 公里）；6×100 公尺跨步跑	**間歇跑** 6×800 公尺，以 5K 配速，組間慢跑 400 公尺 *包括 2-3 英里（3-5 公里）熱身跑，以及 1-2 英里（2-3 公里）緩和跑*	**輕鬆跑** 4-6 英里（6-10 公里）
6	**長跑** 6-8 英里（10-13 公里）	**輕鬆跑** 4 英里（6 公里）；6×100 公尺跨步跑	**間歇跑** 8×400 公尺，以 5K 配速，組間慢跑 200 公尺 *包括 2-3 英里（3-5 公里）熱身跑，以及 1-2 英里（2-3 公里）緩和跑*	休假

週四	週五	週六	週跑量
一般跑 5-8 英里（8-13 公里）；6×100 公尺跨步跑	節奏跑 4-5 英里（6-8 公里），以比 10K 每公里慢 16-19 秒之速度配速，並檢視自己能否在同樣的費力程度下跑得比三週前快一些 *包括 2-3 英里（3-5 公里）熱身跑，以及 1-2 英里（2-3 公里）緩和跑	輕鬆跑 1-4 英里（2-6 公里） 或 休假	36-53 英里（58-85 公里）
一般跑 4-6 英里（6-10 公里）；6×100 公尺跨步跑	賽事配速訓練 3×1600 公尺，以 10K 配速，組間慢跑 400 公尺 *包括 2-3 英里（3-5 公里）熱身跑，以及 1-2 英里（2-3 公里）緩和跑	輕鬆跑 3-4 英里（5-6 公里）	36-45 英里（58-72 公里）
輕鬆跑 3-4 英里（5-6 公里）；6×100 公尺跨步跑 或 休假	輕鬆跑 3 英里（5 公里）；6×100 公尺跨步跑	10K 賽事	19-28 英里（30-45 公里，不包含比賽跑量）

10K賽事

6 週課表 週跑量 40 英里（64 公里）以上

週次	週日	週一	週二	週三
1	**長跑** 10-14 英里 （16-22 公里）	**輕鬆跑** 7-9 英里（11-14 公里）；8×100 公尺跨步跑	**間歇跑** 4×1600 公尺，以比 10K 每公里快 3-6 秒之速度配速，組間慢跑 400 公尺 *包括2英里（3公里）熱身跑，以及1-2英里（2-3公里）緩和跑*	**輕鬆跑** 7-10 英里 （11-16 公里）
2	**長跑** 10-14 英里 （16-22 公里）	**輕鬆跑** 7-9 英里（11-14 公里）；8×100 公尺跨步跑	**間歇跑** 6×800 公尺，以比 10K 每公里快 12 秒之速度配速；組間慢跑 400 公尺 *包括2-3英里（3-5公里）熱身跑，以及1-2英里（2-3公里）緩和跑*	**輕鬆跑** 7-10 英里 （11-16 公里）
3	**長跑** 12-15 英里 （19-24 公里）	**輕鬆跑** 1-4 英里 （2-6 公里） 或 **休假**	**間歇跑** 1600 公尺，以 10K 配速；800 公尺慢跑；1200 公尺，以 10K 配速；800 公尺，以 5K 配速；800 公尺慢跑；400 公尺，以一英里跑配速 *包括2-3英里（3-5公里）熱身跑，以及1-2英里（2-3公里）緩和跑*	**輕鬆跑** 6-8 英里 （10-13 公里）

（單位皆經過英制到公制換算並四捨五入）

週四	週五	週六	週跑量
一般跑 7-9 英里（11-14 公里）；8×100 公尺跨步跑	**節奏跑** 4-6 英里（6-10 公里），以比 10K 每公里慢 16-19 秒之速度配速 *包括 2-3 英里（3-5 公里）熱身跑，以及 1-2 英里（2-3 公里）緩和跑*	**輕鬆跑** 4-6 英里（6-10 公里）	**50-69 英里 （80-110 公里）**
一般跑 7-9 英里（11-14 公里）；8×100 公尺跨步跑	**漸速跑** 4 英里（6 公里），起始速度比 10K 每公里慢 19 秒，之後每公里持續加快 3-6 秒 *包括 2-3 英里（3-5 公里）熱身跑，以及 1-2 英里（2-3 公里）緩和跑*	**輕鬆至一般跑** 4-6 英里（6-10 公里）	**49-66 英里 （78-106 公里）**
一般跑 7-9 英里（11-14 公里）；8×100 公尺跨步跑	**間歇及節奏跑** 1600 公尺，以 10K 配速；組間慢跑 400 公尺；3 英里（5 公里），以比 10K 每公里慢 16-19 秒之速度配速；800 公尺慢跑；4-6×400 公尺，以 5K 配速，組間慢跑 200 公尺 *包括 2-3 英里（3-5 公里）熱身跑，以及 1-2 英里（2-3 公里）緩和跑*	**輕鬆跑** 4-6 英里（6-10 公里）	**44-63 英里 （70-101 公里）**

10K賽事

6週課表 週跑量 40 英里（64 公里）以上

週次	週日	週一	週二	週三
4	**長跑** 10-14 英里 （16-22 公里）	**輕鬆跑** 6-8 英里（10-13 公里）；8×100 公尺跨步跑	**間歇跑** 12×400 公尺，以 5K 配速，組間慢跑 200 公尺 *包括 2-3 英里（3-5 公里）熱身跑，以及 1-2 英里（2-3 公里）緩和跑*	**輕鬆跑** 8 英里（13 公里）
5	**長跑** 10-12 英里 （16-19 公里）	**休息（優先）** 或 **輕鬆跑** 3 英里（5 公里）；8×100 公尺跨步跑	**間歇跑** 6×800 公尺，以 5K 配速，組間慢跑 400 公尺 *包括 2-3 英里（3-5 公里）熱身跑，以及 1-2 英里（2-3 公里）緩和跑*	**輕鬆跑** 6-8 英里 （10-13 公里）
6	**長跑** 8 英里（13 公里）	**輕鬆跑** 4 英里（6 公里）	**間歇跑** 8×400 公尺，以 5K 配速，組間慢跑 200 公尺 *包括 2-3 英里（3-5 公里）熱身跑，以及 1-2 英里（2-3 公里）緩和跑*	**輕鬆跑** 4-6 英里 （6-10 公里）

週四	週五	週六	週跑量
一般跑 7-9 英里（11-14 公里）；8×100 公尺跨步跑	節奏跑 4-6 英里（6-10 公里），以比 10K 每公里慢 16-19 秒之速度配速，並檢視自己能否在同樣的費力程度下跑得比三週前快一些 *包括 2-3 英里（3-5 公里）熱身跑，以及 1-2 英里（2-3 公里）緩和跑*	輕鬆跑 4-6 英里 （6-10 公里）	45-63 英里 （72-101 公里）
一般跑 6-8 英里（10-13 公里）；6×100 公尺跨步跑	賽事配速訓練 3×1600 公尺，以 10K 配速，組間慢跑 400 公尺 *包括 2-3 英里（3-5 公里）熱身跑，以及 1-2 英里（2-3 公里）緩和跑*	輕鬆跑 4 英里 （6 公里）	40-51 英里 （64-82 公里）
輕鬆跑 3-4 英里（5-6 公里）；8×100 公尺跨步跑 或 **休息**	輕鬆跑 3-4 英里（5-6 公里）；4×100 公尺跨步跑	10K 賽事	25-34（40-54 公里，不包含比賽跑量）

10K賽事

12週課表 週跑量最多 50 英里（80 公里）

週次	週日	週一	週二	週三
1	**長跑** 6-8 英里 （10-13 公里）	**輕鬆跑** 3-5 英里（5-8 公里）；6×100 公尺跨步跑	**間歇跑** 6-8×400 公尺，以 5K 配速，組間慢跑 200 公尺 *包括2英里（3公里）熱身跑，以及1-2英里（2-3公里）緩和跑*	**輕鬆跑** 6 英里（10 公里）
2	**長跑** 6-8 英里 （10-13 公里）	**輕鬆跑** 3-5 英里（5-8 公里）；6×100 公尺跨步跑	**坡度跑** 6-8×400 公尺，以一英里跑的費力程度跑上緩坡；組間慢跑下坡 *包括2英里（3公里）熱身跑，以及1-2英里（2-3公里）緩和跑*	**輕鬆跑** 6 英里（10 公里）
3	**長跑** 7-8 英里 （11-13 公里）	**輕鬆跑** 3-5 英里（5-8 公里）；6×100 公尺跨步跑	**間歇跑** 4-6×800 公尺，以 5K 配速，組間慢跑 400 公尺 *包括2英里（3公里）熱身跑，以及1-2英里（2-3公里）緩和跑*	**輕鬆跑** 6 英里（10 公里）
4	**長跑** 7-8 英里 （11-13 公里）	**輕鬆跑** 3-5 英里（5-8 公里）；6×100 公尺跨步跑	**坡度跑** 6-8×400 公尺，以一英里跑的費力程度跑上緩坡；組間慢跑下坡 *包括2英里（3公里）熱身跑，以及1-2英里（2-3公里）緩和跑*	**輕鬆跑** 6 英里（10 公里）

（單位皆經過英制到公制換算並四捨五入）

週四	週五	週六	週跑量
一般跑 3-5 英里（5-8 公里）；6×100 公尺跨步跑	**節奏跑** 3-4 英里（5-6 公里），以比 10K 每公里慢 16-19 秒之速度配速 *包括 2 英里（3 公里）熱身跑，以及 1-2 英里（2-3 公里）緩和跑*	休假	**29-36 英里 （46-58 公里）**
一般跑 4-5 英里（6-8 公里）；6×100 公尺跨步跑	**漸速跑** 3 英里（5 公里），起始速度比 10K 每公里慢 22 秒，之後每公里持續加快 3-6 秒 *包括 2 英里（3 公里）熱身跑，以及 1-2 英里（2-3 公里）緩和跑*	**輕鬆至一般跑** 3-4 英里（5-6 公里）	**34-40 英里 （54-64 公里）**
一般跑 4-5 英里（6-8 公里）；6×100 公尺跨步跑	**節奏跑** 3×2400 公尺，以比 10K 每公里慢 12-19 秒之速度配速；組間慢跑 800 公尺 *包括 2 英里（3 公里）熱身跑，以及 1-2 英里（2-3 公里）緩和跑*	**輕鬆至一般跑** 2-4 英里（3-6 公里） 或 **休假**	**35-46 英里 （56-74 公里）**
一般跑 3-5 英里（5-8 公里）；6×100 公尺跨步跑	**節奏跑** 3-5 英里（5-8 公里），以比 10K 每公里慢 16-19 秒之速度配速 *包括 2 英里（3 公里）熱身跑，以及 1-2 英里（2-3 公里）緩和跑*	**輕鬆至一般跑** 1-4 英里（2-6 公里） 或 **休假**	**32-48 英里 （51-77 公里）**

10K 賽事／12 週課表／週跑量最多 50 英里（80 公里）

10K賽事

12週課表 週跑量最多 50 英里（80 公里）

週次	週日	週一	週二	週三
5	**長跑** 8-10 英里 （13-16 公里）	**輕鬆跑** 3-5 英里（5-8 公里）；6×100 公尺跨步跑	**間歇跑** 4×400 公尺，以 5K 配速，組間慢跑 200 公尺；400 公尺慢跑；4×400 公尺，以 5K 配速，組間慢跑 200 公尺 *包括2英里（3公里）熱身跑，以及 1-2 英里（2-3 公里）緩和跑*	**輕鬆跑** 6 英里（10 公里）
6	**長跑** 8-10 英里 （13-16 公里）	**輕鬆跑** 3-5 英里（5-8 公里）；8×100 公尺跨步跑	**間歇跑** 6×800 公尺，以 5K 配速，組間慢跑 400 公尺 *包括2英里（3公里）熱身跑，以及 1-2 英里（2-3 公里）緩和跑*	**輕鬆跑** 4-6 英里 （6-10 公里）
7	**長跑** 8-10 英里 （13-16 公里）	**輕鬆跑** 3-5 英里（5-8 公里）；6×100 公尺跨步跑	**間歇跑** 4×1600 公尺，以 10K 配速，組間慢跑 400 公尺 *包括2英里（3公里）熱身跑，以及 1-2 英里（2-3 公里）緩和跑*	**輕鬆跑** 4-6 英里 （6-10 公里）
8	**長跑** 6-8 英里 （10-13 公里）	**輕鬆跑** 3-5 英里（5-8 公里）；6×100 公尺跨步跑	**坡度跑** 8×300 公尺，跑上緩坡；組間慢跑下坡 *包括2英里（3公里）熱身跑，以及 1-2 英里（2-3 公里）緩和跑*	**輕鬆跑** 3-5 英里 （5-8 公里）

週四	週五	週六	週跑量
一般跑 4-5 英里（6-8 公里）；6×100 公尺跨步跑	**漸速跑** 3 英里（5 公里），起始速度比 10K 每公里慢 19 秒，之後每公里持續加快 3-6 秒 *包括 2 英里（3 公里）熱身跑，以及 1-2 英里（2-3 公里）緩和跑*	**輕鬆至一般跑** 2-3 英里（3-5 公里） 或 **休假**	**33-43 英里 （53-69 公里）**
一般跑 4-6 英里（6-10 公里）；6×100 公尺跨步跑	**節奏跑** 2×2 英里（3 公里），以比 10K 每公里慢 16-19 秒之速度配速，組間慢跑 800 公尺；800 公尺，以 10K 配速 *包括 2 英里（3 公里）熱身跑，以及 1-2 英里（2-3 公里）緩和跑*	**輕鬆至一般跑** 2-4 英里（3-6 公里） 或 **休假**	**35-49 英里 （56-78 公里）**
一般跑 4-6 英里（6-10 公里）；6×100 公尺跨步跑	**節奏跑** 3-5 英里（5-8 公里），以比 10K 每公里慢 16-19 秒之速度配速 *包括 2 英里（3 公里）熱身跑，以及 1-2 英里（2-3 公里）緩和跑*	**輕鬆至一般跑** 2-4 英里（3-6 公里）	**35-49 英里 （56-78 公里）**
一般跑 3-5 英里（5-8 公里）；6×100 公尺跨步跑	**節奏跑** 1600 公尺，以 10K 配速；800 公尺慢跑；2 英里（3 公里），以比 10K 每公里慢 16-19 秒之速度配速；800 公尺慢跑；2×400 公尺，以 5K 配速，組間慢跑 200 公尺 *包括 2 英里（3 公里）熱身跑，以及 1-2 英里（2-3 公里）緩和跑*	**輕鬆至一般跑** 3-4 英里（5-6 公里） 或 **休假**	**28-42 英里 （45-67 公里）**

10K賽事

12 週課表 週跑量最多 50 英里（80 公里）

週次	週日	週一	週二	週三
9	**長跑** 8-10 英里 （13-16公里）	**輕鬆跑** 3-5 英里（5-8公里）；6×100公尺跨步跑	**間歇跑** 8×400 公尺，以 5K 配速，除第四、五組間慢跑 400 公尺外，其餘組間皆慢跑 200 公尺 *包括 2 英里（3 公里）熱身跑，以及 1-2 英里（2-3 公里）緩和跑*	**輕鬆跑** 4-6 英里 （6-10公里）
10	**長跑** 8-10 英里 （13-16公里）	**輕鬆跑** 3-5 英里（5-8公里）；6×100公尺跨步跑	**間歇跑** 400 公尺，以一英里跑配速；800 公尺，以 5K 配速；2×1200 公尺，以 10K 配速；800 公尺，以 5K 配速；400 公尺，以一英里跑配速；組間皆慢跑 400 公尺 *包括 2 英里（3 公里）熱身跑，以及 1-2 英里（2-3 公里）緩和跑*	**輕鬆跑** 4-6 英里 （6-10公里）
11	**長跑** 4-7 英里 （6-11 公里）	**輕鬆跑** 3-5 英里（5-8公里）；6×100公尺跨步跑	**間歇跑** 3×1600 公尺，以比 10K 每公里快 3-6 秒之速度配速；組間慢跑 400 公尺 *包括 2 英里（3 公里）熱身跑，以及 1-2 英里（2-3 公里）緩和跑*	**輕鬆跑** 4-6 英里 （6-10公里）
12	**長跑** 4-6 英里 （6-10 公里）	**輕鬆跑** 3-4 英里（5-6公里）；6×100公尺跨步跑	**間歇跑** 4-6×400 公尺，以 5K 配速，組間慢跑 200 公尺 *包括 2 英里（3 公里）熱身跑，以及 1-2 英里（2-3 公里）緩和跑*	**輕鬆跑** 3-4 英里 （5-6 公里）

週四	週五	週六	週跑量
一般跑 4-6 英里（6-10 公里）；6×100 公尺跨步跑	若隔天參賽： **輕鬆跑** 2-4 英里（3-6 公里） 若不參賽： **配速訓練** 3 英里（5 公里），以 10K 配速 *包括 2 英里（3 公里）熱身跑，以及 1-2 英里（2-3 公里）緩和跑*	**5K-8K 賽事** 或 **輕鬆至一般跑** 3-4 英里 （5-6 公里）	**31-47 英里 （50-75 公里）**
一般跑 4-6 英里（6-10 公里）；6×100 公尺跨步跑	**節奏跑** 3-4 英里（5-6 公里），以比 10K 每公里慢 12-19 秒之速度配速 *包括 2 英里（3 公里）熱身跑，以及 1-2 英里（2-3 公里）緩和跑*	**輕鬆至一般跑** 2-4 英里 （3-6 公里）	**37-50 英里 （59-80 公里）**
一般跑 4-6 英里（6-10 公里）；6×100 公尺跨步跑	**節奏跑** 2×400 公尺，以 5K 配速，組間慢跑 200 公尺；2 英里（3 公里），以 10K 配速；800 公尺慢跑；4×400 公尺，以 5K 配速，組間慢跑 200 公尺 *包括 2 英里（3 公里）熱身跑，以及 1-2 英里（2-3 公里）緩和跑*	**輕鬆至一般跑** 3-4 英里 （5-6 公里） 或 **休假**	**29-44 英里 （46-70 公里）**
輕鬆跑 2-3 英里（3-5 公里）；6×100 公尺跨步跑	**輕鬆跑** 2-3 英里（3-5 公里）；6×100 公尺跨步跑	**10K 賽事**	**16-24 英里（26-38 公里，不包含比賽跑量）**

10K賽事

12週課表 週跑量 35 至 60 英里（56-96 公里）

週次	週日	週一	週二	週三
1	長跑 7-10 英里 （11-16 公里）	輕鬆跑 4-6 英里（6-10公里）；6×100公尺跨步跑	間歇跑 6-8×400 公尺，以 5K 配速，組間慢跑 200 公尺 *包括2英里（3公里）熱身跑，以及 1-2 英里（2-3公里）緩和跑	輕鬆跑 6-8 英里 （10-13 公里）
2	長跑 7-10 英里 （11-16 公里）	輕鬆跑 4-6 英里（6-10公里）；6×100公尺跨步跑	坡度跑 6-8×300 公尺，以一英里跑的費力程度跑上緩坡 6；組間慢跑下坡 *包括2英里（3公里）熱身跑，以及 1-2 英里（2-3公里）緩和跑	輕鬆跑 6-8 英里 （10-13 公里）
3	長跑 8-10 英里 （13-16 公里）	輕鬆跑 4-6 英里（6-10公里）；6×100公尺跨步跑	間歇跑 5-6×800 公尺，以 5K 配速，組間慢跑 400 公尺 *包括2英里（3公里）熱身跑，以及 1-2 英里（2-3公里）緩和跑	輕鬆跑 6-8 英里 （10-13 公里）
4	長跑 8-10 英里 （13-16 公里）	輕鬆跑 4-6 英里（6-10公里）；6×100公尺跨步跑	坡度跑 8×400 公尺，以一英里跑的費力程度跑上緩坡；組間慢跑下坡 *包括2英里（3公里）熱身跑，以及 1-2 英里（2-3公里）緩和跑	輕鬆跑 5-6 英里 （8-10 公里）

（單位皆經過英制到公制換算並四捨五入）

週四	週五	週六	週跑量
一般跑 5-8 英里（8-13 公里）；6×100 公尺跨步跑	**節奏跑** 3-4 英里（5-6 公里），以比 10K 每公里慢 16-19 秒之速度配速 *包括 2 英里（3 公里）熱身跑，以及 1-2 英里（2-3 公里）緩和跑*	**輕鬆跑** 2-4 英里 （3-6 公里）	**35-52 英里 （56-83 公里）**
一般跑 5-8 英里（8-13 公里）；6×100 公尺跨步跑	**漸速跑** 3-5 英里（5-8 公里），起始速度比 10K 每公里慢 22 秒，之後每公里持續加快 3-6 秒 *包括 2 英里（3 公里）熱身跑，以及 1-2 英里（2-3 公里）緩和跑*	**輕鬆至一般跑** 3-4 英里 （5-6 公里）	**36-53 英里 （58-85 公里）**
一般跑 6-8 英里（10-13 公里）；6×100 公尺跨步跑	**節奏跑** 3×2400 公尺，以比 10K 每公里慢 12-19 秒之速度配速；組間慢跑 800 公尺 *包括 2 英里（3 公里）熱身跑，以及 1-2 英里（2-3 公里）緩和跑*	**輕鬆至一般跑** 3-4 英里 （5-6 公里）	**42-55 英里 （67-88 公里）**
一般跑 5-7 英里（8-11 公里）；6×100 公尺跨步跑	**節奏跑** 4-5 英里（6-8 公里），以比 10K 每公里慢 16-19 秒之速度配速 *包括 2 英里（3 公里）熱身跑，以及 1-2 英里（2-3 公里）緩和跑*	**輕鬆至一般跑** 1-6 英里 （2-10 公里） 或 **休假**	**38-53 英里 （61-85 公里）**

10K 賽事／12 週課表／週跑量 35 至 60 英里（56-96 公里）

10K賽事

12週課表 週跑量 35 至 60 英里（56-96 公里）

週次	週日	週一	週二	週三
5	**長跑** 8-12 英里 （13-19 公里）	**輕鬆跑** 4-6 英里（6-10 公里）；6×100 公尺跨步跑	**間歇跑** 8-12×400 公尺，以 5K 配速；除第四組與其倍數組結束時慢跑 400 公尺，其餘組間皆慢跑 200 公尺 *包括2英里（3公里）熱身跑，以及 1-2 英里（2-3 公里）緩和跑*	**輕鬆跑** 6-8 英里 （10-13 公里）
6	**長跑** 8-12 英里 （13-19 公里）	**輕鬆跑** 4-6 英里（6-10 公里）；8×100 公尺跨步跑	**間歇跑** 6×800 公尺，以 5K 配速，組間慢跑 400 公尺 *包括2英里（3公里）熱身跑，以及 1-2 英里（2-3 公里）緩和跑*	**輕鬆跑** 6-8 英里 （10-13 公里）
7	**長跑** 10-12 英里 （16-19 公里）	**輕鬆跑** 4-6 英里（6-10 公里）；6×100 公尺跨步跑	**間歇跑** 4-5×1600 公尺，以10K 配速，組間慢跑 400 公尺 *包括2英里（3公里）熱身跑，以及 1-2 英里（2-3 公里）緩和跑*	**輕鬆跑** 6-8 英里 （10-13 公里）
8	**長跑** 8-10 英里 （13-16 公里）	**輕鬆跑** 4-6 英里（6-10 公里）；6×100 公尺跨步跑	**坡度跑** 8×300 公尺，以一英里跑的費力程度跑上緩坡；組間慢跑下坡 *包括2英里（3公里）熱身跑，以及 1-2 英里（2-3 公里）緩和跑*	**輕鬆跑** 4-6 英里 （6-10 公里）

週四	週五	週六	週跑量
一般跑 5-8 英里（8-13 公里）；6×100 公尺跨步跑	**漸速跑** 4-6 英里（6-10 公里），起始速度比 10K 每公里慢 22 秒，之後每公里持續加快 3-6 秒 *包括 2 英里（3 公里）熱身跑，以及 1-2 英里（2-3 公里）緩和跑	**輕鬆至一般跑** 3-4 英里（5-6 公里）	**39-55 英里（62-88 公里）**
一般跑 5-7 英里（8-11 公里）；6×100 公尺跨步跑	**節奏跑** 2 英里（3 公里），以比 10K 每公里慢 16-19 秒之速度配速；800 公尺慢跑；2 英里（3 公里），以比 10K 每公里慢 16-19 秒之速度配速；800 公尺慢跑；800 公尺，以 10K 配速 *包括 2 英里（3 公里）熱身跑，以及 1-2 英里（2-3 公里）緩和跑	**輕鬆至一般跑** 3-4 英里（5-6 公里）	**43-59 英里（69-94 公里）**
一般跑 6-8 英里（10-13 公里）；6×100 公尺跨步跑	**節奏跑** 4-6 英里（6-10 公里），以比 10K 每公里慢 16-19 秒之速度配速 *包括 2 英里（3 公里）熱身跑，以及 1-2 英里（2-3 公里）緩和跑	**輕鬆至一般跑** 3-4 英里（5-6 公里）	**44-57 英里（70-91 公里）**
一般跑 3-5 英里（5-8 公里）；6×100 公尺跨步跑	**節奏跑** 1600 公尺，以 10K 配速；800 公尺慢跑；2 英里（3 公里），以比 10K 每公里慢 16-19 秒之速度配速；800 公尺慢跑；4×400 公尺，以 5K 配速，組間慢跑 200 公尺 *包括 2 英里（3 公里）熱身跑，以及 1-2 英里（2-3 公里）緩和跑	**輕鬆至一般跑** 3-4 英里（5-6 公里） 或 **休假**	**36-50 英里（58-80 公里）**

10K賽事

12週課表 週跑量 35 至 60 英里（56-96 公里）

週次	週日	週一	週二	週三
9	**長跑** 10-12 英里 （16-19 公里）	**輕鬆跑** 4-6 英里（6-10公里）；6×100公尺跨步跑	**間歇跑** 12×400 公尺，以 5K 配速；除第四組與其倍數組結束時慢跑 400 公尺，其餘組間皆慢跑 200 公尺 *包括 2 英里（3 公里）熱身跑，以及 1-2 英里（2-3 公里）緩和跑*	**輕鬆跑** 6-8 英里 （10-13 公里）
10	**長跑** 10-12 英里 （16-19 公里）	**輕鬆跑** 4-6 英里（6-10公里）；6×100公尺跨步跑	**階梯式間歇跑** 400 公尺，以一英里跑配速；800 公尺，以 5K 配速；1200 公尺，以 10K 配速；1600 公尺，以 10K 配速；1200 公尺，以 10K 配速；800 公尺，以 5K 配速；400 公尺，以一英里跑配速；組間皆慢跑 400 公尺 *包括 2 英里（3 公里）熱身跑，以及 1-2 英里（2-3 公里）緩和跑*	**輕鬆跑** 5-7 英里 （8-11 公里）
11	**長跑** 7-10 英里 （11-16 公里）	**輕鬆跑** 4-6 英里（6-10公里）；6×100公尺跨步跑	**間歇跑** 3-4×1600 公尺，以比 10K 每公里快 3-6 秒之速度配速；組間慢跑 400 公尺 *包括 2 英里（3 公里）熱身跑，以及 1-2 英里（2-3 公里）緩和跑*	**輕鬆跑** 4-6 英里 （6-10 公里）
12	**長跑** 6-8 英里 （10-13 公里）	**輕鬆跑** 4-5 英里（6-8公里）；6×100公尺跨步跑	**間歇跑** 6-8×400 公尺，以 5K 配速，組間慢跑 200 公尺 *包括 2 英里（3 公里）熱身跑，以及 1-2 英里（2-3 公里）緩和跑*	**輕鬆跑** 3-5 英里 （5-8 公里）

週四	週五	週六	週跑量
一般跑 6-8 英里（10-13 公里）；6×100 公尺跨步跑	若隔天參賽： **輕鬆跑** 2-4 英里（3-6 公里） 若不參賽： **配速訓練** 3 英里（5 公里），以 10K 配速 * 包括 *2 英里（3 公里）熱身跑，以及 1-2 英里（2-3 公里）緩和跑*	**5K-8K 賽事** 或 **輕鬆至一般跑** 3-5 英里 （5-8 公里）	**40-57 英里 （64-91 公里）**
一般跑 5-7 英里（8-11 公里）；6×100 公尺跨步跑	**節奏跑** 3-4 英里（5-6 公里），以比 10K 每公里慢 16-19 秒之速度配速；800 公尺慢跑；4×400 公尺，以 5K 配速，組間慢跑 200 公尺 * 包括 *2 英里（3 公里）熱身跑，以及 1-2 英里（2-3 公里）緩和跑*	**輕鬆至一般跑** 3-4 英里 （5-6 公里）	**42-53 英里 （67-85 公里）**
一般跑 4-6 英里（6-10 公里）；6×100 公尺跨步跑	**配速訓練** 2×800 公尺，以 5K 配速，組間慢跑 400 公尺；2 英里（3 公里），以 10K 配速；800 公尺慢跑；4×400 公尺，以 5K 配速，組間慢跑 200 公尺 * 包括 *2 英里（3 公里）熱身跑，以及 1-2 英里（2-3 公里）緩和跑*	**輕鬆至一般跑** 3-4 英里 （5-6 公里） 或 **休假**	**34-50 英里 （54-80 公里）**
輕鬆跑 3-4 英里（5-6 公里）；6×100 公尺跨步跑	**輕鬆跑** 2-4 英里（3-6 公里）；6×100 公尺跨步跑	**10K 賽事**	**22-30 英里（35-48 公里，不包含比賽跑量）**

10K 賽事／12 週課表／週跑量 35 至 60 英里（56-96 公里）

10K賽事

12週課表 週跑量40英里（64公里）以上

週次	週日	週一	週二	週三
1	長跑 8-12英里 （13-19公里）	輕鬆跑 6-8英里（10-13公里）；8×100公尺跨步跑	間歇跑 8×400公尺，以5K配速，組間慢跑200公尺 *包括2-3英里（3-5公里）熱身跑，以及1-2英里（2-3公里）緩和跑*	輕鬆跑 7-9英里 （11-14公里）
2	長跑 8-12英里 （13-19公里）	輕鬆跑 6-8英里（10-13公里）；8×100公尺跨步跑	坡度跑 8×300公尺，以一英里跑的費力程度跑上緩坡；組間慢跑下坡 *包括2-3英里（3-5公里）熱身跑，以及1-2英里（2-3公里）緩和跑*	輕鬆跑 7-9英里 （11-14公里）
3	長跑 8-12英里 （13-19公里）	輕鬆跑 6-8英里（10-13公里）；8×100公尺跨步跑	間歇跑 6×800公尺，以5K配速，組間慢跑400公尺 *包括2-3英里（3-5公里）熱身跑，以及1-2英里（2-3公里）緩和跑*	輕鬆跑 7-10英里 （11-16公里）
4	長跑 8-12英里 （13-19公里）	輕鬆跑 6-8英里（10-13公里）；6×100公尺跨步跑	坡度跑 以一英里跑的費力程度跑上400公尺緩坡8組；組間慢跑下坡 *包括2-3英里（3-5公里）熱身跑，以及1-2英里（2-3公里）緩和跑*	輕鬆跑 7-10英里 （11-16公里）

（單位皆經過英制到公制換算並四捨五入）

週四	週五	週六	週跑量
一般跑 6-9 英里（10-14 公里）；8×100 公尺跨步跑	**節奏跑** 3-4 英里（5-6 公里），以比 10K 每公里慢 16-19 秒之速度配速 *包括 2-3 英里（3-5 公里）熱身跑，以及 1-2 英里（2-3 公里）緩和跑*	**輕鬆跑** 4-6 英里 （6-10 公里）	**40-57 英里** **（64-91 公里）**
一般跑 6-9 英里（10-14 公里）；8×100 公尺跨步跑	**漸速跑** 4-5 英里（6-8 公里），起始速度比 10K 每公里慢 22 秒，之後每公里持續加快 3-6 秒 *包括 2-3 英里（3-5 公里）熱身跑，以及 1-2 英里（2-3 公里）緩和跑*	**輕鬆至一般跑** 4-6 英里 （6-10 公里）	**44-61 英里** **（70-98 公里）**
一般跑 6-9 英里（10-14 公里）；8×100 公尺跨步跑	**節奏跑** 以比 10K 配速每公里慢 16-19 秒之速度持續跑 2 英里（3 公里）3 組；組間慢跑 800 公尺 *包括 2-3 英里（3-5 公里）熱身跑，以及 1-2 英里（2-3 公里）緩和跑*	**輕鬆至一般跑** 4-6 英里 （6-10 公里）	**49-67 英里** **（78-107 公里）**
一般跑 6-9 英里（10-14 公里）；6×100 公尺跨步跑	**節奏跑** 以比 10K 配速每公里慢 16-19 秒之速度持續跑 5-6 英里（8-10 公里） *包括 2-3 英里（3-5 公里）熱身跑，以及 1-2 英里（2-3 公里）緩和跑*	**輕鬆至一般跑** 1-6 英里 （2-10 公里） 或 **休假**	**42-65 英里** **（67-104 公里）**

10K賽事

12週課表 週跑量 40 英里（64 公里）以上

週次	週日	週一	週二	週三
5	**長跑** 10-14 英里（16-22 公里）	**輕鬆跑** 6-8 英里（10-13 公里）；8×100 公尺跨步跑	**間歇跑** 以 5K 配速進行 400 公尺間歇跑 4 組，共完成 3 回；除 3 回間慢跑 400 公尺以外，其餘組間慢跑 200 公尺 ＊包括 2-3 英里（3-5 公里）熱身跑，以及 1-2 英里（2-3 公里）緩和跑	**輕鬆跑** 7-10 英里（11-16 公里）
6	**長跑** 10-14 英里（16-22 公里）	**輕鬆跑** 6-8 英里（10-13 公里）；8×100 公尺跨步跑	**間歇跑** 6-8×800 公尺，以 5K 配速，組間慢跑 400 公尺 注意：如果跑 8 組，則分為 2 回，每回 4 組，回間慢跑 800 公尺 ＊包括 2-3 英里（3-5 公里）熱身跑，以及 1-2 英里（2-3 公里）緩和跑	**輕鬆跑** 7-10 英里（11-16 公里）
7	**長跑** 10-14 英里（16-22 公里）	**輕鬆跑** 6-8 英里（10-13 公里）；8×100 公尺跨步跑	**間歇跑** 5×1600 公尺，以 10K 配速，組間慢跑 400 公尺 ＊包括 2-3 英里（3-5 公里）熱身跑，以及 1-2 英里（2-3 公里）緩和跑	**輕鬆跑** 7-10 英里（11-16 公里）
8	**長跑** 8-12 英里（13-19 公里）	**輕鬆跑** 5-7 英里（8-11 公里）；8×100 公尺跨步跑	**坡度跑** 8×300 公尺，以一英里跑的費力程度跑上緩坡；組間慢跑下坡 ＊包括 2-3 英里（3-5 公里）熱身跑，以及 1-2 英里（2-3 公里）緩和跑	**輕鬆跑** 6-8 英里（10-13 公里）

週四	週五	週六	週跑量
<u>一般跑</u> 6-9 英里（10-14 公里）；8×100 公尺跨步跑	漸速跑 4-6 英里（6-10 公里），起始速度比 10K 每公里慢 22 秒，之後每公里持續加快 3-6 秒 *包括2-3英里（3-5公里）熱身跑，以及 1-2 英里（2-3公里）緩和跑*	輕鬆至一般跑 4-6 英里（6-10 公里）	**47-67 英里 （75-107公里）**
<u>一般跑</u> 6-9 英里（10-14 公里）；8×100 公尺跨步跑	節奏跑 3 英里（5 公里），以比 10K 每公里慢 16-19 秒之速度配速；800 公尺慢跑；2 英里（3 公里），以比 10K 每公里慢 16-19 秒之速度配速；800 公尺慢跑；1600 公尺，以 10K 配速 *包括2-3英里（3-5公里）熱身跑，以及 1-2 英里（2-3公里）緩和跑*	輕鬆至一般跑 4-6 英里（6-10 公里）	**50-69 英里 （80-110公里）**
<u>一般跑</u> 6-9 英里（10-14 公里）；8×100 公尺跨步跑	節奏跑 5-6 英里（8-10 公里），以比 10K 每公里慢 16-19 秒之速度配速 *包括2-3英里（3-5公里）熱身跑，以及 1-2 英里（2-3公里）緩和跑*	輕鬆至一般跑 4-6 英里（6-10 公里）	**50-69 英里 （80-110公里）**
<u>一般跑</u> 5-7 英里（8-11 公里）；8×100 公尺跨步跑	節奏訓練 1600 公尺，以 10K 配速；800 公尺慢跑；3 英里（5 公里），以比 10K 每公里慢 16-19 秒之速度配速；800 公尺慢跑；4×400 公尺，以 5K 配速，組間慢跑 200 公尺 *包括2-3英里（3-5公里）熱身跑，以及 1-2 英里（2-3公里）緩和跑*	輕鬆至一般跑 1-6 英里（2-10 公里）或**休假**	**42-62 英里 （67-99公里）**

10K賽事

12週課表 週跑量 40 英里（64 公里）以上

週次	週日	週一	週二	週三
9	**長跑** 12-14 英里 （19-22 公里）	**輕鬆跑** 6-8 英里（10-13公里）；8×100公尺跨步跑	**間歇跑** 12×400 公尺，以 5K 配速，除第三組與其倍數組結束時慢跑 400 公尺，其餘組間皆慢跑 200 公尺 * 包括 *2-3 英里（3-5公里）熱身跑，以及 1-2 英里（2-3公里）緩和跑*	**輕鬆跑** 7-10 英里 （11-16 公里）
10	**長跑** 12-14 英里 （19-22 公里）	**輕鬆跑** 6-8 英里（10-13公里）；8×100公尺跨步跑	**階梯式間歇跑** 400 公尺，以一英里跑配速；800 公尺，以 5K 配速；2×1200 公尺，以 10K 配速；1600 公尺，以 10K 配速；2×1200 公尺，以 10K 配速；800 公尺，以 5K 配速；400 公尺，以一英里跑配速；組間皆慢跑 400 公尺 * 包括 *2-3 英里（3-5公里）熱身跑，以及 1-2 英里（2-3公里）緩和跑*	**輕鬆跑** 7-10 英里 （11-16 公里）
11	**長跑** 8-12 英里 （13-19 公里）	**輕鬆跑** 5-7 英里（8-11公里）；8×100公尺跨步跑	**間歇跑** 4×1600 公尺，以比 10K 每公里快 3-6 秒之速度配速，組間慢跑 400 公尺 * 包括 *2-3 英里（3-5公里）熱身跑，以及 1-2 英里（2-3公里）緩和跑*	**輕鬆跑** 6-8 英里 （10-13 公里）
12	**長跑** 8 英里 （13 公里）	**輕鬆跑** 4-6 英里（6-10公里）；8×100公尺跨步跑	**間歇跑** 8×400 公尺，以 5K 配速，組間慢跑 200 公尺 * 包括 *2-3 英里（3-5公里）熱身跑，以及 1-2 英里（2-3公里）緩和跑*	**輕鬆跑** 4-6 英里 （6-10 公里）

週四	週五	週六	週跑量
一般跑 6-9 英里（10-14公里）；8×100公尺跨步跑	若隔天參賽： **輕鬆跑** 3-4 英里（5-6 公里） 若不參賽： **配速訓練** 3 英里（5 公里），以 10K 配速 *包括 2-3 英里（3-5 公里）熱身跑，以及 1-2 英里（2-3 公里）緩和跑*	**5K-8K 賽事** 或 **輕鬆至一般跑** 4-6 英里 （6-10 公里）	**43-65 英里 （69-104 公里）**
一般跑 6-9 英里（10-14公里）；8×100公尺跨步跑	**節奏跑** 3-4 英里（5-6 公里），以比 10K 每公里慢 16-19 秒之速度配速；800 公尺慢跑；4×400 公尺，以 5K 配速，組間慢跑 200 公尺 *包括 2-3 英里（3-5 公里）熱身跑，以及 1-2 英里（2-3 公里）緩和跑*	**輕鬆至一般跑** 4-6 英里 （6-10 公里）	**51-67 英里 （82-107 公里）**
一般跑 5-7 英里（8-11公里）；8×100公尺跨步跑	**節奏跑** 2×800 公尺，以 5K 配速，組間慢跑 400 公尺；2 英里（3 公里），以 10K 配速；800 公尺慢跑；4×400 公尺，以 5K 配速，組間慢跑 200 公尺 *包括 2-3 英里（3-5 公里）熱身跑，以及 1-2 英里（2-3 公里）緩和跑*	**輕鬆至一般跑** 1-6 英里 （2-10 公里） 或 **休假**	**41-59 英里 （66-94 公里）**
輕鬆跑 3-4 英里（5-6公里）；6×100公尺跨步跑	**輕鬆跑** 3-4 英里（5-6 公里）；6×100公尺跨步跑	**10K 賽事**	**26-36 英里（42-58 公里，不包含比賽跑量）**

15K 至半馬賽事訓練

11　Training for and Racing the 15K to Half-Marathon

Courtesy of Justin Britton

　　本章將幫助你準備 15K 至半馬的賽事。十英里（16 公里）和 20K 也是此範圍內相當受歡迎的賽事距離。

　　專注於其中一場賽事可以帶給你莫大的成就感。如果你主要是 5K 或 10K 跑者，又想參加馬拉松賽事，那麼此範圍的賽事絕對是你跑完 42 公里全程的絕佳墊腳石。我會告訴你們，若沒有馬上轉換至全馬賽事，可以如何處理更高的跑量和更長距離的賽事。許多跑者於一個賽季鎖定 15K 及半馬等項目後，都得到很大的進步，並且在下一賽季得以參戰全馬。

　　當然，你不一定要跑馬拉松。許多職業選手也在 15K 到半馬賽事找到了自己的最佳狀態。如果你比起短距離、短時間的間歇訓練，更

喜歡節奏跑、長跑，那麼這些長距離賽事是很棒的選擇。這些賽事的持續時間夠長，值得你投入大量精力，但又不會太長，導致訓練佔據你的生活，而這種生活中充斥訓練的狀況就是備賽全馬期間會發生的。

本章共有六份課表，三份為期十二週，三份為期十六週。十二週計畫的週跑量分別為最多 60 英里（96 公里）、35 至 70 公里（56-112 公里）、45 公里（72 公里）以上。十六週計畫的週跑量分別為最多 60 英里（96 公里）、35 至 70 英里（56-112 公里）、35 公里（56 公里）以上。如同第七章所述，在選擇課表時有許多需考量的變因，可參考該章節以了解細節。

執行課表方針

課表中的每日課表會寫出當日主要的訓練項目，細部訓練內容則會在第七章說明。訓練過程中可以重複閱讀相關內容，以加強記憶。為了快速了解各種訓練，此處會介紹各種訓練項目並解釋之。

- **輕鬆跑**：在距離最長、強度最高的訓練隔日進行的項目。請不要擔心配速的問題。只要以舒適、能夠交談的速度慢跑即可，不應呼吸急促或費勁使力。完成輕鬆跑之後，應該要感覺特別有活力，準備好面對隔天的訓練。

- **一般跑**：比輕鬆跑稍快，強度更高，但仍處在可以交談的速度。若想累積跑量，此種訓練應是不錯的選擇。如果狀態不錯，可以在最後幾公里加快速度。

- **輕鬆至一般跑**：剛起步時用恢復跑的配速進行。如果你覺得很累、

想要全程維持較輕鬆的配速完成此項目也沒問題。如果暖身完成後想要稍微加快速度也可以。但請不要覺得自己「應該」達到某個配速而強迫自己加快。

- **節奏跑**：是一種長時間、長距離的慢跑訓練，通常距離為 3 至 10 公里，以「舒適但稍微吃力」的強度進行，需要集中注意力。對大多數跑者而言，節奏跑應該維持在 15K 至半馬的配速。如果我騎腳踏車經過你身邊問了個問題，你應能以完整的句子回答，但無法像輕鬆跑或一般跑一樣深入交談。

- **漸速跑**：也是長時間、長距離的訓練項目，以配速漸增的方式進行。漸速跑的效果與傳統節奏跑相似，卻可以幫助我們在疲勞累積的狀況下練習加速。因為起始的速度較慢，此類慢跑會比節奏跑更長。

- **間歇跑**：重複以固定配速完成指定距離。間歇跑距離通常介於 200 公尺及 1600 公尺之間，通常會以一英里跑到 10K 之間的配速進行。可以在距離精準、一致的跑道上訓練此項目，若能找到較平整的路面，也可以在一般道路或其他地方進行。訓練之前，可以大略換算課表中各項目的距離，以計算各區段所需的時間，如：若課表指定以 5K 配速重複跑 800 公尺，就代表每次要用 5K 配速跑 3 分鐘。有一些高強度訓練的內容是以 800 公尺賽事配速進行 200 公尺間歇跑。如果你不確定那是什麼配速，目標是每 200 公尺跑得比你的一英里比賽配速快 2 到 3 秒，即可作為此訓練的目標時間。

- **坡度跑**：以一英里跑的「強度」跑上緩坡，請注意，此處指的並不是「配速」！接著慢跑下坡以恢復體力。理想狀態下，坡度要夠陡，讓人跑步時能輕易發現自己正在爬坡，但也不能陡到難以維持

良好、直立的跑姿與高步頻。

- **長跑**：是一週間最長的跑步距離，以能夠交談的速度進行。起步時速度相對輕鬆，並隨著暖身完成逐漸增加強度。請不要躁進，此項訓練的後半部分有很多時間可以讓你抓到節奏。

- **跨步跑**：約 100 公尺的重複性短程訓練，會以一英里跑的速度配速，此項目通常會在輕鬆跑之後或在較難的訓練及比賽前進行。專注於保持良好的跑姿，兼具速度與放鬆感。跨步跑應該是愉快、輕鬆的訓練；完成此項目後應該會感覺身心舒暢。此項目應在平坦、安全的跑道完成。

15K 至半馬賽事競賽技巧

　　15K 至半馬的長距離賽事需要完美結合耐心和企圖心，兩者之間的配速可能不會有太大差異，但每公里差幾秒鐘的速度就是關鍵。半馬的距離比 15K 多四成。若 20K 或半馬賽事以 15K 或十英里跑（16 公里）的配速起步，那麼你到後半段還是會減速，把原本的領先優勢消耗殆盡。若 15K 或十英里跑賽事以 20K 或半馬配速起步，那麼你到最後幾公里也很難追上原本落後的距離。比起在半馬賽事起步過快，這種情況好上許多，但仍然是我們不樂見的。你為這些長距離賽事進行那麼多訓練，就是為了在比賽中大展身手，而不是為錯誤的決策懊悔；而且這些賽事不像 5K 那樣，可以跑得不滿意就馬上再跑一次。

　　我跑 15K 的方式通常會像是跑一場節制的 10K。起步的速度會

比 10K 配速每公里慢 3 至 4 秒，並努力保持到最後。另一方面，我絕對不會在半馬賽事採取這種策略。因為在訓練過程中做過很多次半馬配速的節奏跑，所以應該能夠掌握自己跑 20K 或半馬的狀況。

如果起步的節奏正確，那麼整場賽事中最大的挑戰就是跟意志力拔河。在比賽中段，你會需要集中注意力，避免自己減速。我不是要你全力以赴，讓呼吸頻率突然提高。舉例來說，在半馬的第十三公里或十英里跑的第十公里左右，精神可能會開始渙散。即使感受到的費力程度相同，但你的速度可能會每公里慢 7 秒或更多。在這段期間，你可以試著回想一下自己在節奏跑的尾聲都怎麼集中注意力。一旦過了比賽中段，就只剩下 3 到 5 公里了，這段距離會讓你的身體更加吃力，所以注意力也會隨之提升。

體能的消耗會成為左右比賽大局的關鍵因素。你可能需要根據天氣狀況判斷，把握每次攝取少量水分、能量的機會。不要固執地覺得只有十英里，以為自己可以在沒有任何幫助的情況下完賽。20K 或半馬賽事更是如此，你應該要制定計畫，在比賽進行到一半之前透過飲料或能量果凍攝取一些碳水化合物。碳水化合物可以提供你在最後幾公里所需的能量，讓你能保持高配速。在 5 到 8 公里之間攝取能量的時間夠早，所以你的腸胃應該不會不舒服。

由於比賽的時間很長，所以你會想要把所有的小事都做好。比起 5K 賽事，有幾件事你應該要在長距離賽事更加注意，像是確保襪子有穿好，鞋帶固定好但不要綁得太緊，還有確認服裝不會磨到你的皮膚。如果天氣涼爽，請根據自己完全熱身後的狀態來決定比賽的服裝，以免穿太多。

庫根教練的 15K 和半馬賽事經驗談

　　1997 年勞動節，我參加了在紐哈芬（New Haven）舉行的 20K 賽事，並獲得第十一名。當時，我原以為自己能爭取更高的名次，畢竟這場賽事是美國錦標賽。然而，最終未能達到預期的表現，原因在於比賽前沒有遵守自身的建議。我的失誤在於事前規劃了太多其他活動，這與我們通常要求跑者在大賽前一週減少外務的方針背道而馳。

　　住在博爾德期間，我和鮑比・比哈德（Bobby Beathard）成為了好朋友，他當時是聖地亞哥閃電隊（San Diego Chargers）的總經理。他除了是個跑步愛好者，還是狂熱的公路賽跑者。那年 NFL[*] 賽季開幕日，閃電隊在麻州福克斯堡（Foxborough, Massachusetts）對戰新英格蘭愛國者隊（New England Patriots），最終愛國者隊在那裡升起美國美式足球聯會 （AFC）的冠軍旗幟。當時，我決定和高中時最好的朋友一起去看比賽，而鮑比特別安排我坐在「特等席」。比賽前，我有幸待在他們的更衣室，並在比賽期間坐在閃電隊板凳的末端。這樣的待遇讓我們感到既驚訝又榮幸。

　　唯一的問題是當天天氣非常炎熱潮濕，而那場 20K 賽事就在看完比賽的隔天一早。如果你要參加一場大型比賽，你應該在前一天盡量放鬆，不該讓自己在陽光下曝曬四個小時，耗盡自己所有的能量。我甚至到第二天早上才開車去紐哈芬參加比賽，而我那些聰明的對手則早在比賽前一晚就抵達場地附近休息。

＊編註：NFL（國家美式足球聯盟，National Football League）是美國的專業美式足球聯賽，成立於 1920 年，現有 32 支球隊。NFL 是美國最受歡迎的體育聯賽之一，每年舉行賽季，包括常規賽、季後賽及超級杯（Super Bowl）決賽。球隊分為兩個聯會：美國聯會（AFC）和國家聯會（NFC）。超級杯是全球收視率最高的單一體育賽事之一。

比賽開始時，我的雙腿沉重又僵硬，整個比賽期間都沒有一刻覺得舒服。我為了看比賽而曬了很久的太陽，睡眠品質也很差。我比美國頂尖選手布萊恩・克拉斯（Brian Clas）落後一分多鐘，也輸給我本來能贏的對手。

這個故事讓我們學到，在大賽前幾天永遠要以跑步為優先。盡量不要在生活中添加任何新的壓力源，儘管這些活動再怎麼有趣也必須推辭，因為這些外務都會影響你的表現。

另一方面，紐哈芬的 20K 並不是我那一年的目標賽事。這場比賽是紐約馬拉松的前哨站，而距離這場真正的大賽還有兩個月之久。另外，我在三週後還有一場費城路跑。最終，我在那場比賽創造了我的半馬最佳紀錄。

20K 賽事前一天，我選擇和我最好的朋友待在一起，也很高興自己在那天把他們放在第一位。這麼多年過去，那場比賽的記憶已然模糊，但我和朋友一起看比賽的歡笑和美好時光仍歷歷在目。我想說的是，你總是需要在跑者的身分和享受生活之間取得平衡，所以並沒有絕對的對或錯。

這類賽事當中，我比過最好的一場比賽是在 1995 年 3 月。那年春天，我的主要目標是參加 3 月 25 日舉行的泛美運動會馬拉松賽事。在職業生涯當中，佛州的傑克遜維爾（Jacksonville, Florida）的河畔 15K 路跑（Gate River Run）一直是我最喜歡的賽事之一。比賽日期是 3 月 11 日，這場比賽也是我當年在全馬賽事之前最後一次大賽。我剛結束最後一週的訓練，也不太確定自己的比賽狀況會如何。

這場賽事是美國錦標賽，獎金豐厚，所以所有美國頂尖選手都參加了。奧運選手托德・威廉姆斯在賽前告訴我，他會全力以赴，嘗試突破美國紀錄。所以我知道自己最好別想著追上他，現在想想真是正確的決定，因為他最終以 42 分 22 秒的成績勝出，到現在還維持著美國紀錄。我的策略則是躲在追逐集團中，直到時機成熟後一舉超越所有人，獲得第二名和五千美元的亞軍獎金。

果然，比賽一開始，托德就立刻衝了出去。我則按照自己認為可以承受的配速進入狀態。我至今仍記得那天配速感覺是如此輕鬆。我為馬拉松的準備進展得非常順利，唯一不確定的是，當需要全力衝刺爭奪獎金時，我的雙腿會有什麼感覺。

在比賽過程中，我使用了很多正面的自我對話。我不斷告訴自己：「你跑得很棒，就用這個配速前進。」當時我還能喝一些水，讓自己冷靜下來，並保持節奏，能夠補充水分卻又不打斷專注的狀態的感覺真的很棒。我一直堅持下去，直到最後一兩公里，我終於到達追逐集團的最前端。

在賽前熱身時，我在終點附近的道路上選了一個位置，並告訴自己要從那裡開始拚盡全力地向前衝。拐彎後，我就看到了那個地方。我遵守自己的承諾，將周圍所有對手都甩到身後，並且成功了！最終以 43 分 47 秒的個人最佳成績獲得第二名。

我相當滿意比賽結果，由於信心大增，我在兩週後的全馬也獲得銀牌。所以，請好好利用這些練習賽來為更長距離的賽事做準備，為自己打一劑強心針。

15K至半馬賽事

12週課表 週跑量最多 60 英里（96 公里）

週次	週日	週一	週二	週三
1	**長跑** 7-9 英里 （11-14 公里）	**輕鬆跑** 4-8 英里（6-13公里）；8×100公尺跨步跑	**節奏跑** 4 英里（6 公里），以半馬配速 *包括2英里（3公里）熱身跑，以及 1600 公尺緩和跑*	**輕鬆跑** 8 英里（13 公里）
2	**長跑** 8-10 英里 （13-16 公里）	**輕鬆跑** 4-8 英里（6-13公里）；8×100公尺跨步跑	**漸速跑** 4 英里（6 公里），起始速度比 10K 每公里慢 22 秒，之後每公里持續加快 3-6 秒 *包括2英里（3公里）熱身跑，以及 1600 公尺緩和跑*	**輕鬆跑** 7-8 英里 （11-13 公里）
3	**長跑** 8-12 英里 （13-19 公里）	**輕鬆跑** 4-8 英里（6-13公里）；8×100公尺跨步跑	**節奏間歇跑** 4×1600 公尺，以 10K 配速，組間慢跑 800 公尺 *包括2英里（3公里）熱身跑，以及 1600 公尺緩和跑*	**輕鬆跑** 7-8 英里 （11-13 公里）
4	**長跑** 10-14 英里 （16-22 公里）	**輕鬆跑** 4-8 英里（6-13公里）；8×100公尺跨步跑	**節奏跑** 4-5 英里（6-8 公里），以半馬配速 *包括2英里（3公里）熱身跑，以及 1600 公尺緩和跑*	**輕鬆跑** 7-8 英里 （11-13 公里）

（單位皆經過英制到公制換算並四捨五入）

週四	週五	週六	週跑量
一般跑 5-7 英里（8-11 公里）；8×100 公尺跨步跑	**間歇跑** 8×400 公尺，以一英里跑配速，組間慢跑 200 公尺 *包括 2 英里（3 公里）熱身跑，以及 1600 公尺緩和跑*	**輕鬆跑** 1-4 英里 （2-6 公里） 或 **休假**	**36-49 英里 （58-78公里）**
一般跑 5-7 英里（8-11 公里）；8×100 公尺跨步跑	**坡度跑** 8×400 公尺，以 5K 的費力程度跑上緩坡；組間慢跑下坡 *包括 2 英里（3 公里）熱身跑，以及 1600 公尺緩和跑*	**輕鬆至一般跑** 1-4 英里 （2-6 公里） 或 **休假**	**38-51 英里 （61-82公里）**
一般跑 5-8 英里（8-13 公里）；8×100 公尺跨步跑	**間歇跑** 8×400 公尺，以 10K 配速，組間慢跑 200 公尺 *包括 2 英里（3 公里）熱身跑，以及 1600 公尺緩和跑*	**輕鬆至一般跑** 3-4 英里 （5-6 公里） 或 **休假**	**38-54 英里 （61-86公里）**
一般跑 5-8 英里（8-13 公里）；8×100 公尺跨步跑	**坡度跑** 8×400 公尺，以 5K 的費力程度跑上緩坡；組間慢跑下坡 *包括 2 英里（3 公里）熱身跑，以及 1600 公尺緩和跑*	**輕鬆至一般跑** 1-4 英里 （2-6 公里） 或 **休假**	**40-57 英里 （64-91公里）**

15K至半馬賽事

12週課表 週跑量最多60英里（96公里）

週次	週日	週一	週二	週三
5	長跑 10-14 英里 （16-22 公里）	輕鬆跑 4-8 英里（6-13公里）；8×100公尺跨步跑	漸速跑 4-6 英里（6-10 公里），以全馬配速起步，之後每公里持續加快 2-3 秒 *包括2英里（3公里）熱身跑，以及1600公尺緩和跑*	輕鬆跑 7-8 英里 （11-13 公里）
6	長跑 10-14 英里 （16-22 公里）	輕鬆跑 4-8 英里（6-13公里）；8×100公尺跨步跑	節奏跑 5-6 英里（8-10 公里），以比半馬稍慢的速度起步，並在最後 3 英里（5 公里）達到半馬配速 *包括2英里（3公里）熱身跑，以及1600公尺緩和跑*	輕鬆跑 7-8 英里 （11-13 公里）
7	長跑 10-14 英里 （16-22 公里）	輕鬆跑 4-8 英里（6-13公里）；8×100公尺跨步跑	節奏跑 4-6 英里（6-10 公里），以半馬配速 *包括2英里（3公里）熱身跑，以及1600公尺緩和跑*	輕鬆跑 7-8 英里 （11-13 公里）
8	長跑 12-14 英里 （19-22 公里）	輕鬆跑 5-7 英里（8-11 公里）；8×100公尺跨步跑	一般跑 6-8 英里（10-13 公里），8×100 公尺跨步跑	輕鬆跑 4-6 英里 （6-10 公里）

週四	週五	週六	週跑量
一般跑 5-8 英里（8-13 公里）；8×100 公尺跨步跑	**間歇跑** 1600 公尺，以 10K 配速；1200 公尺，以 10K 配速；1600 公尺，以全馬配速；800 公尺，以 5K 配速；1600 公尺，以全馬配速；400 公尺，以一英里跑配速；組間皆慢跑 200 公尺 *包括 2 英里（3 公里）熱身跑，以及 1600 公尺緩和跑	**輕鬆至一般跑** 1-4 英里（2-6 公里） 或 **休假**	**42-60 英里 （67-96 公里）**
一般跑 5-8 英里（8-13 公里）；8×100 公尺跨步跑	**坡度跑** 8×600 公尺，以 5K 的費力程度跑上緩坡；組間慢跑下坡 *包括 2 英里（3 公里）熱身跑，以及 1600 公尺緩和跑	**輕鬆至一般跑** 1-4 英里（2-6 公里） 或 **休假**	**43-60 英里 （69-96 公里）**
一般跑 5-8 英里（8-13 公里）；8×100 公尺跨步跑	**間歇跑** 8×400 公尺，以 10K 配速，組間慢跑 200 公尺 *包括 2 英里（3 公里）熱身跑，以及 1600 公尺緩和跑	**輕鬆至一般跑** 1-4 英里（2-6 公里） 或 **休假**	**39-57 英里 （62-91 公里）**
一般跑 4-6 英里（6-10 公里）；8×100 公尺跨步跑	**節奏跑** 4-5 英里（6-8 公里），以半馬配速 *包括 2 英里（3 公里）熱身跑，以及 1600 公尺緩和跑	**輕鬆至一般跑** 1-4 英里（2-6 公里） 或 **休假**	**38-53 英里 （61-85 公里）**

15K至半馬賽事

12週課表 週跑量最多 60 英里（96 公里）

週次	週日	週一	週二	週三
9	**長跑** 10-14 英里 （16-22 公里）	**輕鬆跑** 4-6 英里（6-10公里）；8×100公尺跨步跑	**節奏跑** 4-5 英里（6-8 公里），以半馬配速；800 公尺慢跑；4×400公尺，以 5K 配速，組間慢跑200 公尺 *包括2英里（3公里）熱身跑，以及 1600 公尺緩和跑*	**輕鬆跑** 7-8 英里 （11-13 公里）
10	**長跑** 9-12 英里 （14-19 公里）	**輕鬆跑** 6-8 英里（10-13公里）；8×100公尺跨步跑	若上週六參賽 **輕鬆跑** 6-8 英里（10-13 公里） 若未參賽： **節奏間歇跑** 4-6×1600 公尺，以半馬配速，組間慢跑 400 公尺 *包括2英里（3公里）熱身跑，以及 1600 公尺緩和跑*	**輕鬆跑** 7-8 英里 （11-13 公里）
11	**長跑** 8-10 英里 （13-16 公里）	**輕鬆跑** 5-7 英里（8-11公里）；8×100公尺跨步跑	**間歇跑** 4×1600 公尺，以 10K 配速，組間慢跑 400 公尺 *包括2英里（3公里）熱身跑，以及 1600 公尺緩和跑*	**輕鬆跑** 4-6 英里 （6-10 公里）
12	**長跑** 6-8 英里 （10-13 公里）	**輕鬆跑** 4-6 英里（6-10公里）；8×100公尺跨步跑	**節奏間歇跑** 5×800 公尺，以半馬配速，組間慢跑 400 公尺 *包括2英里（3公里）熱身跑，以及 1600 公尺緩和跑*	**輕鬆跑** 3-5 英里 （5-8 公里）

週四	週五	週六	週跑量
一般跑 5-8 英里（8-13 公里）；8×100 公尺跨步跑	若隔天參賽： **輕鬆跑** 1-4 英里（2-6 公里） 若不參賽： **坡度跑** 8×400 公尺，以 5K 的費力程度跑上緩坡；組間慢跑下坡 *包括 2 英里（3 公里）熱身跑，以及 1600 公尺緩和跑*	**10K 或更短程的賽事** 或 **輕鬆至一般跑** 1-4 英里（2-6 公里）	41-57 英里（66-91 公里）
一般跑 5-7 英里（8-11 公里）；8×100 公尺跨步跑	**間歇跑** 8×400 公尺，以 10K 配速，組間慢跑 200 公尺 *包括 2 英里（3 公里）熱身跑，以及 1600 公尺緩和跑*	**輕鬆至一般跑** 1-4 英里（2-6 公里） 或 **休假**	39-55 英里（62-88 公里）
一般跑 4-6 英里（6-10 公里）；8×100 公尺跨步跑	**節奏跑** 4-6 英里（6-10 公里），以半馬配速 *包括 2 英里（3 公里）熱身跑，以及 1600 公尺緩和跑*	**輕鬆至一般跑** 1-4 英里（2-6 公里） 或 **休假**	36-51 英里（58-82 公里）
輕鬆跑 2-4 英里（3-6 公里） 或 **休假**	**輕鬆跑** 2-4 英里（3-6 公里）	**15K 至半馬賽事** 或 **輕鬆跑** 2-4 英里（3-6 公里）（若賽事為週日）	22-34 英里（35-54 公里，不包含比賽跑量）

15K 至半馬賽事／12 週課表／週跑量最多 60 英里（96 公里）

15K至半馬賽事

12週課表 週跑量 35-70 英里（56-112 公里）

週次	週日	週一	週二	週三
1	輕鬆跑 4-6 英里 （6-10 公里）	長跑 8-10 英里 （13-16 公里）	輕鬆跑 6-8 英里（10-13 公里）； 8×100 公尺跨步跑	節奏跑 4-6 英里（6-10 公里），以半馬配速 *包括2英里（3公里）熱身跑，以及1600公尺緩和跑
2	輕鬆至一般跑 4-6 英里 （6-10 公里）	長跑 8-12 英里 （13-19 公里）	輕鬆跑 6-8 英里（10-13 公里）； 8×100 公尺跨步跑	漸速跑 4-6 英里（6-10 公里），起始速度比10K 每公里慢 22 秒，之後每公里持續加快 3-6 秒 *包括2英里（3公里）熱身跑，以及1600公尺緩和跑
3	輕鬆至一般跑 4-6 英里 （6-10 公里）	長跑 10-12 英里 （16-19 公里）	輕鬆跑 6-8 英里（10-13 公里）； 8×100 公尺跨步跑	節奏間歇跑 4-6×1600 公尺，以10K 配速，組間慢跑 800 公尺 *包括2英里（3公里）熱身跑，以及1600公尺緩和跑
4	長跑 12-14 英里 （19-22 公里）	輕鬆跑 6-8 英里（10-13 公里）；8×100 公尺跨步跑	節奏跑 4-6 英里（6-10 公里），以半馬配速 *包括2英里（3公里）熱身跑，以及1600公尺緩和跑	輕鬆跑 7-10 英里 （11-16 公里）

（單位皆經過英制到公制換算並四捨五入）

週四	週五	週六	週跑量
輕鬆跑 7-10 英里 （11-16 公里）	一般跑 5-7 英里（8-11 公里）； 8×100 公尺跨步跑	間歇跑 8×400 公尺，以一英里跑配速，組間慢跑200 公尺 *包括2英里（3公里）熱身跑，以及1600公尺緩和跑	**43-56 英里** **（69-90 公里）**
輕鬆跑 7-10 英里 （11-16 公里）	一般跑 5-7 英里（8-11 公里）； 8×100 公尺跨步跑	坡度跑 8×400 公尺，以 5K 的費力程度跑上緩坡；組間慢跑下坡 *包括2英里（3公里）熱身跑，以及1600公尺緩和跑	**44-60 英里** **（70-96 公里）**
輕鬆跑 7-10 英里 （11-16 公里）	一般跑 5-8 英里（8-13 公里）； 8×100 公尺跨步跑	間歇跑 10×400 公尺，以10K 配速，組間慢跑200 公尺 *包括2英里（3公里）熱身跑，以及1600公尺緩和跑	**47-62 英里** **（75-99 公里）**
一般跑 5-8 英里（8-13 公里）；8×100 公尺跨步跑	坡度跑 8×600-800 公尺，以 5K 的費力程度跑上緩坡；組間慢跑下坡 *包括2英里（3公里）熱身跑，以及1600 公尺緩和跑	輕鬆至一般跑 4-8 英里（6-13 公里） 或 **休假**	**46-68 英里** **（74-109 公里）**

15K至半馬賽事／12週課表／週跑量35-70英里（56-112公里）

15K至半馬賽事

12週課表 週跑量 35-70 英里（56-112 公里）

週次	週日	週一	週二	週三
5	**長跑** 13-15 英里 （21-24 公里）	**輕鬆跑** 6-8 英里（10-13 公里）；8×100 公尺跨步跑	**漸速跑** 5-7 英里（8-11 公里），以全馬配速起步，之後每公里持續加快 2-3 秒 *包括 2 英里（3公里）熱身跑，以及 1600 公尺緩和跑*	**輕鬆跑** 7-10 英里 （11-16 公里）
6	**長跑** 13-16 英里 （21-26 公里）	**輕鬆跑** 4-8 英里（6-13 公里）；8×100 公尺跨步跑	**節奏跑** 5-8 英里（8-13 公里），以比半馬稍慢的速度起步，並在最後 3 英里（5公里）達到半馬配速 *包括 2 英里（3公里）熱身跑，以及 1600 公尺緩和跑*	**輕鬆跑** 7-10 英里 （11-16 公里）
7	**長跑** 13-16 英里 （21-26 公里）	**輕鬆跑** 4-8 英里（6-13 公里）；8×100 公尺跨步跑	**節奏跑** 4-6 英里（6-10 公里），以半馬配速 *包括 2 英里（3公里）熱身跑，以及 1600 公尺緩和跑*	**輕鬆跑** 7-10 英里 （11-16 公里）
8	**長跑** 13-16 英里 （21-26 公里）	**輕鬆跑** 5-7 英里（8-11 公里）；8×100 公尺跨步跑	**一般跑** 6-8 英里（10-13 公里）；8×100 公尺跨步跑	**輕鬆跑** 6-8 英里 （10-13 公里）

週四	週五	週六	週跑量
一般跑 5-8 英里（8-13 公里）；8×100 公尺跨步跑	**間歇跑** 1600 公尺，以 10K 配速；1600 公尺，以全馬配速；1200 公尺，以 10K 配速；1600 公尺，以全馬配速；800 公尺，以 5K 配速；1600 公尺，以全馬配速；400 公尺，以一英里跑配速；組間皆慢跑 200 公尺 *包括 2 英里（3 公里）熱身跑，以及 1600 公尺緩和跑*	**輕鬆至一般跑** 4-8 英里（6-13 公里）	**53-69 英里 （85-110 公里）**
一般跑 5-8 英里（8-13 公里）；8×100 公尺跨步跑	**坡度跑** 8×600 公尺，以 5K 的費力程度跑上緩坡 8 組；組間慢跑下坡 *包括 2 英里（3 公里）熱身跑，以及 1600 公尺緩和跑*	**輕鬆至一般跑** 4-8 英里（6-13 公里）	**50-70 英里 （80-112 公里）**
一般跑 5-8 英里（8-13 公里）；8×100 公尺跨步跑	**間歇跑** 10×400 公尺，以 10K 配速，組間慢跑 200 公尺 *包括 2 英里（3 公里）熱身跑，以及 1600 公尺緩和跑*	**輕鬆至一般跑** 4-8 英里（6-13 公里）	**49-68 英里 （78-109 公里）**
一般跑 4-6 英里（6-10 公里）；8×100 公尺跨步跑	**節奏跑** 4-6 英里（6-10 公里），以半馬配速 *包括 2 英里（3 公里）熱身跑，以及 1600 公尺緩和跑*	**輕鬆至一般跑** 2-6 英里（3-10 公里） 或 **休假**	**41-60 英里 （66-96 公里）**

15K 至半馬賽事／12 週課表／週跑量 35-70 英里（56-112 公里）

15K至半馬賽事

12週課表 週跑量 35-70 英里（56-112 公里）

週次	週日	週一	週二	週三
9	**長跑** 13-16 英里 （21-26 公里）	**輕鬆跑** 4-6 英里（6-10公里）；8×100公尺跨步跑	**節奏跑** 4-6 英里（6-10 公里），以半馬配速；800 公尺慢跑；6×400 公尺，以 5K 配速，組間慢跑 200 公尺 *包括2英里（3公里）熱身跑，以及 1600 公尺緩和跑	**輕鬆跑** 7-10 英里 （11-16 公里）
10	**長跑** 11-13 英里 （18-21 公里）	**輕鬆跑** 6-8 英里（10-13公里）；8×100公尺跨步跑	若上週六參賽： **輕鬆跑** 6-8 英里（10-13 公里） 若未參賽： **節奏間歇跑** 6-8×1600 公尺，以半馬配速，組間慢跑 400 公尺 *包括2英里（3公里）熱身跑，以及 1600 公尺緩和跑	**輕鬆跑** 7-10 英里 （11-16 公里）
11	**長跑** 8-12 英里 （13-19 公里）	**輕鬆跑** 5-7 英里（8-11公里）；8×100公尺跨步跑	**間歇跑** 4-6×1600 公尺，以 10K 配速，組間慢跑 400 公尺 *包括2英里（3公里）熱身跑，以及 1600 公尺緩和跑	**輕鬆跑** 6-8 英里 （10-13 公里）
12	**長跑** 6-10 英里 （10-16 公里）	**輕鬆跑** 4-6 英里（6-10公里）；8×100公尺跨步跑	**節奏間歇跑** 6×800 公尺，以半馬配速，組間慢跑 400 公尺 *包括2英里（3公里）熱身跑，以及 1600 公尺緩和跑	**輕鬆跑** 4-6 英里 （6-10 公里）

週四	週五	週六	週跑量
一般跑 5-8 英里（8-13公里）；8×100公尺跨步跑	若隔天參賽： **輕鬆跑** 1-4 英里（2-6公里） 若不參賽： **坡度跑** 8×600 公尺，以 5K 的費力程度跑上緩坡；組間慢跑下坡 * 包括 2 英里（3 公里）熱身跑，以及 1600 公尺緩和跑	**10K 或更短程的賽事** 或 **輕鬆至一般跑** 4-6 英里（6-10 公里）	44-66 英里（70-106 公里）
一般跑 5-7 英里（8-11公里）；8×100公尺跨步跑	**間歇跑** 8×400 公尺，以 10K 配速，組間慢跑 200 公尺 * 包括 2 英里（3 公里）熱身跑，以及 1600 公尺緩和跑	**輕鬆至一般跑** 4-6 英里（6-10 公里）	45-63 英里（72-101 公里）
一般跑 4-6 英里（6-10公里）；8×100公尺跨步跑	**節奏跑** 4-6 英里（6-10 公里），以半馬配速 * 包括 2 英里（3 公里）熱身跑，以及 1600 公尺緩和跑	**輕鬆至一般跑** 2-6 英里（3-10 公里） 或 **休假**	38-58 英里（61-93 公里）
輕鬆跑 2-4 英里（3-6 公里） 或 **休假**	**輕鬆跑** 2-4 英里（3-6 公里）	**15K 或半馬賽事** 或 **輕鬆跑** 2-4 英里（3-6 公里）（若賽事為週日）	23-41 英里（37-66 公里，不包含比賽跑量）

15K至半馬賽事

12週課表　週跑量 45 英里（72 公里）以上

週次	週日	週一	週二	週三
1	**長跑** 10-12 英里 （16-19 公里）	**輕鬆跑** 6-8 英里（10-13 公里）；8×100 公尺跨步跑	**節奏跑** 4-6 英里（6-10 公里），以半馬配速 *包括 2-3 英里（3-5 公里）熱身跑，以及 1-2 英里（2-3 公里）緩和跑	**輕鬆跑** 7-10 英里 （11-16 公里）
2	**長跑** 10-14 英里 （16-22 公里）	**輕鬆跑** 6-8 英里（10-13 公里）；8×100 公尺跨步跑	**漸速跑** 4-6 英里（6-10 公里），起始速度比 10K 每公里慢 22 秒，之後每公里持續加快 3-6 秒 *包括 2-3 英里（3-5 公里）熱身跑，以及 1-2 英里（2-3 公里）緩和跑	**輕鬆跑** 7-10 英里 （11-16 公里）
3	**長跑** 12-14 英里 （19-22 公里）	**輕鬆跑** 6-8 英里（10-13 公里）；8×100 公尺跨步跑	**節奏間歇跑** 4-6×1600 公尺，以 10K 配速，組間慢跑 800 公尺 *包括 2-3 英里（3-5 公里）熱身跑，以及 1-2 英里（2-3 公里）緩和跑	**輕鬆跑** 7-10 英里 （11-16 公里）
4	**長跑** 14-16 英里 （22-26 公里）	**輕鬆跑** 6-8 英里（10-13 公里）；8×100 公尺跨步跑	**節奏跑** 4-6 英里（6-10 公里），以半馬配速 *包括 2-3 英里（3-5 公里）熱身跑，以及 1-2 英里（2-3 公里）緩和跑	**輕鬆跑** 7-10 英里 （11-16 公里）

（單位皆經過英制到公制換算並四捨五入）

週四	週五	週六	週跑量
一般跑 6-9 英里（10-14 公里）；8×100 公尺跨步跑	間歇跑 8×400 公尺，以 10K 配速，組間慢跑 200 公尺 *包括 2-3 英里（3-5 公里）熱身跑，以及 1-2 英里（2-3 公里）緩和跑*	輕鬆跑 4-6 英里 （6-10 公里）	**46-64 英里** **（74-102公里）**
一般跑 6-9 英里（10-14 公里）；8×100 公尺跨步跑	坡度跑 8×400 公尺，以 5K 的費力程度跑上緩坡；組間慢跑下坡 *包括 2-3 英里（3-5 公里）熱身跑，以及 1-2 英里（2-3 公里）緩和跑*	輕鬆至一般跑 4-6 英里 （6-10 公里）	**47-67 英里** **（75-107公里）**
一般跑 6-10 英里（10-16 公里）；8×100 公尺跨步跑	間歇跑 10-12×400 公尺，以 10K 配速，組間慢跑 200 公尺 *包括 2-3 英里（3-5 公里）熱身跑，以及 1-2 英里（2-3 公里）緩和跑*	輕鬆至一般跑 4-6 英里 （6-10 公里）	**51-70 英里** **（82-112公里）**
一般跑 6-10 英里（10-16 公里）；8×100 公尺跨步跑	坡度跑 8×600-800 公尺，以 5K 的費力程度跑上緩坡；組間慢跑下坡 *包括 2-3 英里（3-5 公里）熱身跑，以及 1-2 英里（2-3 公里）緩和跑*	輕鬆至一般跑 4-8 英里 （6-13 公里） 或 **休假**	**49-74 英里** **（78-118公里）**

15K 至半馬賽事／12 週課表／週跑量 45 英里（72 公里）以上

15K至半馬賽事

12週課表 週跑量 45 英里（72 公里）以上

週次	週日	週一	週二	週三
5	**長跑** 15-18 英里（24-29 公里）	**輕鬆跑** 6-8 英里（10-13 公里）；8×100 公尺跨步跑	**漸速跑** 4-5 英里（6-8 公里），以全馬配速起步，之後每公里持續加快 2-3 秒 *包括 2-3 英里（3-5 公里）熱身跑，以及 1-2 英里（2-3 公里）緩和跑	**輕鬆跑** 7-10 英里（11-16 公里）
6	**長跑** 15-18 英里（24-29 公里）	**輕鬆跑** 4-8 英里（6-13 公里）；8×100 公尺跨步跑	**節奏跑** 5-8 英里（8-13 公里），以比半馬稍慢的速度起步，並在最後 3 英里（5 公里）達到半馬配速 *包括 2-3 英里（3-5 公里）熱身跑，以及 1-2 英里（2-3 公里）緩和跑	**輕鬆跑** 7-10 英里（11-16 公里）
7	**長跑** 15-18 英里（24-29 公里）	**輕鬆跑** 4-8 英里（6-13 公里）；8×100 公尺跨步跑	**節奏跑** 4-6 英里（6-10 公里），以半馬配速 *包括 2-3 英里（3-5 公里）熱身跑，以及 1-2 英里（2-3 公里）緩和跑	**輕鬆跑** 7-10 英里（11-16 公里）
8	**長跑** 15-18 英里（24-29 公里）	**輕鬆跑** 5-7 英里（8-11 公里）；8×100 公尺跨步跑	**一般跑** 6-8 英里（10-13 公里）；8×100 公尺跨步跑	**輕鬆跑** 6-8 英里（10-13 公里）

週四	週五	週六	週跑量
一般跑 6-10 英里（10-16公里）；8×100公尺跨步跑	**間歇跑** 1600 公尺，以 10K 配速；1600 公尺，以全馬配速；1200 公尺，以 10K 配速；1600 公尺，以全馬配速；800 公尺，以 5K 配速；1600 公尺，以全馬配速；400 公尺，以一英里跑配速；組間皆慢跑 200 公尺 *包括 2-3 英里（3-5 公里）熱身跑，以及 1-2 英里（2-3 公里）緩和跑*	**輕鬆至一般跑** 4-8 英里（6-13 公里）	**56-78 英里 （90-125公里）**
一般跑 6-10 英里（10-16公里）；8×100公尺跨步跑	**坡度跑** 8×600 公尺，以 5K 的費力程度跑上緩坡；組間慢跑下坡 *包括 2-3 英里（3-5 公里）熱身跑，以及 1-2 英里（2-3 公里）緩和跑*	**輕鬆至一般跑** 4-8 英里（6-13 公里）	**53-78 英里 （85-125公里）**
一般跑 6-10 英里（10-16公里）；8×100公尺跨步跑	**間歇跑** 10-12×400 公尺，以 10K 配速，組間慢跑 200 公尺 *包括 2-3 英里（3-5 公里）熱身跑，以及 1-2 英里（2-3 公里）緩和跑*	**輕鬆至一般跑** 4-8 英里（6-13 公里）	**50-75 英里 （80-120公里）**
一般跑 5-7 英里（8-11公里）；8×100公尺跨步跑	**節奏跑** 4-6 英里（6-10 公里），以半馬配速 *包括 2-3 英里（3-5 公里）熱身跑，以及 1-2 英里（2-3 公里）緩和跑*	**輕鬆至一般跑** 2-6 英里（3-10 公里） 或 **休假**	**46-65 英里 （74-104公里）**

15K至半馬賽事

12週課表 週跑量 45 英里（72 公里）以上

週次	週日	週一	週二	週三
9	**長跑** 15-18 英里（24-29 公里）	**輕鬆跑** 4-6 英里（6-10 公里）；8×100 公尺跨步跑	**節奏跑** 4-6 英里（6-10 公里），以半馬配速；400 公尺慢跑；6×400 公尺，以 5K 配速，組間慢跑 200 公尺 *包括 2-3 英里（3-5 公里）熱身跑，以及 1-2 英里（2-3 公里）緩和跑	**輕鬆跑** 7-10 英里（11-16 公里）
10	**長跑** 13-15 英里（21-24 公里）	**輕鬆跑** 6-8 英里（10-13 公里）；8×100 公尺跨步跑	若上週六參賽： **輕鬆跑** 6-8 英里（10-13 公里） 若未參賽： **節奏間歇跑** 6-8×1600 公尺，以半馬配速，組間慢跑 400 公尺 *包括 2-3 英里（3-5 公里）熱身跑，以及 1-2 英里（2-3 公里）緩和跑	**輕鬆跑** 7-10 英里（11-16 公里）
11	**長跑** 10-14 英里（16-22 公里）	**輕鬆跑** 5-7 英里（8-11 公里）；8×100 公尺跨步跑	**間歇跑** 4-6×1600 公尺，以 10K 配速，組間慢跑 400 公尺 *包括 2-3 英里（3-5 公里）熱身跑，以及 1-2 英里（2-3 公里）緩和跑	**輕鬆跑** 6-8 英里（10-13 公里）
12	**長跑** 8-12 英里（13-19 公里）	**輕鬆跑** 4-6 英里（6-10 公里）；8×100 公尺跨步跑	**節奏間歇跑** 6×800 公尺，以半馬配速，組間慢跑 400 公尺 *包括 2-3 英里（3-5 公里）熱身跑，以及 1-2 英里（2-3 公里）緩和跑	**輕鬆跑** 4-6 英里（6-10 公里）；8×100 公尺跨步跑

週四	週五	週六	週跑量
一般跑 6-10 英里（10-16 公里）； 8×100 公尺跨步跑	若隔天參賽： **輕鬆跑** 1-4 英里（2-6 公里） 若不參賽： **坡度跑** 8×600 公尺，以 5K 的費力程度跑上緩坡；組間慢跑下坡 *包括 2-3 英里（3-5 公里）熱身跑，以及 1-2 英里（2-3 公里）緩和跑*	**10K 或更短程的賽事** 或 **輕鬆至一般跑** 4-6 英里 （6-10 公里）	**50-75 英里 （80-120 公里）**
一般跑 6-9 英里（10-14 公里）；8×100 公尺跨步跑	**間歇跑** 8×400 公尺，以 10K 配速，組間慢跑 200 公尺 *包括 2-3 英里（3-5 公里）熱身跑，以及 1-2 英里（2-3 公里）緩和跑*	**輕鬆至一般跑** 4-6 英里 （6-10 公里）	**48-68 英里 （77-109 公里）**
一般跑 5-7 英里（8-11 公里）；8×100 公尺跨步跑	**節奏跑** 4-6 英里（6-10 公里），以半馬配速 *包括 2-3 英里（3-5 公里）熱身跑，以及 1-2 英里（2-3 公里）緩和跑*	**輕鬆至一般跑** 2-6 英里 （3-10 公里） 或 **休假**	**41-65 英里 （66-104 公里）**
輕鬆跑 2-4 英里 （3-6 公里） 或 **休假**	**輕鬆跑** 2-4 英里（3-6 公里）	**15K 至半馬賽事** 或 **輕鬆跑** 2-4 英里（3-6 公里）（若賽事為週日）	**25-41 英里（40-66 公里，不包含比賽跑量）**

15K 至半馬賽事／12 週課表／週跑量 45 英里（72 公里）以上

15K至半馬賽事

16 週課表 週跑量最多 60 英里（96 公里）

週次	週日	週一	週二	週三
1	長跑 6-8 英里 （10-13 公里）	輕鬆跑 4-6 英里 （6-10 公里）	一般跑 4-6 英里（6-10 公里）	一般跑 4-6 英里 （6-10 公里）
2	長跑 6-8 英里 （10-13 公里）	輕鬆跑 4-6 英里（6-10 公里）；8×100 公尺跨步跑	節奏跑 3-4 英里（5-6 公里），以半馬配速 *包括2英里（3公里）熱身跑，以及1600公尺緩和跑*	輕鬆跑 4-6 英里 （6-10 公里）
3	長跑 6-8 英里 （10-13 公里）	輕鬆跑 5-7 英里（8-11 公里）；8×100 公尺跨步跑	丘陵跑 6-8 英里（約 10-13 公里），以一般跑配速，並在有坡度起伏的道路上進行。如果沒有合適的場地，可以選擇比一般跑每公里快 6 秒的速度進行。	輕鬆跑 4-6 英里 （6-10 公里）
4	長跑 6-8 英里 （10-13 公里）	輕鬆跑 5-7 英里（8-11 公里）；8×100 公尺跨步跑	節奏跑 4-6 英里（6-10 公里），以半馬配速	輕鬆跑 5-7 英里 （8-11 公里）

（單位皆經過英制到公制換算並四捨五入）

週四	週五	週六	週跑量
一般跑 4-6 英里 （6-10 公里）	**間歇跑** 6-8×400 公尺，以 10K 配速，組間慢跑 200 公尺	**輕鬆跑** 1-4 英里 （2-6 公里） 或 **休假**	**27-42 英里** **（43-67 公里）**
一般跑 4-6 英里 （6-10 公里）	**間歇跑** 4-6×800 公尺，以 10K 配速，組間慢跑 400 公尺 *包括 2 英里（3 公里）熱身跑，以及 1600 公尺緩和跑*	**休假**	**30-40 英里** **（48-64 公里）**
一般跑 4-6 英里（6-10 公里）；8×100 公尺跨步跑	**節奏間歇跑** 3-4×400 公尺，以半馬配速，組間慢跑 400 公尺 *包括 2 英里（3 公里）熱身跑，以及 1600 公尺緩和跑*	**輕鬆跑** 1-6 英里 （2-10 公里） 或 **休假**	**32-49 英里** **（51-78 公里）**
一般跑 5-7 英里（8-11 公里）；8×100 公尺跨步跑	**間歇跑** 8-10×400 公尺，以 10K 配速，組間慢跑 200 公尺 *包括 2 英里（3 公里）熱身跑，以及 1600 公尺緩和跑*	**輕鬆跑** 1-6 英里 （2-10 公里） 或 **休假**	**34-50 英里** **（54-80 公里）**

15K 至半馬賽事／16 週課表／週跑量最多 60 英里（96 公里）

15K至半馬賽事

16 週課表 週跑量最多 60 英里（96 公里）

週次	週日	週一	週二	週三
5	長跑 6-10 英里 （10-16 公里）	輕鬆跑 6-7 英里（10-11 公里）；8×100 公尺跨步跑	漸速跑 4-6 英里（6-10 公里），以全馬配速起步，之後每公里持續加快 3 秒 *包括2英里（3公里）熱身跑，以及 1600 公尺緩和跑	輕鬆跑 5-7 英里 （8-11 公里）
6	長跑 6-10 英里 （10-16 公里）	輕鬆跑 6-7 英里（10-11 公里）；8×100 公尺跨步跑	節奏跑 4-6 英里（6-10 公里），以半馬配速 *包括2英里（3公里）熱身跑，以及 1600 公尺緩和跑	輕鬆跑 5-7 英里 （8-11 公里）
7	長跑 8-12 英里 （13-19 公里）	輕鬆跑 6-7 英里 （10-11 公里）	節奏間歇跑 4-6 英里（6-10 公里），以半馬配速，組間慢跑 400 公尺 *包括2英里（3公里）熱身跑，以及 1600 公尺緩和跑	輕鬆跑 5-7 英里 （8-11 公里）
8	長跑 8-12 英里 （13-19 公里）	輕鬆跑 4-6 英里（6-10 公里）；8×100 公尺跨步跑	節奏跑 6-8 英里（10-13 公里），以全馬配速 *包括2英里（3公里）熱身跑，以及 1600 公尺緩和跑	輕鬆跑 5-7 英里 （8-11 公里）

週四	週五	週六	週跑量
一般跑 6-8 英里（10-13 公里）；8×100 公尺跨步跑	**坡度跑** 6-8×600 公尺，以 5K 的費力程度跑上緩坡；組間慢跑下坡 *包括 2 英里（3 公里）熱身跑，以及 1600 公尺緩和跑*	**輕鬆跑** 1-6 英里（2-10 公里）或**休假**	**37-56 英里（59-90 公里）**
一般跑 6-8 英里（10-13 公里）；8×100 公尺跨步跑	**間歇跑** 6-8×800 公尺，以 10K 配速，組間慢跑 400 公尺 *包括 2 英里（3 公里）熱身跑，以及 1600 公尺緩和跑*	**輕鬆跑** 1-6 英里（2-10 公里）或**休假**	**37-55 英里（59-88 公里）**
一般跑 6-8 英里（10-13 公里）	**間歇跑** 1600 公尺，以 10K 配速；1600 公尺，以全馬配速；1200 公尺，以 10K 配速；1600 公尺，以全馬配速；800 公尺，以 5K 配速；1600 公尺，以全馬配速；400 公尺，以一英里跑配速；組間皆慢跑 200 公尺 *包括 2-3 英里（3-5 公里）熱身跑，以及 1600 公尺緩和跑*	**輕鬆跑** 1-4 英里（2-6 公里）或**休假**	**42-56 英里（67-90 公里）**
一般跑 6-8 英里（10-13 公里）；8×100 公尺跨步跑	**坡度跑** 6-8×600-800 公尺，以 5K 的費力程度跑上緩坡；組間慢跑下坡 *包括 2 英里（3 公里）熱身跑，以及 1600 公尺緩和跑*	**輕鬆跑** 1-6 英里（2-10 公里）或**休假**	**38-60 英里（61-96 公里）**

15K至半馬賽事

16週課表 週跑量最多 60 英里（96 公里）

週次	週日	週一	週二	週三
9	若週六不參賽： **長跑** 8-12 英里（13-19 公里） 若週六要參賽： **長跑** 6-8 英里（10-13 公里）	**輕鬆跑** 6-8 英里（10-13 公里）；8×100 公尺跨步跑	**漸速跑** 6-8 英里（10-13 公里），以全馬配速起步，之後每公里持續加快 3 秒 *包括2英里（3公里）熱身跑，以及 1600 公尺緩和跑*	**輕鬆跑** 5-7 英里（8-11 公里）
10	**長跑** 8-12 英里（13-19 公里）	**輕鬆跑** 6-8 英里（10-13 公里）；8×100 公尺跨步跑	**丘陵跑** 6-8 英里（10-13 公里），以一般跑配速，並在有坡度起伏的道路上進行。如果沒有合適的場地，可以選擇比一般跑每公里快 6 秒的速度進行。	**輕鬆跑** 5-7 英里（8-11 公里）
11	**長跑** 8-13 英里（13-21 公里）	**輕鬆跑** 6-7 英里（10-11 公里）	**節奏間歇跑** 2-3×2 英里（3 公里），以半馬配速，組間慢跑 800 公尺 *包括2英里（3公里）熱身跑，以及 1600 公尺緩和跑*	**輕鬆跑** 5-7 英里（8-11 公里）
12	**長跑** 9-13 英里（14-21 公里）	**輕鬆跑** 6-7 英里（10-11 公里）；8×100 公尺跨步跑	**節奏跑** 6-8 英里（10-13 公里），以全馬配速 *包括2英里（3公里）熱身跑，以及 1600 公尺緩和跑*	**輕鬆跑** 5-7 英里（8-11 公里）

週四	週五	週六	週跑量
一般跑 6-8 英里（10-13公里）；8×100公尺跨步跑	若隔天參賽： **輕鬆跑** 1-4 英里（2-6公里） 若不參賽： **間歇跑** 4-6×1600 公尺，以半馬配速，組間慢跑 400 公尺 *包括 2 英里（3 公里）熱身跑，以及 1600 公尺緩和跑*	**10K 或更短程的賽事** 或 **輕鬆跑** 1-6 英里（2-10 公里）	**40-60 英里** **（64-96 公里）**
一般跑 6-8 英里（10-13公里）；8×100公尺跨步跑	**間歇跑** 8-10×400 公尺，以 10K 配速進，組間慢跑 200 公尺 *包括 2 英里（3 公里）熱身跑，以及 1600 公尺緩和跑*	**輕鬆跑** 1-6 英里（2-10 公里） 或 **休假**	**37-55 英里** **（59-88 公里）**
輕鬆跑 5-7 英里（8-11 公里）	**坡度跑** 6-8×400 公尺，以 5K 的費力程度跑上緩坡；組間慢跑下坡 *包括 2 英里（3 公里）熱身跑，以及 1600 公尺緩和跑*	**輕鬆跑** 1-6 英里（2-10 公里） 或 **休假**	**40-60 英里** **（64-96 公里）**
一般跑 5-7 英里（8-11公里）；8×100公尺跨步跑	**間歇跑** 2×800 公尺，以 10K 配速，組間慢跑 800 公尺；1600 公尺，以半馬配速，400 公尺慢跑；800 公尺，以 10K 配速；400 公尺慢跑 *包括 2 英里（3 公里）熱身跑，以及 1600 公尺緩和跑*	**輕鬆跑** 1-6 英里（2-10 公里） 或 **休假**	**42-59 英里** **（67-94 公里）**

15K至半馬賽事

16 週課表 週跑量最多 60 英里（96 公里）

週次	週日	週一	週二	週三
13	**長跑** 8-10 英里 （13-16 公里）	**輕鬆跑** 5-7 英里（8-11 公里）；8×100 公尺跨步跑	**節奏跑** 3-6 英里（5-10 公里），以半馬配速；800 公尺慢跑；6×400 公尺，以一英里跑配速，組間慢跑 200 公尺 *包括2英里（3公里）熱身跑，以及 1600 公尺緩和跑	**輕鬆跑** 5-7 英里 （8-11 公里）
14	**長跑** 8-10 英里（13-16 公里），最後 2 英里（3 公里）比全馬配速每公里快 3-6 秒	**輕鬆跑** 4-6 英里（6-10 公里）；8×100 公尺跨步跑	**節奏跑** 3 英里（5 公里），以比 10K 每公里慢 16 秒之速度配速 *包括2英里（3公里）熱身跑，以及 1600 公尺緩和跑	**輕鬆跑** 4-6 英里 （6-10 公里）
15	**長跑** 6-8 英里 （10-13 公里）	**輕鬆跑** 1-4 英里 （2-6 公里） 或 **休假**	**節奏間歇跑** 2-3×2400 公尺，以半馬配速，組間慢跑 1600 公尺 *包括2英里（3公里）熱身跑，以及 1600 公尺緩和跑	**輕鬆跑** 4-6 英里 （6-10 公里）
16	**長跑** 6-8 英里 （10-13 公里）	**休假**	**間歇跑** 6-8×400 公尺，以 10K 配速，組間慢跑 200 公尺 *包括2英里（3公里）熱身跑，以及 1600 公尺緩和跑	**輕鬆跑** 3-4 英里 （5-6 公里）

週四	週五	週六	週跑量
一般跑 5-7 英里（8-11 公里）；8×100 公尺跨步跑	**間歇跑** 6-8×800 公尺，以 10K 配速，組間慢跑 400 公尺 *包括 2 英里（3 公里）熱身跑，以及 1600 公尺緩和跑*	**輕鬆跑** 1-4 英里（2-6 公里） 或 **休假**	**39-55 英里（62-88 公里）**
一般跑 4-6 英里（6-10 公里）；8×100 公尺跨步跑	**間歇跑** 8×400 公尺，以 5K 配速，組間慢跑 200 公尺 *包括 2 英里（3 公里）熱身跑，以及 1600 公尺緩和跑*	**輕鬆跑** 1-4 英里（2-6 公里） 或 **休假**	**32-44 英里（51-70 公里）**
一般跑 4-6 英里（6-10 公里）；8×100 公尺跨步跑	**間歇跑** 4-6×800 公尺，以 10K 配速，組間慢跑 400 公尺 *包括 2 英里（3 公里）熱身跑，以及 1600 公尺緩和跑*	**輕鬆跑** 1-4 英里（2-6 公里） 或 **休假**	**26-42 英里（42-67 公里）**
輕鬆跑 1-4 英里（2-6 公里）；6×100 公尺跨步跑 或 **休假**	**輕鬆跑** 2-4 英里（3-6 公里）	**15K 至半馬賽事** 或 **輕鬆跑** 2-4 英里（3-6 公里）（若賽事為週日）	**16-24 英里（26-38 公里，不包含比賽跑量）**

15K至半馬賽事

16週課表 週跑量 35-70 英里（56-112 公里）

週次	週日	週一	週二	週三
1	長跑 8-10 英里 （13-16 公里）	輕鬆跑 4-6 英里 （6-10 公里）	一般跑 4-6 英里（6-10 公里）	一般跑 5-7 英里 （8-11 公里）
2	長跑 8-10 英里 （13-16 公里）	輕鬆跑 4-6 英里（6-10 公里）；8×100 公尺跨步跑	節奏跑 3-4 英里（5-6 公里），以半馬配速 *包括2英里（3公里）熱身跑，以及1600公尺緩和跑	輕鬆跑 5-7 英里 （8-11 公里）
3	長跑 10-12 英里 （16-19 公里）	輕鬆跑 5-7 英里（8-11 公里）；8×100 公尺跨步跑	丘陵跑 6-8 英里（約 10-13 公里），以一般跑配速，並在有坡度起伏的道路上進行。如果沒有合適的場地，可以選擇比一般跑每公里快6秒的速度進行。	輕鬆跑 5-7 英里 （8-11 公里）
4	長跑 10-12 英里 （16-19 公里）	輕鬆跑 5-7 英里（8-11 公里）；8×100 公尺跨步跑	節奏跑 5-6 英里（8-10 公里），以半馬配速 *包括2英里（3公里）熱身跑，以及1600公尺緩和跑	輕鬆跑 5-7 英里 （8-11 公里）

（單位皆經過英制到公制換算並四捨五入）

週四	週五	週六	週跑量
一般跑 4-6 英里 （6-10 公里）	間歇跑 8×400 公尺，以 10K 配速，組間慢跑 200 公尺 *包括 2 英里（3 公里）熱身跑，以及 1600 公尺緩和跑	輕鬆跑 4 英里 （6 公里）	35-45 英里 （56-72 公里）
一般跑 4-6 英里 （6-10 公里）	間歇跑 4-6×800 公尺，以 5K 配速，組間慢跑 400 公尺 *包括 2 英里（3 公里）熱身跑，以及 1600 公尺緩和跑	休假	33-43 英里 （53-69 公里）
一般跑 4-6 英里（6-10 公里）；8×100 公尺跨步跑	間歇跑 3-4×1600 公尺，以半馬配速，組間慢跑 400 公尺 *包括 2 英里（3 公里）熱身跑，以及 1600 公尺緩和跑	輕鬆跑 3-6 英里 （5-10 公里）	38-51 英里 （61-82公里）
一般跑 5-7 英里（8-11 公里）；8×100 公尺跨步跑	間歇跑 10×400 公尺，以 10K 配速，組間慢跑 200 公尺 *包括 2 英里（3 公里）熱身跑，以及 1600 公尺緩和跑	輕鬆跑 3-6 英里 （5-10 公里）	43-55 英里 （69-88公里）

15K至半馬賽事

16 週課表　週跑量 35-70 英里（56-112 公里）

週次	週日	週一	週二	週三
5	**長跑** 10-14 英里 （16-22 公里）	**輕鬆跑** 6-7 英里（10-11 公里）；8×100 公尺跨步跑	**漸速跑** 5-6 英里（8-10 公里），以全馬配速起步，之後每公里持續加快 3 秒 *包括2英里（3公里）熱身跑，以及 1600 公尺緩和跑*	**輕鬆跑** 7-8 英里 （11-13 公里）
6	**長跑** 10-14 英里 （16-22 公里）	**輕鬆跑** 6-8 英里（10-13 公里）；8×100 公尺跨步跑	**節奏跑** 6-8 英里（10-13 公里），以半馬配速 *包括2英里（3公里）熱身跑，以及 1600 公尺緩和跑*	**輕鬆跑** 7-8 英里 （11-13 公里）
7	**長跑** 12-16 英里 （19-26 公里）	**輕鬆跑** 6-8 英里 （10-13 公里）	**節奏間歇跑** 6×1600 公尺，以半馬配速，組間慢跑 800 公尺 *包括2英里（3公里）熱身跑，以及 1600 公尺緩和跑*	**輕鬆跑** 7-9 英里 （11-14 公里）
8	**長跑** 12-16 英里 （19-26 公里）	**輕鬆跑** 4-6 英里（6-10 公里）；8×100 公尺跨步跑	**節奏跑** 6-8 英里（10-13 公里），以全馬配速 *包括2英里（3公里）熱身跑，以及 1600 公尺緩和跑*	**輕鬆跑** 7-9 英里 （11-14 公里）

週四	週五	週六	週跑量
一般跑 6-9 英里（10-14 公里）；8×100 公尺跨步跑	**坡度跑** 8×600 公尺，以 5K 的費力程度跑上緩坡；組間慢跑下坡 *包括 2 英里（3 公里）熱身跑，以及 1600 公尺緩和跑*	**輕鬆跑** 1-6 英里 （2-10 公里） 或 **休假**	**46-62 英里** **（74-99 公里）**
一般跑 6-9 英里（10-14 公里）；8×100 公尺跨步跑	**間歇跑** 6-8×800 公尺，以 10K 配速，組間慢跑 400 公尺 *包括 2 英里（3 公里）熱身跑，以及 1600 公尺緩和跑*	**輕鬆跑** 3-6 英里 （5-10 公里）	**48-64 英里** **（77-102 公里）**
一般跑 6-9 英里 （10-14 公里）	**間歇跑** 1600 公尺，以 10K 配速；1200 公尺，以 10K 配速；1600 公尺，以全馬配速；800 公尺，以 5K 配速；1600 公尺，以全馬配速；400 公尺，以一英里跑配速；組間皆慢跑 200 公尺 *包括 2 英里（3 公里）熱身跑，以及 1600 公尺緩和跑*	**輕鬆跑** 1-4 英里 （2-6 公里） 或 **休假**	**52-67 英里** **（83-107 公里）**
一般跑 6-9 英里（10-14 公里）；8×100 公尺跨步跑	**坡度跑** 8×600-800 公尺，以 5K 的費力程度跑上緩坡；組間慢跑下坡 *包括 2 英里（3 公里）熱身跑，以及 1600 公尺緩和跑*	**輕鬆跑** 3-6 英里 （5-10 公里）	**50-68 英里** **（80-109 公里）**

15K至半馬賽事

16 週課表　週跑量 35-70 英里（56-112 公里）

週次	週日	週一	週二	週三
9	若週六不參賽： **長跑** 12-16 英里 （19-26 公里） 若週六要參賽： **輕鬆跑** 6-8 英里 （10-13 公里）	**輕鬆跑** 6-8 英里（10-13 公里）；8×100 公尺跨步跑	**漸速跑** 6-8 英里（10-13 公里），以全馬配速起步，之後每公里持續加快 3 秒 *包括2英里（3公里）熱身跑，以及 1600 公尺緩和跑*	**輕鬆跑** 7-9 英里 （11-14 公里）
10	**長跑** 12-16 英里 （19-26 公里）	**輕鬆跑** 6-8 英里（10-13 公里）；8×100 公尺跨步跑	**丘陵跑** 6-8 英里（約 10-13 公里），以一般跑配速，並在有坡度起伏的道路上進行。如果沒有合適的場地，可以選擇比一般跑每公里快 6 秒的速度進行。	**輕鬆跑** 7-9 英里 （11-14 公里）
11	**長跑** 10-14 英里 （16-22 公里）	**輕鬆跑** 6-8 英里 （10-13 公里）	**節奏間歇跑** 3×2 英里（3 公里），以半馬配速，組間慢跑 800 公尺 *包括2英里（3公里）熱身跑，以及 1600 公尺緩和跑*	**輕鬆跑** 7-9 英里 （11-14 公里）
12	**長跑** 12-15 英里 （19-24 公里）	**輕鬆跑** 6-8 英里（10-13 公里）；8×100 公尺跨步跑	**節奏跑** 6-8 英里（10-13 公里），以全馬配速 *包括2英里（3公里）熱身跑，以及 1600 公尺緩和跑*	**輕鬆跑** 7-9 英里 （11-14 公里）

週四	週五	週六	週跑量
一般跑 6-9 英里（10-14公里）；8×100公尺跨步跑	若隔天參賽： **輕鬆跑** 1-4 英里（2-6 公里） 若不參賽： **間歇跑** 4-6×1600 公尺，以半馬配速，組間慢跑 400 公尺 *包括 2 英里（3 公里）熱身跑，以及 1600 公尺緩和跑*	**10K 或更短程的賽事** 或 **輕鬆跑** 4-6 英里（6-10 公里）	**42-69 英里（67-110 公里）**
一般跑 7-9 英里（11-15公里）；8×100公尺跨步跑	**間歇跑** 8-10×400 公尺，以 10K 配速，組間慢跑 200 公尺 *包括 2 英里（3 公里）熱身跑，以及 1600 公尺緩和跑*	**輕鬆跑** 3-6 英里（5-10 公里）	**49-63 英里（78-101 公里）**
輕鬆跑 6-8 英里（10-13 公里）	**坡度跑** 8×400 公尺，以 5K 的費力程度跑上緩坡；組間慢跑下坡 *包括 2 英里（3 公里）熱身跑，以及 1600 公尺緩和跑*	**輕鬆跑** 3-6 英里（5-10 公里）	**49-63 英里（78-101 公里）**
一般跑 6-8 英里（10-13公里）；8×100公尺跨步跑	**間歇跑** 2×〔800 公尺，以 10K 配速；1600 公尺，以半馬配速；800 公尺，以 10K 配速〕；項目間慢跑 400 公尺；組間慢跑 800 公尺 *包括 2 英里（3 公里）熱身跑，以及 1600 公尺緩和跑*	**輕鬆跑** 1-6 英里（2-10 公里） 或 **休假**	**47-65 英里（75-104 公里）**

15K至半馬賽事

16 週課表　週跑量 35-70 英里（56-112 公里）

週次	週日	週一	週二	週三
13	**長跑** 10-14 英里 （16-22 公里）	**輕鬆跑** 5-7 英里（8-11 公里）；8×100 公尺跨步跑	**節奏跑** 4-6 英里（6-10 公里），以半馬配速；800 公尺慢跑；6×400 公尺，以一英里跑配速，組間慢跑 200 公尺 *包括2英里（3公里）熱身跑，以及 1600 公尺緩和跑*	**輕鬆跑** 5-7 英里 （8-11 公里）
14	**長跑** 10-13 英里（16-21 公里），最後 2 英里（3 公里）比全馬配速每公里快 3-6 秒	**輕鬆跑** 4-6 英里（6-10 公里）；8×100 公尺跨步跑	**節奏跑** 3 英里（5 公里），以比 10K 每公里慢 16 秒之速度配速 *包括2英里（3公里）熱身跑，以及 1600 公尺緩和跑*	**輕鬆跑** 4-6 英里 （6-10 公里）
15	**長跑** 8-12 英里 （13-19 公里）	**輕鬆跑** 1-4 英里 （2-6 公里） 或 **休假**	**節奏間歇跑** 3×2 英里（3 公里），以半馬配速，組間慢跑 1600 公尺 *包括2英里（3公里）熱身跑，以及 1600 公尺緩和跑*	**輕鬆跑** 4-8 英里 （6-13 公里）
16	**長跑** 8-10 英里 （13-16 公里）	**休假**	**間歇跑** 8×400 公尺，以一英里跑配速，組間慢跑 200 公尺 *包括2英里（3公里）熱身跑，以及 1600 公尺緩和跑*	**輕鬆跑** 3-5 英里 （5-8 公里）

週四	週五	週六	週跑量
一般跑 6-8 英里（10-13公里）；8×100 公尺跨步跑	間歇跑 8×800 公尺，以 10K 配速，組間慢跑 400 公尺 *包括 2 英里（3 公里）熱身跑，以及 1600 公尺緩和跑	輕鬆跑 1-6 英里 （2-10 公里） 或 **休假**	**44-62 英里 （70-99 公里）**
一般跑 5-7 英里（8-11公里）；8×100 公尺跨步跑	間歇跑 8×400 公尺，以 5K 配速，組間慢跑 200 公尺 *包括 2 英里（3 公里）熱身跑，以及 1600 公尺緩和跑	輕鬆跑 2-4 英里 （3-6 公里）	**37-50 英里 （59-80 公里）**
一般跑 5-7 英里（8-11公里）；8×100 公尺跨步跑	間歇跑 6×800 公尺，以 5K 配速，組間慢跑 400 公尺 *包括 2 英里（3 公里）熱身跑，以及 1600 公尺緩和跑	輕鬆跑 1-6 英里 （2-10 公里） 或 **休假**	**35-55 英里 （56-88 公里）**
輕鬆跑 3-5 英里（5-8 公里）；6×100 公尺跨步跑 或 **休假**	輕鬆跑 2-4 英里（3-6 公里）	15K 至半馬賽事 或 **輕鬆跑** 2-4 英里（3-6 公里）（若賽事為週日）	**19-30 英里（30-48 公里，不包含比賽跑量）**

15K 至半馬賽事／16 週課表／週跑量 35-70 英里（56-112 公里）

15K至半馬賽事

16週課表 週跑量35英里（56公里）以上

週次	週日	週一	週二	週三
1	**長跑** 8-10 英里 （13-16 公里）	**輕鬆跑** 4-6 英里 （6-10 公里）	**一般跑** 4-6 英里（6-10 公里）	**一般跑** 5-7 英里 （8-11 公里）
2	**長跑** 8-10 英里 （13-16 公里）	**輕鬆跑** 4-6 英里（6-10 公里）；8×100 公尺跨步跑	**節奏跑** 3-4 英里（5-6 公里），以半馬配速 *包括 2-3 英里（3-5 公里）熱身跑，以及 1-2 英里（2-3 公里）緩和跑*	**輕鬆跑** 5-7 英里 （8-11 公里）
3	**長跑** 10-12 英里 （16-19 公里）	**輕鬆跑** 5-7 英里（8-11 公里）；8×100 公尺跨步跑	**丘陵跑** 6-8 英里（約 10-13 公里），以一般跑配速，並在有坡度起伏的道路上進行。如果沒有合適的場地，可以選擇比一般跑每公里快 6 秒的速度進行。 *包括 2-3 英里（3-5 公里）熱身跑，以及 1-2 英里（2-3 公里）緩和跑*	**輕鬆跑** 5-7 英里 （8-11 公里）
4	**長跑** 10-12 英里 （16-19 公里）	**輕鬆跑** 5-7 英里（8-11 公里）；8×100 公尺跨步跑	**節奏跑** 5-6 英里（8-10 公里），以半馬配速 *包括 2-3 英里（3-5 公里）熱身跑，以及 1-2 英里（2-3 公里）緩和跑*	**輕鬆跑** 6-8 英里 （10-13 公里）

（單位皆經過英制到公制換算並四捨五入）

週四	週五	週六	週跑量
一般跑 4-6 英里 （6-10 公里）	間歇跑 以 10K 配速進行 400 公尺間歇跑 8 組，組間慢跑 200 公尺 *包括 2-3 英里（3-5 公里）熱身跑，以及 1-2 英里（2-3 公里）緩和跑*	輕鬆跑 4 英里 （6 公里）	35-47 英里 （56-75 公里）
一般跑 4-6 英里 （6-10 公里）	間歇跑 4-6×800 公尺，以 10K 配速，組間慢跑 400 公尺 *包括 2-3 英里（3-5 公里）熱身跑，以及 1-2 英里（2-3 公里）緩和跑*	休假	33-47 英里 （53-75 公里）
一般跑 4-6 英里（6-10 公里）；8×100 公尺跨步跑	間歇跑 3-4×1600 公尺，以半馬配速，組間慢跑 400 公尺 *包括 2-3 英里（3-5 公里）熱身跑，以及 1-2 英里（2-3 公里）緩和跑*	輕鬆跑 4-6 英里 （6-10 公里）	41-56 英里 （66-90 公里）
一般跑 5-7 英里（8-11 公里）；8×100 公尺跨步跑	間歇跑 10-12×400 公尺，以 10K 配速，組間慢跑 200 公尺 *包括 2-3 英里（3-5 公里）熱身跑，以及 1-2 英里（2-3 公里）緩和跑*	輕鬆跑 4-6 英里 （6 至 10 公里）	45-62 英里 （72-99 公里）

15K 至半馬賽事／16 週課表／週跑量 35 英里（56 公里）以上

15K至半馬賽事

16週課表 週跑量 35 英里（56 公里）以上

週次	週日	週一	週二	週三
5	長跑 12-14 英里 （19-22 公里）	輕鬆跑 6-7 英里（10-11 公里）；8×100 公尺跨步跑	漸速跑 5-6 英里（8-10 公里），以全馬配速起步，之後每公里持續加快 3-6 秒 * 包括 *2-3 英里（3-5 公里）熱身跑，以及 1-2 英里（2-3 公里）緩和跑*	輕鬆跑 7-9 英里 （11-14 公里）
6	長跑 12-14 英里 （19-22 公里）	輕鬆跑 6-8 英里（10-13 公里）；8×100 公尺跨步跑	節奏跑 6-8 英里（10-13 公里），以半馬配速 * 包括 *2-3 英里（3-5 公里）熱身跑，以及 1-2 英里（2-3 公里）緩和跑*	輕鬆跑 7-9 英里 （11-14 公里）
7	長跑 14-16 英里 （22-26 公里）	輕鬆跑 6-8 英里 （10-13 公里）	節奏間歇跑 6-8×1600 公尺，以半馬配速，組間慢跑 800 公尺 * 包括 *2-3 英里（3-5 公里）熱身跑，以及 1-2 英里（2-3 公里）緩和跑*	輕鬆跑 7-10 英里 （11-16 公里）
8	長跑 14-16 英里 （22-26 公里）	輕鬆跑 4-6 英里（6-10 公里）；8×100 公尺跨步跑	節奏跑 6-8 英里（10-13 公里），以半馬配速 * 包括 *2-3 英里（3-5 公里）熱身跑，以及 1-2 英里（2-3 公里）緩和跑*	輕鬆跑 7-10 英里 （11-16 公里）

週四	週五	週六	週跑量
一般跑 6-9 英里（10-14 公里）；8×100 公尺跨步跑	**坡度跑** 8×600 公尺，以 5K 的費力程度跑上緩坡；組間慢跑下坡 *包括 2-3 英里（3-5 公里）熱身跑，以及 1-2 英里（2-3 公里）緩和跑*	**輕鬆跑** 1-6 英里（2-10 公里） 或 **休假**	**48-67 英里** （**77-107 公里**）
一般跑 6-9 英里（10-14 公里）；8×100 公尺跨步跑	**間歇跑** 6-8×800 公尺，以 10K 配速，組間慢跑 400 公尺 *包括 2-3 英里（3-5 公里）熱身跑，以及 1-2 英里（2-3 公里）緩和跑*	**輕鬆跑** 4-6 英里（6-10 公里）	**51-70 英里** （**82-112 公里**）
一般跑 6-9 英里（10-14 公里）	**間歇跑** 1600 公尺，以 10K 配速；1600 公尺，以全馬配速；1200 公尺，以 10K 配速；1600 公尺，以全馬配速；800 公尺，以 5K 配速；1600 公尺，以全馬配速；400 公尺，以一英里跑配速；組間皆慢跑 200 公尺 *包括 2-3 英里（3-5 公里）熱身跑，以及 1-2 英里（2-3 公里）緩和跑*	**輕鬆跑** 1-4 英里（2-6 公里） 或 **休假**	**54-74 英里** （**86-118 公里**）
一般跑 6-9 英里（10-14 公里）；8×100 公尺跨步跑	**坡度跑** 8×600-800 公尺，以 5K 的費力程度跑上緩坡；組間慢跑下坡 *包括 2-3 英里（3-5 公里）熱身跑，以及 1-2 英里（2-3 公里）緩和跑*	**輕鬆跑** 4-6 英里（6-10 公里）	**53-77 英里** （**85-123 公里**）

15K至半馬賽事

16週課表　週跑量 35 英里（56 公里）以上

週次	週日	週一	週二	週三
9	若週六不參賽： **長跑** 15-18 英里 （24-29 公里） 若週六要參賽： **輕鬆跑** 6-8 英里（10-13 公里）	**輕鬆跑** 6-8 英里（10-13 公里）；8×100 公尺跨步跑	**漸速跑** 8-10 英里（13-16 公里），以全馬配速起步，之後每公里持續加快 3-6 秒 *包括 2-3 英里（3-5 公里）熱身跑，以及 1-2 英里（2-3 公里）緩和跑*	**輕鬆跑** 7-10 英里 （11-16 公里）
10	**長跑** 15-18 英里 （24-29 公里）	**輕鬆跑** 6-8 英里（10-13 公里）；8×100 公尺跨步跑	**丘陵跑** 6-8 英里（約 10-13 公里），以一般跑配速，並在有坡度起伏的道路上進行。如果沒有合適的場地，可以選擇比一般跑每公里快 6 秒的速度進行。	**輕鬆跑** 7-10 英里 （11-16 公里）
11	**長跑** 12-15 英里 （19-24 公里）	**輕鬆跑** 6-8 英里 （10-13 公里）	**節奏間歇跑** 3×2 英里（3 公里），以半馬配速，組間慢跑 800 公尺 *包括 2-3 英里（3-5 公里）熱身跑，以及 1-2 英里（2-3 公里）緩和跑*	**輕鬆跑** 7-10 英里 （11-16 公里）
12	**長跑** 15-18 英里 （24-29 公里）	**輕鬆跑** 6-8 英里（10-13 公里）；8×100 公尺跨步跑	**節奏跑** 6-8 英里（10-13 公里），以全馬配速 *包括 2-3 英里（3-5 公里）熱身跑，以及 1-2 英里（2-3 公里）緩和跑*	**輕鬆跑** 7-10 英里 （11-16 公里）

週四	週五	週六	週跑量
一般跑 6-9 英里（10-14 公里）；8×100 公尺跨步跑	若隔天參賽： **輕鬆跑** 1-4 英里（2-6 公里） 若不參賽： **間歇跑** 4-6×1600 公尺，以半馬配速，組間慢跑 400 公尺 *包括 2-3 英里（3-5 公里）熱身跑，以及 1-2 英里（2-3 公里）緩和跑*	**10K 或更短程的賽事** 或 **輕鬆跑** 4-6 英里（6-10 公里）	**40-77 英里** **（64-123 公里）**
一般跑 7-9 英里（11-14 公里）；8×100 公尺跨步跑	**間歇跑** 8-10×400 公尺，以 10K 配速，組間慢跑 200 公尺 *包括 2-3 英里（3-5 公里）熱身跑，以及 1-2 英里（2-3 公里）緩和跑*	**輕鬆跑** 4-6 英里（6-10 公里）	**53-70 英里** **（85-112 公里）**
輕鬆跑 6-8 英里（10-13 公里）	**坡度跑** 8-10×400 公尺，以 5K 的費力程度跑上緩坡；組間慢跑下坡 *包括 2-3 英里（3-5 公里）熱身跑，以及 1-2 英里（2-3 公里）緩和跑*	**輕鬆跑** 4-6 英里（6-10 公里）	**52-69 英里** **（83-110 公里）**
一般跑 6-8 英里（10-13 公里）；8×100 公尺跨步跑	**間歇跑** 2×〔800 公尺，以 10K 配速；1600 公尺，以半馬配速；1600 公尺，以半馬配速；800 公尺，以 10K 配速〕；項目間慢跑 400 公尺；組間慢跑 800 公尺 *包括 2-3 英里（3-5 公里）熱身跑，以及 1-2 英里（2-3 公里）緩和跑*	**輕鬆跑** 1-6 英里（2-10 公里） 或 **休假**	**51-73 英里** **（82-117 公里）**

15K至半馬賽事

16 週課表 週跑量 35 英里（56 公里）以上

週次	週日	週一	週二	週三
13	**長跑** 14-18 英里（22-29 公里）	**輕鬆跑** 6-8 英里（10-13 公里）；8×100 公尺跨步跑	**節奏跑** 4-6 英里（6-10 公里），以半馬配速；800 公尺慢跑；6×400 公尺，以一英里跑配速，組間慢跑 200 公尺 *包括 2-3 英里（3-5 公里）熱身跑，以及 1-2 英里（2-3 公里）緩和跑*	**輕鬆跑** 6-8 英里（10-13 公里）
14	**長跑** 12-15 英里（19-24 公里），最後 2 英里（3 公里）比全馬配速每公里快 3-6 秒	**輕鬆跑** 4-6 英里（6-10 公里）；8×100 公尺跨步跑	**節奏跑** 3 英里（5 公里），以比 10K 每公里慢 16 秒之速度配速 *包括 2-3 英里（3-5 公里）熱身跑，以及 1-2 英里（2-3 公里）緩和跑*	**輕鬆跑** 4-6 英里（6-10 公里）
15	**長跑** 10-12 英里（16-19 公里）	**輕鬆跑** 1-4 英里（2-6 公里）或**休假**	**節奏間歇跑** 3×2 英里（3 公里），以半馬配速，組間慢跑 1600 公尺 *包括 2-3 英里（3-5 公里）熱身跑，以及 1-2 英里（2-3 公里）緩和跑*	**輕鬆跑** 6-8 英里（10-13 公里）
16	**長跑** 8-10 英里（13-16 公里）	**休假**	**間歇跑** 8×400 公尺，以一英里跑配速，組間慢跑 200 公尺 *包括 2-3 英里（3-5 公里）熱身跑，以及 1-2 英里（2-3 公里）緩和跑*	**輕鬆跑** 4-6 英里（6-10 公里）

週四	週五	週六	週跑量
一般跑 6-8 英里（10-13 公里）；8×100 公尺跨步跑	**間歇跑** 8×800 公尺，以 10K 配速，組間慢跑 400 公尺 *包括 2-3 英里（3-5 公里）熱身跑，以及 1-2 英里（2-3 公里）緩和跑	**輕鬆跑** 1-6 英里（2-10 公里） 或 **休假**	49-71 英里（78-114 公里）
一般跑 6-8 英里（10-13 公里）；8×100 公尺跨步跑	**間歇跑** 8×400 公尺，以 5K 配速，組間慢跑 200 公尺 *包括 2-3 英里（3-5 公里）熱身跑，以及 1-2 英里（2-3 公里）緩和跑	**輕鬆跑** 2-4 英里（3-6 公里）	40-55 英里（64-88 公里）
一般跑 6-8 英里（10-13 公里）；8×100 公尺跨步跑	**間歇跑** 6×800 公尺，以 10K 配速，組間慢跑 400 公尺 *包括 2-3 英里（3-5 公里）熱身跑，以及 1-2 英里（2-3 公里）緩和跑	**輕鬆跑** 1-6 英里（2-10 公里） 或 **休假**	40-60 英里（64-96 公里）
輕鬆跑 3-5 英里（5-8 公里）；6×100 公尺跨步跑 或 **休假**	**輕鬆跑** 2-4 英里（3-6 公里）	**15K 至半馬賽事** 或 **輕鬆跑** 2-4 英里（3-6 公里）（若賽事為週日）	20-33 英里（32-53 公里，不包含比賽跑量）

15K 至半馬賽事／16 週課表／週跑量 35 英里（56 公里）以上

12 全馬賽事訓練
Training for and Racing the Marathon

本章將幫助你準備馬拉松賽事，這段 42.2 公里的路程可能是路跑賽事中最受尊敬、也最令人恐懼的距離。

這本書的篇幅遠遠不足以涵蓋所有與全馬訓練和比賽相關的內容。因此，如果你想完全了解馬拉松賽事，我會推薦彼特·費辛格（Pete Pfitzinger）和史考特·道格拉斯（Scott Douglas）編撰的《進階馬拉松全書》（*Advanced Marathoning*）。

本章共有六份課表，三份為期十二週，三份為期十六週。十二週計畫的週跑量分別為最多 65 英里（104 公里）、35 至 70 英里（56-112 公里）、45 英里（72 公里）以上。十六週計畫的週跑量分別為最多 65 英里（104 公里）、40 至 75 英里（64-120 公里）、35

英里（56 公里）以上。如同第七章所述，在選擇課表時有許多需考量的變因，可參考該章節以了解細節。

執行課表方針

課表中的每日課表會寫出當日主要的訓練項目，細部訓練內容則會在第七章說明。訓練過程中可以重複閱讀相關內容，以加強記憶。為了快速了解各種訓練，此處會介紹各種訓練項目並解釋之。

- **輕鬆跑**：在距離最長、強度最高的訓練隔日進行的項目。請不要擔心配速的問題。只要以舒適、能夠交談的速度慢跑即可，不應呼吸急促或費勁使力。完成輕鬆跑之後，應該要感覺特別有活力，準備好面對隔天的訓練。

- **一般跑**：比輕鬆跑稍快，強度更高，但仍處在可以交談的速度。若想累積跑量，此種訓練應是不錯的選擇。如果狀態不錯，可以在最後幾公里加快速度。

- **輕鬆至一般跑**：剛起步時用恢復跑的配速進行。如果你覺得很累、想要全程維持較輕鬆的配速完成此項目也沒問題。如果暖身完成後想要稍微加快速度也可以。但請不要覺得自己「應該」達到某個配速而強迫自己加快。

- **節奏跑**：是一種長時間、長距離的慢跑訓練，通常距離為 3 至 10 公里，以「舒適但稍微吃力」的強度進行，需要集中注意力。對大多數跑者而言，節奏跑應該維持在 15K 至半馬的配速。如果我騎腳踏車經過你身邊問了個問題，你應能以完整的句子回答，但無法像

輕鬆跑或一般跑一樣深入交談。

- **漸速跑**：也是長時間、長距離的訓練項目，以配速漸增的方式進行。漸速跑的效果與傳統節奏跑相似，卻可以幫助我們在疲勞累積的狀況下練習加速。因為起始的速度較慢，此類慢跑會比節奏跑更長。

- **間歇跑**：重複以固定配速完成指定距離。間歇跑距離通常介於 200 公尺及 1600 公尺之間，通常會以一英里跑到 10K 之間的配速進行。可以在距離精準、一致的跑道上訓練此項目，若能找到較平整的路面，也可以在一般道路或其他地方進行。訓練之前，可以大略換算課表中各項目的距離，以計算各區段所需的時間，如：若課表指定以 5K 配速重複跑 800 公尺，就代表每次要用 5K 配速跑 3 分鐘。有一些高強度訓練的內容是以 800 公尺賽事配速進行 200 公尺間歇跑。如果你不確定那是什麼配速，目標是每 200 公尺跑得比你的一英里比賽配速快 2 到 3 秒，即可作為此訓練的目標時間。

- **坡度跑**：以一英里跑的「強度」跑上緩坡，請注意，此處指的並不是「配速」！接著慢跑下坡以恢復體力。理想狀態下，坡度要夠陡，讓人跑步時能輕易發現自己正在爬坡，但也不能陡到難以維持良好、直立的跑姿與高步頻。

- **長跑**：是一週間最長的跑步距離，以能夠交談的速度進行。起步時速度相對輕鬆，並隨著暖身完成逐漸增加強度。請不要躁進，此項訓練的後半部分有很多時間可以讓你抓到節奏。

- **跨步跑**：約 100 公尺的重複性短程訓練，會以一英里跑的速度配速，此項目通常會在輕鬆跑之後或在較難的訓練及比賽前進行。專

注於保持良好的跑姿，兼具速度與放鬆感。跨步跑應該是愉快、輕鬆的訓練；完成此項目後應該會感覺身心舒暢。此項目應在平坦、安全的跑道完成。

全馬訓練應節制

準備全馬賽事時，你可能會覺得練越多越好。既然這個項目那麼辛苦，訓練的強度就應該要更高，對吧？

然而，我的馬拉松經歷卻否證了這一點。我在兩次非常重要的全馬賽事前鑄下大錯，而我希望你們能從這個錯誤中學習。

第一個故事發生在 1996 年，當時我正為奧運馬拉松做準備。那年 2 月入選奧運代表隊後，我的身體狀態很快就恢復了。春天，我跑了幾場不錯的比賽，其中有一次差點就在田徑場上突破自己的 10K 最佳成績。這些短距離賽事的經驗增強了我的信心，因為那陣子我都只有遵循全馬的課表。奧運馬拉松賽事前三週，我跑了於尤蒂卡（Utica）所舉辦的波伊爾梅克公路賽（Boilermaker）的 15K 賽事。在這個競爭激烈的國際賽場上，我獲得了第十一名，是美國排名第一的選手。在大熱天的丘陵地上，我跑出 44 分 15 秒的成績。我理應要滿足於早上的賽果，並認可自己的身體狀態，尤其是我在這場 15K 賽事前完全沒有減少訓練量，相當值得嘉許。但我沒有適可而止，反而覺得：「我接下來要比奧運馬拉松，應該要以前所未有的方式訓練才對。」所以我在賽後慢跑了 16 公里作為緩和運動。

大錯特錯！過了幾天，我開始覺得疲憊不堪。我告訴自己，一旦我真正開始為了馬拉松賽事減少訓練量，就會感覺好多了。我的自我安慰沒有成真。那場奧運全馬從一開始就痛苦不堪。後半段才剛開始，我就已經放棄角逐獎牌。最終，我以 2 小時 20 分 27 秒的成績位居第四十一名，落後金牌選手快要 8 分鐘。

第二個故事發生在 1997 年的紐約馬拉松。自從奧運失利後，我真的很想好好跑一場全馬。紐約馬拉松的路線相當有挑戰性，在排名比時間更重要的情況下，越野跑經歷無疑帶給我很大的優勢。

訓練期間一切都很順利。馬拉松賽事前五週，我跑出了 1 小時 3 分 8 秒的半馬個人紀錄。不幸的是，我又重蹈奧運前犯下的錯誤，以為練越多越好。我採用了一套課表，週五做高強度訓練、週六長跑、週日輕鬆跑、週一馬上再做高強度的坡度跑。我忽視了身體發出的過量警訊，四天內進行三次高強度訓練，導致我越來越疲憊。

紐約馬拉松賽場上，我完全提不起勁，幾乎立刻就跟丟領先集團，獨自跑了大部分的路程。最終，我以 2 小時 20 分 41 秒的成績完賽，位居第十八名。皮特・朱利安（Pete Julian）是我當時的訓練夥伴之一，現在是一名總教練，他用「大蘋果星期一」（Big Apple Monday）這個詞來形容這種過度訓練的狀況。皮特和我仍然會拿這件事開玩笑，如果我們看到自己的跑者又想做完一套不合理的高強度訓練，並出手阻止他把自己練得筋疲力竭，我們就會互相告訴對方：「我剛剛救了一個大蘋果星期一。」

相較之下，在馬拉松生涯早期，我的訓練就更保守一些。我當時參加泛美運動會、奧運馬拉松選拔賽等賽事，而且訓練方向正確，

我讓自己向上爬,並處在頂峰之下的位置,而沒有嘗試越過頂峰、衝下山坡。

有一個很難突破的關卡,就是每當你的體能因為全馬訓練而大幅進步,就很容易以為自己所向無敵。所以你會更加努力訓練,因為你不覺得自己需要像以前一樣認真恢復。你會以為輕微的慢性疲勞、沉重的雙腿無傷大雅,不相信它們會反咬你一口。然而,就跟在全馬賽前拚命訓練一樣,你往往會在為時已晚之後才發現自己搞砸了。

本章的課表會安排適當的恢復期間。請不要破壞你的放鬆日,不要嘗試增加跑量或配速。如果你一直用疲憊的雙腿跑步,會讓你在站上起跑線前就良機盡失,也無法讓你在全馬的最後 10 公里跑出應有的實力。

妥善分配賽前資源

在十二週或十六週的全馬課表中,你會花費大量的時間及精力在訓練上。不要在比賽期間花一堆時間在體育館走來走去,讓你的雙腿長期踏在堅硬的水泥地板上。進去,拿你的號碼牌,然後就馬上走出去。請為比賽儲備精力。(除非我要演講或辦簽書會!)同樣地,你也應該把觀光行程留到比賽後再進行。請在住處附近找你可以接受的餐廳,不要花大把光陰排隊入座。你是來執行任務的,不是來旅遊的。

全馬競賽技巧

人們常說，全馬賽事直到第 32 公里才真正開始。我同意這點，最困難的狀況通常都發生在最後 10 公里。但你仍然必須跑完前 32 公里！我曾經說過，長跑賽事中，你不可能在前 400 公尺決定自己能不能拔得頭籌，但在前 400 公尺失誤絕對能讓你輸掉比賽。馬拉松的一大挑戰就是，你要記住我說的「前 400 公尺」在全馬當中其實是「前 16 公里」。

所以，你必須要有極大的耐心，而且我的建議絕對是正確的。如果在前 5 到 10 公里跑得太快，則你在抵達終點前的每公里都會降速幾秒鐘。所以若全馬賽事起步配速太快，幾乎就代表你會在最後幾公里配速放慢近一分鐘之多。

如果你主要關注的是時間，那麼平均的配速絕對是最佳選擇。有些人會建議在前半程跑得比目標配速稍快一些，以補償最後一段路不可避免的減速情形。我不覺得這種做法有用。起步太快的狀態下，你很有可能放慢得比預期更多，因此風險相當大。

當然，你的配速不會從頭到尾一致，上坡、下坡、轉彎、風向、補給等因素都會影響配速，而且我們又不是人體節拍器，自然無法完全定速。如果你的配速比預期配速慢了 10 秒，也請不要驚慌。要保持自信、繼續完成任務。如果最後幾公里遇到上坡、逆風，那稍後的下坡、順風也會推你一把，讓你追回放慢的部分。

如果到了比賽後半段，你一直都慢於目標配速，也不要讓數字摧毀你的意志力。人在疲倦的狀態下，往往就很難清晰地思考。我的

第一場馬拉松是在 1994 年的波士頓。前 35 公里我都跑得非常好。後來，我突然覺得非常疲勞。在那之前，我的平均每公里的配速略快於 3 分 8 秒，也就是 2 小時 12 分的馬拉松配速，但那之後，我的配速變成每公里 3 分 27 秒。我當時驚慌失措，想著：「每公里 3 分 27 秒？那不就相當於我要 2 小時 25 分才能完賽嗎？這是我要的成績嗎？」顯然地，我不可能在最後幾公里慢上十分鐘之多。但我太累了，沒有馬上想通，所以的態度也馬上轉為消極。這件事非常傷我的士氣，因為我失去了在最後全力衝刺的拚勁。最後成績仍然不錯，我跑出 2 小時 13 分 24 秒，是我職業生涯中第二快的馬拉松，但如果我趕快意識到自己的數學大錯特錯，並保持積極的態度，我可能真的可以跑出 2 小時 12 分的佳績。

如果你一開始有調整好節奏，那前 29 公里對你而言應該不成問題。你應該會覺得自己的步伐都在掌控之中，可以偶爾檢查自己的身體狀態，以放鬆心情，並持續做正向的自我對話來保持樂觀的態度。到了 29 公里至 32 公里之間，你應該會開始感到疲倦。脫水、能量耗盡的狀況會愈加嚴重，也會開始感覺到肌肉損傷。

至此，前面幾十公里的美好時光已經結束了，你能做的就是為最後一段路做好心理準備。請在比賽前想像一下這個時刻。告訴自己：「我知道自己到了 30 公里左右會非常疲倦。但我不會自己嚇自己，想著還有 16 公里要跑。」到了這步，我會提醒自己為了跑到這裡已經付出多少努力，並試著告訴自己這件事對我而言有多麼重要。無論有多疲憊、腿有多痠痛，我都會堅持下去並保持積極的態度。

在剩下的比賽中，我會堅守一次跑一公里的想法。如果你專注

於跑完當下的那一公里，就能跑得更好，心態也能更正向。不要思考前方還剩多少距離，不要想自己還得花多少時間才能到達終點。你的精力跟熱忱很可能在最後幾公里會處於波動的狀態。不要覺得自己會一步錯步步錯。如果你忽視這些負面因素，很快地，你就能再次站起來，告訴自己：「剩最後一公里」或「再跑十五分鐘就好」這樣的話。最後，就是全力以赴，盡力完成任務。

賽事營養補充

職業馬拉松選手比一般跑者更能在比賽期間好好補充能量。每次我參加全馬賽事，都是在菁英選手專區進行補給，工作人員每 5 公里就會提供我們一份個人飲品。對我來說，這個距離代表我每 15 分鐘就可以拿到一次補給，並且能夠慢慢喝完 120 至 180 毫升的運動飲料。

你可以利用全馬賽事的補給資源來模仿這個頻率。若以全馬配速跑步，每小時攝取三到四次 120 至 180 毫升的水，就接近腸胃系統可以處理、消化的最大值。所以，你的確需要在比賽初期、胃部還沒開始不舒服之前攝取最大量的運動飲料。

果凍及其他運動營養品的攝取方法也是一樣的。採用能量果凍作為補給的菁英馬拉松跑者通常會在前 29 公里內使用一至兩包。他們會計時，好讓自己能在拿到飲品之前先食用完果凍，因為在比賽後期攝取能量果凍可能會導致胃部不適。

在馬拉松賽事前做好功課，確切了解補給站的地點，然後在長跑訓練中練習納入補給策略。如果有在長跑或長距離的節奏跑當中納入全馬配速，則練習攝取大量的運動飲料就非常有用。在較慢的配速下喝幾百毫升的液體沒什麼難的，要在較高配速下持續攝取一兩百毫升的水分才是真正的挑戰。

到了比賽後期，你可以用運動飲料漱口然後吐掉，這樣也可以攝取一些能量及水分，特別是胃不舒服的情況下，此做法相當有效。你常常會看到菁英馬拉松跑者直到 40 公里大關後才開始執行這個策略。這個小妙招之所以有效，是因為你嘴裡的感測器會告訴大腦：碳水化合物正在路上，這樣的機制會導致某種心理作用，使你感覺舒服一些。這跟你長跑回家後，一吃到東西就馬上覺得恢復活力是一樣的道理，即使你吃或喝的東西還沒有真正消化、提供你的肌肉能量，還是會覺得舒服許多。

蘇珊娜‧吉拉德‧艾貝爾（Suzanne Girard Eberle）的《耐力運動營養學》（暫譯，*Endurance Sports Nutrition*）和《進階馬拉松全書》當中都有完整教導如何在路跑中途補充能量。

比賽跑鞋

除了在訓練中習慣喝水外，另一件需要習慣的事情就是你在馬拉松比賽中穿的鞋子。許多想要破個人最佳紀錄的跑者會穿中底更厚、有碳纖維板片的「超級跑鞋」。這種跑鞋並不耐用，因此你可能不會想在全馬賽前常常穿。想要了解跑鞋是否適合自己，可以在賽前三週或一週的訓練中試用，兩次長跑加上一次結合半馬、全馬配速的高強度訓練，應該足以讓你知道這雙跑鞋是否適合作為你的比賽戰靴。

庫根教練的全馬賽事經驗談

在全馬賽事中，你很難做到百分之百正確。而我最難忘的慘痛經驗就是 1998 年的芝加哥馬拉松。

那場比賽中我面臨的問題是，賽事當中有一個非常菁英的團隊，他們計畫以世界紀錄的速度出發，程度比我高上太多。還有一群人的成績大約落在 2 小時 20 分左右，但對我來說太慢了。羅德‧德哈文是 2000 年曾出賽奧運全馬的跑者，他當時跟我一起參賽，我們兩個都因為與前後集團的差距而不知該怎麼配速。後來，我們決定以 2 小時 11 分的配速（即每公里 3 分 8 秒）跑盡可能遠的距離。羅德是我的好朋友，偶爾也是我的訓練夥伴，我們同意輪流配速，每一英里就換人領跑（間隔 1600 公尺）。

前 30 公里左右，我們都順暢地輪流做這項工作。然而，我永遠不該是那個試圖將配速保持在每公里 3 分 8 秒的人。我最習慣的跑法是待在一群人當中，以舒適、固定的配速前進。兩年前入選奧運代表隊時，我就是這麼做的，稍後會詳細解釋這點。

如果我不必當那個每一英里都確認是否維持配速的人，那麼我們那天的目標可能還會比較好達成。問題在於，只有我們兩個人，隨時間過去，我要跑到羅德前面、每次都穩定地達到配速變得越來越艱難。更別提我們有時還會遇到逆風，或碰上彎路。

我認為每隔一英里領跑的策略讓我在比賽初期就耗盡大量的意志力和精力。我很早就開始覺得疲倦不堪。最後 10 公里簡直是場災難。我的態度變消極，身體也耗盡了能量，戰線全面崩潰。最後幾公里我應該是以每公里 4 分 4 秒的配速跑完的。最終，我以 2 小時 15 分 33 秒的成績位居第二十名，比我的個人紀錄慢了兩分半鐘，比我跟羅德的目標成績慢了四分多鐘。

如果我再次參加這場比賽，我不會嘗試跑 2 小時 11 分的配速，

儘管我覺得自己有能力。以 2 小時 11 分的配速每隔一英里到前方領跑，其費力程度就跟躲在一群人後面以 2 小時 8 分的配速前進一樣。我可不是個 2 小時 8 分的馬拉松跑者！如果現在要我跑，我可能會建議羅德在前 32 公里以 2 小時 15 分的配速跑，然後確認一下身體狀態，看看最後幾公里是否可以加快配速。我為自己的躁進魯莽付出了代價。我沒有放輕鬆地跑這場比賽，待在一個我能力可及的配速範圍當中。我想用蠻力解決問題，結果又再次輸給馬拉松。所以，趕時間基本上沒什麼好處，跑就對了。如果我當年在芝加哥這樣跑，那我的比賽經驗會更愉快，也會跑得更快。

1996 年的奧運馬拉松選拔賽是所有我參加過的比賽當中表現數一數二好的賽事，也是讓我最有成就感的大賽之一。我做好了萬全的準備，將 1995 年的成績延續到 1996 年 2 月，在賽場上大放異彩。1995 年 3 月，我在泛美運動會的全馬賽事中獲得銀牌。在那之後，我很快地切換回田徑跑道模式。那年 6 月，我在美國錦標賽的 5K 賽事獲得第二名，使我獲得參加 1995 年 8 月世界錦標賽的資格。世錦賽結束後，我在秋天開始準備奧運選拔賽。

那年秋天和冬天我想像了很多比賽時的情景。我試著想像自己跑在一群人當中、以聰明的策略完賽的畫面。賽場上擠滿了許多厲害的跑者，其中包括前 10K 世界紀錄保持人阿圖羅・巴里奧斯、1993 年世界馬拉松冠軍馬克・普拉切、曾參加過 1992 年奧運全馬隊的艾德・艾斯通和鮑伯・肯佩寧（艾德也在 1988 年奧運代表隊之列）。

1994 年在波士頓跑出 2 小時 8 秒的成績後，鮑伯成了奪冠大熱門。我告訴自己，鮑伯總是跑得很聰明，不會犯下愚蠢的錯誤。比賽

開始時，我在領先集團當中，跟在鮑伯和其他幾個頂尖選手後頭。有一位並不被看好的選手早早衝出，並且取得了一定的領先，這讓我有點緊張，因為我不知道他是誰。我一直告訴自己：「你可以的，他會被追上的，保持在領先集團裡就好。」最終，我們追上了那位早期的領跑者，賽事也正式進入了正軌。在大約 27 到 29 公里處，鮑伯突然加速，持續了 800 公尺之遠。我立即對自己說：「再 1600 公尺，一定能追上他。你沒事的，馬克。」當我重新追到鮑伯身邊，他又開始加速，我知道自己該跟上他了，因為這是爭奪奧運代表資格的時候了。32 公里後，鮑伯、基斯和我已經拉開了與其他選手的距離。鮑伯在第 37 公里處跑出每公里 2 分 57 秒的配速，在馬拉松尾聲，這樣的配速簡直和用飛的沒有兩樣。我用盡了精神和體力，才勉強跟上。然而，鮑伯在第 38 公里時拉開了距離──同時還在嘔吐──卻依然保持領先，就這樣一路跑到了終點。我最終無法在比賽後期超越他。

基斯和我知道我們會進入代表隊，所以一起跑到最後 800 公尺。最後，我向前衝刺，獲得第二名，以 2 小時 13 分 5 秒突破了個人最佳成績。

我在這場比賽跑得非常聰明，並且堅持了原定的策略。我知道比賽當下一定非常艱難，而鮑伯採取關鍵行動的那刻，我就到了我該在的位置。我事前的意象訓練非常有幫助，因為當一切在現實中發生時，我早就已經在腦海裡經歷過這些事，也知道該如何應對。

有時，事情會如你所願，所以你必須抓住這些機會。全馬選拔賽那天很冷，而且是在坡地上進行，我剛好是越野賽選手，也喜歡寒冷的天氣。而且，我在比賽期間喝了所有的飲品，也沒有感覺腸胃不

舒服。所有外在因素都有助於我在整場比賽中保持積極的心態,讓我跑出一生中最好的馬拉松。

如果比賽不在週六怎麼辦?

本章課表所預定的全馬賽事會落在週六,所以你的賽事若是在週日,則可以稍微調整最後一週的行程。

另外,我們也知道像是波士頓馬拉松(Boston Marathon)就是在週一舉辦。所以,如果你也要在週一跑全馬賽事,則可以依照賽事在週日的情況調整,並在賽前一天進行 3 至 5 公里的輕鬆跑;如果週日想直接休息,那也沒問題,我會祝你好運。我寧願你在比賽前兩天跳過一次訓練,也不希望你在比賽前一天跳過。

如果你要參加波士頓馬拉松,那麼請好好利用這個多出來的假日,讓你能為這場從霍普金頓(Hopkinton)一路跑到波士頓的比賽做好更萬全的身心準備。到了波士頓,就好好享受這場全馬比賽吧!(但也別太享受!詳情請見本章前半的補充說明「妥善分配賽前資源」)

全馬賽事

12 週課表 週跑量最多 65 英里（104 公里）

週次	週日	週一	週二	週三
1	**長跑** 8-12 英里 （13-19 公里）	**輕鬆跑** 1-4 英里 （2-6 公里） 或 **休假**	**節奏跑** 4-5 英里（6-8 公里），以半馬配速 *包括2英里（3公里）熱身跑，以及 1600 公尺緩和跑*	**輕鬆跑** 5-7 英里 （8-11 公里）
2	**長跑** 10-14 英里 （16-22 公里）	**輕鬆跑** 1-4 英里 （2-6 公里） 或 **休假**	**漸速跑** 4-5 英里（6-8 公里），起始速度比 10K 每公里慢 22 秒，之後每公里持續加快 3-6 秒 *包括2英里（3公里）熱身跑，以及 1600 公尺緩和跑*	**輕鬆跑** 5-7 英里 （8-11 公里）
3	**長跑** 12-14 英里 （19-22 公里）	**輕鬆跑** 1-4 英里 （2-6 公里） 或 **休假**	**節奏間歇跑** 3×2400 公尺，以全馬配速 *包括2英里（3公里）熱身跑，以及 1600 公尺緩和跑*	**輕鬆跑** 5-7 英里 （8-11 公里）
4	**長跑** 13-16 英里 （21-26 公里）	**輕鬆跑** 1-4 英里 （2-6 公里） 或 **休假**	**節奏跑** 6-8 英里（10-13 公里），以全馬配速 *包括2英里（3公里）熱身跑，以及 1600 公尺緩和跑*	**輕鬆跑** 3-5 英里 （5-8 公里）

（單位皆經過英制到公制換算並四捨五入）

週四	週五	週六	週跑量
一般跑 4-6 英里（6-10 公里）；8×100 公尺跨步跑	**間歇跑** 8×400 公尺，以 10K 配速，組間慢跑 200 公尺 *包括 2 英里（3 公里）熱身跑，以及 1600 公尺緩和跑*	**輕鬆跑** 1-4 英里 （2-6 公里） 或 **休假**	**29-47 英里** **（46-75公里）**
一般跑 4-6 英里（6-10 公里）；8×100 公尺跨步跑	**坡度跑** 8×400-500 公尺，以 5K 費力程度跑上緩坡；組間慢跑下坡 *包括 2 英里（3 公里）熱身跑，以及 1600 公尺緩和跑*	**輕鬆至一般跑** 3-4 英里 （5-6 公里）	**36-50 英里** **（58-80公里）**
一般跑 4-6 英里（6-10 公里）；8×100 公尺跨步跑	**間歇跑** 10×400 公尺，以 10K 配速，組間慢跑 200 公尺 *包括 2 英里（3 公里）熱身跑，以及 1600 公尺緩和跑*	**輕鬆至一般跑** 1-4 英里 （2-6 公里） 或 **休假**	**36-50 英里** **（58-80公里）**
一般跑 4 英里（6 公里）	**坡度跑** 6-8×600-800 公尺，以 5K 的費力程度跑上緩坡；組間慢跑下坡 *包括 2 英里（3 公里）熱身跑，以及 1600 公尺緩和跑*	**輕鬆至一般跑** 1-4 英里 （2-6 公里） 或 **休假**	**36-55 英里** **（58-88公里）**

全馬賽事／12 週課表／週跑量最多 65 英里（104 公里）

全馬賽事

12 週課表 週跑量最多 65 英里（104 公里）

週次	週日	週一	週二	週三
5	**長跑** 14-18 英里 （22-29 公里）	**輕鬆跑** 1-4 英里 （2-6 公里） 或 **休假**	**漸速跑** 6-8 英里（10-13 公里），以全馬配速起步，之後每公里持續加快 2-3 秒 *包括 2 英里（3 公里）熱身跑，以及 1600 公尺緩和跑*	**輕鬆跑** 7-10 英里 （11-16 公里）
6	**長跑配速訓練** 15-18 英里 （24-29 公里），以全馬配速完成最後 5 英里（8 公里）	**輕鬆跑** 1-4 英里 （2-6 公里） 或 **休假**	**節奏跑** 8-10 英里（10-16 公里），以比全馬稍慢的速度起步，然後逐漸加快至全馬配速 *包括 2 英里（3 公里）熱身跑，以及 1600 公尺緩和跑*	**輕鬆跑** 7-10 英里 （11-16 公里）
7	**長跑配速訓練** 17-20 英里 （27-32 公里），最後 2 英里（3 公里），以全馬配速	**輕鬆跑** 1-4 英里 （2-6 公里） 或 **休假**	**節奏跑** 10-13 英里（16-21 公里），最後 5 英里（8 公里）逐漸加快，以全馬配速完成最後 1600 公尺；1600 公尺緩和跑 *無須熱身*	**輕鬆跑** 4-6 英里 （6-10 公里）
8	**長跑** 18-22 英里 （29-35 公里）	**輕鬆跑** 1-4 英里 （2-6 公里） 或 **休假**	**一般跑** 6-8 英里（10-13 公里）	**輕鬆跑** 4-6 英里 （6-10 公里）

週四	週五	週六	週跑量
一般跑 4-6 英里（6-10公里）；8×100公尺跨步跑	**間歇跑** 1600 公尺，以 10K 配速；1200 公尺，以 10K 配速；1600 公尺，以全馬配速；800 公尺，以 5K 配速；1600 公尺，以全馬配速；400 公尺，以一英里跑配速；組間皆慢跑 200 公尺 *包括 2 英里（3 公里）熱身跑，以及 1600 公尺緩和跑*	**輕鬆跑** 1-4 英里 （2-6 公里） 或 **休假**	**43-62 英里** **（69-99 公里）**
一般跑 6-9 英里（10-14公里）；8×100公尺跨步跑	**坡度跑** 8×600-800 公尺，以 5K 的費力程度跑上緩坡；組間慢跑下坡 *包括 2 英里（3 公里）熱身跑，以及 1600 公尺緩和跑*	**輕鬆至一般跑** 1-4 英里 （2-6 公里） 或 **休假**	**46-67 英里** **（74-107公里）**
一般跑 4-6 英里（6-10公里）；8×100公尺跨步跑	**間歇跑** 8×800 公尺，以比 10K 稍慢的速度配速；除第四、五組間慢跑 800 公尺外，其餘組間皆慢跑 400 公尺 *包括 2 英里（3 公里）熱身跑，以及 1600 公尺緩和跑*	**輕鬆至一般跑** 1-6 英里 （2-10 公里） 或 **休假**	**42-62 英里** **（67-99 公里）**
一般跑 4-6 英里 （6-10 公里）	**節奏跑** 8-10 英里（13-16 公里），以全馬配速 *包括 2 英里（3 公里）熱身跑，以及 1600 公尺緩和跑*	**輕鬆至一般跑** 1-4 英里 （2-6 公里） 或 **休假**	**43-63 英里** **（69-101公里）**

全馬賽事

12 週課表 週跑量最多 65 英里（104 公里）

週次	週日	週一	週二	週三
9	**長跑配速訓練** 16-18 英里（26-29 公里），以全馬配速完成最後 4 英里（6 公里）	**輕鬆跑** 1-4 英里（2-6 公里） 或 **休假**	**節奏跑** 6-8 英里（10-13 公里），以比全馬每公里快 2-3 秒之速度配速；800 公尺慢跑；6×400 公尺，以 5K 配速，組間慢跑 200 公尺 * 包括 2 英里（3 公里）熱身跑，以及 1600 公尺緩和跑	**輕鬆跑** 7-10 英里（11-16 公里）
10	**長跑** 12-15 英里（19-24 公里）	**輕鬆跑** 1-4 英里（2-6 公里） 或 **休假**	若上週六參賽： **輕鬆跑** 6-8 英里（10-13 公里） 若未參賽： **節奏跑** 8 英里（13 公里），以全馬配速 * 包括 2 英里（3 公里）熱身跑，以及 1600 公尺緩和跑	**輕鬆跑** 7-10 英里（11-16 公里）
11	**長跑** 10-14 英里（16-22 公里）	**輕鬆跑** 1-4 英里（2-6 公里） 或 **休假**	**間歇跑** 3×3 英里（5 公里），第一、三組為全馬配速，第二組為半馬配速，組間慢跑 800 公尺 * 包括 2 英里（3 公里）熱身跑，以及 1600 公尺緩和跑	**休假**
12	**長跑** 8-12 英里（13-19 公里）	**輕鬆跑** 1-4 英里（2-6 公里） 或 **休假**	**間歇跑** 6×800 公尺，以全馬配速，組間慢跑 400 公尺 * 包括 2 英里（3 公里）熱身跑，以及 1600 公尺緩和跑	**輕鬆跑** 4-6 英里（6-10 公里）；8×100 公尺跨步跑

週四	週五	週六	週跑量
一般跑 6-9 英里（10-14 公里）；8×100 公尺跨步跑	若隔天參賽： **輕鬆跑** 1-4 英里（2-6 公里） 若不參賽： **坡度跑** 6-8×600-800 公尺，以 5K 的費力程度跑上緩坡，組間慢跑下坡 *包括 2 英里（3 公里）熱身跑，以及 1600 公尺緩和跑*	**10K** **或更短程的賽事** 或 **輕鬆至一般跑** 1-4 英里（2-6 公里）	48-66 英里（77-106 公里）
一般跑 6-9 英里（10-14 公里）；8×100 公尺跨步跑	**間歇跑** 8×400 公尺，以 10K 配速，組間慢跑 200 公尺 *包括 2 英里（3 公里）熱身跑，以及 1600 公尺緩和跑*	**輕鬆至一般跑** 1-6 英里（2-10 公里） 或 **休假**	37-61 英里（59-98 公里）
一般跑 5-7 英里（8-11 公里）；8×100 公尺跨步跑	**節奏跑** 4-6 英里（6-10 公里），以全馬配速 *包括 2 英里（3 公里）熱身跑，以及 1600 公尺緩和跑*	**輕鬆至一般跑** 1-6 英里（2-10 公里） 或 **休假**	35-55 英里（56-85 公里）
輕鬆跑 1-4 英里（2-6 公里） 或 **休假**	**輕鬆跑** 2-4 英里（3-6 公里）	**全馬賽事** 或 **輕鬆跑** 2-4 英里（3-6 公里）（若賽事為週日）	21-37 英里（34-60 公里，不包含比賽跑量）

全馬賽事

12 週課表 週跑量 35-70 英里（56-112 公里）

週次	週日	週一	週二	週三
1	**長跑** 8-12 英里 （13-19 公里）	**輕鬆跑** 4-6 英里（6-10 公里）；8×100 公尺跨步跑	**節奏跑** 4-5 英里（6-8 公里），以半馬配速 *包括2英里（3公里）熱身跑，以及 1600 公尺緩和跑	**輕鬆跑** 5-7 英里 （8-11 公里）
2	**長跑** 10-14 英里 （16-22 公里）	**輕鬆跑** 4-6 英里（6-10 公里）；8×100 公尺跨步跑	**漸速跑** 4-5 英里（6-8 公里），起始速度比 10K 每公里慢 22 秒，之後每公里持續加快 3-6 秒 *包括2英里（3公里）熱身跑，以及 1600 公尺緩和跑	**輕鬆跑** 5-7 英里 （8-11 公里）
3	**長跑** 12-14 英里 （19-22 公里）	**輕鬆跑** 4-6 英里（6-10 公里）；8×100 公尺跨步跑	**節奏間歇跑** 3-4×2400 公尺，以全馬配速，組間慢跑 800 公尺 *包括2英里（3公里）熱身跑，以及 1600 公尺緩和跑	**輕鬆跑** 5-7 英里 （8-11 公里）
4	**長跑** 13-16 英里 （21-26 公里）	**輕鬆跑** 4 英里（6 公里）	**節奏跑** 6-8 英里（10-13 公里），以全馬配速 *包括2英里（3公里）熱身跑，以及 1600 公尺緩和跑	**輕鬆跑** 3-5 英里 （5-8 公里）

（單位皆經過英制到公制換算並四捨五入）

週四	週五	週六	週跑量
一般跑 4-6 英里（6-10 公里）；8×100 公尺跨步跑	**間歇跑** 8×400 公尺，以 10K 配速，組間慢跑 200 公尺 *包括 2 英里（3 公里）熱身跑，以及 1600 公尺緩和跑*	**輕鬆跑** 3-4 英里 （5-6 公里）	**37-49 英里 （59-78 公里）**
一般跑 4-6 英里（6-10 公里）；8×100 公尺跨步跑	**坡度跑** 8×400 公尺，以 5K 的費力程度跑上緩坡；組間慢跑下坡 *包括 2 英里（3 公里）熱身跑，以及 1600 公尺緩和跑*	**輕鬆至一般跑** 3-4 英里 （5-6 公里）	**40-51 英里 （64-82 公里）**
一般跑 4-6 英里（6-10 公里）；8×100 公尺跨步跑	**間歇跑** 10×400 公尺，以 10K 配速，組間慢跑 200 公尺 *包括 2 英里（3 公里）熱身跑，以及 1600 公尺緩和跑*	**輕鬆至一般跑** 2-4 英里 （3-6 公里）	**43-54 英里 （69-86 公里）**
一般跑 4 英里（6 公里）	**坡度跑** 6-8×600 公尺，以 5K 的費力程度跑上緩坡；組間慢跑下坡 *包括 2 英里（3 公里）熱身跑，以及 1600 公尺緩和跑*	**輕鬆至一般跑** 1-4 英里 （2-6 公里） 或 **休假**	**40-53 英里 （64-85 公里）**

全馬賽事

12 週課表 週跑量 35-70 英里（56-112 公里）

週次	週日	週一	週二	週三
5	**長跑** 14-18 英里（22-29 公里）	**輕鬆跑** 4 英里（6 公里）；8×100 公尺跨步跑	**漸速跑** 6-8 英里（10-13 公里），以全馬配速起步，之後每公里持續加快 2-3 秒 *包括 2 英里（3 公里）熱身跑，以及 1600 公尺緩和跑*	**輕鬆跑** 7-10 英里（11-16 公里）
6	**長跑配速訓練** 15-18 英里（24-29 公里），以全馬配速完成最後 5 英里（8 公里）	**輕鬆跑** 4 英里（6 公里）	**節奏跑** 8-10 英里（10-16 公里），以比全馬稍慢的速度起步，然後逐漸加快至全馬配速 *包括 2 英里（3 公里）熱身跑，以及 1600 公尺緩和跑*	**輕鬆跑** 7-10 英里（11-16 公里）
7	**長跑** 17-20 英里（27-32 公里），最後 2 英里（3 公里），以全馬配速	**輕鬆跑** 2-4 英里（3-6 公里）	**節奏跑** 10-13 英里（16-21），最後 5 英里（8 公里）逐漸加快，以全馬配速完成最後 1600 公尺；1600 公尺緩和跑 *無須熱身*	**輕鬆跑** 4-6 英里（6-10 公里）
8	**長跑** 18-22 英里（29-35 公里）	**輕鬆跑** 1-4 英里（2-6 公里） 或 **休假**	**一般跑** 6-8 英里（10-13 公里）	**輕鬆跑** 4-6 英里（6-10 公里）

週四	週五	週六	週跑量
一般跑 4-6 英里（6-10 公里）；8×100 公尺跨步跑	**間歇跑** 1600 公尺，以 10K 配速；1600 公尺，以全馬配速；1200 公尺，以 10K 配速；1600 公尺，以全馬配速；800 公尺，以 5K 配速；1600 公尺，以全馬配速；400 公尺，以一英里跑配速；組間皆慢跑 200 公尺 *包括 2 英里（3 公里）熱身跑，以及 1600 公尺緩和跑*	**輕鬆至一般跑** 1-6 英里（2-10 公里） 或 **休假**	**49-66 英里 （78-106 公里）**
一般跑 6-9 英里（10-14 公里）；8×100 公尺跨步跑	**坡度跑** 8×600-800 公尺，以 5K 的費力程度跑上緩坡；組間慢跑下坡 *包括 2 英里（3 公里）熱身跑，以及 1600 公尺緩和跑*	**輕鬆至一般跑** 4-6 英里（6-10 公里）	**55-70 英里 （88-112 公里）**
一般跑 4-6 英里（6-10 公里）；8×100 公尺跨步跑	**間歇跑** 8×800 公尺，以比 10K 稍慢的速度配速；除第四、五組間慢跑 800 公尺外，其餘組間皆慢跑 400 公尺 *包括 2 英里（3 公里）熱身跑，以及 1600 公尺緩和跑*	**輕鬆至一般跑** 4-6 英里（6-10 公里）	**50-64 英里 （80-102 公里）**
一般跑 4-6 英里（6-10 公里）	**節奏跑** 8-10 英里（13-16 公里），以全馬配速 *包括 2 英里（3 公里）熱身跑，以及 1600 公尺緩和跑*	**輕鬆至一般跑** 1-4 英里（2-6 公里） 或 **休假**	**43-63 英里 （69-101 公里）**

全馬賽事／12 週課表／週跑量 35-70 英里（56-112 公里）

全馬賽事

12週課表 週跑量 35-70 英里（56-112 公里）

週次	週日	週一	週二	週三
9	**長跑** 16-18 英里（26-29 公里），最後 2 英里（3 公里）比馬拉松配速快一點	**輕鬆跑** 4-6 英里（6-10 公里）；8×100 公尺跨步跑	**節奏跑** 6-8 英里（10-13 公里），以比全馬每公里快 2-3 秒之速度配速；800 公尺慢跑；6×400 公尺，以 5K 配速，組間慢跑 200 公尺 *包括 2 英里（3 公里）熱身跑，以及 1600 公尺緩和跑*	**輕鬆跑** 7-10 英里（11-16 公里）
10	**長跑** 12-15 英里（19-24 公里）	**輕鬆跑** 6-8 英里（10-13 公里）；8×100 公尺跨步跑	若上週六參賽： **輕鬆跑** 6-8 英里（10-13 公里） 若未參賽： **節奏跑** 8 英里（13 公里），以全馬配速 *包括 2 英里（3 公里）熱身跑，以及 1600 公尺緩和跑*	**輕鬆跑** 7-10 英里（11-16 公里）
11	**長跑** 10-14 英里（16-22 公里）	**輕鬆跑** 5-7 英里（8-11 公里）	**間歇跑** 3×3 英里（5 公里），組間慢跑 800 公尺；第一、三組為全馬配速，第二組為半馬配速 *包括 2 英里（3 公里）熱身跑，以及 1600 公尺緩和跑*	**輕鬆跑** 6-8 英里（10-13 公里）
12	**長跑** 8-12 英里（13-19 公里）	**輕鬆跑** 4-6 英里（6-10 公里）	**間歇跑** 6×800 公尺，以半馬配速，組間慢跑 400 公尺 *包括 2 英里（3 公里）熱身跑，以及 1600 公尺緩和跑*	**輕鬆跑** 4-6 英里（6-10 公里）；8×100 公尺跨步跑

週四	週五	週六	週跑量
一般跑 6-9 英里（10-14 公里）；8×100 公尺跨步跑	若隔天參賽： **輕鬆跑** 1-4 英里（2-6 公里） 若不參賽： **坡度跑** 6-8×600-800 公尺，以 5K 的費力程度跑上緩坡，組間慢跑下坡 *包括 2 英里（3 公里）熱身跑，以及 1600 公尺緩和跑*	10K 或更短程的**賽事** 或 **輕鬆至一般跑** 1-4 英里（2-6 公里）	54-70 英里（86-112 公里）
一般跑 6-9 英里（10-14 公里）；8×100 公尺跨步跑	**間歇跑** 8×400 公尺，以 10K 配速，組間慢跑 200 公尺 *包括 2 英里（3 公里）熱身跑，以及 1600 公尺緩和跑*	**輕鬆至一般跑** 1-6 英里（2-10 公里） 或 **休假**	43-65 英里（69-104 公里）
一般跑 5-7 英里（8-11 公里）；8×100 公尺跨步跑	**節奏跑** 4-6 英里（6-10 公里），以全馬配速 *包括 2 英里（3 公里）熱身跑，以及 1600 公尺緩和跑*	**輕鬆至一般跑** 1-6 英里（2-10 公里） 或 **休假**	45-64 英里（72-102 公里）
輕鬆跑 1-4 英里（2-6 公里） 或 **休假**	**輕鬆跑** 2-4 英里（3-6 公里）	**全馬賽事** 或 **輕鬆跑** 2-4 英里（3-6 公里）（若賽事為週日）	25-39 英里（40-62 公里，不包含比賽跑量）

全馬賽事

12 週課表 週跑量 45 英里（72 公里）以上

週次	週日	週一	週二	週三
1	**長跑** 10-12 英里 （16-19 公里）	**輕鬆跑** 6-8 英里（10-13公里）；8×100 公尺跨步跑	**節奏跑** 4-6 英里（6-10 公里），以全馬配速 *包括 2-3 英里（3-5 公里）熱身跑，以及 1-2 英里（2-3 公里）緩和跑*	**輕鬆跑** 7-9 英里 （11-14 公里）
2	**長跑** 10-14 英里 （16-22 公里）	**輕鬆跑** 6-8 英里（10-13公里）；8×100 公尺跨步跑	**漸速跑** 4-6 英里（6-10 公里），起始速度比 10K 每公里慢 22 秒，之後每公里持續加快 3-6 秒 *包括 2-3 英里（3-5 公里）熱身跑，以及 1-2 英里（2-3 公里）緩和跑*	**輕鬆跑** 7-9 英里 （11-14 公里）
3	**長跑** 12-14 英里 （19-22 公里）	**輕鬆跑** 6-8 英里（10-13公里）；8×100 公尺跨步跑	**節奏間歇跑** 4×2400 公尺，以全馬配速，組間慢跑 800 公尺 *包括 2-3 英里（3-5 公里）熱身跑，以及 1-2 英里（2-3 公里）緩和跑*	**輕鬆跑** 7-10 英里 （11-16 公里）
4	**長跑** 14-16 英里 （22-26 公里）	**輕鬆跑** 6-8 英里 （10-13 公里）	**節奏跑** 6-8 英里（10-13 公里），以全馬配速 *包括 2-3 英里（3-5 公里）熱身跑，以及 1-2 英里（2-3 公里）緩和跑*	**輕鬆跑** 7-10 英里 （11-16 公里）

（單位皆經過英制到公制換算並四捨五入）

週四	週五	週六	週跑量
一般跑 7-9 英里（11-14 公里）；8×100 公尺跨步跑	**間歇跑** 8×400 公尺，以 10K 配速，組間慢跑 200 公尺 *包括 2-3 英里（3-5 公里）熱身跑，以及 1-2 英里（2-3 公里）緩和跑	**輕鬆跑** 4-6 英里 （6-10 公里）	**47-63 英里 （75-101 公里）**
一般跑 7-9 英里（11-14 公里）；8×100 公尺跨步跑	**坡度跑** 8×400-500 公尺，以 5K 的費力程度跑上緩坡；組間慢跑下坡 *包括 2-3 英里（3-5 公里）熱身跑，以及 1-2 英里（2-3 公里）緩和跑	**輕鬆至一般跑** 4-6 英里 （6-10 公里）	**48-64 英里 （77-102 公里）**
一般跑 7-9 英里（11-14 公里）；8×100 公尺跨步跑	**間歇跑** 10-12×400 公尺，以 10K 配速，組間慢跑 200 公尺 *包括 2-3 英里（3-5 公里）熱身跑，以及 1-2 英里（2-3 公里）緩和跑	**輕鬆至一般跑** 4-6 英里 （6-10 公里）	**53-69 英里 （85-110 公里）**
一般跑 6-9 英里 （10-14 公里）	**坡度跑** 8×600-800 公尺，以 5K 的費力程度跑上緩坡；組間慢跑下坡 *包括 2-3 英里（3-5 公里）熱身跑，以及 1-2 英里（2-3 公里）緩和跑	**輕鬆至一般跑** 1-4 英里 （2-6 公里） 或 **休假**	**49-73 英里 （78-117 公里）**

全馬賽事／12 週課表／週跑量 45 英里（72 公里）以上

全馬賽事

12 週課表 週跑量 45 英里（72 公里）以上

週次	週日	週一	週二	週三
5	**長跑** 15-18 英里 （24-29 公里）	**輕鬆跑** 6-8 英里（10-13 公里）；8×100 公尺跨步跑	**漸速跑** 6-8 英里（10-13 公里），以全馬配速起步，之後每公里持續加快 2-3 秒 *包括 2-3 英里（3-5 公里）熱身跑，以及 1-2 英里（2-3 公里）緩和跑*	**輕鬆跑** 7-10 英里 （11-16 公里）
6	**長跑配速訓練** 15-18 英里（24-29 公里），以全馬配速完成最後 5 英里（8 公里）	**輕鬆跑** 4-8 英里 （6-13 公里）	**節奏跑** 8-10 英里（13-16 公里），以比全馬稍慢的速度起步，然後逐漸加快至全馬配速 *包括 2-3 英里（3-5 公里）熱身跑，以及 1-2 英里（2-3 公里）緩和跑*	**輕鬆跑** 7-10 英里 （11-16 公里）
7	**長跑** 17-20 英里（27-32 公里），最後 2 英里（3 公里），以全馬配速	**輕鬆跑** 4-8 英里 （6-13 公里）	**節奏跑** 13 英里（21 公里），在最後 5 英里（8 公里）逐漸加快，以全馬配速完成最後 1600 公尺；1-2 英里（2-3 公里）緩和跑	**輕鬆跑** 7-10 英里 （11-16 公里）
8	**長跑** 20-22 英里 （32-35 公里）	**輕鬆跑** 5-7 英里 （8-11 公里）	**一般跑** 6-8 英里（10-13 公里）；8×100 公尺跨步跑	**輕鬆跑** 6-8 英里 （10-13 公里）

週四	週五	週六	週跑量
一般跑 6-9 英里（10-14 公里）；8×100 公尺跨步跑	**間歇跑** 1600 公尺，以 10K 配速；1600 公尺，以全馬配速；1200 公尺，以 10K 配速；1600 公尺，以全馬配速；800 公尺，以 5K 配速；1600 公尺，以全馬配速；400 公尺，以一英里跑配速；組間皆慢跑 200 公尺 *包括 2-3 英里（3-5 公里）熱身跑，以及 1-2 英里（2-3 公里）緩和跑*	**輕鬆至一般跑** 4-6 英里 （6-10 公里）	**55-73 英里** **（88-117公里）**
一般跑 6-9 英里（10-14 公里）；8×100 公尺跨步跑	**坡度跑** 8×600-800 公尺，以 5K 的費力程度跑上緩坡；組間慢跑下坡 *包括 2-3 英里（3-5 公里）熱身跑，以及 1-2 英里（2-3 公里）緩和跑*	**輕鬆至一般跑** 4-6 英里 （6-10 公里）	**56-79 英里** **（90-126公里）**
一般跑 6-9 英里（10-14 公里）；8×100 公尺跨步跑	**間歇跑** 8×800 公尺，以比 10K 稍慢的速度配速；除第四、五組間慢跑 800 公尺外，其餘組間皆慢跑 400 公尺 *包括 2-3 英里（3-5 公里）熱身跑，以及 1-2 英里（2-3 公里）緩和跑*	**輕鬆至一般跑** 4-6 英里 （6-10 公里）	**61-77 英里** **（98-123公里）**
一般跑 5-7 英里 （8-11 公里）	**節奏跑** 8-10 英里（13-16 公里），以全馬配速 *包括 2-3 英里（3-5 公里）熱身跑，以及 1-2 英里（2-3 公里）緩和跑*	**輕鬆至一般跑** 1-4 英里 （2-6 公里） 或 **休假**	**53-71 英里** **（85-114公里）**

全馬賽事

12週課表 週跑量 45 英里（72 公里）以上

週次	週日	週一	週二	週三
9	**長跑配速訓練** 16-18 英里（26-29 公里），最後 4 英里（6 公里）比馬拉松配速快一點	**輕鬆跑** 4-6 英里（6-10 公里）；8×100 公尺跨步跑	**節奏跑** 6-8 英里（10-13 公里），以比全馬每公里快 2-3 秒之速度配速；800 公尺慢跑；6×400 公尺，以 5K 配速，組間慢跑 200 公尺 *包括 2-3 英里（3-5 公里）熱身跑，以及 1-2 英里（2-3 公里）緩和跑*	**輕鬆跑** 7-10 英里（11-16 公里）
10	**長跑** 13-15 英里（21-24 公里）	**輕鬆跑** 6-8 英里（10-13 公里）；8×100 公尺跨步跑	若上週六參賽： **輕鬆跑** 6-8 英里（10-13 公里） 若未參賽： **節奏跑** 8 英里（13 公里），全馬配速 *包括 2-3 英里（3-5 公里）熱身跑，以及 1-2 英里（2-3 公里）緩和跑*	**輕鬆跑** 7-10 英里（11-16 公里）
11	**長跑** 12-14 英里（19-22 公里）	**輕鬆跑** 5-7 英里（8-11 公里）	**間歇跑** 3×3 英里（5 公里），組間慢跑 800 公尺；第一、三組為全馬配速，第二組為半馬配速 *包括 2-3 英里（3-5 公里）熱身跑，以及 1-2 英里（2-3 公里）緩和跑*	**輕鬆跑** 6-8 英里（10-13 公里）
12	**長跑** 8-12 英里（13-19 公里）	**輕鬆跑** 4-6 英里（6-10 公里）	**間歇跑** 6×800 公尺，以半馬配速，組間慢跑 400 公尺 *包括 2-3 英里（3-5 公里）熱身跑，以及 1-2 英里（2-3 公里）緩和跑*	**輕鬆跑** 4-6 英里（6-10 公里）；8×100 公尺跨步跑

週四	週五	週六	週跑量
一般跑 6-9 英里（10-14公里）；8×100公尺跨步跑	若隔天參賽： **輕鬆跑** 1-4 英里（2-6 公里） 若不參賽： **坡度跑** 8×600-800 公尺，以 5K 的費力程度跑上緩坡，組間慢跑下坡 *包括 2-3 英里（3-5 公里）熱身跑，以及 1-2 英里（2-3 公里）緩和跑*	**10K 或更短程的賽事** 或 **輕鬆至一般跑** 4-6 英里（6-10 公里）	**54-75 英里（86-120 公里）**
一般跑 6-9 英里（10-14公里）；8×100公尺跨步跑	**間歇跑** 8×400 公尺，以 10K 配速，組間慢跑 200 公尺 *包括 2-3 英里（3-5 公里）熱身跑，以及 1-2 英里（2-3 公里）緩和跑*	**輕鬆至一般跑** 4-6 英里（6-10 公里）	**48-69 英里（77-110 公里）**
一般跑 5-7 英里（8-11公里）；8×100公尺跨步跑	**節奏跑** 4-6 英里（6-10 公里），以全馬配速 *包括 2-3 英里（3-5 公里）熱身跑，以及 1-2 英里（2-3 公里）緩和跑*	**輕鬆至一般跑** 1-6 英里（2-10 公里） 或 **休假**	**46-68 英里（74-109 公里）**
輕鬆跑 1-4 英里（2-6 公里） 或 **休假**	**輕鬆跑** 2-4 英里（3-6 公里）	**全馬賽事** 或 **輕鬆跑** 2-4 英里（3-6 公里） （若賽事為週日）	**25-41 英里（40-66 公里，不包含比賽跑量）**

全馬賽事

16 週課表 週跑量最多 65 英里（104 公里）

週次	週日	週一	週二	週三
1	<u>長跑</u> 8-10 英里 （13-16 公里）	<u>輕鬆跑</u> 4-6 英里 （6-10 公里）	一般跑 4-6 英里（6-10 公里）	<u>休假</u>
2	<u>長跑</u> 8-10 英里 （13-16 公里）	<u>輕鬆跑</u> 4-6 英里（6-10 公里）；6-8×100 公尺跨步跑	<u>節奏跑</u> 3-4 英里（5-6 公里），以半馬配速 *包括2英里（3公里）熱身跑，以及1600公尺緩和跑	<u>休假</u>
3	<u>長跑</u> 10-12 英里 （16-19 公里）	<u>輕鬆跑</u> 5-7 英里（8-11 公里）；6-8×100 公尺跨步跑	<u>丘陵跑</u> 6-8 英里（約 10-13 公里），以一般跑配速，並在有坡度起伏的道路上進行。如果沒有合適的場地，可以選擇比一般跑每公里快6秒的速度進行。	<u>休假</u>
4	<u>長跑</u> 10-12 英里 （16-19 公里）	<u>輕鬆跑</u> 5-7 英里（8-11 公里）；6-8×100 公尺跨步跑	<u>節奏跑</u> 5-6 英里（8-10 公里），以半馬配速 *包括2英里（3公里）熱身跑，以及1600公尺緩和跑	<u>休假</u>

（單位皆經過英制到公制換算並四捨五入）

週四	週五	週六	週跑量
一般跑 4-6 英里 （6-10 公里）	**間歇跑** 8×400 公尺，以 10K 配速，組間慢跑 200 公尺 *包括 2 英里（3 公里）熱身跑，以及 1600 公尺緩和跑*	**輕鬆跑** 1-4 英里 （2-6 公里） 或 **休假**	**26-38 英里 （42-61公里）**
一般跑 4-6 英里 （6-10 公里）	**間歇跑** 4-5×800 公尺，以 10K 配速，組間慢跑 400 公尺 *包括 2 英里（3 公里）熱身跑，以及 1600 公尺緩和跑*	**輕鬆跑** 1-4 英里 （2-6 公里） 或 **休假**	**28-40 英里 （45-64公里）**
一般跑 4-6 英里（6-10 公里）；6-8×100 公尺跨步跑	**間歇跑** 3×1600 公尺，以半馬配速，組間慢跑 400 公尺 *包括 2 英里（3 公里）熱身跑，以及 1600 公尺緩和跑*	**輕鬆跑** 1-4 英里 （2-6 公里） 或 **休假**	**32-44 英里 （51-70公里）**
一般跑 5-7 英里（8-11 公里）；6-8×100 公尺跨步跑	**間歇跑** 8×400 公尺，以 10K 配速，組間慢跑 200 公尺 *包括 2 英里（3 公里）熱身跑，以及 1600 公尺緩和跑*	**輕鬆跑** 1-4 英里 （2-6 公里） 或 **休假**	**34-45 英里 （54-72公里）**

全馬賽事

16 週課表　週跑量最多 65 英里（104 公里）

週次	週日	週一	週二	週三
5	**長跑** 12-14 英里 （19-22 公里）	**輕鬆跑** 6-7 英里（10-11 公里）；8×100 公尺跨步跑	**漸速跑** 6-8 英里（10-13 公里），以全馬配速起步，之後每公里持續加快 2-3 秒 *包括2英里（3公里）熱身跑，以及1600公尺緩和跑*	**休假**
6	**長跑** 12-14 英里 （19-22 公里）	**輕鬆跑** 6-8 英里（10-13 公里）；8×100 公尺跨步跑	**節奏跑** 6-8 英里（10-13 公里），以全馬配速 *包括2英里（3公里）熱身跑，以及1600公尺緩和跑*	**休假**
7	**長跑** 14-16 英里 （22-26 公里）	**輕鬆跑** 4-6 英里 （6-10 公里）	**節奏間歇跑** 3×2400 公尺，以全馬配速 *包括2英里（3公里）熱身跑，以及1600公尺緩和跑*	**休假**

週四	週五	週六	週跑量
一般跑 6-9 英里（10-14 公里）；8×100 公尺跨步跑	**坡度跑** 8×400 公尺，以 5K 的費力程度跑上緩坡；組間慢跑下坡 *包括 2 英里（3 公里）熱身跑，以及 1600 公尺緩和跑	**輕鬆跑** 1-4 英里（2-6 公里） 或 **休假**	**40-52 英里（64-83 公里）**
一般跑 6-9 英里（10-14 公里）；8×100 公尺跨步跑	**間歇跑** 6×800 公尺，以 10K 配速，組間慢跑 400 公尺 *包括 2 英里（3 公里）熱身跑，以及 1600 公尺緩和跑	**輕鬆跑** 1-4 英里（2-6 公里） 或 **休假**	**40-53 英里（64-85 公里）**
一般跑 6-9 英里（10-14 公里）	**間歇跑** 1600 公尺，以 10K 配速；1200 公尺，以 10K 配速；1600 公尺，以全馬配速；800 公尺，以 5K 配速；1600 公尺，以全馬配速；400 公尺，以一英里跑配速；組間皆慢跑 200 公尺 *包括 2 英里（3 公里）熱身跑，以及 1600 公尺緩和跑	**輕鬆跑** 1-4 英里（2-6 公里） 或 **休假**	**43-54 英里（69-86 公里）**

全馬賽事／16 週課表／週跑量最多 65 英里（104 公里）

全馬賽事

16 週課表 週跑量最多 65 英里（104 公里）

週次	週日	週一	週二	週三
8	**長跑** 14-16 英里（22-26公里）	**輕鬆跑** 4-6 英里（6-10公里）； 8×100 公尺跨步跑	**節奏跑** 8-10 英里（13-16 公里），以全馬配速 *包括 2 英里（3 公里）熱身跑，以及 1600 公尺緩和跑	休假
9	如果參加了 15K 或更長距離的比賽： **輕鬆跑** 6-8 英里（10-13 公里） 如果沒有參加比賽或參加了 10K 比賽： **長跑** 15-18 英里（24-29 公里）	**輕鬆跑** 4-6 英里（6-10公里）； 8×100 公尺跨步跑	若上週六參賽： **一般跑** 6-8 英里（10-13 公里） 若未參賽： **漸速跑** 8-10 英里（13-16 公里），以全馬配速起步，之後每公里持續加快 2-3 秒 *包括 2 英里（3 公里）熱身跑，以及 1600 公尺緩和跑	休假
10	**長跑** 15-18 英里（24-29 公里）	**輕鬆跑** 4-6 英里（6-10公里）； 8×100 公尺跨步跑	**丘陵跑** 6-8 英里（約 10-13 公里），以一般跑配速，並在有坡度起伏的道路上進行。如果沒有合適的場地，可以選擇比一般跑每公里快 6 秒的速度進行。	休假

全馬賽事／16週課表／週跑量最多65英里（104公里）

週四	週五	週六	週跑量
一般跑 6-9 英里（10-14公里）；8×100公尺跨步跑	若隔天參賽： **輕鬆跑** 2-4 英里（3-6 公里） 若不參賽： **坡度跑** 8×400 公尺，以 5K 的費力程度跑上緩坡，組間慢跑下坡 *包括 2 英里（3 公里）熱身跑，以及 1600 公尺緩和跑	15K 至半馬賽事 或 **輕鬆跑** 1-4 英里 （2-6 公里）	**47-65 英里 （75-104公里）**
一般跑 6-9 英里（10-14公里）；8×100公尺跨步跑	**間歇跑** 4-6×1600 公尺，以全馬配速，組間慢跑 400 公尺 *包括 2 英里（3 公里）熱身跑，以及 1600 公尺緩和跑	**輕鬆跑** 1-4 英里 （2-6 公里） 或 **休假**	**32-60 英里 （51-96 公里）**
一般跑 7-9 英里（11-14公里）；8×100公尺跨步跑	**間歇跑** 8×400 公尺，以 10K 配速，組間慢跑 200 公尺 *包括 2 英里（3 公里）熱身跑，以及 1600 公尺緩和跑	**輕鬆跑** 1-4 英里 （2-6 公里） 或 **休假**	**42-55 英里 （67-88 公里）**

全馬賽事

16 週課表 週跑量最多 65 英里（104 公里）

週次	週日	週一	週二	週三
11	**長跑** 12-14 英里 （19-22 公里）	**輕鬆跑** 4-6 英里 （6-10 公里）	**節奏間歇跑** 4×2 英里（3 公里），以全馬配速，組間慢跑 800 公尺 *包括 2 英里（3 公里）熱身跑，以及 1600 公尺緩和跑	休假
12	如果參加了 15K 或更長距離的比賽： **輕鬆跑** 6-10 英里 （10-16 公里） 如果沒有參加比賽或參加了 10K 比賽： **長跑** 18-20 英里 （29-32 公里）	**輕鬆跑** 3-6 英里 （3-10 公里）； 8×100 公尺跨步跑	如果上週六參加了 15 公里或更長距離的比賽： **一般跑** 8-10 英里（13-16 公里） 如果沒有參加比賽或參加了 10K 比賽： **節奏跑** 6-8 英里（10-13 公里），以馬拉松配速 *包括 2 英里（3 公里）熱身跑，以及 1600 公尺緩和跑	休假
13	**長跑** 20-22 英里（32-35 公里）	**輕鬆跑** 3-8 英里（5-13 公里）； 8×100 公尺跨步跑	**節奏跑** 4-6 英里（6-10 公里），以半馬配速；800 公尺慢跑；6×400 公尺，以一英里跑配速，組間慢跑 200 公尺 *包括 2 英里（3 公里）熱身跑，以及 1600 公尺緩和跑	休假

週四	週五	週六	週跑量
輕鬆跑 6-8 英里 （10-13 公里）	若隔天參賽： **輕鬆跑** 2-4 英里（3-6 公里） 若不參賽： **坡度跑** 8×400 公尺，以 5K 的費力程度跑上緩坡，組間慢跑下坡 *包括 2 英里（3 公里）熱身跑，以及 1600 公尺緩和跑*	15K 至半馬賽事 或 **休假**	**47-64 英里** **（75-102 公里）**
一般跑 6-8 英里（10-13 公里）；8×100 公尺跨步跑	**間歇跑** 800 公尺，以 10K 配速；1600 公尺，以半馬配速；800 公尺，以 10K 配速；1600 公尺，以半馬配速；組間皆慢跑 400 公尺 *包括 2 英里（3 公里）熱身跑，以及 1600 公尺緩和跑*	休假	**30-52 英里** **（48-83 公里）**
一般跑 6-8 英里（10-13 公里）；8×100 公尺跨步跑	**間歇跑** 8×800 公尺，以 10K 配速，組間慢跑 400 公尺 *包括 2 英里（3 公里）熱身跑，以及 1600 公尺緩和跑*	**輕鬆跑** 1-4 英里（2-6 公里） 或 **休假**	**47-62 英里** **（75-99 公里）**

全馬賽事／16 週課表／週跑量最多 65 英里（104 公里）

全馬賽事

16 週課表 週跑量最多 65 英里（104 公里）

週次	週日	週一	週二	週三
14	**長跑** 15-18 英里（24-29 公里），最後 2 英里（3 公里）比全馬配速快一點	**輕鬆跑** 4-6 英里（6-10 公里）；6×100 公尺跨步跑	**節奏跑** 4-6 英里（6-10 公里），以全馬配速 *包括2英里（3公里）熱身跑，以及 1600 公尺緩和跑*	**休假**
15	**長跑** 10-12 英里（16-19 公里）	**輕鬆跑** 1-4 英里（2-6 公里） 或 **休假**	**節奏間歇跑** 2×3 英里（5 公里），以半馬配速，組間慢跑 1600 公尺 *包括2英里（3公里）熱身跑，以及 1600 公尺緩和跑*	**休假**
16	**長跑** 8-10 英里（13-16 公里）	**休假**	**間歇跑** 8×400 公尺，以 10K 配速，組間慢跑 200 公尺 *包括2英里（3公里）熱身跑，以及 1600 公尺緩和跑*	**輕鬆跑** 2-4 英里（3-6 公里）

週四	週五	週六	週跑量
一般跑 6-8 英里（10-13 公里）；6×100 公尺跨步跑	**間歇跑** 8×400 公尺，以 10K 配速，組間慢跑 200 公尺 *包括 2 英里（3 公里）熱身跑，以及 1600 公尺緩和跑*	**輕鬆跑** 1-4 英里（2-6 公里） 或 **休假**	**40-53 英里（64-85 公里）**
一般跑 6-8 英里（10-13 公里）；8×100 公尺跨步跑	**節奏跑** 4-6 英里（6-10 公里），以全馬配速 *包括 2 英里（3 公里）熱身跑，以及 1600 公尺緩和跑*	**輕鬆跑** 1-4 英里（2-6 公里） 或 **休假**	**33-47 英里（53-75 公里）**
輕鬆跑 1-4 英里（2-6 公里） 或 **休假**	**輕鬆跑** 2-4 英里（3-6 公里）	**全馬賽事** 或 **輕鬆跑** 2-4 英里（3-6 公里） （若賽事為週日）	**18-20 英里（29-32 公里，不包含比賽跑量）**

全馬賽事

16 週課表　週跑量 40-75 英里（64-120 公里）

週次	週日	週一	週二	週三
1	**長跑** 8-10 英里 （13-16 公里）	**輕鬆跑** 4-6 英里 （6-10 公里）	**一般跑** 4-6 英里（6-10 公里）	**一般跑** 5-7 英里 （8-11 公里）
2	**長跑** 8-10 英里 （13-16 公里）	**輕鬆跑** 4-6 英里（6-10 公里）；6×100 公尺跨步跑	**節奏跑** 3-4 英里（5-6 公里），以半馬配速 *包括2英里（3公里）熱身跑，以及 1600 公尺緩和跑	**輕鬆跑** 5-7 英里 （8-11 公里）
3	**長跑** 10-12 英里 （16-19 公里）	**輕鬆跑** 5-7 英里（8-11 公里）；6-8×100 公尺跨步跑	**丘陵跑** 6-8 英里（約 10-13 公里），以一般跑配速，並在有坡度起伏的道路上進行。如果沒有合適的場地，可以選擇比一般跑每公里快 6 秒的速度進行。	**輕鬆跑** 5-7 英里 （8-11 公里）
4	**長跑** 10-12 英里 （16-19 公里）	**輕鬆跑** 5-7 英里（8-11 公里）；6-8×100 公尺跨步跑	**節奏跑** 5-6 英里（8-10 公里），以半馬配速 *包括2英里（3公里）熱身跑，以及 1600 公尺緩和跑	**輕鬆跑** 6-8 英里 （10-13 公里）
5	**長跑** 12-14 英里 （19-22 公里）	**輕鬆跑** 6-7 英里（10-11 公里）；8×100 公尺跨步跑	**漸速跑** 6-8 英里（10-13 公里），以全馬配速起步，之後每公里持續加快 2-3 秒 *包括2英里（3公里）熱身跑，以及 1600 公尺緩和跑	**輕鬆跑** 7-9 英里 （11-14 公里）
6	**長跑** 12-14 英里 （19-22 公里）	**輕鬆跑** 6-8 英里（10-13 公里）；8×100 公尺跨步跑	**節奏跑** 6-8 英里（10-13 公里），以全馬配速 *包括2英里（3公里）熱身跑，以及 1600 公尺緩和跑	**輕鬆跑** 7-9 英里 （11-14 公里）

（單位皆經過英制到公制換算並四捨五入）

週四	週五	週六	週跑量
一般跑 4-6 英里 （6-10 公里）	**間歇跑** 8×400 公尺，以 10K 配速，組間慢跑 200 公尺 *包括 2 英里（3 公里）熱身跑，以及 1600 公尺緩和跑*	**輕鬆跑** 1-4 英里 （2-6 公里） 或 **休假**	**31-45 英里** （50-72 公里）
一般跑 4-6 英里（6-10 公里）；6×100 公尺跨步跑	**間歇跑** 4-5×800 公尺，以 10K 配速，組間慢跑 400 公尺 *包括 2 英里（3 公里）熱身跑，以及 1600 公尺緩和跑*	**輕鬆跑** 1-4 英里 （2-6 公里） 或 **休假**	**33-47 英里** （53-75 公里）
一般跑 4-6 英里（6-10 公里）；6-8×100 公尺跨步跑	**間歇跑** 3×1600 公尺，以半馬配速，組間慢跑 400 公尺 *包括 2 英里（3 公里）熱身跑，以及 1600 公尺緩和跑*	**輕鬆跑** 1-4 英里 （2-6 公里） 或 **休假**	**36-50 英里** （58-80 公里）
一般跑 5-7 英里（8-11 公里）；6-8×100 公尺跨步跑	**間歇跑** 8-10×400 公尺，以 10K 配速，組間慢跑 200 公尺 *包括 2 英里（3 公里）熱身跑，以及 1600 公尺緩和跑*	**輕鬆跑** 1-4 英里 （2-6 公里） 或 **休假**	**40-54 英里** （64-86 公里）
一般跑 6-9 英里（10-14 公里）；8×100 公尺跨步跑	**坡度跑** 8×600 公尺，以 5K 的費力程度跑上緩坡；組間慢跑下坡 *包括 2 英里（3 公里）熱身跑，以及 1600 公尺緩和跑*	**輕鬆跑** 1-4 英里 （2-6 公里） 或 **休假**	**48-61 英里** （77-98 公里）
一般跑 6-9 英里（10-14 公里）；8×100 公尺跨步跑	**間歇跑** 6-8×800 公尺，以 10K 配速，組間慢跑 400 公尺 *包括 2 英里（3 公里）熱身跑，以及 1600 公尺緩和跑*	**輕鬆跑** 1-4 英里 （2-6 公里） 或 **休假**	**47-64 英里** （75-102 公里）

全馬賽事

16週課表 週跑量 40-75 英里（64-120 公里）

週次	週日	週一	週二	週三
7	**長跑** 14-16 英里（22-26 公里）	**輕鬆跑** 6-8 英里（10-13 公里）	**節奏間歇跑** 4×2400 公尺，以全馬配速，組間慢跑 800 公尺 *包括2英里（3公里）熱身跑，以及1600公尺緩和跑*	**輕鬆跑** 7-10 英里（11-16 公里）
8	**長跑** 14-16 英里（22-26 公里）	**輕鬆跑** 4-6 英里（6-10 公里）；8×100 公尺跨步跑	**節奏跑** 8-10 英里（13-16 公里），以全馬配速 *包括2英里（3公里）熱身跑，以及1600公尺緩和跑*	**輕鬆跑** 7-10 英里（11-16 公里）
9	如果參加了 15K 或更長距離的比賽： **輕鬆跑** 6-8 英里（10-13 公里） 如果沒有參加比賽或參加了 10K 比賽： **長跑** 15-18 英里（24-29 公里）	**輕鬆跑** 4-6 英里（6-10 公里）；8×100 公尺跨步跑	如果上週六參加了 15K 或更長距離的比賽： **一般跑** 8-10 英里（13-16 公里） 如果沒有參加比賽或參加了 10K 比賽： **漸速跑** 8-10 英里（13-16 公里），以全馬配速起步，之後每公里持續加快 2-3 秒 *包括2英里（3公里）熱身跑，以及1600公尺緩和跑*	**輕鬆跑** 7-10 英里（11-16 公里）

週四	週五	週六	週跑量
一般跑 6-9 英里 （10-14 公里）	**間歇跑** 1600 公尺，以 10K 配速；1200 公尺，以 10K 配速；1600 公尺，以全馬配速；800 公尺，以 5K 配速；1600 公尺，以全馬配速；400 公尺，以一英里跑配速；組間皆慢跑 200 公尺 *包括 2 英里（3 公里）熱身跑，以及 1600 公尺緩和跑*	**輕鬆跑** 1-4 英里 （2-6 公里） 或 **休假**	**52-66 英里** **（83-106 公里）**
一般跑 6-9 英里（10-14 公里）；8×100 公尺跨步跑	若隔天參賽： **輕鬆跑** 2-4 英里（3-6 公里） 若不參賽： **坡度跑** 6-8×600-800 公尺，以 5K 的費力程度跑上緩坡，組間慢跑下坡 *包括 2 英里（3 公里）熱身跑，以及 1600 公尺緩和跑*	**15K 至半馬賽事** 或 **輕鬆跑** 1-4 英里 （2-6 公里）	**50-75 英里** **（80-120 公里）**
一般跑 6-9 英里（10-14 公里）；8×100 公尺跨步跑	**間歇跑** 6-8×1600 公尺，以全馬配速，組間慢跑 400 公尺 *包括 2 英里（3 公里）熱身跑，以及 1600 公尺緩和跑*	**輕鬆跑** 1-4 英里 （2-6 公里） 或 **休假**	**41-73 英里** **（66-117 公里）**

全馬賽事／16 週課表／週跑量 40-75 英里（64-120 公里）

全馬賽事

16 週課表 週跑量 40-75 英里（64-120 公里）

週次	週日	週一	週二	週三
10	**長跑** 15-18 英里（24-29 公里）	**輕鬆跑** 6-8 英里（10-13 公里）； 8×100 公尺跨步跑	**丘陵跑** 6-8 英里（約 10-13 公里），以一般跑配速，並在有坡度起伏的道路上進行。如果沒有合適的場地，可以選擇比一般跑每公里快 6 秒的速度進行。	**輕鬆跑** 7-10 英里（11-16 公里）
11	**長跑** 12-14 英里（19-22 公里）	**輕鬆跑** 6-8 英里（10-13 公里）	**節奏間歇跑** 4×2 英里（3 公里）以全馬配速，組間慢跑 800 公尺 * 包括 2 英里（3 公里）熱身跑，以及 1600 公尺緩和跑	**輕鬆跑** 7-10 英里（11-16 公里）
12	如果參加了 15K 或更長距離的比賽： **輕鬆跑** 6-10 英里（10-16 公里） 如果沒有參加比賽或參加了 10K 比賽： **長跑** 18-20 英里（29-32 公里）	**輕鬆跑** 4-6 英里（6-10 公里）； 8×100 公尺跨步跑	如果上週六參加了 15K 或更長距離的比賽： **一般跑** 8-10 英里（13-16 公里） 如果沒有參加比賽或參加了 10K 比賽： **節奏跑** 6-8 英里（10-13 公里），以全馬配速 * 包括 2 英里（3 公里）熱身跑，以及 1600 公尺緩和跑	**輕鬆跑** 7-10 英里（11-16 公里）

週四	週五	週六	週跑量
一般跑 7-9 英里（11-14 公里）；8×100 公尺跨步跑	**間歇跑** 8-10×400 公尺，以 10K 配速，組間慢跑 200 公尺 *包括 2 英里（3 公里）熱身跑，以及 1600 公尺緩和跑*	**輕鬆跑** 1-4 英里（2-6 公里） 或 **休假**	**51-68 英里 （82-109 公里）**
輕鬆跑 6-8 英里（10-13 公里）	若隔天參賽： **輕鬆跑** 2-4 英里（3-6 公里） 若不參賽： **坡度跑** 8-10×400 公尺，以 5K 的費力程度跑上緩坡，組間慢跑下坡 *包括 2 英里（3 公里）熱身跑，以及 1600 公尺緩和跑*	**15K 至半馬賽事** 或 **輕鬆跑** 1-4 英里（2-6 公里）	**50-75 英里 （80-120 公里）**
一般跑 6-8 英里（10-13 公里）；8×100 公尺跨步跑	**間歇跑** 2×800 公尺，以 10K 配速，組間慢跑 800 公尺；1600 公尺，以半馬配速；400 公尺慢跑；800 公尺，以 10K 配速 *包括 2-3 英里（3-5 公里）熱身跑，以及 1600 公尺緩和跑*	**輕鬆跑** 1-4 英里（2-6 公里） 或 **休假**	**42-70 英里 （67-112 公里）**

全馬賽事／16 週課表／週跑量 40-75 英里（64-120 公里）

全馬賽事

16週課表 週跑量 40-75 英里（64-120 公里）

週次	週日	週一	週二	週三
13	**長跑** 20-22 英里 （32-35 公里）	**輕鬆跑** 4-6 英里 （6-10 公里）	**節奏跑** 4-6 英里（6-10 公里），以半馬配速；800 公尺慢跑；6×400 公尺以一英里跑配速，組間慢跑 200 公尺 * 包括 2 英里（3 公里）熱身跑，以及 1600 公尺緩和跑	**輕鬆跑** 6-8 英里 （10-13 公里）
14	**長跑** 15-18 英里 （24-29 公里），最後 2 英里（3 公里）比全馬配速快一點	**輕鬆跑** 4-6 英里（6-10 公里）；6×100 公尺跨步跑	**節奏跑** 4-6 英里（6-10 公里），以全馬配速 * 包括 2 英里（3 公里）熱身跑，以及 1600 公尺緩和跑	**輕鬆跑** 4-6 英里 （6-10 公里）
15	**長跑** 10-12 英里 （16-19 公里）	**輕鬆跑** 1-4 英里 （2-6 公里） 或 **休假**	**節奏間歇跑** 2×3 英里（5 公里），以半馬配速，組間慢跑 1600 公尺 * 包括 2 英里（3 公里）熱身跑，以及 1600 公尺緩和跑	**輕鬆跑** 6-8 英里 （10-13 公里）
16	**長跑** 8-10 英里 （13-16 公里）	**休假**	**間歇跑** 8×400 公尺，以 10K 配速，組間慢跑 200 公尺 * 包括 2-3 英里（3-5 公里）熱身跑，以及 1600 公尺緩和跑	**輕鬆跑** 2-6 英里 （3-10 公里）

全馬賽事／16週課表／週跑量 40-75 英里（64-120 公里）

週四	週五	週六	週跑量
一般跑 6-8 英里（10-13 公里）；8×100 公尺跨步跑	**間歇跑** 8×800 公尺，以 10K 配速，組間慢跑 400 公尺 *包括 2 英里（3 公里）熱身跑，以及 1600 公尺緩和跑*	**輕鬆跑** 1-4 英里（2-6 公里） 或 **休假**	54-68 英里（86-109 公里）
一般跑 6-8 英里（10-13 公里）；6×100 公尺跨步跑	**間歇跑** 8×400 公尺，以 10K 配速，組間慢跑 200 公尺 *包括 2 英里（3 公里）熱身跑，以及 1600 公尺緩和跑*	**輕鬆跑** 1-4 英里（2-6 公里） 或 **休假**	42-57 英里（67-91 公里）
一般跑 6-8 英里（10-13 公里）；8×100 公尺跨步跑	**節奏跑** 4-6 英里（6-10 公里），以全馬配速 *包括 2 英里（3 公里）熱身跑，以及 1600 公尺緩和跑*	**輕鬆跑** 1-4 英里（2-6 公里） 或 **休假**	39-57 英里（62-91 公里）
輕鬆跑 1-4 英里（2-6 公里） 或 **休假**	**輕鬆跑** 2-4 英里（3-6 公里）	**全馬賽事** 或 **輕鬆跑** 2-4 英里（3-6 公里） （若賽事為週日）	18-30 英里（29-48 公里，不包含比賽跑量）

全馬賽事

16 週課表 週跑量 35 英里（56 公里）以上

週次	週日	週一	週二	週三
1	長跑 8-10 英里 （13-16 公里）	輕鬆跑 4-6 英里 （6-10 公里）	一般跑 4-6 英里（6-10 公里）	一般跑 5-7 英里 （8-11 公里）
2	長跑 8-10 英里 （13-16 公里）	輕鬆跑 4-6 英里（6-10 公里）；8×100 公尺跨步跑	節奏跑 3-4 英里（5-6 公里），以半馬配速 *包括 2-3 英里（3-5 公里）熱身跑，以及 1-2 英里（2-3 公里）緩和跑	輕鬆跑 5-7 英里 （8-11 公里）
3	長跑 10-12 英里 （16-19 公里）	輕鬆跑 5-7 英里（8-11 公里）；8×100 公尺跨步跑	丘陵跑 6-8 英里（約 10-13 公里），以一般跑配速，並在有坡度起伏的道路上進行。如果沒有合適的場地，可以選擇比一般跑每公里快 6 秒的速度進行。	輕鬆跑 5-7 英里 （8-11 公里）
4	長跑 10-12 英里 （16-19 公里）	輕鬆跑 5-7 英里（8-11 公里）；8×100 公尺跨步跑	節奏跑 5-6 英里（8-10 公里），以半馬配速 *包括 2-3 英里（3-5 公里）熱身跑，以及 1-2 英里（2-3 公里）緩和跑	輕鬆跑 6-8 英里 （10-13 公里）
5	長跑 12-14 英里 （19-22 公里）	輕鬆跑 6-7 英里（10-11 公里）；8×100 公尺跨步跑	漸速跑 3 英里（5 公里），以全馬配速起步，之後每公里持續加快 2-3 秒 *包括 2-3 英里（3-5 公里）熱身跑，以及 1-2 英里（2-3 公里）緩和跑	輕鬆跑 7-9 英里 （11-14 公里）

（單位皆經過英制到公制換算並四捨五入）

週四	週五	週六	週跑量
一般跑 4-6 英里 （6-10 公里）	**間歇跑** 8×400 公尺，以 10K 配速，組間慢跑 200 公尺 *包括2-3英里（3-5公里）熱身跑，以及 1-2 英里（2-3 公里）緩和跑*	**輕鬆跑** 4 英里（6 公里）	**35-47 英里** **（56-75 公里）**
一般跑 4-6 英里 （6-10 公里）	**間歇跑** 4-5×800 公尺，以 10K 配速，組間慢跑 400 公尺 *包括2-3英里（3-5公里）熱身跑，以及 1-2 英里（2-3 公里）緩和跑*	**輕鬆跑** 1-4 英里 （2-6 公里） 或 **休假**	**33-51 英里** **（53-82 公里）**
一般跑 4-6 英里（6-10 公里）；8×100 公尺跨步跑	**間歇跑** 3×1600 公尺，以半馬配速，組間慢跑 400 公尺 *包括2-3英里（3-5公里）熱身跑，以及 1-2 英里（2-3 公里）緩和跑*	**輕鬆跑** 4-6 英里 （6-10 公里）	**41-53 英里** **（66-85 公里）**
一般跑 5-7 英里（8-11 公里）；8×100 公尺跨步跑	**間歇跑** 10-12×400 公尺，以 10K 配速，組間慢跑 200 公尺 *包括2-3英里（3-5公里）熱身跑，以及 1-2 英里（2-3 公里）緩和跑*	**輕鬆跑** 4-6 英里 （6-10 公里）	**45-61 英里** **（72-98 公里）**
一般跑 6-9 英里（10-14 公里）；8×100 公尺跨步跑	**坡度跑** 8×600 公尺，以 5K 的費力程度跑上緩坡；組間慢跑下坡 *包括2-3英里（3-5公里）熱身跑，以及 1-2 英里（2-3 公里）緩和跑*	**輕鬆跑** 1-6 英里 （2-10 公里） 或 **休假**	**49-68 英里** **（78-109 公里）**

全馬賽事／16 週課表／週跑量 35 英里（56 公里）以上

全馬賽事

16 週課表 週跑量 35 英里（56 公里）以上

週次	週日	週一	週二	週三
6	<u>長跑</u> 12-14 英里 （19-22 公里）	<u>輕鬆跑</u> 6-8 英里（10-13 公里）； 8×100 公尺跨步跑	<u>節奏跑</u> 6-8 英里（10-13 公里），以全馬配速 *包括 2-3 英里（3-5 公里）熱身跑，以及 1-2 英里（2-3 公里）緩和跑*	<u>輕鬆跑</u> 7-9 英里（11-14 公里）
7	<u>長跑</u> 14-16 英里 （22-26 公里）	<u>輕鬆跑</u> 6-8 英里 （10-13 公里）	<u>節奏間歇跑</u> 4×2400 公尺，以全馬配速，組間慢跑 800 公尺 *包括 2-3 英里（3-5 公里）熱身跑，以及 1-2 英里（2-3 公里）緩和跑*	<u>輕鬆跑</u> 7-10 英里（11-16 公里）
8	<u>長跑</u> 14-16 英里 （22-26 公里）	<u>輕鬆跑</u> 4-6 英里 （6-10 公里）； 8×100 公尺跨步跑	<u>節奏跑</u> 8-10 英里（13-16 公里），以全馬配速 *包括 2-3 英里（3-5 公里）熱身跑，以及 1-2 英里（2-3 公里）緩和跑*	<u>輕鬆跑</u> 7-10 英里（11-16 公里）
9	如果參加了 15K 或更長距離的比賽： <u>輕鬆跑</u> 6-8 英里 （10-13 公里） 如果沒有參加比賽或參加了 10K 比賽： <u>長跑</u> 15-18 英里 （24-29 公里）	<u>輕鬆跑</u> 6-8 英里（10-13 公里）； 8×100 公尺跨步跑	如果上週六參加了 15K 或更長距離的比賽： <u>一般跑</u> 8-10 英里（13-16 公里） 如果沒有參加比賽或參加了 10K 比賽： <u>漸速跑</u> 8-10 英里（13-16 公里），以全馬配速起步，之後每公里持續加快 2-3 秒 *包括 2-3 英里（3-5 公里）熱身跑，以及 1-2 英里（2-3 公里）緩和跑*	<u>輕鬆跑</u> 7-10 英里（11-16 公里）

週四	週五	週六	週跑量
一般跑 6-9 英里（10-14 公里）；8×100 公尺跨步跑	**間歇跑** 6-8×800 公尺，以 10K 配速，組間慢跑 400 公尺 *包括 2-3 英里（3-5 公里）熱身跑，以及 1-2 英里（2-3 公里）緩和跑*	**輕鬆跑** 4-6 英里 （6-10 公里）	**51-73 英里 （82-117 公里）**
一般跑 6-9 英里 （10-14 公里）	**間歇跑** 1600 公尺，以 10K 配速；1600 公尺，以全馬配速；1200 公尺，以 10K 配速；1600 公尺，以全馬配速；800 公尺，以 5K 配速；1600 公尺，以全馬配速；400 公尺，以一英里跑配速；組間皆慢跑 200 公尺 *包括 2-3 英里（3-5 公里）熱身跑，以及 1-2 英里（2-3 公里）緩和跑*	**輕鬆跑** 1-4 英里 （2-6 公里） 或 **休假**	**52-70 英里 （83-112 公里）**
一般跑 6-9 英里（10-14 公里）；8×100 公尺跨步跑	若隔天參賽： **輕鬆跑** 2-4 英里（3-6 公里） 若不參賽： **坡度跑** 8×600-800 公尺，以 5K 的費力程度跑上緩坡，組間慢跑下坡 *包括 2-3 英里（3-5 公里）熱身跑，以及 1-2 英里（2-3 公里）緩和跑*	**15K 至半馬賽事** 或 **輕鬆跑** 4-6 英里 （6-10 公里）	**56-74 英里 （90-118 公里）**
一般跑 6-9 英里（10-14 公里）；8×100 公尺跨步跑	**間歇跑** 6-8×1600 公尺，以全馬配速，組間慢跑 400 公尺 *包括 2-3 英里（3-5 公里）熱身跑，以及 1-2 英里（2-3 公里）緩和跑*	**輕鬆跑** 1-6 英里 （2-10 公里）	**45-81 英里 （72-130 公里）**

全馬賽事

16 週課表 週跑量 35 英里（56 公里）以上

週次	週日	週一	週二	週三
10	**長跑** 15-18 英里 （24-29 公里）	**輕鬆跑** 6-8 英里（10-13 公里）；8×100 公尺跨步跑	**丘陵跑** 6-8 英里（約 10-13 公里），以一般跑配速，並在有坡度起伏的道路上進行。如果沒有合適的場地，可以選擇比一般跑每公里快 6 秒的速度進行。	**輕鬆跑** 7-10 英里 （11-16 公里）
11	**長跑** 12-14 英里 （19-22 公里）	**輕鬆跑** 6-8 英里 （10-13 公里）	**節奏間歇跑** 4×2 英里（3 公里），以全馬配速，組間慢跑 800 公尺 *包括 2-3 英里（3-5 公里）熱身跑，以及 1-2 英里（2-3 公里）緩和跑*	**輕鬆跑** 7-10 英里 （11-16 公里）
12	如果參加了 15K 或更長距離的比賽： **輕鬆跑** 6-10 英里 （10-16 公里） 如果沒有參加比賽或參加了 10K 比賽： **長跑** 18-20 英里 （29-32 公里）	**輕鬆跑** 6-8 英里（10-13 公里）；8×100 公尺跨步跑	如果上週六參加了 15K 或更長距離的比賽： **一般跑** 8-10 英里（13-16 公里） 如果沒有參加比賽或參加了 10K 比賽： **節奏跑** 6-8 英里（10-13 公里），以全馬配速 *包括 2-3 英里（3-5 公里）熱身跑，以及 1-2 英里（2-3 公里）緩和跑*	**輕鬆跑** 7-10 英里 （11-16 公里）

週四	週五	週六	週跑量
一般跑 7-9 英里（11-14 公里）；8×100 公尺跨步跑	**間歇跑** 8-10×400 公尺，以 10K 配速，組間慢跑 200 公尺 * 包括 2-3 英里（3-5 公里）熱身跑，以及 1-2 英里（2-3 公里）緩和跑	**輕鬆跑** 4-6 英里 （6-10 公里）	**55-72 英里 （88-115 公里）**
輕鬆跑 6-8 英里 （10-13 公里）	若隔天參賽： **輕鬆跑** 2-4 英里（3-6 公里） 若不參賽： **坡度跑** 8-10×400 公尺，以 5K 的費力程度跑上緩坡，組間慢跑下坡 * 包括 2-3 英里（3-5 公里）熱身跑，以及 1-2 英里（2-3 公里）緩和跑	**15K 至半馬賽事** 或 **輕鬆跑** 4-6 英里 （6-10 公里）	**56-73 英里 （90-117 公里）**
一般跑 6-8 英里（10-13 公里）；8×100 公尺跨步跑	**間歇跑** 2×〔800 公尺，以 10K 配速；1600 公尺，以半馬配速；1600 公尺，以半馬配速；800 公尺，以 10K 配速〕；項目間慢跑 400 公尺；組間慢跑 800 公尺 * 包括 2-3 英里（3-5 公里）熱身跑，以及 1-2 英里（2-3 公里）緩和跑	**輕鬆跑** 1-6 英里 （2-10 公里） 或 **休假**	**45-80 英里 （72-128 公里）**

全馬賽事／16 週課表／週跑量 35 英里（56 公里）以上

全馬賽事

16 週課表 週跑量 35 英里（56 公里）以上

週次	週日	週一	週二	週三
13	**長跑** 20-22 英里（32-35 公里）	**輕鬆跑** 6-8 英里（10-13 公里）；8×100 公尺跨步跑	**節奏跑** 4-6 英里（6-10 公里），以半馬配速；800 公尺慢跑；6×400 公尺，以一英里跑配速，組間慢跑 200 公尺 *包括 2-3 英里（3-5 公里）熱身跑，以及 1-2 英里（2-3 公里）緩和跑*	**輕鬆跑** 6-8 英里（10-13 公里）
14	**長跑** 15-18 英里（24-29 公里），最後 2 英里（3 公里）比全馬配速快一點	**輕鬆跑** 4-6 英里（6-10 公里）；8×100 公尺跨步跑	**節奏跑** 4-6 英里（6-10 公里），以全馬配速 *包括 2-3 英里（3-5 公里）熱身跑，以及 1-2 英里（2-3 公里）緩和跑*	**輕鬆跑** 4-6 英里（6-10 公里）
15	**長跑** 12-14 英里（19-22 公里）	**輕鬆跑** 1-4 英里（2-6 公里） 或 **休假**	**節奏間歇跑** 2×3 英里（5 公里），以全馬配速，組間慢跑 1600 公尺 *包括 2-3 英里（3-5 公里）熱身跑，以及 1-2 英里（2-3 公里）緩和跑*	**輕鬆跑** 6-8 英里（10-13 公里）
16	**長跑** 9-12 英里（14-19 公里）	**休假**	**間歇跑** 8×400 公尺，以 10K 配速，組間慢跑 200 公尺 *包括 2-3 英里（3-5 公里）熱身跑，以及 1-2 英里（2-3 公里）緩和跑*	**輕鬆跑** 2-6 英里（3-10 公里）

週四	週五	週六	週跑量
一般跑 6-8 英里（10-13 公里）；8×100 公尺跨步跑	**間歇跑** 8×800 公尺，以 10K 配速，組間慢跑 400 公尺 *包括 2-3 英里（3-5 公里）熱身跑，以及 1-2 英里（2-3 公里）緩和跑*	**輕鬆跑** 1-6 英里 （2-10 公里） 或 **休假**	56-77 英里 （90-123 公里）
一般跑 6-8 英里（10-13 公里）；8×100 公尺跨步跑	**間歇跑** 8×400 公尺，以 10K 配速，組間慢跑 200 公尺 *包括 2-3 英里（3-5 公里）熱身跑，以及 1-2 英里（2-3 公里）緩和跑*	**輕鬆跑** 2-4 英里 （3-6 公里）	45-61 英里 （72-98 公里）
一般跑 6-8 英里（10-13 公里）；8×100 公尺跨步跑	**節奏跑** 4-6 英里（6-10 公里），以全馬配速 *包括 2-3 英里（3-5 公里）熱身跑，以及 1-2 英里（2-3 公里）緩和跑*	**輕鬆跑** 1-6 英里 （2-10 公里） 或 **休假**	41-63 英里 （66-101 公里）
輕鬆跑 1-4 英里 （2-6 公里） 或 **休假**	**輕鬆跑** 2-4 英里（3-6 公里）	**全馬賽事** 或 **輕鬆跑** 2-4 英里（3-6 公里）（若賽事為週日）	19-34 英里（30-54 公里，不包含比賽跑量）

13 在短時間內準備並參加多場賽事
Training for and Racing Many Events in a Short Period

前五章所提供的課表適合長期專攻特定賽事。在本章中,我會提供不同的訓練方法。此處的課表能夠幫助你在較短時間內預備不同距離的賽事。而你想參加的賽事取決於自己,無論距離或頻率皆由你決定。唯一一個例外就是全馬賽事,我會假設你不會參加如此長距離的比賽,所以我準備的課表是針對一英里跑至半馬賽事。

本章共有六份課表,時間皆為八週。其中,前三份課表主要是設計給八週後同時有多場賽事的情境,週跑量分別為最多45英里(72公里)、35至55英里(56-88公里)、45英里(72公里)以上。後三份課表則適用短期多場比賽的情境,週跑量分別為最多45英里(72公里)、35至55英里(56-88公里)、40英里(64公里)以上。

我將這份頻繁出賽的課表限制在八週之內，因為在短時間內頻繁比賽後最好充分休息一下。當然，不一定要完整遵循八週的訓練，你也可以在六週內比四場賽事，並就此結束訓練。如果你做完一整套訓練後，還想要馬上開始下一期密集訓練，則期間請至少進行一週單純的輕鬆跑，且在此後完成書中其中一份純訓練、無比賽之課表，為期至少一個月。

　　如同第七章所述，選擇課表時有許多需考量的變因，可參考該章節以了解細節。如需了解細節可參考該部分。採取短期多場比賽之課表前，請了解自己力所能及的週跑量為多少。如果你在八週中每週都有賽事，就不要強迫自己達到每週的最低跑量。請為比賽節省精力和體力。

執行課表方針

　　課表中的每日課表會寫出當日主要的訓練項目，細部訓練內容則會在第七章說明。訓練過程中可以重複閱讀相關內容，以加強記憶。為了快速了解各種訓練，此處會介紹各種訓練項目並解釋之。

- **輕鬆跑**：在距離最長、強度最高的訓練隔日進行的項目。請不要擔心配速的問題。只要以舒適、能夠交談的速度慢跑即可，不應呼吸急促或費勁使力。完成輕鬆跑之後，應該要感覺特別有活力，準備好面對隔天的訓練。

- **一般跑**：比輕鬆跑稍快，強度更高，但仍處在可以交談的速度。若想累積跑量，此種訓練應是不錯的選擇。如果狀態不錯，可以在最

後幾公里加快速度。

- **輕鬆至一般跑**：剛起步時用恢復跑的配速進行。如果你覺得很累、想要全程維持較輕鬆的配速完成此項目也沒問題。如果暖身完成後想要稍微加快速度也可以。但請不要覺得自己「應該」達到某個配速而強迫自己加快。

- **節奏跑**：是一種長時間、長距離的慢跑訓練，通常距離為 3 至 10 公里，以「舒適但稍微吃力」的強度進行，需要集中注意力。對大多數跑者而言，節奏跑應該維持在 15K 至半馬的配速。如果我騎腳踏車經過你身邊問了個問題，你應能以完整的句子回答，但無法像輕鬆跑或一般跑一樣深入交談。

- **漸速跑**：也是長時間、長距離的訓練項目，以配速漸增的方式進行。漸速跑的效果與傳統節奏跑相似，卻可以幫助我們在疲勞累積的狀況下練習加速。因為起始的速度較慢，此類慢跑會比節奏跑更長。

- **間歇跑**：重複以固定配速完成指定距離。間歇跑距離通常介於 200 公尺及 1600 公尺之間，通常會以一英里跑到 10K 之間的配速進行。可以在距離精準、一致的跑道上訓練此項目，若能找到較平整的路面，也可以在一般道路或其他地方進行。訓練之前，可以大略換算課表中各項目的距離，以計算各區段所需的時間，如：若課表指定以 5K 配速重複跑 800 公尺，就代表每次要用 5K 配速跑 3 分鐘。有一些高強度訓練的內容是以 800 公尺賽事配速進行 200 公尺間歇跑。如果你不確定那是什麼配速，目標是每 200 公尺跑得比你的一英里比賽配速快 2 到 3 秒，即可作為此訓練的目標時間。

- **坡度跑**：以一英里跑的「強度」跑上緩坡，請注意，此處指的並不是「配速」！接著慢跑下坡以恢復體力。理想狀態下，坡度要夠陡，讓人跑步時能輕易發現自己正在爬坡，但也不能陡到難以維持良好、直立的跑姿與高步頻。

- **長跑**：是一週間最長的跑步距離，以能夠交談的速度進行。起步時速度相對輕鬆，並隨著暖身完成逐漸增加強度。請不要躁進，此項訓練的後半部分有很多時間可以讓你抓到節奏。

- **跨步跑**：約 100 公尺的重複性短程訓練，會以一英里跑的速度配速，此項目通常會在輕鬆跑之後或在較難的訓練及比賽前進行。專注於保持良好的跑姿，兼具速度與放鬆感。跨步跑應該是愉快、輕鬆的訓練；完成此項目後應該會感覺身心舒暢。此項目應在平坦、安全的跑道完成。

調整課表

　　為期八週的短期多場比賽課表會考慮每個週末是否出賽。通常週一至週四的訓練內容相同。到了週五、六，就會根據出賽與否決定訓練課表。

　　另外，還要考慮許多因素，例如週日舉行的賽事、賽事距離、賽事頻率、賽後恢復速度等。以下提供幾個調整課表的方法：

　　若週日有比賽：週五，先完成 2 至 3 英里（3-5 公里）的慢跑熱身，再以一英里跑至 5K 配速完成 4 至 6 組 200 公尺間歇跑，組間慢

跑 200 公尺，最後則是 1 至 2 英里（2-3 公里）的緩和跑。週六，按照訓練計畫中的週五比賽前訓練內容進行。此時的目標是讓你感覺狀態良好、避免疲勞，好讓你在週日的賽事發揮實力。

如果週日有 10K 或其他較短程的賽事：該週一進行原定於週日的長跑，並在週二完成原定於週一的輕鬆跑。週三則恢復正常訓練。

如果週末其中一天有 15K 或更長距離的賽事：該週一進行原定於週日的長跑，並在週二完成原定於週一的輕鬆跑（如果這場較長的賽事是在週六進行，則在週日進行短距離輕鬆跑或休息一天）。週三則恢復正常訓練。

若某一週有 15K 或更長距離的賽事：我建議下週末不要安排任何賽事。請讓你的身體在賽後好好休息，以恢復活力。可以在長跑訓練中選擇最短距離。

庫根教練的短期多場比賽經驗談

有些人覺得太頻繁出賽不好。我不這麼認為。你只要知道自己在做什麼就好，而且不要讓這件事變成常態。

職業生涯中，我很常在短時間內參加多個賽事。我都會對自己說：「訓練的目的不是訓練，而是為了比賽。」日曆上記下的比賽日期會給我很大的動力出門訓練。對比賽的期待總是會讓我的步伐更輕快一些。波士頓一帶或科羅拉多州博爾德的天氣常常很惡劣，所以我很期待在天氣晴朗舒適的地方比賽。經常參賽也能讓你累積經驗、變

得更老練。走上起跑線那刻，若能對比賽的感覺瞭若指掌，那是再好不過，因為你會知道自己可以撐下來。我覺得面對比賽最好的態度就是：「我今天準備好了，放馬過來吧！」的想法。而頻繁參賽正是這種心態的重要來源。

如果你很熟悉比賽的感覺，就能表現得更好，也更能突破自己的極限。如果你最近跑過較短距離的賽事，那麼長距離賽事的配速應該對你而言更容易、更舒適。我很喜歡在 10K 大賽前幾週參加 5K 賽事，或在全馬賽事前幾週參加路跑。如果跑了一場好比賽，下場賽事也會更有信心。如果你在某一個週末打破了 5K 賽事的個人最佳成績，那麼你也會很期待能在下週再破一個紀錄。

頻繁地出賽能讓你的狀態一週比一週更好。進入奧運全馬隊的前幾週，波士頓大學室內田徑賽的 5K 賽事便是如此。你可能覺得在全馬賽事前跑 5K 沒什麼幫助，但這個經驗卻推了我一把，助我進入奧運殿堂。我當時很渴望比賽，因為這樣能讓我保持在準備好的狀態。我也想確保自己的配速就算比全馬快上許多，也不會出什麼問題。13 分 40 秒的完賽成績告訴我，自己在奧運選拔賽中無人能敵。我利用這場 5K 賽事得到了全馬必備的信心，最終也贏得比賽。

過於頻繁地出賽可能有一些缺點。最大的隱憂就是你的體能可能會變差。如果一直參賽，那麼訓練就得隨之減量，犧牲掉每週的長跑及高強度訓練。

我也發現，經過多場比賽後大腦會變得疲倦。因為要維持比賽的精神狀態過於困難，導致我疲憊不堪。一旦精力耗盡，比賽的狀態也會變差。在歐洲頻繁參賽期間，我幾乎都是在前幾場比賽跑比較

好。現在回想起來，可能是因為當時的體能已經變差了。我幾乎沒有進行長跑訓練，僅以大量恢復跑代之。應該要把距離拉長至 16-19 公里，以維持耐力。

夏天的田徑賽季結束後，我通常會去爸媽的海濱別墅，並參加科德角（Cape Cod）的法爾茅斯公路賽。我在法爾茅斯的成績都不怎麼樣，因為我在歐洲就把精力耗盡了，而法爾茅斯公路賽是那個賽季的最後一役，所以我的心神其實相當疲乏。奧運選手托德・威廉姆斯跟我常常聊到法爾茅斯賽事有多痛苦，也會討論自己每次在那裡比賽都敗在哪個環節。我們有時會聽到直升機追蹤女領跑者的聲音。直升機的聲響才能讓我們重新集中注意力，努力跑向終點線。

總結來說，如果你有一段時間要經常出賽，那你要清楚自己在一兩個月後有體能下降的風險，而且比賽時也難以發揮全部實力。若有頻繁的比賽計畫，請確保自己能在週間進行較完整的長跑訓練。請記住，打造體能基礎的路很漫長，但不用多少時間就能讓體能大幅下滑。

八週後同時有多場賽事

8 週課表 週跑量最多 45 英里（72 公里）

週次	週日	週一	週二	週三
1	**長跑** 7-10 英里（11-16 公里）	**輕鬆跑** 3-5 英里（5-8 公里）；8×100 公尺跨步跑	**間歇跑** 8×400 公尺，以 5K 配速，組間慢跑 200 公尺 *包括2英里（3公里）熱身跑，以及 1600 公尺緩和跑*	**輕鬆跑** 6 英里（10 公里）
2	**長跑** 7-10 英里（11-16 公里）	**輕鬆跑** 3-5 英里（5-8 公里）；8×100 公尺跨步跑	**間歇跑** 6×800 公尺，以 5K 配速，組間慢跑 400 公尺 *包括2英里（3公里）熱身跑，以及 1600 公尺緩和跑*	**輕鬆跑** 6 英里（10 公里）
3	**長跑** 7-10 英里（11-16 公里）	**輕鬆跑** 3-5 英里（5-8 公里）；8×100 公尺跨步跑	**間歇跑** 4×400 公尺，以一英里跑配速，組間慢跑 200 公尺；2×800 公尺，以 5K 配速，組間慢跑 400 公尺；4×200 公尺，以一英里跑配速，組間慢跑 200 公尺 *包括2英里（3公里）熱身跑，以及 1600 公尺緩和跑*	**輕鬆跑** 6 英里（10 公里）
4	**長跑** 7-10 英里（11-16 公里）	**輕鬆跑** 3-5 英里（5-8 公里）；8×100 公尺跨步跑	**間歇跑** 10-12×200 公尺，以一英里跑配速，組間慢跑 200 公尺 *包括2英里（3公里）熱身跑，以及 1600 公尺緩和跑*	**輕鬆跑** 6 英里（10 公里）

（單位皆經過英制到公制換算並四捨五入）

週四	週五	週六	週跑量
一般跑 3-5 英里（5-8 公里）；8×100 公尺跨步跑	**節奏跑** 4 英里（6 公里），以半馬配速 *包括 2 英里（3 公里）熱身跑，以及 1600 公尺緩和跑*	**輕鬆跑** 1-3 英里（2-5 公里） 或 **休假**	**32-42 英里 （51-67公里）**
一般跑 3-5 英里（5-8 公里）；8×100 公尺跨步跑	**坡度跑** 6-8×400 公尺，以 5K 的費力程度跑上緩坡；組間慢跑下坡 *包括 2 英里（3 公里）熱身跑，以及 1600 公尺緩和跑*	**輕鬆跑** 1-3 英里（2-5 公里） 或 **休假**	**33-44 英里 （53-70公里）**
一般跑 3-5 英里（5-8 公里）；8×100 公尺跨步跑	**間歇跑加節奏跑** 4×400 公尺，以 5K 配速，組間慢跑 200 公尺；2 英里（3 公里），以比 10K 每公里慢 16 秒之速度配速；2×400 公尺，以一英里跑配速，組間慢跑 200 公尺 *包括 2 英里（3 公里）熱身跑，以及 1600 公尺緩和跑*	**輕鬆跑** 1-3 英里（2-5 公里） 或 **休假**	**33-43 英里 （53-69公里）**
一般跑 3-5 英里（5-8 公里）；8×100 公尺跨步跑	**節奏跑** 4 英里（6 公里），以半馬配速 *包括 2 英里（3 公里）熱身跑，以及 1600 公尺緩和跑*	**輕鬆跑** 1-3 英里（2-5 公里） 或 **休假**	**31-42 英里 （50-67公里）**

八週後同時有多場賽事

8 週課表 週跑量最多 45 英里（72 公里）

週次	週日	週一	週二	週三
5	**長跑** 7-10 英里 （11-16 公里）	**輕鬆跑** 3-5 英里（5-8 公里）；8×100 公尺跨步跑	**節奏跑** 3-4×1600 公尺，以 10K 配速，組間慢跑 400 公尺 *包括 2 英里（3 公里）熱身跑，以及 1600 公尺緩和跑*	**輕鬆跑** 6 英里（10 公里）
6	**長跑** 7-10 英里 （11-16 公里）	**輕鬆跑** 3-5 英里（5-8 公里）；8×100 公尺跨步跑	**間歇跑** 4-5×〔800 公尺，以 10K 配速；200 公尺慢跑；200 公尺，以一英里跑配速；400 公尺慢跑〕 *包括 2 英里（3 公里）熱身跑，以及 1600 公尺緩和跑*	**輕鬆跑** 6 英里（10 公里）
7	**長跑** 7-10 英里 （11-16 公里）	**輕鬆跑** 3-5 英里（5-8 公里）；8×100 公尺跨步跑	**間歇跑** 8×400 公尺，以 5K 配速，組間慢跑 200 公尺 *包括 2 英里（3 公里）熱身跑，以及 1600 公尺緩和跑*	**輕鬆跑** 6 英里（10 公里）
8	**長跑** 7-10 英里 （11-16 公里）	**輕鬆跑** 3-5 英里（5-8 公里）；8×100 公尺跨步跑	**間歇跑** 6×800 公尺，以 5K 配速，組間慢跑 400 公尺 *包括 2 英里（3 公里）熱身跑，以及 1600 公尺緩和跑*	**輕鬆跑** 6 英里（10 公里）

週四	週五	週六	週跑量
一般跑 3-5 英里（5-8 公里）；8×100 公尺跨步跑	**坡度跑** 8×400 公尺，以 5K 的費力程度跑上緩坡；組間慢跑下坡 *包括 2 英里（3 公里）熱身跑，以及 1600 公尺緩和跑*	**輕鬆跑** 1-3 英里（2-5 公里）或**休假**	**33-44 英里（53-70公里）**
一般跑 3-5 英里（5-8 公里）；8×100 公尺跨步跑	**漸速跑** 5 英里（8 公里），以全馬配速起步，之後每公里持續加快 3 秒 *包括 2 英里（3 公里）熱身跑，以及 1600 公尺緩和跑*	**輕鬆跑** 1-3 英里（2-5 公里）或**休假**	**34-45 英里（54-72公里）**
一般跑 3-5 英里（5-8 公里）；8×100 公尺跨步跑	**節奏跑加間歇跑** 3 英里（5 公里），以半馬配速；800 公尺慢跑；4×400 公尺，以一英里跑配速，組間慢跑 200 公尺 *包括 2 英里（3 公里）熱身跑，以及 1600 公尺緩和跑*	**輕鬆跑** 1-3 英里（2-5 公里）或**休假**	**33-43 英里（53-69公里）**
一般跑 3-5 英里（5-8 公里）；8×100 公尺跨步跑	**節奏跑** 4 英里（6 公里），以半馬配速 *包括 2 英里（3 公里）熱身跑，以及 1600 公尺緩和跑*	**輕鬆跑** 1-3 英里（2-5 公里）或**休假**	**33-43 英里（53-69公里）**

八週後同時有多場賽事／8 週課表／週跑量最多 45 英里（72 公里）

八週後同時有多場賽事

8週課表 週跑量 35-55 英里（56-88 公里）

週次	週日	週一	週二	週三
1	**長跑** 8-12 英里 （13-19 公里）	**輕鬆跑** 5-8 英里（8-13 公里）；8×100 公尺跨步跑	**間歇跑** 8×400 公尺，以 5K 配速，組間慢跑 200 公尺 *包括2英里（3公里）熱身跑，以及 1600 公尺緩和跑*	**輕鬆跑** 6-8 英里 （10-13 公里）
2	**長跑** 8-12 英里 （13-19 公里）	**輕鬆跑** 5-8 英里（8-13 公里）；8×100 公尺跨步跑	**間歇跑** 6×800 公尺，以 5K 配速，組間慢跑 400 公尺 *包括2英里（3公里）熱身跑，以及 1600 公尺緩和跑*	**輕鬆跑** 6-8 英里 （10-13 公里）
3	**長跑** 8-12 英里 （13-19 公里）	**輕鬆跑** 5-8 英里（8-13 公里）；8×100 公尺跨步跑	**間歇跑** 4×400 公尺，以一英里跑配速，組間慢跑 200 公尺；3×800 公尺，以 5K 配速，組間慢跑 400 公尺；4×200 公尺，以一英里跑配速，組間慢跑 200 公尺 *包括2英里（3公里）熱身跑，以及 1600 公尺緩和跑*	**輕鬆跑** 6-8 英里 （10-13 公里）
4	**長跑** 8-12 英里 （13-19 公里）	**輕鬆跑** 5-8 英里（8-13 公里）；8×100 公尺跨步跑	**間歇跑** 10-12×200 公尺，以一英里跑配速，組間慢跑 200 公尺 *包括2英里（3公里）熱身跑，以及 1600 公尺緩和跑*	**輕鬆跑** 6-8 英里 （10-13 公里）

（單位皆經過英制到公制換算並四捨五入）

週四	週五	週六	週跑量
輕鬆跑 5-8 英里（8-13 公里）；8×100 公尺跨步跑	**節奏跑** 4 英里（6 公里），以半馬配速 *包括 2 英里（3 公里）熱身跑，以及 1600 公尺緩和跑*	**輕鬆跑** 3-5 英里（5-8 公里）	**40-54 英里 （64-86 公里）**
一般跑 5-8 英里（8-13 公里）；8×100 公尺跨步跑	**坡度跑** 6-8×400 公尺，以 5K 的費力程度跑上緩坡；組間慢跑下坡 *包括 2 英里（3 公里）熱身跑，以及 1600 公尺緩和跑*	**輕鬆跑** 3-5 英里（5-8 公里） 或 **休假**	**37-55 英里 （59-88 公里）**
一般跑 5-8 英里（8-13 公里）；8×100 公尺跨步跑	**間歇跑加節奏跑** 4×400 公尺，以 5K 配速，組間慢跑 200 公尺；2 英里（3 公里），以比 10K 每公里慢 16 秒之速度配速；2×400 公尺，以一英里跑配速，組間慢跑 200 公尺 *包括 2 英里（3 公里）熱身跑，以及 1600 公尺緩和跑*	**輕鬆跑** 3-5 英里（5-8 公里）	**42-56 英里 （67-90 公里）**
一般跑 5-8 英里（8-13 公里）；8×100 公尺跨步跑	**節奏跑** 4 英里（6 公里），以半馬配速 *包括 2 英里（3 公里）熱身跑，以及 1600 公尺緩和跑*	**輕鬆跑** 3-5 英里（5-8 公里） 或 **休假**	**36-54 英里 （58-86 公里）**

八週後同時有多場賽事／8 週課表／週跑量 35-55 英里（56-88 公里）

八週後同時有多場賽事

8 週課表 週跑量 35-55 英里（56-88 公里）

週次	週日	週一	週二	週三
5	**長跑** 8-12 英里 （13-19 公里）	**輕鬆跑** 5-8 英里（8-13 公里）；8×100 公尺跨步跑	**間歇跑** 3-4×1600 公尺，以一英里跑配速，組間慢跑 400 公尺 *包括2英里（3公里）熱身跑，以及 1600 公尺緩和跑*	**輕鬆跑** 6-8 英里 （10-13 公里）
6	**長跑** 8-12 英里 （13-19 公里）	**輕鬆跑** 5-8 英里（8-13 公里）；8×100 公尺跨步跑	**間歇跑** 4-6×〔800 公尺，以 10K 配速；200 公尺慢跑；200 公尺，以一英里跑配速；400 公尺慢跑〕 *包括2英里（3公里）熱身跑，以及 1600 公尺緩和跑*	**輕鬆跑** 6-8 英里 （10-13 公里）
7	**長跑** 8-12 英里 （13-19 公里）	**輕鬆跑** 5-8 英里（8-13 公里）；8×100 公尺跨步跑	**間歇跑** 8×400 公尺，以 5K 配速，組間慢跑 200 公尺 *包括2英里（3公里）熱身跑，以及 1600 公尺緩和跑*	**輕鬆跑** 6-8 英里 （10-13 公里）
8	**長跑** 8-12 英里 （13-19 公里）	**輕鬆跑** 5-8 英里（8-13 公里）；8×100 公尺跨步跑	**間歇跑** 6×800 公尺，以 5K 配速，組間慢跑 400 公尺 *包括2英里（3公里）熱身跑，以及 1600 公尺緩和跑*	**輕鬆跑** 6-8 英里 （10-13 公里）

週四	週五	週六	週跑量
一般跑 5-8 英里（8-13 公里）；8×100 公尺跨步跑	坡度跑 8×400 公尺，以 5K 的費力程度跑上緩坡；組間慢跑下坡 *包括 2 英里（3 公里）熱身跑，以及 1600 公尺緩和跑	輕鬆跑 3-5 英里 （5-8 公里）	**41-56 英里 （66-90 公里）**
一般跑 5-8 英里（8-13 公里）；8×100 公尺跨步跑	漸速跑 5 英里（8 公里），以全馬配速起步，之後每公里持續加快 3 秒 *包括 2 英里（3 公里）熱身跑，以及 1600 公尺緩和跑	輕鬆跑 3-5 英里 （5-8 公里） 或 **休假**	**39-58 英里 （62-93 公里）**
一般跑 5-8 英里（8-13 公里）；8×100 公尺跨步跑	節奏跑加間歇跑 3 英里（5 公里），以半馬配速；800 公尺慢跑；4×400 公尺，以一英里跑配速，組間慢跑 200 公尺 *包括 2 英里（3 公里）熱身跑，以及 1600 公尺緩和跑	輕鬆跑 3-5 英里 （5-8 公里）	**41-55 英里 （66-88 公里）**
一般跑 5-8 英里（8-13 公里）；8×100 公尺跨步跑	節奏跑 4 英里（6 公里），以半馬配速 *包括 2 英里（3 公里）熱身跑，以及 1600 公尺緩和跑	輕鬆跑 3-5 英里 （5-8 公里） 或 **休假**	**39-54 英里 （62-86 公里）**

八週後同時有多場賽事

8 週課表 週跑量 45 英里（72 公里）以上

週次	週日	週一	週二	週三
1	**長跑** 12-15 英里 （19-24 公里）	**輕鬆跑** 6-8 英里（10-13 公里）；8×100 公尺跨步跑	**間歇跑** 8-10×400 公尺，以 5K 配速，組間慢跑 200 公尺 *包括 2-3 英里（3-5 公里）熱身跑，以及 1-2 英里（2-3 公里）緩和跑*	**輕鬆跑** 8-10 英里 （13-16 公里）
2	**長跑** 12-15 英里 （19-24 公里）	**輕鬆跑** 6-8 英里（10-13 公里）；8×100 公尺跨步跑	**間歇跑** 6×800 公尺，以 5K 配速，組間慢跑 400 公尺 *包括 2-3 英里（3-5 公里）熱身跑，以及 1-2 英里（2-3 公里）緩和跑*	**輕鬆跑** 8-10 英里 （13-16 公里）
3	**長跑** 12-15 英里 （19-24 公里）	**輕鬆跑** 6-8 英里（10-13 公里）；8×100 公尺跨步跑	**間歇跑** 4×400 公尺，以一英里跑配速，組間慢跑 200 公尺；4×800 公尺，以 5K 配速，組間慢跑 400 公尺；4×200 公尺，以一英里跑配速，組間慢跑 200 公尺 *包括 2-3 英里（3-5 公里）熱身跑，以及 1-2 英里（2-3 公里）緩和跑*	**輕鬆跑** 8-10 英里 （13-16 公里）
4	**長跑** 12-15 英里 （19-24 公里）	**輕鬆跑** 6-8 英里（10-13 公里）；8×100 公尺跨步跑	**間歇跑** 12×200 公尺，以一英里跑配速，組間慢跑 200 公尺 *包括 2-3 英里（3-5 公里）熱身跑，以及 1-2 英里（2-3 公里）緩和跑*	**輕鬆跑** 8-10 英里 （13-16 公里）

（單位皆經過英制到公制換算並四捨五入）

週四	週五	週六	週跑量
一般跑 6-8 英里（10-13 公里）；8×100 公尺跨步跑	**節奏跑** 4 英里（6 公里），以半馬配速 *包括 2-3 英里（3-5 公里）熱身跑，以及 1-2 英里（2-3 公里）緩和跑*	**輕鬆跑** 4-6 英里（6-10 公里）	**49-65 英里 （78-104 公里）**
一般跑 6-8 英里（10-13 公里）；8×100 公尺跨步跑	**坡度跑** 8×400 公尺，以 5K 的費力程度跑上緩坡；間歇慢跑下坡 *包括 2-3 英里（3-5 公里）熱身跑，以及 1-2 英里（2-3 公里）緩和跑*	**輕鬆跑** 4-6 英里（6-10 公里） 或 **休假**	**46-65 英里 （74-104 公里）**
一般跑 6-8 英里（10-13 公里）；8×100 公尺跨步跑	**間歇及節奏跑** 4×400 公尺，以 5K 配速，組間慢跑 200 公尺；3-4 英里（5-6 公里），以比 10K 每公里慢 16-19 秒之速度配速；400 公尺慢跑；2×400 公尺，以一英里跑配速，組間慢跑 200 公尺 *包括 2-3 英里（3-5 公里）熱身跑，以及 1-2 英里（2-3 公里）緩和跑*	**輕鬆跑** 4-6 英里（6-10 公里）	**52-68 英里 （83-109 公里）**
一般跑 6-8 英里（10-13 公里）；8×100 公尺跨步跑	**節奏跑** 4 英里（6 公里），以半馬配速 *包括 2-3 英里（3-5 公里）熱身跑，以及 1-2 英里（2-3 公里）緩和跑*	**輕鬆跑** 4-6 英里（6-10 公里） 或 **休假**	**45-64 英里 （72-102 公里）**

八週後同時有多場賽事／8 週課表／週跑量 45 英里（72 公里）以上

八週後同時有多場賽事

8 週課表 週跑量 45 英里（72 公里）以上

週次	週日	週一	週二	週三
5	**長跑** 12-15 英里 （19-24 公里）	**輕鬆跑** 6-8 英里（10-13 公里）；8×100 公尺跨步跑	**間歇跑** 4-6×1600 公尺，以 10K 配速，組間慢跑 400 公尺 *包括 2-3 英里（3-5 公里）熱身跑，以及 1-2 英里（2-3 公里）緩和跑*	**輕鬆跑** 8-10 英里 （13-16 公里）
6	**長跑** 12-15 英里 （19-24 公里）	**輕鬆跑** 6-8 英里（10-13 公里）；8×100 公尺跨步跑	**間歇跑** 4-6×〔800 公尺，以 10K 配速；200 公尺慢跑；200 公尺，以一英里跑配速；400 公尺慢跑〕 *包括 2-3 英里（3-5 公里）熱身跑，以及 1-2 英里（2-3 公里）緩和跑*	**輕鬆跑** 8-10 英里 （13-16 公里）
7	**長跑** 12-15 英里 （19-24 公里）	**輕鬆跑** 6-8 英里（10-13 公里）；8×100 公尺跨步跑	**間歇跑** 8-10×400 公尺，以 5K 配速，組間慢跑 200 公尺 *包括 2-3 英里（3-5 公里）熱身跑，以及 1-2 英里（2-3 公里）緩和跑*	**輕鬆跑** 8-10 英里 （13-16 公里）
8	**長跑** 12-15 英里 （19-24 公里）	**輕鬆跑** 6-8 英里（10-13 公里）；8×100 公尺跨步跑	**間歇跑** 6×800 公尺，以 5K 配速，組間慢跑 400 公尺 *包括 2-3 英里（3-5 公里）熱身跑，以及 1-2 英里（2-3 公里）緩和跑*	**輕鬆跑** 8-10 英里 （13-16 公里）

週四	週五	週六	週跑量
一般跑 6-8 英里（10-13 公里）；8×100 公尺跨步跑	**坡度跑** 8×400 公尺，以 5K 的費力程度跑上緩坡；組間慢跑下坡 *包括 2-3 英里（3-5 公里）熱身跑，以及 1-2 英里（2-3 公里）緩和跑	**輕鬆跑** 4-6 英里 （6-10 公里）	**51-68 英里** **（82-109 公里）**
一般跑 6-8 英里（10-13 公里）；8×100 公尺跨步跑	**漸速跑** 5 英里（8 公里），以全馬配速起步，之後每公里持續加快 3 秒 *包括 2-3 英里（3-5 公里）熱身跑，以及 1-2 英里（2-3 公里）緩和跑	**輕鬆跑** 4-6 英里 （6-10 公里） 或 **休假**	**49-68 英里** **（78-109 公里）**
一般跑 6-8 英里（10-13 公里）；8×100 公尺跨步跑	**節奏跑加間歇跑** 4 英里（6 公里），以半馬配速；800 公尺慢跑；4×400 公尺，以一英里跑配速，組間慢跑 200 公尺 *包括 2-3 英里（3-5 公里）熱身跑，以及 1-2 英里（2-3 公里）緩和跑	**輕鬆跑** 4-6 英里 （6-10 公里）	**51-66 英里** **（82-106 公里）**
一般跑 6-8 英里（10-13 公里）；8×100 公尺跨步跑	**節奏跑** 4-5 英里（6-8 公里），以半馬配速 *包括 2-3 英里（3-5 公里）熱身跑，以及 1-2 英里（2-3 公里）緩和跑	**輕鬆跑** 4-6 英里 （6-10 公里） 或 **休假**	**46-66 英里** **（74-106 公里）**

八週後同時有多場賽事／8 週課表／週跑量 45 英里（72 公里）以上

短期多場賽事

8 週課表 — 週跑量最多 45 英里（72 公里）

週次	週日	週一	週二	週三
1	**長跑** 7-8 英里（11-13 公里）	**輕鬆跑** 3-5 英里（5-8 公里）；6×100 公尺跨步跑	**間歇跑** 8×400 公尺，以 5K 配速，組間慢跑 200 公尺 *包括 2-3 英里（3-5 公里）熱身跑，以及 1600 公尺緩和跑*	**輕鬆跑** 4-6 英里（6-10 公里）
2	**長跑** 7-8 英里（11-13 公里）	**輕鬆跑** 3-5 英里（5-8 公里）；6×100 公尺跨步跑	**間歇跑** 4-6×800 公尺，以比 10K 每公里快 6-12 秒之速度配速；組間慢跑 400 公尺 *包括 2 英里（3 公里）熱身跑，以及 1600 公尺緩和跑*	**輕鬆跑** 4-6 英里（6-10 公里）
3	**長跑** 7-8 英里（11-13 公里）	**輕鬆跑** 3-5 英里（5-8 公里）；6×100 公尺跨步跑	**間歇跑** 2-4×800 公尺，以 5K 配速；2×400 公尺，以一英里跑配速；組間皆慢跑 400 公尺 *包括 2 英里（3 公里）熱身跑，以及 1600 公尺緩和跑*	**輕鬆跑** 4-6 英里（6-10 公里）

(單位皆經過英制到公制換算並四捨五入)

週四	週五	週六	週跑量
一般跑 4-5 英里（6-8 公里）；6×100 公尺跨步跑	若隔天參賽： **輕鬆跑** 2-4 英里（3-6 公里）；6×100 公尺跨步跑 若不參賽： **節奏跑** 3-4 英里（5-6 公里），以比 10K 每公里慢 16-19 秒之速度配速 *包括 2 英里（3 公里）熱身跑，以及 1600 公尺緩和跑*	**賽事** 或 **輕鬆跑** 3-4 英里 （5-6 公里）	**32-45 英里** **（51-72公里）**
一般跑 4-5 英里（6-8 公里）；6×100 公尺跨步跑	若隔天參賽： **輕鬆跑** 2-4 英里（3-6 公里）；6×100 公尺跨步跑 若不參賽： **節奏跑** 3-4 英里（5-6 公里），以比 10K 每公里慢 16-19 秒之速度配速 *包括 2 英里（3 公里）熱身跑，以及 1600 公尺緩和跑*	**賽事** 或 **輕鬆跑** 3-4 英里 （5-6 公里）	**32-45 英里** **（51-72公里）**
一般跑 4-5 英里（6-8 公里）；6×100 公尺跨步跑	若隔天參賽： **輕鬆跑** 2-4 英里（3-6 公里）；6×100 公尺跨步跑 若不參賽： **節奏跑** 3-4 英里（5-6 公里），以比 10K 每公里慢 16-19 秒之速度配速 *包括 2 英里（3 公里）熱身跑，以及 1600 公尺緩和跑*	**賽事** 或 **輕鬆跑** 3-4 英里 （5-6 公里）	**31-45 英里** **（50-72公里）**

短期多場賽事／8 週課表／週跑量最多 45 英里（72公里）

短期多場賽事

8 週課表 週跑量最多 45 英里（72 公里）

週次	週日	週一	週二	週三
4	**長跑** 7-8 英里 （11-13 公里）	**輕鬆跑** 3-5 英里（5-8 公里）；6×100 公尺跨步跑	**間歇跑** 6-8×400 公尺，以 5K 配速，組間慢跑 200 公尺 *包括2英里（3公里）熱身跑，以及 1600 公尺緩和跑*	**輕鬆跑** 4-6 英里 （6-10 公里）
5	**長跑** 7-8 英里 （11-13 公里）	**輕鬆跑** 3-5 英里（5-8 公里）；6×100 公尺跨步跑	**間歇跑** 3-5×800 公尺，以比 10K 每公里快 6-12 秒之速度配速；組間慢跑 400 公尺 *包括2英里（3公里）熱身跑，以及 1600 公尺緩和跑*	**輕鬆跑** 4-6 英里 （6-10 公里）
6	**長跑** 7-8 英里 （11-13 公里）	**輕鬆跑** 3-5 英里（5-8 公里）；6×100 公尺跨步跑	**間歇跑** 6-8×400 公尺，以 5K 配速，組間慢跑 200 公尺 *包括2英里（3公里）熱身跑，以及 1600 公尺緩和跑*	**輕鬆跑** 4-6 英里 （6-10 公里）

週四	週五	週六	週跑量
一般跑 4-5 英里（6-8 公里）；6×100 公尺跨步跑	若隔天參賽： **輕鬆跑** 2-4 英里（3-6 公里）；6×100 公尺跨步跑 若不參賽： **節奏跑** 3-4 英里（5-6 公里），以比 10K 每公里慢 16-19 秒之速度配速 ＊包括 2 英里（3 公里）熱身跑，以及 1600 公尺緩和跑	**賽事** 或 **輕鬆跑** 3-4 英里（5-6 公里）	**31-45 英里（50-72 公里）**
一般跑 4-5 英里（6-8 公里）；6×100 公尺跨步跑	若隔天參賽： **輕鬆跑** 2-4 英里（3-6 公里）；6×100 公尺跨步跑 若不參賽： **節奏跑** 3-4 英里（5-6 公里），以比 10K 每公里慢 16-19 秒之速度配速 ＊包括 2 英里（3 公里）熱身跑，以及 1600 公尺緩和跑	**賽事** 或 **輕鬆跑** 3-4 英里（5-6 公里）	**31-45 英里（50-72 公里）**
輕鬆跑 4-5 英里（6-8 公里）；6×100 公尺跨步跑	若隔天參賽： **輕鬆跑** 2-4 英里（3-6 公里）；6×100 公尺跨步跑 若不參賽： **節奏跑** 3-4 英里（5-6 公里），以比 10K 每公里慢 16-19 秒之速度配速 ＊包括 2 英里（3 公里）熱身跑，以及 1600 公尺緩和跑	**賽事** 或 **輕鬆跑** 3-4 英里（5-6 公里）	**31-45 英里（50-72 公里）**

短期多場賽事／8 週課表／週跑量最多 45 英里（72 公里）

短期多場賽事

8 週課表 週跑量最多 45 英里（72 公里）

週次	週日	週一	週二	週三
7	**長跑** 7-8 英里 （11-13 公里）	**輕鬆跑** 3-5 英里（5-8 公里）；6×100 公尺跨步跑	**間歇跑** 2-4×800 公尺，以 5K 配速；2×400 公尺，以一英里跑配速；組間皆慢跑 400 公尺 *包括2英里（3公里）熱身跑，以及 1600 公尺緩和跑	**輕鬆跑** 4-6 英里 （6-10 公里）
8	**長跑** 7-8 英里 （11-13 公里）	**輕鬆跑** 3-5 英里（5-8 公里）；6×100 公尺跨步跑	**間歇跑** 6-8×400 公尺，以 5K 配速，組間慢跑 200 公尺 *包括2英里（3公里）熱身跑，以及 1600 公尺緩和跑	**輕鬆跑** 4-6 英里 （6-10 公里）

週四	週五	週六	週跑量
輕鬆跑 4-5 英里（6-8 公里）；6×100 公尺跨步跑	若隔天參賽： **輕鬆跑** 2-4 英里（3-6 公里）；6×100 公尺跨步跑 若不參賽： **節奏跑** 3-4 英里（5-6 公里），以比 10K 每公里慢 16-19 秒之速度配速 *包括 2 英里（3 公里）熱身跑，以及 1600 公尺緩和跑*	**賽事** 或 **輕鬆跑** 3-4 英里（5-6 公里）	**31-45 英里** **（50-72公里）**
輕鬆跑 4-5 英里（6-8 公里）；6×100 公尺跨步跑	若隔天參賽： **輕鬆跑** 2-4 英里（3-6 公里）；6×100 公尺跨步跑 若不參賽： **節奏跑** 3-4 英里（5-6 公里），以比 10K 每公里慢 16-19 秒之速度配速 *包括 2 英里（3 公里）熱身跑，以及 1600 公尺緩和跑*	**賽事** 或 **輕鬆跑** 3-4 英里 （5-6 公里）	**31-45 英里** **（50-72公里）**

短期多場賽事

8 週課表 週跑量 35-55 英里（56-88 公里）

週次	週日	週一	週二	週三
1	**長跑** 7-14 英里 （11-22 公里）	**輕鬆跑** 5-7 英里（8-11 公里）；8×100 公尺跨步跑	**間歇跑** 6-8×400 公尺，以 5K 配速，組間慢跑 200 公尺 *包括2英里（3公里）熱身跑，以及 1600 公尺緩和跑*	**輕鬆跑** 6-8 英里 （10-13 公里）
2	**長跑** 7-14 英里 （11-22 公里）	**輕鬆跑** 5-7 英里（8-11 公里）；8×100 公尺跨步跑	**間歇跑** 4-6×800 公尺，以比 10K 每公里快 6-12 秒之速度配速，組間慢跑 400 公尺 *包括2英里（3公里）熱身跑，以及 1600 公尺緩和跑*	**輕鬆跑** 6-8 英里 （10-13 公里）
3	**長跑** 7-14 英里 （11-22 公里）	**輕鬆跑** 5-7 英里（8-11 公里）；8×100 公尺跨步跑	**間歇跑** 2-4×800 公尺，以 5K 配速；2×400 公尺，以一英里跑配速；組間皆慢跑 400 公尺 *包括2英里（3公里）熱身跑，以及 1600 公尺緩和跑*	**輕鬆跑** 6-8 英里 （10-13 公里）

（單位皆經過英制到公制換算並四捨五入）

週四	週五	週六	週跑量
一般跑 4-5 英里（6-8 公里）；6×100 公尺跨步跑	若隔天參賽： **輕鬆跑** 2-4 英里（3-6 公里）；6×100 公尺跨步跑 若不參賽： **節奏跑** 3-5 英里（5-8 公里），以比 10K 每公里慢 16-19 秒之速度配速 *包括 2 英里（3 公里）熱身跑，以及 1600 公尺緩和跑*	**賽事** 或 **輕鬆跑** 3-6 英里（5-10 公里）	**35-55 英里（56-88公里）**
一般跑 4-5 英里（6-8 公里）；6×100 公尺跨步跑	若隔天參賽： **輕鬆跑** 2-4 英里（3-6 公里）；6×100 公尺跨步跑 若不參賽： **節奏跑** 3-5 英里（5-8 公里），以比 10K 每公里慢 16-19 秒之速度配速 *包括 2 英里（3 公里）熱身跑，以及 1600 公尺緩和跑*	**賽事** 或 **輕鬆跑** 3-6 英里（5-10 公里）	**35-55 英里（56-88公里）**
一般跑 4-5 英里（6-8 公里）；6×100 公尺跨步跑	若隔天參賽： **輕鬆跑** 2-4 英里（3-6 公里）；6×100 公尺跨步跑 若不參賽： **節奏跑** 3-5 英里（5-8 公里），以比 10K 每公里慢 16-19 秒之速度配速 *包括 2 英里（3 公里）熱身跑，以及 1600 公尺緩和跑*	**賽事** 或 **輕鬆跑** 3-6 英里（5-10 公里）	**35-55 英里（56-88公里）**

短期多場賽事

8 週課表 週跑量 35-55 英里（56-88 公里）

週次	週日	週一	週二	週三
4	**長跑** 7-14 英里 （11-22 公里）	**輕鬆跑** 5-7 英里（8-11 公里）；8×100 公尺跨步跑	**間歇跑** 6-8×400 公尺，以 5K 配速，組間慢跑 200 公尺 *包括2英里（3公里）熱身跑，以及 1600 公尺緩和跑*	**輕鬆跑** 6-8 英里 （10-13 公里）
5	**長跑** 7-14 英里 （11-22 公里）	**輕鬆跑** 5-7 英里（8-11 公里）；8×100 公尺跨步跑	**間歇跑** 3-6×800 公尺，以比 10K 每公里快 6-12 秒之速度配速；組間慢跑 400 公尺 *包括2英里（3公里）熱身跑，以及 1600 公尺緩和跑*	**輕鬆跑** 6-8 英里 （10-13 公里）
6	**長跑** 7-14 英里 （11-22 公里）	**輕鬆跑** 5-7 英里（8-11 公里）；8×100 公尺跨步跑	**間歇跑** 6-8×400 公尺，以 5K 配速，組間慢跑 200 公尺 *包括2英里（3公里）熱身跑，以及 1600 公尺緩和跑*	**輕鬆跑** 6-8 英里 （10-13 公里）

週四	週五	週六	週跑量
一般跑 4-5 英里（6-8 公里）；6×100 公尺跨步跑	若隔天參賽： **輕鬆跑** 2-4 英里（3-6 公里）；6×100 公尺跨步跑 若不參賽： **節奏跑** 3-5 英里（5-8 公里），以比 10K 每公里慢 16-19 秒之速度配速 *包括 2 英里（3 公里）熱身跑，以及 1600 公尺緩和跑*	**賽事** 或 **輕鬆跑** 3-6 英里 （5-10 公里）	35-55 英里 （56-88公里）
一般跑 4-5 英里（6-8 公里）；6×100 公尺跨步跑	若隔天參賽： **輕鬆跑** 2-4 英里（3-6 公里）；6×100 公尺跨步跑 若不參賽： **節奏跑** 3-5 英里（5-8 公里），以比 10K 每公里慢 16-19 秒之速度配速 *包括 2 英里（3 公里）熱身跑，以及 1600 公尺緩和跑*	**賽事** 或 **輕鬆跑** 3-6 英里 （5-10 公里）	35-55 英里 （56-88公里）
輕鬆跑 4-5 英里（6-8 公里）；6×100 公尺跨步跑	若隔天參賽： **輕鬆跑** 2-4 英里（3-6 公里）；6×100 公尺跨步跑 若不參賽： **節奏跑** 3-5 英里（5-8 公里），以比 10K 每公里慢 16-19 秒之速度配速 *包括 2 英里（3 公里）熱身跑，以及 1600 公尺緩和跑*	**賽事** 或 **輕鬆跑** 3-6 英里 （5-10 公里）	35-55 英里 （56-88公里）

短期多場賽事

8 週課表　週跑量 35-55 英里（56-88 公里）

週次	週日	週一	週二	週三
7	**長跑** 7-14 英里 （11-22 公里）	**輕鬆跑** 5-7 英里（8-11 公里）；8×100 公尺跨步跑	**間歇跑** 3-5×800 公尺，以 5K 配速；2×400 公尺，以一英里跑配速；組間皆慢跑 400 公尺 *包括2英里（3公里）熱身跑，以及1-2 英里（2-3 公里）緩和跑*	**輕鬆跑** 6-8 英里 （10-13 公里）
8	**長跑** 7-14 英里 （11-22 公里）	**輕鬆跑** 5-7 英里（8-11 公里）；8×100 公尺跨步跑	**間歇跑** 6-8×400 公尺，以 5K 配速，組間慢跑 200 公尺 *包括2英里（3公里）熱身跑，以及1-2 英里（2-3 公里）緩和跑*	**輕鬆跑** 6-8 英里 （10-13 公里）

週四	週五	週六	週跑量
輕鬆跑 4-5 英里（6-8 公里）；6×100 公尺跨步跑	若隔天參賽： **輕鬆跑** 2-4 英里（3-6 公里）；6×100 公尺跨步跑 若不參賽： **節奏跑** 3-5 英里（5-8 公里），以比 10K 每公里慢 16-19 秒之速度配速 *包括 2 英里（3 公里）熱身跑，以及 1600 公尺緩和跑*	**賽事** 或 **輕鬆跑** 3-6 英里 （5-10 公里）	**35-55 英里** **（56-88 公里）**
輕鬆跑 4-5 英里（6-8 公里）；6×100 公尺跨步跑	若隔天參賽： **輕鬆跑** 2-4 英里（3-6 公里）；6×100 公尺跨步跑 若不參賽： **節奏跑** 3-5 英里（5-8 公里），以比 10K 每公里慢 16-19 秒之速度配速 *包括 2 英里（3 公里）熱身跑，以及 1600 公尺緩和跑*	**賽事** 或 **輕鬆跑** 3-6 英里 （5-10 公里）	**35-55 英里** **（56-88 公里）**

短期多場賽事

8 週課表 週跑量 40 英里（64 公里）以上

週次	週日	週一	週二	週三
1	<u>長跑</u> 8-16 英里 （13-26 公里）	<u>輕鬆跑</u> 5-8 英里（8-13 公里）；8×100 公尺跨步跑	<u>間歇跑</u> 6-10×400 公尺，以 5K 配速，組間慢跑 200 公尺 *包括 2 英里（3 公里）熱身跑，以及 1-2 英里（2-3 公里）緩和跑*	<u>輕鬆跑</u> 6-10 英里 （10-16 公里）
2	<u>長跑</u> 8-16 英里 （13-26 公里）	<u>輕鬆跑</u> 5-8 英里（8-13 公里）；8×100 公尺跨步跑	<u>間歇跑</u> 4-8×800 公尺，以比 10K 每公里快 6-12 秒之速度配速；組間慢跑 400 公尺 *包括 2 英里（3 公里）熱身跑，以及 1-2 英里（2-3 公里）緩和跑*	<u>輕鬆跑</u> 6-10 英里 （10-16 公里）
3	<u>長跑</u> 8-16 英里 （13-26 公里）	<u>輕鬆跑</u> 5-8 英里（8-13 公里）；8×100 公尺跨步跑	<u>間歇跑</u> 3-6×800 公尺，以 5K 配速；2×400 公尺，以一英里跑配速；組間皆慢跑 400 公尺 *包括 2 英里（3 公里）熱身跑，以及 1-2 英里（2-3 公里）緩和跑*	<u>輕鬆跑</u> 6-10 英里 （10-16 公里）

（單位皆經過英制到公制換算並四捨五入）

週四	週五	週六	週跑量
一般跑 4-6 英里（6-10 公里）；8×100 公尺跨步跑	若隔天參賽： **輕鬆跑** 2-4 英里（3-6 公里）；6×100 公尺跨步跑 若不參賽： **節奏跑** 3-5 英里（5-8 公里），以比 10K 每公里慢 16-19 秒之速度配速 *包括 2 英里（3 公里）熱身跑，以及 1600 公尺緩和跑*	**賽事** 或 **輕鬆跑** 4-8 英里（6-13 公里）	**40-70 英里（64-112公里）**
一般跑 4-6 英里（6-10 公里）；8×100 公尺跨步跑	若隔天參賽： **輕鬆跑** 2-4 英里（3-6 公里）；6×100 公尺跨步跑 若不參賽： **節奏跑** 3-5 英里（5-8 公里），以比 10K 每公里慢 16-19 秒之速度配速 *包括 2 英里（3 公里）熱身跑，以及 1600 公尺緩和跑*	**賽事** 或 **輕鬆跑** 4-8 英里（6-13 公里）	**40-70 英里（64-112公里）**
一般跑 4-6 英里（6-10 公里）；8×100 公尺跨步跑	若隔天參賽： **輕鬆跑** 2-4 英里（3-6 公里）；6×100 公尺跨步跑 若不參賽： **節奏跑** 3-5 英里（5-8 公里），以比 10K 每公里慢 16-19 秒之速度配速 *包括 2 英里（3 公里）熱身跑，以及 1600 公尺緩和跑*	**賽事** 或 **輕鬆跑** 4-8 英里（6-13 公里）	**40-70 英里（64-112公里）**

短期多場賽事

8 週課表 週跑量 40 英里（64 公里）以上

週次	週日	週一	週二	週三
4	**長跑** 8-16 英里 （13-26 公里）	**輕鬆跑** 5-8 英里（8-13公里）；8×100公尺跨步跑	**間歇跑** 6-8×400 公尺，以 5K 配速，組間慢跑 200 公尺 *包括2英里（3公里）熱身跑，以及 1-2 英里（2-3 公里）緩和跑*	**輕鬆跑** 6-10 英里 （10-16 公里）
5	**長跑** 8-16 英里 （13-26 公里）	**輕鬆跑** 5-8 英里（8-13公里）；8×100公尺跨步跑	**間歇跑** 4-8×800 公尺，以比 10K 每公里快 6-12 秒之速度配速，組間慢跑 400 公尺 *包括2英里（3公里）熱身跑，以及 1-2 英里（2-3 公里）緩和跑*	**輕鬆跑** 6-10 英里 （10-16 公里）
6	**長跑** 8-16 英里 （13-26 公里）	**輕鬆跑** 5-8 英里（8-13公里）；8×100公尺跨步跑	**間歇跑** 6-10×400 公尺，以 5K 配速，組間慢跑 200 公尺 *包括2英里（3公里）熱身跑，以及 1-2 英里（2-3 公里）緩和跑*	**輕鬆跑** 6-10 英里 （10-16 公里）

週四	週五	週六	週跑量
一般跑 4-6 英里（6-10 公里）；8×100 公尺跨步跑	若隔天參賽： **輕鬆跑** 2-4 英里（3-6 公里）；6×100 公尺跨步跑 若不參賽： **節奏跑** 3-5 英里（5-8 公里），以比 10K 每公里慢 16-19 秒之速度配速 *包括 2 英里（3 公里）熱身跑，以及 1600 公尺緩和跑*	**賽事** 或 **輕鬆跑** 4-8 英里（6-13 公里）	40-70 英里（64-112 公里）
一般跑 4-6 英里（6-10 公里）；8×100 公尺跨步跑	若隔天參賽： **輕鬆跑** 2-4 英里（3-6 公里）；6×100 公尺跨步跑 若不參賽： **節奏跑** 3-5 英里（5-8 公里），以比 10K 每公里慢 16-19 秒之速度配速 *包括 2 英里（3 公里）熱身跑，以及 1600 公尺緩和跑*	**賽事** 或 **輕鬆跑** 4-8 英里（6-13 公里）	40-70 英里（64-112 公里）
輕鬆跑 4-6 英里（6-10 公里）；8×100 公尺跨步跑	若隔天參賽： **輕鬆跑** 2-4 英里（3-6 公里）；6×100 公尺跨步跑 若不參賽： **節奏跑** 3-5 英里（5-8 公里），以比 10K 每公里慢 16-19 秒之速度配速 *包括 2 英里（3 公里）熱身跑，以及 1600 公尺緩和跑*	**賽事** 或 **輕鬆跑** 4-8 英里（6-13 公里）	40-70 英里（64-112 公里）

短期多場賽事／8 週課表／週跑量 40 英里（64 公里）以上

短期多場賽事

8 週課表 週跑量 40 英里（64 公里）以上

週次	週日	週一	週二	週三
7	**長跑** 8-16 英里 （13-26 公里）	**輕鬆跑** 5-8 英里（8-13 公里）；8×100 公尺跨步跑	**間歇跑** 3-6×800 公尺，以 5K 配速；2×400 公尺，以一英里跑配速；組間皆慢跑 400 公尺 *包括2英里（3公里）熱身跑，以及 1-2 英里（2-3 公里）緩和跑*	**輕鬆跑** 6-10 英里 （10-16 公里）
8	**長跑** 8-16 英里 （13-26 公里）	**輕鬆跑** 5-8 英里（8-13 公里）；8×100 公尺跨步跑	**間歇跑** 6-8×400 公尺，以 5K 配速，組間慢跑 200 公尺 *包括2英里（3公里）熱身跑，以及 1-2 英里（2-3 公里）緩和跑*	**輕鬆跑** 6-10 英里 （10-16 公里）

週四	週五	週六	週跑量
輕鬆跑 4-6 英里（6-10公里）；8×100公尺跨步跑英里	若隔天參賽： **輕鬆跑** 2-4 英里（3-6公里）；6×100公尺跨步跑 若不參賽： **節奏跑** 3-5 英里（5-8 公里），以比 10K 每公里慢 16-19 秒之速度配速 *包括 2 英里（3 公里）熱身跑，以及 1600 公尺緩和跑*	**賽事** 或 **輕鬆跑** 4-8 英里 （6-13 公里）	40-70 （64-112 公里）
輕鬆跑 4-6 英里（6-10公里）；8×100公尺跨步跑英里	若隔天參賽： **輕鬆跑** 2-4 英里（3-6公里）；6×100公尺跨步跑 若不參賽： **節奏跑** 3-5 英里（5-8 公里），以比 10K 每公里慢 16-19 秒之速度配速 *包括 2 英里（3 公里）熱身跑，以及 1600 公尺緩和跑*	**賽事** 或 **輕鬆跑** 4-8 英里 （6-13 公里）	40-70 （64-112 公里）

短期多場賽事／8 週課表／週跑量 40 英里（64 公里）以上

長距離賽事轉換為短距離賽事

14　Training for a Quick Transition From One Race Distance to Another

　　最後一章適用於轉換不同賽事之需求，適合全馬或 15K 至半馬等長距離賽事後，緊接著想在短距離賽事取得好成績的跑者。這種比賽模式聽起來很極端，實際上卻不盡然。我會這麼說是因為，我自己也曾數度在職業跑者生涯做到這點。長距離賽事後，你可能狀況還不錯。此時，不必急著休息，把你訓練得來的寶貴體能浪費掉，而是可以稍歇一會兒，就立即回到正式訓練。這樣一來，你就可以持續利用半馬或全馬訓練當中磨練出來的耐力。把這份耐力與短距離賽事專用的高強度訓練結合，就能訓練出絕佳的速度及力量。

　　本章提供適用三種情境的課表：從全馬轉換至 5K 賽事，從全馬轉換至 10K 賽事，或從 15K 或半馬等賽事轉換至一英里跑或 5K 賽

事。所有課表皆為期八週，訓練最終以目標距離賽事作結，且每份課表皆提供三個跑量可供選擇。

全馬轉換至 5K 賽事之課表的跑量範圍為：最多 45 英里（72 公里）、25 至 55 英里（40-88 公里）、35 英里（56 公里）以上。全馬轉換至 10K 賽事之課表的跑量範圍為：最多 45 英里（72 公里）、30 至 55 英里（48-88 公里）、30 英里（48 公里）以上。15K 或半馬等賽事轉換至一英里跑或 5K 賽事之課表的跑量範圍為：最多 45 英里（72 公里）、25 至 50 英里（40-80 公里）、30 英里（48 公里）以上。

我的預設與建議

我不是要你一定得在長期備賽後馬上又轉向短距離賽事，而是點出你有這樣的選擇，而且你可能會對比賽結果驚喜不已。但此處也有幾個注意事項需考量。

最重要的一點是，你要在長距離賽事後仍有好的精神及體力，才適合採取本章的課表。如果你有輕傷，並在半馬、全馬等賽事期間有幸挺過傷勢的挑戰，那麼請先好好休養再開始下一次訓練。同樣地，如果你在長距離賽事不幸受傷，那麼也請先讓自己恢復至能正常行走和跑步。

另外，若你在完成賽事、訓練後筋疲力竭、心力交瘁，也不適合馬上參賽。不要強迫自己馬上開始正式訓練。請等待追求勝利的渴望再次來臨，屆時再重新出發也不遲。請誠實地告訴自己，結束上一場賽事後，自己是否還能再次投入時間和精力進行大量訓練。

由於本章的課表是在長距離賽事後馬上進行，故請仔細考慮週跑量的範圍。你應該要在恢復、訓練之間取得平衡，才能在短距離賽事有好表現。每份課表的第二週，都會有一次高強度訓練。接下來的六週皆會有兩次高強度訓練及一次長跑。最後一週則是在前半週完成輕量的高強度訓練，最終以比賽作結。如果不確定自身的狀態，請選擇比自己的正常跑量更低的跑量範圍。我希望你能好好完成每週的高強度訓練及長跑，而不是為了跑量而犧牲上述課表。如果在計畫進行到中途才發現自己難以達到週跑量，也可以切換至跑量較低的課表。因為不同計畫對賽事的訓練內容相同，僅訓練量有別。

　　若你採取全馬轉換至 10K 賽事的課表，則我會預設你賽後第一週應不會跑步。休息的狀況會持續到課表的第一週，可能有一天至數天的休息。若是從全馬轉換至 5K 賽事，則賽事至課表間有一週的休息時間。你可以自己決定那週要不要慢跑一下。但請記住，你很快就會回歸高強度訓練。所以你最好在全馬賽事後好好休息一週，讓自己重新開始訓練時充滿幹勁，而不是後悔沒多放鬆幾天。

　　若是 15K 或半馬轉換至一英里跑或 5K 賽事之課表，我則會預設你應馬上開始下一階段訓練，沒有休息、恢復期。因為這類課表的第一週內容就是恢復訓練。而第一次高強度訓練會在賽事結束一週半後才會進行。

執行課表方針

　　課表中的每日課表會寫出當日主要的訓練項目，細部訓練內容則會在第七章說明。訓練過程中可以重複閱讀相關內容，以加強記憶。為了快速了解各種訓練，此處會介紹各種訓練項目並解釋之。

- **輕鬆跑**：在距離最長、強度最高的訓練隔日進行的項目。請不要擔心配速的問題。只要以舒適、能夠交談的速度慢跑即可，不應呼吸急促或費勁使力。完成輕鬆跑之後，應該要感覺特別有活力，準備好面對隔天的訓練。

- **一般跑**：比輕鬆跑稍快，強度更高，但仍處在可以交談的速度。若想累積跑量，此種訓練應是不錯的選擇。如果狀態不錯，可以在最後幾公里加快速度。

- **輕鬆至一般跑**：剛起步時用恢復跑的配速進行。如果你覺得很累、想要全程維持較輕鬆的配速完成此項目也沒問題。如果暖身完成後想要稍微加快速度也可以。但請不要覺得自己「應該」達到某個配速而強迫自己加快。

- **節奏跑**：是一種長時間、長距離的慢跑訓練，通常距離為 3 至 10 公里，以「舒適但稍微吃力」的強度進行，需要集中注意力。對大多數跑者而言，節奏跑應該維持在 15K 至半馬的配速。如果我騎腳踏車經過你身邊問了個問題，你應能以完整的句子回答，但無法像輕鬆跑或一般跑一樣深入交談。

- **漸速跑**：也是長時間、長距離的訓練項目，以配速漸增的方式進行。

漸速跑的效果與傳統節奏跑相似，卻可以幫助我們在疲勞累積的狀況下練習加速。因為起始的速度較慢，此類慢跑會比節奏跑更長。

- **間歇跑**：重複以固定配速完成指定距離。間歇跑距離通常介於 200 公尺及 1600 公尺之間，通常會以一英里跑到 10K 之間的配速進行。可以在距離精準、一致的跑道上訓練此項目，若能找到較平整的路面，也可以在一般道路或其他地方進行。訓練之前，可以大略換算課表中各項目的距離，以計算各區段所需的時間，如：若課表指定以 5K 配速重複跑 800 公尺，就代表每次要用 5K 配速跑 3 分鐘。有一些高強度訓練的內容是以 800 公尺賽事配速進行 200 公尺間歇跑。如果你不確定那是什麼配速，目標是每 200 公尺跑得比你的一英里比賽配速快 2 到 3 秒，即可作為此訓練的目標時間。

- **坡度跑**：以一英里跑的「強度」跑上緩坡，請注意，此處指的並不是「配速」！接著慢跑下坡以恢復體力。理想狀態下，坡度要夠陡，讓人跑步時能輕易發現自己正在爬坡，但也不能陡到難以維持良好、直立的跑姿與高步頻。

- **長跑**：是一週間最長的跑步距離，以能夠交談的速度進行。起步時速度相對輕鬆，並隨著暖身完成逐漸增加強度。請不要躁進，此項訓練的後半部分有很多時間可以讓你抓到節奏。

- **跨步跑**：約 100 公尺的重複性短程訓練，會以一英里跑的速度配速，此項目通常會在輕鬆跑之後或在較難的訓練及比賽前進行。專注於保持良好的跑姿，兼具速度與放鬆感。跨步跑應該是愉快、輕鬆的訓練；完成此項目後應該會感覺身心舒暢。此項目應在平坦、安全的跑道完成。

庫根教練經驗談

1995 年 3 月，我參加了泛美運動會的全馬賽事。我認為跑這場賽事是個明智的抉擇，因為我明年得頂著亞特蘭大的大熱天參加奧運全馬，所以這場在阿根廷的全馬賽事可以幫助我適應天氣。而且，那場比賽是我第二次參加全馬，我需要在 1996 年 2 月的美國全馬選拔賽之前累積更多經驗。泛美運動會的賽事在選拔賽近一年前舉行，所以我有充足的時間恢復，1995 年秋天也不需再參加全馬賽事。後來，我在阿根廷獲得第二名。我那時欣喜若狂、精神為之一振。身體狀況也還很好。回到博爾德後，我把精力集中在 6 月美國錦標賽的 5K 賽事上。我那時候不想準備跑 10K，因為跟全馬的訓練內容太相似了。這段時間，我仍然有進行長跑訓練，但範圍介於 26 至 29 公里之間，不會超過 32 公里。我知道自己整個秋天和冬天都會投入全馬訓練，所以備戰 5K 對我而言是很好的休息機會。

我從全馬訓練獲得的耐力都轉換到那場 5K 賽事當中。最後，我創造了兩英里跑（8 分 21 秒）和 5K 賽事（13 分 23 秒）的個人紀錄。多虧先前的馬拉松訓練，才能讓我堅持更高的配速。在 13 分 23 秒內跑完 5K，代表以 64 秒跑完一圈 400 公尺的操場。很多人都能以 64 秒跑完一圈。但沒有多少人能以這樣的配速連續跑十二圈半。我不是在誇耀自己跑得多快，而是要展現出自己因全馬訓練產生的進步，讓我能堅持單圈 64 秒的配速。贏得泛美運動會全馬銀牌三個月後，我就在美國錦標賽的 5K 賽事獲得第二名。那次經驗讓我相信，如果你在全馬或長距離賽事後仍有充沛的精力及體力，就代表你可以在不久的將來將這份訓練成果轉換至短距離賽事當中。

現在我想聊聊其他跑者從長距離轉換至短距離賽事的經驗。

我在大學當教練期間，越野賽季結束後不久，波士頓大學就會舉辦室內田徑賽。這場比賽的目的是讓人們在越野賽季剛結束、正式進入休賽之前，取得好成績並得到 NCAA 室內錦標賽的參賽資格。

12月初的這場比賽中，許多人的速度都比起室內賽季期間更快。他們都說：「我不敢相信自己跑得這麼快！我還沒有做任何高強度訓練呢！」比賽結束後，他們就會覺得：「那等我到了室內賽季再開始訓練吧！我到時候一定能跑很快。」但他們的成績往往沒有更進步，為什麼呢？

我的看法是，這些跑者失去了他們從越野訓練中獲得的耐力，因此他們在室內田徑賽事的後半都很難繼續保持高配速。因為他們大多沒有再做長跑和節奏跑等越野賽事訓練的重要課表。相反地，他們的課表都是大量短時間長、短距離的間歇訓練。在室內賽事中，他們可能可以用更快的速度跑完一圈操場，卻犧牲了他們將戰線延長至 3K、5K 等距離的能力，無法在比賽後段維持高配速。

如果要從長距離賽事轉換為短距離，請思考贏得比賽的關鍵是什麼。對於大多數長跑跑者而言，祕訣就是**稍微增加跑量，且不能跳過長跑訓練**。在我的職業生涯中，**馬拉松的訓練往往能讓我進入最佳狀態**。我表現得最好的那幾場賽事，賽前都長期累積了**極高**的跑量（通常是秋天的訓練），每週進行兩三次高強度訓練反而無法帶來此效果。

因此，我將自己的觀察心得融入到本章的課表當中。即使你的

目標是一英里跑,還是要保留長跑和節奏跑。我在第一章解釋了有氧能力為什麼是所有長距離賽事的關鍵。也讓你看了 1500 公尺賽事奧運選手和全國冠軍海瑟‧馬克連為期三個月的訓練課表,展現出她如何貫徹此原則、取得成功。如果現在,在這本書的結尾,我已經說服你、讓你相信有氧能力的重要性,那麼我的使命就達成了。

全馬轉換至5K賽事

8 週課表 週跑量最多 45 英里（72 公里）

週次	週日	週一	週二	週三
1	輕鬆跑 3-4 英里 （5-6 公里）	輕鬆跑 3-4 英里 （5-6 公里）	輕鬆跑 3-4 英里（5-6 公里）	輕鬆跑 4-6 英里 （6-10 公里）
2	一般跑 6-8 英里 （10-13 公里）	輕鬆跑 3-5 英里 （5-8 公里）	輕鬆間歇跑 6-8×400 公尺，以 5K 配速，組間慢跑 200 公尺 *包括2英里（3公里）熱身跑，以及 1600 公尺緩和跑	輕鬆跑 4-6 英里 （6-10 公里）
3	長跑 8-10 英里 （13-16 公里）	輕鬆跑 3-5 英里（5-8 公里）；6×100 公尺跨步跑	間歇跑 3×1000 公尺，以 5K 配速，組間慢跑 400 公尺 *包括2英里（3公里）熱身跑，以及 1600 公尺緩和跑	輕鬆跑 6-8 英里 （10-13 公里）
4	長跑 8-10 英里 （13-16 公里）	輕鬆跑 3-5 英里（5-8 公里）；6×100 公尺跨步跑	間歇跑 2×〔800 公尺，以 5K 配速；400 公尺，以一英里跑配速；400 公尺，以一英里跑配速〕；項目與組間皆慢跑 400 公尺 *包括 2-3 英里（3-5 公里）熱身跑，以及 1600 公尺緩和跑	輕鬆跑 6-8 英里 （10-13 公里）

(單位皆經過英制到公制換算並四捨五入)

週四	週五	週六	週跑量
輕鬆跑 3-4 英里 （5-6 公里）	輕鬆跑 3-4 英里（5-6 公里）	輕鬆跑 2-4 英里 （3-6 公里） 或 休假	**19-30 英里** **（30-48 公里）**
一般跑 4-5 英里 （6-8 公里）	節奏跑 2-3 英里（3-5 公里），以比 10K 每公里慢 16-19 秒之速度配速 * 包括 2 英里（3 公里）熱身跑，以及 1600 公尺緩和跑	輕鬆跑 2-4 英里 （3-6 公里）	**31-42 英里** **（50-67 公里）**
一般跑 4-5 英里（6-8 公里）；6×100 公尺跨步跑	節奏跑 3 英里（5 公里），以比 10K 每公里慢 16-19 秒之速度配速	休假	**33-40 英里** **（53-64 公里）**
一般跑 4-5 英里（6-8 公里）；6×100 公尺跨步跑	漸速跑 3 英里（5 公里），起始速度比 10K 配速每公里慢 19 秒，之後每公里持續加快 3-6 秒 * 包括 2 英里（3 公里）熱身跑，以及 1600 公尺緩和跑	輕鬆至一般跑 3-4 英里 （5-6 公里）	**36-44 英里** **（58-70 公里）**

全馬轉換至 5K 賽事／8 週課表／週跑量最多 45 英里（72 公里）

全馬轉換至5K賽事

8週課表 週跑量最多 45 英里（72 公里）

週次	週日	週一	週二	週三
5	**長跑** 8-10 英里 （13-16 公里）	**輕鬆跑** 3-5 英里（5-8 公里）；6×100 公尺跨步跑	**間歇跑** 2×400 公尺，以一英里跑配速，組間慢跑 200 公尺；2×800 公尺，以 5K 配速，組間慢跑 400 公尺；2×400 公尺，以一英里跑配速，組間慢跑 200 公尺 *包括2英里（3公里）熱身跑，以及 1600 公尺緩和跑*	**輕鬆跑** 6-8 英里 （10-13 公里）
6	**長跑** 8-10 英里 （13-16 公里）	**輕鬆跑** 3-5 英里（5-8 公里）；6×100 公尺跨步跑	**間歇跑** 8×400 公尺，以 5K 配速，組間慢跑 200 公尺 *包括2英里（3公里）熱身跑，以及 1600 公尺緩和跑*	**輕鬆跑** 6-8 英里 （10-13 公里）
7	**長跑** 6-8 英里 （10-13 公里）	**輕鬆跑** 1-3 英里 （2-5 公里） 或 **休假**	**間歇跑** 1200 公尺，以 5K 配速；4×400 公尺，以一英里跑配速；組間皆慢跑 400 公尺 *包括2英里（3公里）熱身跑，以及 1600 公尺緩和跑*	**輕鬆跑** 4-6 英里 （6-10 公里）
8	**長跑** 5-7 英里 （8-11 公里）	**輕鬆跑** 3 英里（5 公里）	**間歇跑** 6-8×300 公尺，以 5K 配速，組間慢跑 200 公尺 *包括2英里（3公里）熱身跑，以及 1600 公尺緩和跑*	**輕鬆跑** 2-4 英里 （3-6 公里） 或 **休假**

週四	週五	週六	週跑量
一般跑 4-5 英里（6-8 公里）；6×100 公尺跨步跑	**間歇及節奏跑** 3×600 公尺，以 5K 配速，組間慢跑 400 公尺；2 英里（3 公里），以比 10K 每公里慢 16 秒之速度配速；400 公尺慢跑；2×400 公尺，以一英里跑配速，組間慢跑 200 公尺 * 包括 *2 英里（3 公里）熱身跑，以及 1600 公尺緩和跑*	**輕鬆跑** 3-4 英里（5-6 公里） 或 **休假**	34-45 英里（54-72 公里）
一般跑 4-5 英里（6-8 公里）；6×100 公尺跨步跑	**節奏跑** 3 英里（5 公里），以比 10K 每公里慢 16-19 秒之速度配速 * 包括 *2 英里（3 公里）熱身跑，以及 1600 公尺緩和跑*	**輕鬆跑** 3-4 英里（5-6 公里）	36-44 英里（58-70 公里）
一般跑 3-5 英里（5-8 公里）；6×100 公尺跨步跑	**節奏跑** 2-3 英里（3-5 公里），以比 10K 每公里慢 9-12 秒之速度配速；800 公尺慢跑；4×300 公尺，以一英里跑配速，組間步行 100 公尺 * 包括 *2 英里（3 公里）熱身跑，以及 1600 公尺緩和跑*	**輕鬆跑** 3-4 英里（5-6 公里） 或 **休假**	24-39 英里（38-62 公里）
輕鬆跑 3 英里（5 公里）；6×100 公尺跨步跑	**輕鬆跑** 2-3 英里（3-5 公里）；4-6×100 公尺跨步跑	**5K 賽事**	19-26 英里（30-42 公里，不包含比賽跑量）

註：若是從全馬轉換至 5K 賽事，則賽事至課表間有一週的休息時間。你可以自行決定那週是否要稍微慢跑。

全馬轉換至 5K 賽事／8 週課表／週跑量最多 45 英里（72 公里）

全馬轉換至5K賽事

8 週課表 週跑量 25-55 英里（40-88 公里）

週次	週日	週一	週二	週三
1	輕鬆跑 4-5 英里 （6-8 公里）	輕鬆跑 4-5 英里 （6-8 公里）	輕鬆跑 4-5 英里（6-8 公里）	輕鬆跑 4-6 英里 （6-10 公里）
2	一般跑 7-10 英里 （11-16 公里）	輕鬆跑 4-5 英里 （6-8 公里）	間歇跑 8×400 公尺，以 5K 配速，組間慢跑 200 公尺 *包括2英里（3公里）熱身跑，以及 1600 公尺緩和跑	輕鬆跑 6-8 英里 （10-13 公里）
3	長跑 8-12 英里 （13-19 公里）	輕鬆跑 4-6 英里（6-10 公里）；6×100 公尺跨步跑	間歇跑 4×1000 公尺，以 5K 配速，組間慢跑 400 公尺 *包括2英里（3公里）熱身跑，以及 1600 公尺緩和跑	輕鬆跑 6-8 英里 （10-13 公里）
4	長跑 8-12 英里 （13-19 公里）	輕鬆跑 4-6 英里（6-10 公里）；6×100 公尺跨步跑	間歇跑 3×〔800 公尺，以 5K 配速；400 公尺，以一英里跑配速；400 公尺，以一英里跑配速〕；項目與組間皆慢跑 400 公尺 *包括2英里（3公里）熱身跑，以及 1600 公尺緩和跑	輕鬆跑 6-9 英里 （10-14 公里）

（單位皆經過英制到公制換算並四捨五入）

週四	週五	週六	週跑量
輕鬆跑 4-5 英里 （6-8 公里）	**輕鬆跑** 4-5 英里（6-8 公里）	**輕鬆跑** 4-5 英里 （6-8 公里） 或 **休假**	**24-36 英里** **（38-58 公里）**
一般跑 4-6 英里 （6-10 公里）	**節奏跑** 3 英里（5 公里），以比 10K 每公里慢 16-19 秒之速度配速 *包括 2 英里（3 公里）熱身跑，以及 1600 公尺緩和跑*	**輕鬆跑** 4-6 英里 （6-10 公里）	**37-47 英里** **（59-75 公里）**
一般跑 5-8 英里（8-13 公里）；8×100 公尺跨步跑	**節奏跑** 3 英里（5 公里），以比 10K 每公里慢 16-19 秒之速度配速 *包括 2 英里（3 公里）熱身跑，以及 1600 公尺緩和跑*	**輕鬆跑** 4-6 英里 （6-10 公里） 或 **休假**	**36-53 英里** **（58-85 公里）**
一般跑 6-8 英里（10-13 公里）；8×100 公尺跨步跑	**漸速跑** 3-4 英里（5-6 公里），起始速度比 10K 每公里慢 19 秒，之後每公里持續加快 3-6 秒 *包括 2 英里（3 公里）熱身跑，以及 1600 公尺緩和跑*	**輕鬆跑** 4-6 英里 （6-10 公里）	**40-54 英里** **（64-86 公里）**

全馬轉換至 5K 賽事／8 週課表／週跑量 25-55 英里（40-88 公里）

全馬轉換至5K賽事

8 週課表 週跑量 25-55 英里（40-88 公里）

週次	週日	週一	週二	週三
5	**長跑** 8-12 英里 （13-19 公里）	**輕鬆跑** 4-6 英里（6-10 公里）；6×100 公尺跨步跑	**間歇跑** 3×400 公尺，以一英里跑配速，組間慢跑 200 公尺；2×800 公尺，以 5K 配速，組間慢跑 400 公尺；3×400 公尺，以一英里跑配速，組間慢跑 200 公尺 *包括2英里（3公里）熱身跑，以及 1600 公尺緩和跑	**輕鬆跑** 8-9 英里 （13-14 公里）
6	**長跑** 8-12 英里 （13-19 公里）	**輕鬆跑** 4-6 英里（6-10 公里）；6×100 公尺跨步跑	**間歇跑** 8×400 公尺，以 5K 配速，組間慢跑 200 公尺 *包括2英里（3公里）熱身跑，以及 1600 公尺緩和跑	**輕鬆跑** 6-8 英里 （10-13 公里）
7	**長跑** 6-8 英里 （10-13 公里）	**輕鬆跑** 3-4 英里（5-6 公里）；6×100 公尺跨步跑	**間歇跑** 1600 公尺，以 5K 或稍慢的速度配速；4×400 公尺，以一英里跑配速；1600 公尺，以 5K 或稍慢的速度配速；組間皆慢跑 400 公尺 *包括2英里（3公里）熱身跑，以及 1600 公尺緩和跑	**輕鬆跑** 4-6 英里 （6-10 公里）
8	**長跑** 6-8 英里 （10-13 公里）	**輕鬆跑** 4 英里（6 公里）；6×100 公尺跨步跑	**間歇跑** 8×300 公尺，以 5K 配速，組間慢跑 200 公尺 *包括2英里（3公里）熱身跑，以及 1600 公尺緩和跑	**輕鬆跑** 3-4 英里 （5-6 公里） 或 **休假**

週四	週五	週六	週跑量
一般跑 5-8 英里（8-13 公里）；8×100 公尺跨步跑	**間歇及節奏跑** 3×600 公尺，以 5K 配速，組間慢跑 400 公尺；2 英里（3 公里），以比 10K 每公里慢 16 秒之速度配速；400 公尺慢跑；2×400 公尺，以一英里跑配速，組間慢跑 200 公尺 *包括 2 英里（3 公里）熱身跑，以及 1600 公尺緩和跑*	**輕鬆跑** 4-6 英里 （6-10 公里）	**43-55 英里** **（69-88 公里）**
一般跑 5-8 英里（8-13 公里）；6×100 公尺跨步跑	**節奏跑** 3 英里（5 公里），以比 10K 每公里慢 16-19 秒之速度配速 *包括 2 英里（3 公里）熱身跑，以及 1600 公尺緩和跑*	**輕鬆跑** 1-4 英里 （2-6 公里） 或 **休假**	**35-50 英里** **（56-80 公里）**
一般跑 4-6 英里（6-10 公里）；6×100 公尺跨步跑	**節奏跑** 2-3 英里（3-5 公里），以比 10K 每公里慢 9-12 秒之速度配速；800 公尺慢跑；4×300 公尺，以一英里跑配速，組間慢跑或步行 100 公尺 *包括 2 英里（3 公里）熱身跑，以及 1600 公尺緩和跑*	**輕鬆跑** 3-4 英里 （5-6 公里）	**33-41 英里** **（53-66 公里）**
輕鬆跑 3-4 英里（5-6 公里）；6×100 公尺跨步跑 或 **休假**	**輕鬆跑** 2-3 英里（3-5 公里）；4-6×100 公尺跨步跑	**5K 賽事**	**22-28 英里（35-45 公里，不包含比賽跑量）**

註：若是從全馬轉換至 5K 賽事，則賽事至課表間有一週的休息時間。你可以自行決定那週是否要稍微慢跑。

全馬轉換至 5K 賽事／8 週課表／週跑量 25-55 英里（40-88 公里）

全馬轉換至5K賽事

8 週課表 　週跑量 35 英里（56 公里）以上

週次	週日	週一	週二	週三
1	**輕鬆跑** 4-5 英里 （6-8 公里）	**輕鬆跑** 4-5 英里 （6-8 公里）	**輕鬆跑** 4-5 英里（6-8 公里）	**輕鬆跑** 4-6 英里 （6-10 公里）
2	**一般跑** 8-10 英里 （13-16公里）	**輕鬆跑** 4-5 英里 （6-8 公里）	**間歇跑** 8×400 公尺，以 5K 配速，組間慢跑 200 公尺 *包括2-3 英里（3-5公里）熱身跑，以及 1-2 英里（2-3 公里）緩和跑	**輕鬆跑** 6-8 英里 （10-13 公里）
3	**長跑** 10-14 英里 （16-22公里）	**輕鬆跑** 7-9 英里（11-14 公里）；8×100 公尺跨步跑	**間歇跑** 6×1000 公尺，以 5K 配速，組間慢跑 400 公尺 *包括2-3 英里（3-5公里）熱身跑，以及 1-2 英里（2-3 公里）緩和跑	**輕鬆跑** 7-10 英里 （11-16 公里）
4	**長跑** 10-14 英里 （16-22公里）	**輕鬆跑** 7-9 英里（11-14 公里）；8×100 公尺跨步跑	**間歇跑** 4×〔800 公尺，以 5K 配速；400 公尺，以一英里配速；400 公尺，以一英里跑配速〕；項目與組間皆慢跑 400 公尺 *包括2 英里（3公里）熱身跑，以及 1-2 英里（2-3 公里）緩和跑	**輕鬆跑** 7-10 英里 （11-16 公里）

（單位皆經過英制到公制換算並四捨五入）

週四	週五	週六	週跑量
輕鬆跑 4-5 英里 （6-8 公里）	**輕鬆跑** 4-5 英里（6-8 公里）	**輕鬆跑** 4-5 英里 （6-8 公里） 或 **休假**	**24-36 英里** **（38-58 公里）**
一般跑 4-6 英里 （6-10 公里）	**節奏跑** 3-4 英里（5-6 公里），以比 10K 每公里慢 16-19 秒之速度配速 *＊包括 2-3 英里（3-5 公里）熱身跑，以及 1-2 英里（2-3 公里）緩和跑*	**輕鬆跑** 4-6 英里 （6-10 公里）	**38-51 英里** **（61-82 公里）**
一般跑 7-9 英里（11-14 公里）；8×100 公尺跨步跑	**節奏跑** 3-4 英里（5-6 公里），以比 10K 每公里慢 16-19 秒之速度配速 *＊包括 2-3 英里（3-5 公里）熱身跑，以及 1-2 英里（2-3 公里）緩和跑*	**輕鬆跑** 4-6 英里 （6-10 公里）	**48-65 英里** **（77-104 公里）**
一般跑 7-9 英里（11-14 公里）；8×100 公尺跨步跑	**漸速跑** 3-4 英里（5-6 公里），起始速度比 10K 每公里慢 19 秒，之後每公里持續加快 3-6 秒 *＊包括 2-3 英里（3-5 公里）熱身跑，以及 1-2 英里（2-3 公里）緩和跑*	**輕鬆至一般跑** 4-6 英里 （6-10 公里）	**50-68 英里** **（80-109 公里）**

全馬轉換至 5K 賽事／8 週課表／週跑量 35 英里（56 公里）以上

全馬轉換至5K賽事

8週課表 週跑量 35 英里（56 公里）以上

週次	週日	週一	週二	週三
5	長跑 10-14 英里 （16-22公里）	輕鬆跑 1-4 英里 （2-6 公里） 或 **休假**	間歇跑 4×400 公尺，以一英里跑配速，組間慢跑 200 公尺；2×800 公尺，以 5K 配速，組間慢跑 400 公尺；4×200 公尺，以一英里跑配速，組間慢跑 200 公尺 *包括 2 英里（3 公里）熱身跑，以及 1-2 英里（2-3 公里）緩和跑	輕鬆跑 7-10 英里 （11-16公里）
6	長跑 10-14 英里 （16-22公里）	輕鬆跑 6-8 英里（10-13公里）；8×100公尺跨步跑	間歇跑 8×400 公尺，以 5K 配速，組間慢跑 200 公尺 *包括2-3 英里（3-5公里）熱身跑，以及 1-2 英里（2-3 公里）緩和跑	輕鬆跑 7-10 英里 （11-16公里）
7	長跑 10-12 英里 （16-19公里）	以休息為優先 或 **輕鬆跑** 3 英里（5公里）；8×100 公尺跨步跑	間歇跑 1600 公尺，以 5K 配速；4×400 公尺，以一英里跑配速；1600 公尺，以 5K 或稍慢的速度配速；組間皆慢跑 400 公尺 *包括2-3 英里（3-5公里）熱身跑，以及 1-2 英里（2-3 公里）緩和跑	輕鬆跑 6-8 英里 （10-13公里）
8	長跑 6-8 英里 （10-13公里）	輕鬆跑 4 英里（6公里）	間歇跑 8×300 公尺，以 5K 配速，組間慢跑 200 公尺 *包括2-3 英里（3-5公里）熱身跑，以及 1-2 英里（2-3 公里）緩和跑	輕鬆跑 4-5 英里 （6-8 公里）

週四	週五	週六	週跑量
一般跑 7-9 英里（11-15 公里）；8×100 公尺跨步跑	**間歇及節奏跑** 3×600 公尺，以 5K 配速，組間慢跑 400 公尺；2 英里（3 公里），以比 10K 每公里慢 16 秒之速度配速；400 公尺慢跑；2×400 公尺，以一英里跑配速，組間慢跑 200 公尺 *包括 2-3 英里（3-5 公里）熱身跑，以及 1-2 英里（2-3 公里）緩和跑*	**輕鬆跑** 4-6 英里（6-10 公里）	**43-62 英里（69-99 公里）**
一般跑 7-9 英里（11-15 公里）；8×100 公尺跨步跑	**節奏跑** 3-4 英里（5-6 公里），以比 10K 每公里慢 16-19 秒之速度配速 *包括 2-3 英里（3-5 公里）熱身跑，以及 1-2 英里（2-3 公里）緩和跑*	**輕鬆跑** 4-6 英里（6-10 公里）	**46-63 英里（74-101 公里）**
一般跑 5-8 英里（8-13 公里）；6×100 公尺跨步跑	**節奏跑** 2-3 英里（3-5 公里），以比 10K 每公里慢 9-12 秒之速度配速；800 公尺慢跑；4×300 公尺，以一英里跑配速，組間步行 100 公尺 *包括 2-3 英里（3-5 公里）熱身跑，以及 1-2 英里（2-3 公里）緩和跑*	**輕鬆跑** 3-4 英里（5-6 公里）	**37-50 英里（59-80 公里）**
輕鬆跑 3-4 英里（5-6 公里）；8×100 公尺跨步跑	**輕鬆跑** 2-3 英里（3-5 公里），4-6×100 公尺跨步跑	**5K 賽事**	**25-31 英里（40-50 公里，不包含比賽跑量）**

註：若是從全馬轉換至 5K 賽事，則賽事至課表間有一週的休息時間。你可以自行決定那週是否要稍微慢跑。

全馬轉換至10K賽事

8週課表 週跑量最多 45 英里（72 公里）

週次	週日	週一	週二	週三
1	全馬賽後休息日	全馬賽後休息日	全馬賽後休息日	全馬賽後休息日
2	長跑 5-8 英里 （8-13 公里）	輕鬆跑 3-5 英里 （5-8 公里）	輕鬆跑 3-5 英里（5-8 公里）	輕鬆跑 3-6 英里 （5-10 公里）
3	長跑 8-10 英里 （13-16 公里）	輕鬆跑 3-5 英里（5-8 公里）；6×100 公尺跨步跑	間歇跑 3×1600 公尺，以比 10K 每公里快 3-6 秒之速度配速，組間慢跑 400 公尺 *包括2英里（3公里）熱身跑，以及 1600 公尺緩和跑	輕鬆跑 6 英里（10公里）
4	長跑 10-12 英里 （16-19 公里）	輕鬆跑 3-5 英里（5-8 公里）；6×100 公尺跨步跑	間歇跑 6×800 公尺，以比 10K 每公里快 6-12 秒之速度配速，組間慢跑 400 公尺 *包括2英里（3公里）熱身跑，以及 1600 公尺緩和跑	輕鬆跑 6-8 英里（10-13 公里）

（單位皆經過英制到公制換算並四捨五入）

全馬轉換至10K賽事／8週課表／週跑量最多45英里（72公里）

週四	週五	週六	週跑量
輕鬆跑 4英里（6公里）	輕鬆跑 4英里（6公里）	輕鬆跑 2-4英里 （3-6公里）	**10-12英里** **（16-19公里）**
輕鬆跑 3-6英里（5-10公里）	間歇跑 6-8×400公尺，以10K配速，組間慢跑200公尺 *包括2英里（3公里）熱身跑，以及1600公尺緩和跑	休假	**22-36英里** **（35-58公里）**
一般跑 3-5英里（5-8公里）；6×100公尺跨步跑	節奏跑 3-4英里（5-6公里），以比10K每公里慢16-19秒之速度配速 *包括2英里（3公里）熱身跑，以及1600公尺緩和跑	休假	**32-49英里** **（51-78公里）**
一般跑 4-5英里（6-8公里）；6×100公尺跨步跑	漸速跑 3英里（5公里），起始速度比10K每公里慢19秒，之後每公里持續加快3-6秒 *包括2英里（3公里）熱身跑，以及1600公尺緩和跑	輕鬆至一般跑 3-4英里 （5-6公里）	**39-47英里** **（62-75公里）**

全馬轉換至10K賽事

8週課表 週跑量最多 45 英里（72 公里）

週次	週日	週一	週二	週三
5	**長跑** 10-12 英里 （16-19 公里）	**輕鬆跑** 3-5 英里（5-8 公里）；6×100 公尺跨步跑	**間歇跑** 2×1200 公尺，以 10K 配速；2×800 公尺，以 5K 配速；2×400 公尺，以一英里跑配速；組間皆慢跑 400 公尺 *包括2英里（3公里）熱身跑，以及 1600 公尺緩和跑*	**輕鬆跑** 6-8 英里 （10-13 公里）
6	**長跑** 10-12 英里 （16-19 公里）	**輕鬆跑** 3-5 英里（5-8 公里）；6×100 公尺跨步跑	**間歇跑** 8×400 公尺，以 5K 配速，組間慢跑 200 公尺 *包括2英里（3公里）熱身跑，以及 1-2 英里（2-3 公里）緩和跑*	**輕鬆跑** 6-8 英里 （10-13 公里）
7	**長跑** 10-12 英里 （16-19 公里）	**輕鬆跑** 1-3 英里 （2-5 公里） 或 **休假**	**間歇跑** 6×800 公尺，以比 10K 每公里快 12 秒之速度配速；組間慢跑 400 公尺 *包括2英里（3公里）熱身跑，以及 1600 公尺緩和跑*	**輕鬆跑** 6-8 英里 （10-13 公里）
8	**長跑** 6-8 英里 （10-13 公里）	**輕鬆跑** 3 英里（5 公里）	**間歇跑** 8×400 公尺，以 5K 配速，組間慢跑 200 公尺 *包括 2-3 英里（3-5 公里）熱身跑，以及 1600 公尺緩和跑*	**休假**

週四	週五	週六	週跑量
一般跑 3-5 英里（5-8 公里）；6×100 公尺跨步跑	間歇跑及節奏跑 2×800 公尺，以 10K 配速，組間慢跑 400 公尺；2 英里（3 公里），以比 10K 每公里慢 16 秒之速度配速；400 公尺慢跑；2×400 公尺，以一英里跑配速，組間慢跑 200 公尺 *包括 2 英里（3 公里）熱身跑，以及 1600 公尺緩和跑*	輕鬆跑 1-3 英里（2-5公里）或 **休假**	37-48 英里 （59-77 公里）
一般跑 3-5 英里（5-8 公里）；6×100 公尺跨步跑	節奏跑 3-4 英里（5-6 公里），以比 10K 每公里慢 16-19 秒之速度配速 *包括 2 英里（3 公里）熱身跑，以及 1600 公尺緩和跑*	輕鬆跑 3-4 英里（5-6 公里）	37-46 英里 （59-74 公里）
一般跑 3-5 英里（5-8 公里）；6×100 公尺跨步跑	賽事配速訓練 3×1600 公尺，以 10K 配速，組間慢跑 400 公尺 *包括 2 英里（3 公里）熱身跑，以及 1600 公尺緩和跑*	輕鬆跑 2-4 英里（3-6 公里）	35-46 英里 （56-74 公里）
輕鬆跑 3 英里（5 公里）；6×100 公尺跨步跑 或 **休假**	輕鬆跑 3-4 英里（5-6 公里）；幾組 100 公尺跨步跑	10K 賽事	18-23 英里（29-37 公里，不包含比賽跑量）

註：若是從全馬轉換至 10K 賽事，則賽事至課表間有一週的休息時間。休息的狀況會持續到課表的第一週，可能有一天至數天的休息日。

全馬轉換至10K賽事

8 週課表 週跑量 30-55 英里（48-88 公里）

週次	週日	週一	週二	週三
1	全馬賽後休息日	輕鬆跑 2-4 英里 （3-6 公里）	輕鬆跑 4 英里（6 公里）	輕鬆跑 4 英里（6 公里）
2	長跑 6-10 英里 （10-16 公里）	輕鬆跑 5-7 英里 （8-11 公里）	輕鬆跑 5-7 英里（8-11 公里）	輕鬆跑 5-7 英里 （8-11 公里）
3	長跑 10-12 英里 （16-19 公里）	輕鬆跑 5-7 英里（8-11 公里）；6×100 公尺跨步跑	間歇跑 3-4×1600 公尺，以比 10K 每公里快 3-6 秒之速度配速，組間慢跑 400 公尺 *包括2英里（3公里）熱身跑，以及 1600 公尺緩和跑	輕鬆跑 7-9 英里 （11-14 公里）
4	長跑 10-14 英里 （16-22 公里）	輕鬆跑 5-7 英里（8-11 公里）；6×100 公尺跨步跑	間歇跑 6×800 公尺，以比 10K 每公里快 6-12 秒之速度配速；組間慢跑 400 公尺 *包括2英里（3公里）熱身跑，以及 1600 公尺緩和跑	輕鬆跑 7-9 英里 （11-14 公里）

（單位皆經過英制到公制換算並四捨五入）

週四	週五	週六	週跑量
輕鬆跑 4-6 英里 （6-10 公里）	**輕鬆跑** 4-6 英里（6-10 公里）	**輕鬆跑** 2-4 英里 （3-6 公里）	**20-48 英里** **（32-77 公里）**
輕鬆跑 5-7 英里 （8-11 公里）	**間歇跑** 6-8×400 公尺，以 10K 配速，組間慢跑 200 公尺 *包括 2 英里（3 公里）熱身跑，以及 1600 公尺緩和跑*	**輕鬆跑** 3-4 英里 （5-6 公里）	**34-48 英里** **（54-77 公里）**
一般跑 5-7 英里（8-11 公里）；6×100 公尺跨步跑	**節奏跑** 3-5 英里（5-8 公里），以比 10K 每公里慢 16-19 秒之速度配速 *包括 2 英里（3 公里）熱身跑，以及 1600 公尺緩和跑*	**休假**	**40-51 英里** **（64-82 公里）**
一般跑 5-7 英里（8-11 公里）；6×100 公尺跨步跑	**漸速跑** 4 英里（6 公里），起始速度比 10K 每公里慢 19 秒，之後每公里加快 3-6 秒 *包括 2 英里（3 公里）熱身跑，以及 1600 公尺緩和跑*	**輕鬆至一般跑** 3-5 英里 （5-8 公里）	**44-56 英里** **（70-90 公里）**

全馬轉換至 10K 賽事／8 週課表／週跑量 30-55 英里（48-88 公里）

全馬轉換至10K賽事

8 週課表 週跑量 30-55 英里（48-88 公里）

週次	週日	週一	週二	週三
5	長跑 12-14 英里 （19-22 公里）	輕鬆跑 5-7 英里（8-11 公里）；6×100 公尺跨步跑	間歇跑 2×1200 公尺，以 10K 配速；2×800 公尺，以 5K 配速；2×400 公尺，以一英里跑配速；組間皆慢跑 400 公尺 *包括2英里（3公里）熱身跑，以及 1600 公尺緩和跑*	輕鬆跑 7-9 英里 （11-14 公里）
6	長跑 10-13 英里 （16-21 公里）	輕鬆跑 5-7 英里（8-11 公里）；6×100 公尺跨步跑	間歇跑 8×400 公尺，以 5K 配速，組間慢跑 200 公尺 *包括2英里（3公里）熱身跑，以及 1600 公尺緩和跑*	輕鬆跑 6-8 英里 （10-13 公里）
7	長跑 10-12 英里 （16-19 公里）	輕鬆跑 3-4 英里 （5-6 公里）	間歇跑 6×800 公尺，以比 10K 每公里快 12 秒之速度配速，組間慢跑 400 公尺	輕鬆跑 6-8 英里 （10-13 公里）
8	長跑 6-10 英里 （10-16 公里）	輕鬆跑 3-4 英里 （5-6 公里）	間歇跑 8×400 公尺，以 5K 配速，組間慢跑 200 公尺 *包括2英里（3公里）熱身跑，以及 1600 公尺緩和跑*	休假

週四	週五	週六	週跑量
一般跑 5-7 英里（8-11 公里）；6×100 公尺跨步跑	**間歇跑及節奏跑** 2×800 公尺，以 10K 配速，組間慢跑 400 公尺；2 英里（3 公里），以比 10K 每公里慢 16 秒之速度配速；400 公尺慢跑；2×400 公尺，以一英里跑配速，組間慢跑 200 公尺 * 包括 2 英里（3 公里）熱身跑，以及 1600 公尺緩和跑	**輕鬆跑** 2-3 英里（3-5 公里）或**休假**	45-56 英里（72-90 公里）
一般跑 5-7 英里（8-11 公里）；6×100 公尺跨步跑	**節奏跑** 3-5 英里（5-8 公里），以比 10K 每公里慢 16-19 秒之速度配速，並檢視自己能否在同樣的費力程度下跑得比三週前快一些 * 包括 2 英里（3 公里）熱身跑，以及 1600 公尺緩和跑	**輕鬆跑** 3-5 英里（5-8 公里）	41-52 英里（66-83 公里）
一般跑 4-6 英里（6-10 公里）；6×100 公尺跨步跑	**賽事配速訓練** 2-3×1600 公尺，以 10K 配速，組間慢跑 400 公尺 * 包括 2 英里（3 公里）熱身跑，以及 1600 公尺緩和跑	**輕鬆跑** 3-4 英里（5-6 公里）	40-48 英里（64-77 公里）
輕鬆跑 3 英里（5 公里）；6×100 公尺跨步跑	**輕鬆跑** 3-4 英里（5-6 公里）；幾組 100 公尺跨步跑	**10K 賽事**	21-26 英里（34-42 公里，不包含比賽跑量）

註：若是從全馬轉換至 10K 賽事，則賽事至課表間有一週的休息時間。休息的狀況會持續到課表的第一週，可能有一天至數天的休息日。

全馬轉換至10K賽事

8 週課表 週跑量 30 英里（48 公里）以上

週次	週日	週一	週二	週三
1	全馬賽後休息日	輕鬆跑 2-4 英里 （3-6 公里）	輕鬆跑 4 英里（6 公里）	輕鬆跑 4 英里 （6 公里）
2	長跑 6-10 英里 （10-16 公里）	輕鬆跑 6-8 英里 （10-13 公里）	輕鬆跑 6-8 英里（10-13 公里）	輕鬆跑 6-9 英里 （10-14 公里）
3	長跑 10-14 英里 （16-22 公里）	輕鬆跑 6-8 英里（10-13 公里）；8×100 公尺跨步跑	間歇跑 4-5×1600 公尺，以比 10K 每公里快 3-6 秒之速度配速，組間慢跑 400 公尺 *包括 2-3 英里（3-5 公里）熱身跑，以及 1-2 英里（2-3 公里）緩和跑	輕鬆跑 7-9 英里 （11-14 公里）
4	長跑 12-15 英里 （19-24 公里）	輕鬆跑 6-8 英里（10-13 公里）；8×100 公尺跨步跑	間歇跑 6-8×800 公尺，以比 10K 每公里快 6-12 秒之速度配速；組間慢跑 400 公尺 *包括 2-3 英里（3-5 公里）熱身跑，以及 1-2 英里（2-3 公里）緩和跑	輕鬆跑 7-10 英里 （11-16 公里）

（單位皆經過英制到公制換算並四捨五入）

週四	週五	週六	週跑量
輕鬆跑 4-6 英里 （6-10 公里）	輕鬆跑 4-6 英里（6-10 公里）	輕鬆跑 2-4 英里 （3-6 公里）	**20-28 英里 （32-45 公里）**
輕鬆跑 6-8 英里 （10-13 公里）	間歇跑 6-8×400 公尺，以 10K 配速，組間慢跑 200 公尺 *包括 2-3 英里（3-5 公里）熱身跑，以及 1-2 英里（2-3 公里）緩和跑*	輕鬆跑 4-6 英里 （6-10 公里）	**39-57 英里 （62-91 公里）**
一般跑 6-8 英里（10-13 公里）；8×100 公尺跨步跑	節奏跑 3-5 英里（5-8 公里），以比 10K 每公里慢 16-19 秒之速度配速 *包括 2-3 英里（3-5 公里）熱身跑，以及 1-2 英里（2-3 公里）緩和跑*	輕鬆跑 4-6 英里 （6-10 公里）	**47-64 英里 （75-102 公里）**
一般跑 6-8 英里（10-13 公里）；8×100 公尺跨步跑	漸速跑 4-5 英里（6-8 公里），起始速度比 10K 每公里慢 19 秒，之後每公里持續加快 3-6 秒 *包括 2-3 英里（3-5 公里）熱身跑，以及 1-2 英里（2-3 公里）緩和跑*	輕鬆至一般跑 4-6 英里 （6-10 公里）	**49-65 英里 （78-104 公里）**

全馬轉換至 10K 賽事／8 週課表／週跑量 30 英里（48 公里）以上

全馬轉換至10K賽事

8 週課表 週跑量 30 英里（48 公里）以上

週次	週日	週一	週二	週三
5	**長跑** 12-15 英里 （19-24 公里）	**輕鬆跑** 6-8 英里（10-13 公里）；8×100 公尺跨步跑	**間歇跑** 2×1200 公尺，以 10K 配速；2×800 公尺，以 5K 配速；2×400 公尺，以一英里跑配速；組間皆慢跑 400 公尺 ＊包括 2-3 英里（3-5 公里）熱身跑，以及 1-2 英里（2-3 公里）緩和跑	**輕鬆跑** 7-10 英里 （11-16 公里）
6	**長跑** 10-14 英里 （16-22 公里）	**輕鬆跑** 6-8 英里（10-13 公里）；6×100 公尺跨步跑	**間歇跑** 8-10×400 公尺，以 5K 配速，組間慢跑 200 公尺 ＊包括 2-3 英里（3-5 公里）熱身跑，以及 1-2 英里（2-3 公里）緩和跑	**輕鬆跑** 7-9 英里 （11-14 公里）
7	**長跑** 10-13 英里 （16-21 公里）	**輕鬆跑** 4-6 英里 （6-10 公里）	**間歇跑** 8×800 公尺，以比 10K 每公里快 12 秒之速度配速；組間慢跑 400 公尺 ＊包括 2-3 英里（3-5 公里）熱身跑，以及 1-2 英里（2-3 公里）緩和跑	**輕鬆跑** 7-9 英里 （11-14 公里）
8	**長跑** 6-10 英里 （10-16 公里）	**輕鬆跑** 3-4 英里 （5-6 公里）	**間歇跑** 8×400 公尺，以 5K 配速，組間慢跑 200 公尺 ＊包括 2-3 英里（3-5 公里）熱身跑，以及 1-2 英里（2-3 公里）緩和跑	**輕鬆跑** 3-4 英里 （5-6 公里） 或 **休假**

週四	週五	週六	週跑量
一般跑 6-8 英里（10-13 公里）；8×100 公尺跨步跑	間歇及節奏跑 2×800 公尺，以 10K 配速，組間慢跑 400 公尺；3 英里（5 公里），以比 10K 每公里慢 16 秒之速度配速；400 公尺慢跑；2×400 公尺，以一英里跑配速，組間慢跑 200 公尺 * 包括 2-3 英里（3-5 公里）熱身跑，以及 1-2 英里（2-3 公里）緩和跑	輕鬆跑 4-6 英里（6-10 公里） 或 休假	**47-67 英里（75-107 公里）**
一般跑 6-8 英里（10-13 公里）；6×100 公尺跨步跑	節奏跑 4-5 英里（5-6 公里），以比 10K 每公里慢 16-19 秒之速度配速，並檢視自己能否在同樣的費力程度下跑得比三週前快一些 * 包括 2 英里（3 公里）熱身跑，以及 1-2 英里（2-3 公里）緩和跑	輕鬆跑 4-6 英里（6-10 公里）	**46-64 英里（74-102 公里）**
一般跑 4-6 英里（6-10 公里）；8×100 公尺跨步跑	賽事配速訓練 3-4×400 公尺，以 10K 配速，組間慢跑 400 公尺 * 包括 2-3 英里（3-5 公里）熱身跑，以及 1-2 英里（2-3 公里）緩和跑	輕鬆跑 3-4 英里（5-6 公里）	**43-59 英里（69-94 公里）**
輕鬆跑 3-4 英里（5-6 公里）；8×100 公尺跨步跑	輕鬆跑 3-4 英里（5-6 公里）；幾組 100 公尺跨步跑	**10K 賽事**	**21-33 英里（34-53 公里，不包含比賽跑量）**

註：若是從全馬轉換至 10K 賽事，則賽事至課表間有一週的休息時間。休息的狀況會持續到課表的第一週，可能有一天至數天的休息日。

8 週課表 — 15K或半馬等賽事轉換至一英里跑或5K賽事

週跑量最多 45 英里（72 公里）

週次	週日	週一	週二	週三
1	**輕鬆跑** 6-8 英里 （10-13 公里）	**輕鬆跑** 3-4 英里 （5-6 公里）	**輕鬆跑** 3-4 英里（5-6 公里）	**輕鬆跑** 4-6 英里 （6-10 公里）
2	**一般跑** 6-8 英里 （10-13 公里）	**輕鬆跑** 3-5 英里 （5-8 公里）	**輕鬆間歇跑** 12×200 公尺，以 5K 配速，組間慢跑 200 公尺 *包括2英里（3公里）熱身跑，以及 1600 公尺緩和跑	**輕鬆跑** 4-6 英里 （6-10 公里）
3	**長跑** 8-10 英里 （13-16 公里）	**輕鬆跑** 3-5 英里（5-8 公里）；6×100 公尺跨步跑	**間歇跑** 3×1000 公尺，以 5K 配速，組間慢跑 400 公尺 *包括2英里（3公里）熱身跑，以及 1600 公尺緩和跑	**輕鬆跑** 6-8 英里 （10-13 公里）
4	**長跑** 8-10 英里 （13-16 公里）	**輕鬆跑** 3-5 英里（5-8 公里）；6×100 公尺跨步跑	**間歇跑** 2×〔800 公尺，以 5K 配速；400 公尺，以一英里跑配速；400 公尺，以一英里跑配速〕；項目與組間皆慢跑 400 公尺 *包括2英里（3公里）熱身跑，以及 1600 公尺緩和跑	**輕鬆跑** 6-8 英里 （10-13 公里）

（單位皆經過英制到公制換算並四捨五入）

週四	週五	週六	週跑量
輕鬆跑 3-4 英里 （5-6 公里）	**輕鬆跑** 3-4 英里（5-6 公里）	**輕鬆跑** 2-4 英里 （3-6 公里） 或 休假	**22-34 英里** **（35-54 公里）**
一般跑 4-5 英里 （6-8 公里）	**節奏跑** 2-3 英里（3-5 公里），以比 10K 每公里慢 16-19 秒之速度配速 *包括 2 英里（3 公里）熱身跑，以及 1600 公尺緩和跑*	**輕鬆跑** 2-4 英里 （3-6 公里）	**30-40 英里** **（48-64 公里）**
一般跑 4-5 英里（6-8 公里）；6×100 公尺跨步跑	**節奏跑** 2-3 英里（3-5 公里），以比 10K 每公里慢 16-19 秒之速度配速 *包括 2 英里（3 公里）熱身跑，以及 1600 公尺緩和跑*	**休假**	**32-40 英里** **（51-64 公里）**
一般跑 4-5 英里（6-8 公里）；6×100 公尺跨步跑	**漸速跑** 3 英里（5 公里），起始速度比 10K 每公里慢 19 秒，之後每公里加快 3-6 秒 *包括 2 英里（3 公里）熱身跑，以及 1600 公尺緩和跑*	**輕鬆跑** 3-4 英里 （5-6 公里）	**35-43 英里** **（56-69 公里）**

15K 或半馬等賽事轉換至一英里跑或 5K 賽事／8 週課表／週跑量最多 45 英里（72 公里）

15K或半馬等賽事轉換至一英里跑或5K賽事

8週課表 — 週跑量最多 45 英里（72 公里）

週次	週日	週一	週二	週三
5	**長跑** 8-10 英里 （13-16 公里）	**輕鬆跑** 3-5 英里（5-8 公里）；6×100 公尺跨步跑	**間歇跑** 400 公尺，以一英里跑配速；200 公尺慢跑；2×800 公尺，以一英里跑配速，組間慢跑 400 公尺；400 公尺，以一英里跑配速 *包括2英里（3公里）熱身跑，以及 1600 公尺緩和跑*	**輕鬆跑** 6-8 英里 （10-13 公里）
6	**長跑** 8-10 英里 （13-16 公里）	**輕鬆跑** 3-5 英里（5-8 公里）；6×100 公尺跨步跑	**間歇跑** 6×400 公尺，以 5K 配速；4×200 公尺，以一英里跑；組間皆慢跑 200 公尺 *包括2英里（3公里）熱身跑，以及 1600 公尺緩和跑*	**輕鬆跑** 6-8 英里 （10-13 公里）
7	**長跑** 6-8 英里 （10-13 公里）	**輕鬆跑** 1-3 英里 （2-5 公里） 或 **休假**	**間歇跑** 1200 公尺，以 5K 配速；4×400 公尺，以一英里跑配速；組間皆慢跑 400 公尺 *包括2英里（3公里）熱身跑，以及 1600 公尺緩和跑*	**輕鬆跑** 4-6 英里 （6-10 公里）
8	**長跑** 5-7 英里 （8-11 公里）	**輕鬆跑** 3 英里（5 公里）	**間歇跑** 6×300 公尺，以一英里跑配速，組間慢跑 200 公尺 *包括2-3英里（3-5公里）熱身跑，以及 1600 公尺緩和跑*	**輕鬆跑** 2-4 英里 （3-6 公里） 或 **休假**

週四	週五	週六	週跑量
一般跑 4-5 英里（6-8 公里）；6×100 公尺跨步跑	間歇及節奏跑 2×600 公尺，以一英里跑配速，組間慢跑 400 公尺；2 英里（3 公里），以比 10K 每公里慢 16 秒之速度配速；400 公尺慢跑；2×400 公尺，以一英里跑配速，組間慢跑 200 公尺 *包括 2 英里（3 公里）熱身跑，以及 1600 公尺緩和跑*	輕鬆跑 3-4 英里（5-6 公里）或休假	33-44 英里（53-70 公里）
一般跑 4-5 英里（6-8 公里）；6×100 公尺跨步跑	節奏跑 2-3 英里（3-5 公里），以比 10K 每公里慢 16-19 秒之速度配速；800 公尺慢跑；4×200 公尺，以一英里跑配速，組間慢跑 200 公尺 *包括 2 英里（3 公里）熱身跑，以及 1600 公尺緩和跑*	輕鬆跑 3-4 英里（5-6 公里）	36-45 英里（58-72 公里）
一般跑 3-5 英里（5-8 公里）；6×100 公尺跨步跑	節奏跑 2 英里（3 公里），以比 10K 每公里慢 16-19 秒之速度配速；800 公尺慢跑；4×300 公尺，以一英里跑配速，組間步行 100 公尺 *包括 2 英里（3 公里）熱身跑，以及 1600 公尺緩和跑*	輕鬆跑 3-4 英里（5-6 公里）或休假	25-38 英里（40-61 公里）
輕鬆跑 3 英里（5 公里）；6×100 公尺跨步跑	輕鬆跑 2-3 英里（3-5 公里）；4-6×100 公尺跨步跑	5K 或一英里跑賽事	18-25 英里（29-40 公里，不包含比賽跑量）

15K或半馬等賽事轉換至一英里跑或5K賽事

8 週課表 週跑量 25 至 50 英里（40-80 公里）

週次	週日	週一	週二	週三
1	**輕鬆跑** 6-8 英里 （10-13 公里）	**輕鬆跑** 3-4 英里 （5-6 公里）	**輕鬆跑** 3-4 英里（5-6 公里）	**輕鬆跑** 4-6 英里 （6-10 公里）
2	**一般跑** 8-10 英里 （13-16 公里）	**輕鬆跑** 4-6 英里 （6-10 公里）	**輕鬆間歇跑** 12×200 公尺，以 5K 配速，組間慢跑 200 公尺 *包括2英里（3公里）熱身跑，以及 1600 公尺緩和跑*	**輕鬆跑** 6-8 英里 （10-13 公里）
3	**長跑** 8-12 英里 （13-19 公里）	**輕鬆跑** 4-6 英里（6-10 公里）；6×100 公尺跨步跑	**間歇跑** 3×1000 公尺，以 5K 配速，組間慢跑 400 公尺 *包括2英里（3公里）熱身跑，以及 1600 公尺緩和跑*	**輕鬆跑** 6-8 英里 （10-13 公里）
4	**長跑** 8-12 英里 （13-19 公里）	**輕鬆跑** 4-6 英里（6-10 公里）；6×100 公尺跨步跑	**間歇跑** 3-4×〔800 公尺，以 5K 配速；400 公尺，以一英里配速；400 公尺，以一英里跑配速〕；項目與組間皆慢跑 400 公尺 *包括2英里（3公里）熱身跑，以及 1600 公尺緩和跑*	**輕鬆跑** 6-8 英里 （10-13 公里）

（單位皆經過英制到公制換算並四捨五入）

週四	週五	週六	週跑量
輕鬆跑 4-6 英里 （6-10 公里）	**輕鬆跑** 4-6 英里（6-10 公里）	**輕鬆跑** 3-4 英里 （5-6 公里） 或 **休假**	**24-36 英里** **（38-58公里）**
一般跑 5-7 英里 （8-11 公里）	**節奏跑** 3 英里（5 公里），以比 10K 每公里慢 16-19 秒之速度配速 *包括 2 英里（3 公里）熱身跑，以及 1600 公尺緩和跑*	**輕鬆跑** 3-4 英里 （5-6 公里）	**38-47 英里** **（61-75公里）**
一般跑 5-7 英里（8-11公里）；6×100公尺跨步跑	**節奏跑** 3 英里（5 公里），以比 10K 每公里慢 16-19 秒之速度配速 *包括 2 英里（3 公里）熱身跑，以及 1600 公尺緩和跑*	**輕鬆跑** 3-4 英里 （5-6 公里） 或 **休假**	**35-49 英里** **（56-78公里）**
一般跑 5-7 英里（8-11公里）；6×100公尺跨步跑	**漸速跑** 3-4 英里（5-6 公里），起始速度比 10K 每公里慢 19 秒，之後每公里持續加速 3-6 秒 *包括 2 英里（3 公里）熱身跑，以及 1600 公尺緩和跑*	**輕鬆跑** 3-4 英里 （5-6 公里）	**39-49 英里** **（62-78公里）**

15K或半馬等賽事轉換至一英里跑或5K賽事／8週課表／週跑量25至50英里（40-80公里）

8 週課表 — 15K或半馬等賽事轉換至一英里跑或5K賽事

週跑量 25 至 50 英里（40-80 公里）

週次	週日	週一	週二	週三
5	**長跑** 8-12 英里 （13-19 公里）	**輕鬆跑** 4-6 英里（6-10 公里）；6×100 公尺跨步跑	**間歇跑** 400 公尺，以一英里跑配速；400 公尺慢跑；2×800 公尺，以一英里跑配速，組間慢跑 400 公尺；400 公尺，以一英里跑配速 *包括2英里（3公里）熱身跑，以及 1600 公尺緩和跑	**輕鬆跑** 6-8 英里 （10-13 公里）
6	**長跑** 8-12 英里 （13-19 公里）	**輕鬆跑** 4-6 英里（6-10 公里）；6×100 公尺跨步跑	**間歇跑** 6-8×400 公尺，以 5K 配速；4×200 公尺，以一英里跑配速；組間皆慢跑 200 公尺 *包括2英里（3公里）熱身跑，以及 1600 公尺緩和跑	**輕鬆跑** 6-8 英里 （10-13 公里）
7	**長跑** 6-8 英里 （10-13 公里）	**輕鬆跑** 3-4 英里 （5-6 公里）	**間歇跑** 1200 公尺，以 5K 配速；4×400 公尺，以一英里跑配速；組間皆慢跑 400 公尺 *包括2英里（3公里）熱身跑，以及 1600 公尺緩和跑	**輕鬆跑** 4-6 英里 （6-10 公里）
8	**長跑** 5-7 英里 （8-11 公里）	**輕鬆跑** 3-4 英里 （5-6 公里）	**間歇跑** 6×300 公尺，以一英里跑配速，組間慢跑 200 公尺 *包括2英里（3公里）熱身跑，以及 1600 公尺緩和跑	**輕鬆跑** 2-4 英里 （3-6 公里） 或 **休假**

> 15K 或半馬等賽事轉換至一英里跑或 5K 賽事／8 週課表／週跑量 25 至 50 英里（40-80 公里）

週四	週五	週六	週跑量
一般跑 5-7 英里（8-11 公里）；6×100 公尺跨步跑	**間歇及節奏跑** 3×600 公尺，以 5K 配速，組間慢跑 400 公尺；2 英里（3 公里），以比 10K 每公里慢 16 秒之速度配速；400 公尺慢跑；2×400 公尺，以一英里跑配速，組間慢跑 200 公尺 *包括 2 英里（3 公里）熱身跑，以及 1600 公尺緩和跑*	**輕鬆跑** 3-4 英里（5-6 公里）或**休假**	**36-48 英里（58-77 公里）**
一般跑 5-7 英里（8-11 公里）；6×100 公尺跨步跑	**節奏跑** 2-3 英里（3-5 公里），以比 10K 每公里慢 16-19 秒之速度配速；800 公尺慢跑；4×200 公尺，以一英里跑配速，組間慢跑 200 公尺 *包括 2 英里（3 公里）熱身跑，以及 1600 公尺緩和跑*	**輕鬆跑** 3-4 英里（5-6 公里）	**36-56 英里（58-90 公里）**
一般跑 4-6 英里（6-10 公里）；6×100 公尺跨步跑	**節奏跑** 2 英里（3 公里），以 10K 配速；800 公尺慢跑；4×300 公尺，以一英里跑配速，組間步行 100 公尺 *包括 2 英里（3 公里）熱身跑，以及 1600 公尺緩和跑*	**輕鬆跑** 3-4 英里（5-6 公里）或**休假**	**29-41 英里（46-66 公里）**
輕鬆跑 3-4 英里（5-6 公里）；6×100 公尺跨步跑	**輕鬆跑** 2-3 英里（3-5 公里）；4-6×100 公尺跨步跑	**5K 或一英里跑賽事**	**18-27 英里（29-43 公里，不包含比賽跑量）**

15K或半馬等賽事轉換至一英里跑或5K賽事

8 週課表 — 週跑量 30 英里（48 公里）以上

週次	週日	週一	週二	週三
1	**輕鬆跑** 6-8 英里 （10-13 公里）	**輕鬆跑** 3-4 英里 （5-6 公里）	**輕鬆跑** 4-6 英里（6-10 公里）	**輕鬆跑** 5-6 英里 （8-10 公里）
2	**一般跑** 8-10 英里 （13-16 公里）	**輕鬆跑** 5-7 英里 （8-11 公里）	**間歇跑** 12×200 公尺，以 5K 配速，組間慢跑 200 公尺 *包括 2-3 英里（3-5 公里）熱身跑，以及 1-2 英里（2-3 公里）緩和跑*	**輕鬆跑** 7-8 英里 （11-13 公里）
3	**長跑** 10-13 英里 （16-21 公里）	**輕鬆跑** 5-7 英里（8-11 公里）；6×100 公尺跨步跑	**間歇跑** 3-4×1000 公尺，以 5K 配速，組間慢跑 400 公尺 *包括 2-3 英里（3-5 公里）熱身跑，以及 1-2 英里（2-3 公里）緩和跑*	**輕鬆跑** 7-8 英里 （11-13 公里）
4	**長跑** 10-13 英里 （16-21 公里）	**輕鬆跑** 5-7 英里（8-11 公里）；6×100 公尺跨步跑	**間歇跑** 3-4×〔800 公尺，以 5K 配速；400 公尺，以一英里跑配速；400 公尺，以一英里跑配速〕；項目與組間皆慢跑 400 公尺 *包括 2-3 英里（3-5 公里）熱身跑，以及 1-2 英里（2-3 公里）緩和跑*	**輕鬆跑** 7-8 英里 （11-13 公里）

（單位皆經過英制到公制換算並四捨五入）

週四	週五	週六	週跑量
輕鬆跑 4-6 英里 （6-10 公里）	**輕鬆跑** 4-6 英里（6-10 公里）	**輕鬆跑** 3-4 英里 （5-6 公里） 或 **休假**	**26-40 英里** **（42-64 公里）**
一般跑 6-8 英里 （10-13 公里）	**節奏跑** 3-4 英里（5-6 公里），以比 10K 每公里慢 16-19 秒之速度配速 *包括 2-3 英里（3-5 公里）熱身跑，以及 1-2 英里（2-3 公里）緩和跑	**輕鬆跑** 4-6 英里 （6-10 公里）	**42-55 英里** **（67-88 公里）**
一般跑 6-8 英里（10-13 公里）；6×100 公尺跨步跑	**節奏跑** 3-4 英里（5-6 公里），以比 10K 每公里慢 16-19 秒之速度配速 *包括 2-3 英里（3-5 公里）熱身跑，以及 1-2 英里（2-3 公里）緩和跑	**輕鬆跑** 4-6 英里 （6-10 公里） 或 **休假**	**40-60 英里** **（64-96 公里）**
一般跑 6-8 英里（10-13 公里）；6×100 公尺跨步跑	**漸速跑** 3-4 英里（5-6 公里），起始速度比 10K 每公里慢 19 秒，之後每公里持續加快 3-6 秒 *包括 2-3 英里（3-5 公里）熱身跑，以及 1-2 英里（2-3 公里）緩和跑	**輕鬆跑** 4-6 英里 （6-10 公里）	**45-61 英里** **（72-98 公里）**

15K 或半馬等賽事轉換至一英里跑或 5K 賽事／8 週課表／週跑量 30 英里（48 公里）以上

15K或半馬等賽事轉換至一英里跑或5K賽事

8週課表 — 週跑量 30 英里（48 公里）以上

週次	週日	週一	週二	週三
5	**長跑** 10-13 英里（16-21 公里）	**輕鬆跑** 5-7 英里（8-11 公里）；6×100 公尺跨步跑	**間歇跑** 400 公尺，以一英里跑配速；400 公尺慢跑；2×800 公尺，以一英里跑配速，組間慢跑 400 公尺；400 公尺，以一英里配速 *包括 2-3 英里（3-5 公里）熱身跑，以及 1-2 英里（2-3 公里）緩和跑*	**輕鬆跑** 7-8 英里（11-13 公里）
6	**長跑** 10-13 英里（16-21 公里）	**輕鬆跑** 5-7 英里（8-11 公里）；6×100 公尺跨步跑	**間歇跑** 8×400 公尺，以 5K 配速；4×200 公尺，以一英里跑配速；組間皆慢跑 200 公尺 *包括 2-3 英里（3-5 公里）熱身跑，以及 1-2 英里（2-3 公里）緩和跑*	**輕鬆跑** 7-8 英里（11-13 公里）
7	**長跑** 6-8 英里（10-13 公里）	**輕鬆跑** 4-6 英里（6-10 公里）	**間歇跑** 1200 公尺，以 5K 配速；4×400 公尺，以一英里跑配速；組間皆慢跑 400 公尺 *包括 2-3 英里（3-5 公里）熱身跑，以及 1-2 英里（2-3 公里）緩和跑*	**輕鬆跑** 4-6 英里（6-10 公里）
8	**長跑** 5-7 英里（8-11 公里）	**輕鬆跑** 3-4 英里（5-6 公里）	**間歇跑** 6×300 公尺，以一英里跑配速，組間慢跑 200 公尺 *包括 2-3 英里（3-5 公里）熱身跑，以及 1-2 英里（2-3 公里）緩和跑*	**輕鬆跑** 2-4 英里（3-6 公里） 或 **休假**

週四	週五	週六	週跑量
一般跑 6-8 英里（10-13公里）；6×100公尺跨步跑	**間歇及節奏跑** 4×600 公尺，以一英里跑配速，組間慢跑 400 公尺；2 英里（3 公里），以比 10K 每公里慢 13-16 秒之速度配速；400 公尺慢跑；4×400 公尺，以一英里跑配速，組間慢跑 200 公尺 * 包括 *2-3 英里（3-5 公里）熱身跑，以及 1-2 英里（2-3 公里）緩和跑*	**輕鬆跑** 4-6 英里（6-10 公里） 或 **休假**	41-59 英里 （66-94 公里）
一般跑 6-8 英里（10-13公里）；6×100公尺跨步跑	**節奏跑** 3-4 英里（5-6 公里），以比 10K 每公里慢 12-19 秒之速度配速 * 包括 *2-3 英里（3-5 公里）熱身跑，以及 1-2 英里（2-3 公里）緩和跑*	**輕鬆跑** 4-6 英里（6-10 公里）	46-60 英里 （74-96 公里）
一般跑 6-8 英里（10-13公里）；6×100公尺跨步跑	**節奏跑** 2 英里（3 公里），以 10K 配速；4×300 公尺，以一英里跑配速，組間步行 100 公尺 * 包括 *2 英里（3 公里）熱身跑，以及 1-2 英里（2-3 公里）緩和跑*	**輕鬆跑** 4-6 英里（6-10 公里） 或 **休假**	32-50 英里 （51-80 公里）
輕鬆跑 3-4 英里（5-6公里）；6×100公尺跨步跑	**輕鬆跑** 2-3 英里（3-5 公里）；4-6×100 公尺跨步跑	**5K 或一英里跑賽事**	18-29 英里（29-46 公里，不包含比賽跑量）

15K 或半馬等賽事轉換至一英里跑或 5K 賽事／8 週課表／週跑量 30 英里（48 公里）以上

作者介紹 ABOUT THE AUTHORS

　　馬克・庫根（Mark Coogan，@mark_coogan）為波士頓菁英長跑隊（@teamnbboston）的教練，這支隊伍中有三名選手參加過 2020 年東京奧運以及 2024 年巴黎奧運。他曾在達特茅斯學院、塔夫茲大學、麻省理工學院和菲利普斯艾希特學院擔任長跑教練。庫根教練曾執教過的選手當中，有奧運選手艾兒・聖皮耶赫（Elle St. Pierre），她是美國室內田徑一英里及兩英里賽事紀錄保持人，也是世界錦標賽金牌得主；海瑟・馬克連（Heather MacLean）是 2022 年美國室內田徑 1500 公尺賽事冠軍；還有艾比・庫柏（Abbey D'Agostino Cooper），她曾在美國 NCAA 賽事奪得七面金牌，成為常春藤聯盟史上最矚目的長跑選手。

　　在成為教練之前，庫根在 1988 年至 2004 年曾是名職業選手，也是 1996 年美國奧運馬拉松隊的一員。他在 1995 年泛美運動會的馬拉松比賽中贏得銀牌，且曾代表美國出戰 1995 年的世界田徑錦標賽 5K 賽事，亦七度參與世界越野錦標賽。庫克教練當時廣泛涉足各個項目，在一英里、障礙賽、5K、10K 和馬拉松項目中名列美國前十；他也是首位在 4 分鐘內跑完一英里的麻州人。庫根教練現居於麻州紐伯里波特。

作者介紹

　　史考特・道格拉斯（Scott Douglas，@mescottdouglas）是全世界最大、最知名的馬拉松雜誌《跑者世界》（Runner's World）的撰稿人，也是幾本知名跑步書籍的作者或合著者，如：《跑步是我的良藥》（暫譯，*Running is My Therapy*）；台灣出版的則有《進階馬拉松全書》（*Advanced Marathoning*）、《像頂尖運動員一樣思考》（*The Genius of Athletes*）；此外，他的共同著作《凡人如何仿效梅柏》（暫譯，*Meb for Mortals*）、《梅柏的二十六場馬拉松》（暫譯，*26 Marathons*）也在紐約時報暢銷書榜之列。道格拉斯發表的健康體育相關專欄文章的也刊登在《大西洋》雜誌、《華盛頓郵報》、Slate 雜誌、Outside 雜誌，並現居於緬因州北雅茅斯。

誌謝 ACKNOWLEDGEMENTS

　　我想告訴你們，這本書之所以能問世，是因為我在過去四十年間有幸認識每一位隊友、訓練夥伴、教練，向他們學習並成長。與這麼多優秀的人一起跑步，才造就了我今天的模樣。感謝我所有的教練和訓練夥伴，從小時候在阿特爾伯勒基督教青年會的朋友，到現在執教的 New Balance 團隊；我非常榮幸能在這裡與奧運選手、全國冠軍和各項紀錄保持人交流，並幫助他們成為更好的跑者，謝謝你們！

　　我要特別感謝凱斯‧戈賓（Keith Gobin）、巴布‧隆姆（Bob L'Homme）和我在費恩主教高中（Bishop Feehan）的隊友，謝謝你們告訴我跑步的美好、點燃我對跑步的興趣。感謝查爾斯‧托佩和馬里蘭大學團隊，謝謝你們引領我進步，並讓我得以親身體驗 NCAA 聯盟最高殿堂的田徑賽事。感謝巴布‧塞文、約翰‧格雷戈里克、雷‧崔西（Ray Treacy）以及 1980 和 90 年代早期的整個普洛維登斯學院團隊，早在我還沒意識到之前，你們就相信我可以成為一名奧運選手。感謝博爾德長跑隊的馬克‧普拉切、史蒂夫‧瓊斯、阿圖羅‧巴里奧斯、丹‧里斯（Dan Reese）、克里斯‧福克斯（Chris Fox）和麥克‧桑德羅克（Mike Sandrock），謝謝你們讓我進入你們的世界，激發我的潛能。在博爾德，我第一次發現自己想要成為教練。

　　特別感謝達特茅斯學院的巴里‧哈威克（Barry Harwick）。非常感謝各個學院和大學把長跑隊交給我，讓我與世界上最棒的學生運動員共事。

感謝我的合著者史考特，他為這本書花費了很大的心力，寫這本書的工作也讓我們從 1980 年代在馬里蘭州開始的友誼更加熱絡。

最後，要感謝我的家人們，謝謝你們的支持，我愛你們。卡翠娜、瑪格麗特、威廉，你們是我生命中最重要的存在！

—— 馬克‧庫根（Mark Coogan）

感謝 Human Kinetics 出版社的編輯米歇爾‧厄爾（Michelle Earle）的信任與溫柔指導。

感謝我的合著者馬克邀請我和他一起寫這本書，也幫助我更加享受訓練的過程。自從二十五年前去過瑞典酒吧之後，能再次與你聯繫真是太好了。

我要向 New Balance 波士頓菁英長跑隊的海瑟‧馬克連（Heather MacLean）和德魯‧皮亞扎（Drew Piazza）致敬，他們是世界上最棒、也是跑得最快的運動模特兒。

也要向所有參與本書故事的庫根團隊成員們致上敬意。

再次感謝史黛西‧克蘭普（Stacey Cramp）在我寫作期間的耐心與支持。

—— 史考特‧道格拉斯（Scott Douglas）

國家圖書館出版品預行編目資料

突破PB！奧運跑步教練的勝利方程式：5K、10K、
15K、半馬、全馬的科學訓練課表與心法策略／馬
克．庫根（Mark Coogan）、史考特．道格拉斯
（Scott Douglas）著；姜佳沁 翻譯
－ 初版 . -- 臺北市：三采文化，2025.2
面； 公分 .（iFit 03）
譯自：Personal Best Running: Coach Coogan's
Strategies for the Mile to the Marathon
ISBN 978-626-358-616-1（平裝）

1.CST: 馬拉松賽跑 2.CST: 運動訓練

528.9468　　　　　　　　　114000381

◎封面圖片提供
Dope Art Studio - stock.adobe.com

suncolor
三采文化

iFit 03

突破PB！奧運跑步教練的勝利方程式

5K、10K、15K、半馬、全馬的科學訓練課表與心法策略

作者｜馬克．庫根（Mark Coogan）、史考特．道格拉斯（Scott Douglas）
譯者｜姜佳沁
責任編輯｜張凱鈞　　美術主編｜藍秀婷　　封面設計｜方曉君
版權副理｜杜曉涵　　內頁排版｜曾瓊慧　　文字校對｜黃薇霓

發行人｜張輝明　　總編輯長｜曾雅青　　發行所｜三采文化股份有限公司
地址｜ 11492 台北市內湖區瑞光路 513 巷 33 號 8 樓
傳訊｜ TEL:8797-1234　FAX:8797-1688　　網址｜ www.suncolor.com.tw
郵政劃撥｜帳號：14319060　戶名：三采文化股份有限公司
本版發行｜ 2025 年 2 月 27 日　定價｜ NT$520

Copyright © 2024 by Mark J. Coogan and Fiddlehead Media
Human Kinetics supports copyright. Copyright fuels scientific and artistic endeavor, encourages authors to create new works, and promotes free speech. Thank you for buying an authorized edition of this work and for complying with copyright laws by not reproducing, scanning, or distributing any part of it in any form without written permission from the publisher. You are supporting authors and allowing Human Kinetics to continue to publish works that increase the knowledge, enhance the performance, and improve the lives of people all over the world.
Complex Chinese edition copyright © 2025 by Sun Color Culture Co., Ltd.
This edition published by arrangement with Human Kinetics, Inc.
　All rights reserved.

著作權所有，本圖文非經同意不得轉載。如發現書頁有裝訂錯誤或污損事情，請寄至本公司調換。
本書所刊載之商品文字或圖片僅為說明輔助之用，非做為商標之使用，原商品商標之智慧財產權為原權利人所有。